Jörg Gawlick

Die stufenweise Wiedereingliederung arbeitsunfähiger Arbeitnehmer

FORUM ARBEITS- UND SOZIALRECHT

herausgegeben von
Prof. Dr. Richard Giesen, Prof. Dr. Matthias Jacobs,
Prof. Dr. Dr. h.c. Horst Konzen und Prof. Dr. Meinhard Heinze †

Band 31

Die stufenweise Wiedereingliederung arbeitsunfähiger Arbeitnehmer in das Erwerbsleben nach § 28 SGB IX / § 74 SGB V

Eine arbeitsrechtliche Betrachtung

Jörg Gawlick

Centaurus Verlag & Media UG 2008

Zum Autor:
Jörg Gawlick, geb. 1977, absolvierte nach seiner Ausbildung zum Bankkaufmann als Stipendiat der Hamburger Sparkasse ein Studium der Rechtswissenschaften an der Universität Hamburg. 2008 promovierte er bei Prof. Dr. Matthias Jacobs an der Bucerius Law School. Derzeit ist er als Rechtsreferendar tätig.

Die Deutsche Bibliothek – Cip-Einheitsaufnahme

Gawlick, Jörg:
Die stufenweise Wiedereingliederung arbeitsunfähiger Arbeitnehmer in das Erwerbsleben nach § 28 SGB IX / § 74 StGB V : Eine arbeitsrechtliche Betrachtung / Jörg Gawlick. – Freiburg: Centaurus-Verl., 2009
(Forum Arbeits- und Sozialrecht; Bd. 31)
Zugl.: Hamburg, Bucerius Law School, 2008
ISBN 978-3-8255-0725-1 ISBN 978-3-86226-380-6 (eBook)
DOI 10.1007/978-3-86226-380-6

ISSN 0936-028X

Umschlaggestaltung: Antje Walter, Titisee-Neustadt
Satz: Vorlage des Autors

Meiner Familie

Vorwort

Die vorliegende Arbeit wurde im Herbsttrimester 2008 vom Promotionsausschuss der Bucerius Law School – Hochschule für Rechtswissenschaft –, Hamburg, als Dissertation angenommen. Die mündliche Prüfung erfolgte am 16. Dezember 2008. Das Manuskript wurde im Februar 2008 abgeschlossen. Bis zum Oktober 2008 veröffentlichte Literatur und Rechtsprechung wurden nachgetragen.

Mein herzlicher Dank gilt meinem Doktorvater Professor Dr. Matthias Jacobs, der die Arbeit von der ersten Idee bis zur Veröffentlichung in der von ihm herausgegebenen Schriftenreihe intensiv unterstützt und gefördert hat.

Außerdem danke ich Frau Professor Dr. Birgit Weitemeyer für die sehr zügige Erstellung des Zweitgutachtens.

Ferner gilt mein Dank der Hamburger Sparkasse für die finanzielle Unterstützung meines Promotionsvorhabens.

Darüber hinaus danke ich Herrn Dennis Pohl, der die Entstehung der Arbeit mit seiner ständigen Diskussionsbereitschaft und vielen kritischen Hinweisen begleitet hat.

Schließlich schulde ich meiner Familie ganz besonderen Dank für ihren Zuspruch, ihre Geduld und ihre vorbehaltlose Unterstützung. Ihr widme ich diese Arbeit.

Hamburg, im Dezember 2008 *Jörg Gawlick*

Inhaltsverzeichnis

Abkürzungsverzeichnis

Abs.	Absatz
AcP....................	Archiv für die civilistische Praxis (Zeitschrift)
a. F.	Alte Fassung
AG.....................	Arbeitsgericht
AGG...................	Allgemeines Gleichbehandlungsgestz
AiB....................	Arbeitsrecht im Betreib (Zeitschrift)
AP.....................	Arbeitsrechtliche Praxis
AR-Blattei-ES......	Arbeitsrecht-Blattei Entscheidungssammlung
AR-Blattei-SD......	Arbeitsrecht-Blattei Systematische Darstellungen
ArbGG................	Arbeitsgerichtsgesetz
ArbPlSchG..........	Arbeitsplatzschutzgesetz
ArbSchG............	Arbeitsschutzgesetz
ArbuR.................	Arbeit und Recht (Zeitschrift)
Art.	Artikel
AuA..................	Arbeit und Arbeitsrecht (Zeitschrift)
AU-Richtlinien.....	Arbeitsunfähigkeits-Richtlinien
BAG..................	Bundesarbeitsgericht
BB....................	Betriebs-Berater (Zeitschrift)
BetrVG.............	Betriebsverfassungsgesetz
BGB..................	Bürgerliches Gesetzbuch
BGBl.	Bundesgesetzblatt
Bl.	Blatt
BPersVG...........	Bundespersonalvertretungsgesetz
BSHG................	Bundessozialhilfegesetz
BT-Drucksache.....	Bundestagsdrucksache
BUrlG................	Mindesturlaubsgesetz für Arbeitnehmer (Bundesurlaubsgesetz)
BVerfG..............	Bundesverfassungsgericht
bzw.	Beziehungsweise
DB.....................	Der Betrieb (Zeitschrift)
EFZG................	Entgeltfortzahlungsgesetz
EGBGB..............	Einführungsgesetz zum Bürgerlichen Gesetzbuche
ErsK.................	Die Ersatzkasse (Zeitschrift)
FA....................	Fachanwalt Arbeitsrecht (Zeitschrift)
f./ff.	folgende/fortfolgende
GewO...............	Gewerbeordnung

G……………….. Grundgesetz
HGB…………….. Handelsgesetzbuch
Hrsg. …………….. Herausgeber
HS……………….. Halbsatz
i. V. m. ………….. In Verbindung mit
Jura………………. Juristische Ausbildung (Zeitschrift)
jurisPR-ArbR……. Juris PraxisReport Arbeitsrecht
JuS……………….. Juristische Schulung (Zeitschrift)
JZ……………….... Juristen Zeitung (Zeitschrift)
KSchG…………… Kündigungsschutzgesetz
LAG…………….... Landesarbeitsgericht
LFZG……………. Lohnfortzahlungsgesetz
MDK…………….. Medizinischer Dienst der Krankenversicherung
MDR…………….. Monatszeitschrift für Deutsches Recht (Zeitschrift)
MuSchG…………. Gesetz zum Schutze der erwerbstätigen Mütter (Mutterschutzgesetz)
n. F. …………….... Neue Fassung
NJW…………….... Neue Juristische Wochenschrift (Zeitschrift)
NJW-Spezial…….. Neue Juristische Wochenschrift Spezial (Zeitschrift)
Nr. ……………… Nummer
NZA…………….... Neue Zeitschrift für Arbeitsrecht (Zeitschrift)
NZA-RR…………. Rechtsprechungsreport der Neuen Zeitschrift für Arbeitsrecht (Zeitschrift)
PersR…………….. Der Personalrat (Zeitschrift)
RdA……………… Recht der Arbeit (Zeitschrift)
Rn. ………………. Randnummer
RVO…………….... Reichsversicherungsordnung
S. ……………….... Satz
SAE……………… Sammlung Arbeitsrechtlicher Entscheidungen (Zeitschrift)
SchwbBAG……… Gesetz zur Bekämpfung der Arbeitslosigkeit Schwerbehinderter
SchwbeschG…….... Gesetz über die Beschäftigung Schwerbeschädigter
SchwbG…………. Gesetz zur Sicherung der Eingliederung Schwerbehinderter in Arbeit, Beruf und Gesellschaft (1986)
SchwbG 1974……. Gesetz zur Sicherung der Eingliederung Schwerbehinderter in Arbeit, Beruf und Gesellschaft (1974)
SGb……………… Die Sozialgerichtsbarkeit (Zeitschrift)
SGB I……………. Sozialgesetzbuch (SGB). Erstes Buch (I) – Allgemeiner Teil
SGB III………….... Sozialgesetzbuch (SGB). Drittes Buch (III) – Arbeitsförderung

SGB IV...............	Sozialgesetzbuch (SGB). Viertes Buch (IV) – Gemeinsame Vorschriften für die Sozialversicherung
SGB V................	Sozialgesetzbuch (SGB). Fünftes Buch (V) – Gesetzliche Krankenversicherung
SGB VII..............	Sozialgesetzbuch (SGB). Siebtes Buch (VII) – Gesetzliche Unfallversicherung
SGB IX...............	Sozialgesetzbuch (SGB). Neuntes Buch (IX) – Rehabilitation und Teilhabe behinderter Menschen
SozSich..............	Soziale Sicherheit (Zeitschrift)
SozVers..............	Die Sozialversicherung (Zeitschrift)
TVG..................	Tarifvertragsgesetz
Urt.	Urteil
v.	Vom
VersR................	Versicherungsrecht (Zeitschrift)
vgl.	Vergleiche
ZfA..................	Zeitschrift für Arbeitsrecht (Zeitschrift)
ZFSH/SGB.............	Zeitschrift für Sozialhilfe und Sozialgesetzbuch (Zeitschrift)
ZGS..................	Zeitschrift für das gesamte Schuldrecht (Zeitschrift)
ZIP..................	Zeitschrift für Wirtschaftsrecht (Zeitschrift)
zit.	Zitiert
ZPO..................	Zivilprozessordnung
ZTR..................	Zeitschrift für Tarifrecht (Zeitschrift)
ZZP..................	Zeitschrift für Zivilprozess (Zeitschrift)

§ 1 Einleitung

„*FAUST:* — *Und wenn ich mich ... niedersetze,*
quillt innerlich doch keine neue Kraft.
MEPHISTOPHELES: — *Mein guter Herr, Ihr seht die Sachen,*
wie man die Sachen eben sieht;
wir müssen das gescheiter machen.
FAUST: — *Wie fangen wir das an?*“[1]

„Krankenstand fällt auf neues Rekordtief“.[2] „Der Anteil jener Arbeitnehmer, die das ganze Jahr überhaupt nicht krank geschrieben waren, hat in den letzten Jahren zugenommen. Er stieg von 44,7% im Jahre 2000 auf 48,5% im Jahre 2005.“[3] Meldungen und Aussagen solchen Inhaltes sind in jüngster Zeit vermehrt anzutreffen. Wozu also eine intensivere Beschäftigung mit dem Problemfeld der stufenweisen Wiedereingliederung arbeitsunfähig erkrankter Arbeitnehmer in das Erwerbsleben? Wozu die Frage nach dem – um in der Wortwahl von Goethes Faust zu bleiben – „wie fangen wir das an“? Ist mit der Themenwahl nicht bereits im Ansatz das Zeichen der Zeit verkannt worden?

A. Krankheitsbedingte Fehlzeiten sowie ökonomische Überlegungen

Dass dies mitnichten der Fall ist, zeigt ein genauerer Blick auf die krankheitsbedingten Fehlzeiten in der deutschen Wirtschaft im Jahre 2005. Hierbei wird deutlich, dass die Höhe des Krankenstandes entscheidend durch länger dauernde Arbeitsunfähigkeitsfälle[4] bestimmt wird.[5]

---

[1] *Goethe*, Faust, Der Tragödie erster Teil, S. 60, Vers 1812 f., Vers 1816-1818 und Vers 1833.
[2] *Thelen*, Handelsblatt vom 14.02.2007, Nr. 32, Seite 4.
[3] *Badura/Schellschmidt/Vetter*, Fehlzeiten-Report 2006, S. 210.
[4] Die Arbeitsunfähigkeitsfälle erfassen die Häufigkeit der Krankmeldungen (vgl. *Lepke*, Kündigung Rn. 6).
[5] Vgl. *Badura/Schellschmidt/Vetter*, Fehlzeiten-Report 2006, S. 212.

So entfielen 2005 fast die Hälfte aller Arbeitsunfähigkeitstage[6], namentlich 48,4%, auf lediglich 7,7% der Arbeitsunfähigkeitsfälle.[7] Besonders auffällig ist die Tatsache, dass Langzeiterkrankte, also solche Arbeitnehmer, die mehr als sechs Wochen pro Jahr arbeitsunfähig erkrankt sind, zwar nur 4,3% der gesamten Arbeitsunfähigkeitsfälle ausmachen, dabei aber 38,5% des Arbeitsunfähigkeitsvolumens verursachen.[8] Folglich stellt die Langzeitarbeitsunfähigkeit trotz des rückläufigen Gesamtkrankenstandes[9] für die betroffenen Arbeitnehmer, die Unternehmen sowie die Krankenkassen auch gegenwärtig noch eine besondere Belastung dar, der es entgegenzutreten gilt.[10] Somit sollten Maßnahmen zur Senkung des Krankenstandes primär bei den Langzeitfällen ansetzen.[11] Dabei stellt die stufenweise Wiedereingliederung arbeitsunfähiger Arbeitnehmer ein wesentliches Instrument zur Bekämpfung solcher Langzeiterkrankungen dar,[12] so dass eine vertiefende Erörterung dieser Maßnahme auch weiterhin von gesteigertem Interesse ist.
Allerdings spricht nicht allein die Langzeitkrankenstatistik für eine intensivere Beschäftigung mit der stufenweisen Wiedereingliederung. Vielmehr untermauern auch mikro- und makroökonomische Überlegungen die Notwendigkeit, diese Maßnahme näher zu beleuchten. Ein Krankenstand von einem Prozent hatte für die Gesamtwirtschaft in Deutschland im Jahre 1996 den Ausfall von mindestens 280.000 Arbeitnehmern täglich zur Folge.[13] 1999 lag dieser Wert bereits bei 300.000 Menschen.[14] Was dies für einzelne Branchen bedeutet, zeigt ein exemplarischer Blick auf die Bereiche Banken und Versicherungen sowie das Baugewerbe. So ergaben sich im Jahre 2005 in Folge von Arbeitsunfähigkeit allein im Bereich der Banken und Versicherungen auf volkswirtschaftlicher Ebene Kosten in Höhe von 1,6 Milliarden Euro.[15] Dies bedeutete für ein Unternehmen mit 100 Mitarbeitern eine Kostenbelastung von 156.654 Euro.[16]

---

[6] Die Zahl der Arbeitsunfähigkeitstage ist, nicht zuletzt wegen der Entgeltfortzahlung, von erheblich größerer ökonomischer Relevanz als die Anzahl der Arbeitsunfähigkeitsfälle (vgl. *Lepke*, Kündigung Rn. 6).

[7] Vgl. *Badura/Schellschmidt/Vetter*, Fehlzeiten-Report 2006, S. 212.

[8] Vgl. *Badura/Schellschmidt/Vetter*, Fehlzeiten-Report 2006, S. 212.

[9] Im Vergleich zu 2004 ging die Zahl der krankheitsbedingten Ausfalltage im Jahre 2005 um 2,4% zurück, vgl. *Badura/Schellschmidt/Vetter*, Fehlzeiten-Report 2006, S. 208.

[10] Vgl. *Badura/Schellschmidt/Vetter*, Fehlzeiten-Report 2006, S. 246.

[11] Vgl. *Badura/Schellschmidt/Vetter*, Fehlzeiten-Report 2006, S. 213.

[12] Vgl. *Badura/Schellschmidt/Vetter*, Fehlzeiten-Report 2006, S. 166 f.

[13] Vgl. *Lepke*, Kündigung Rn. 3, insbesondere Fußnote 31.

[14] Vgl. *Lepke*, Kündigung Rn. 4.

[15] Vgl. *Badura/Schellschmidt/Vetter*, Fehlzeiten-Report 2006, S. 254.

[16] Vgl. *Badura/Schellschmidt/Vetter*, Fehlzeiten-Report 2006, S. 254.

Noch dramatischer stellte sich aus volkswirtschaftlicher Sicht die Lage im Baugewerbe dar. Hier führte die Arbeitsunfähigkeit im Jahre 2005 zu Produktionsausfällen in Höhe von 2,1 Milliarden Euro.[17]
Bereits die Betrachtung dieser beiden Branchen untermauert die Notwendigkeit, sich sowohl aus gesamtwirtschaftlichem Interesse als auch aus dem Blickwinkel des einzelnen Arbeitgebers näher mit Möglichkeiten zu befassen, die Arbeitsunfähigkeitsfälle und dabei insbesondere die besonders kostenintensiven Langzeiterkrankungen zu minimieren. Eine solche Beschäftigung dient dabei insbesondere auch dem Interesse des einzelnen Arbeitnehmers – sei es, weil er bereits arbeitsunfähig erkrankt ist, sei es, weil er ein Interesse daran hat, im Falle einer Erkrankung einen Weg aufgezeigt zu bekommen, um möglichst zügig und erfolgreich wieder in das Erwerbsleben integriert zu werden. Dabei hat sich das Modell der stufenweisen Wiedereingliederung als besonders wirksames Mittel erwiesen, Arbeitsunfähige in den Arbeitsprozess zurückzuführen.[18] Diese Maßnahme verspricht, gerade Langzeiterkrankten eine erfolgreiche Rückkehr in das Erwerbsleben zu ermöglichen und so die individuellen und gesamtwirtschaftlichen Probleme im Zusammenhang mit länger andauernden Arbeitsunfähigkeitsfällen erfolgreicher zu lösen als auf anderem Wege. Fragen rund um die stufenweise Wiedereingliederung sind daher nicht allein historischer oder rein theoretischer Natur, sondern betreffen auch gegenwärtig noch unmittelbar alle am Arbeits- beziehungsweise Wirtschaftsleben beteiligten Akteure.
Dabei beschränkt sich die vorliegende Untersuchung auf die im Rahmen der Wiedereingliederung auftretenden arbeitsrechtlichen Fragestellungen. Die Behandlung der in diesem Zusammenhang zu Tage tretenden ökonomischen, sozialen sowie rein sozialrechtlichen Probleme gleichfalls zu behandeln, würde den Rahmen der Arbeit sprengen. Allerdings sei bereits an dieser Stelle angemerkt, dass bestimmte arbeitsrechtliche Probleme ohne Einbindung sozialrechtlicher oder auch ökonomischer Fragestellungen nicht zutreffend lösbar sind. In diesen Fällen können überzeugende arbeitsrechtliche Antworten allein unter Einbeziehung der genannten anderen Gebiete gefunden werden, so dass ökonomische und sozialrechtliche Überlegungen in den entsprechenden Konstellationen auch in die vorliegende Ausarbeitung mit einbezogen werden.
Eine Untersuchung gerade der arbeitsrechtlichen Probleme rund um die stufenweise Wiedereingliederung ist durch aktuelle Entwicklungen angezeigt. In Bezug auf die Gesamtbelegschaft sind in den letzten Jahren zum einen neue, wiedereingliederungsrechtliche Problembereiche entstanden und müssen zum anderen bereits länger bekannte, vermeintlich geklärte Sachverhaltskonstellationen eine neue Bewer-

---

[17] Vgl. *Badura/Schellschmidt/Vetter*, Fehlzeiten-Report 2006, S. 269.
[18] *Gagel*, NZA 2001, 988, 989.

tung erfahren. Nicht wenige Antworten auf arbeitsrechtliche Fragestellungen im Rahmen der Wiedereingliederung fallen heute grundlegend anders aus als noch vor zehn oder fünfzehn Jahren. Gesetzliche Neuerungen verlangen nach differenzierteren Lösungen.
Beispielhaft sei hier zum einen die Frage genannt, ob im Lichte der gegenwärtigen Rechtslage die Durchführung einer Wiedereingliederung im Belieben der Arbeitsvertragsparteien stehen kann oder ob sich nicht aus neueren Sozialrechtsnormen (§ 2 Abs. 2 SGB III, § 81 Abs. 4 S. 1 Nr. 1 SGB IX) diesbezügliche Verpflichtungen ergeben – eine Frage, die, soweit ersichtlich, bisher nicht vertieft beleuchtet worden ist. Außerdem ist bisher der Versuch unterblieben, die während einer Wiedereingliederung zu beachtenden Nebenpflichten dogmatisch näher herzuleiten und so ihre Geltung in dieser Phase überzeugend zu begründen. Auch diesbezüglich soll die vorliegende Untersuchung Lösungsmöglichkeiten liefern. Dies nicht zuletzt deshalb, um in einem nächsten Schritt die für das Arbeitsrecht besonders bedeutsame und, soweit erkennbar, bisher gleichfalls noch offene Frage zu beantworten, welche Auswirkungen in der Wiedereingliederungsphase bestehende Pflichtverletzungen mit sich bringen. Schließlich bedürfen die Rechtsfolgen und mögliche Maßnahmen bei einer medizinisch angezeigten, aber dennoch unterbliebenen Wiedereingliederung, insbesondere vor dem Hintergrund des neu geschaffenen § 84 SGB IX, einer vertieften Untersuchung.
Die stufenweise Wiedereingliederung umfasst also ein weites Feld aktueller arbeitsrechtlicher Fragen. Ziel der vorliegenden Arbeit ist es, diese Handlungsfelder aus arbeitsrechtlicher Sicht zu beleuchten und entsprechende Lösungsmöglichkeiten aufzuzeigen.

B. Wiedereingliederung am Beispiel der Ford Werke GmbH

Die Notwendigkeit, sich aus arbeitsrechtlicher Sicht näher mit der stufenweisen Wiedereingliederung zu befassen, zeigt nicht zuletzt ein genauerer Blick in die Unternehmenslandschaft. Beispielhaft sei an dieser Stelle die Ford Werke GmbH genannt. In diesem Unternehmen existiert ein betriebliches Eingliederungsmanagement an allen deutschen Standorten.[19] Dieses Eingliederungsmanagement umfasst unter anderem die Bemühung, Langzeitkranke möglichst früh aus der Arbeitsunfähigkeit zu holen, da Beobachtungen verdeutlicht haben, dass die Zeit krankheitsbedingter Arbeitsunfähigkeit ein entscheidender Faktor für den Erfolg einer Rehabilitation darstellt.[20] Je länger die Arbeitsunfähigkeit andauert, desto

---

[19] Vgl. *Badura/Schellschmidt/Vetter*, Fehlzeiten-Report 2006, S. 163.
[20] Vgl. *Badura/Schellschmidt/Vetter*, Fehlzeiten-Report 2006, S. 166.

stärker sinken die Integrationschancen.[21] Das Eingliederungsmanagement wurde besonders dank der Einführung einer stufenweisen Wiedereingliederung zum Erfolg. Lediglich weniger als 5% der im Rahmen einer stufenweisen Wiedereingliederung durchgeführten Arbeitsversuche blieben in der Vergangenheit erfolglos.[22] Die stufenweise Wiedereingliederung wird bei der Ford Werke GmbH durch ein Integrationsteam geplant und begleitet.[23] Nachdem ein entsprechender Arbeitsplatz für den Rehabilitanden gefunden worden ist, dokumentieren die Vorgesetzten den Eingliederungsverlauf und erstatten allen an der Wiedereingliederung Beteiligten regelmäßig Bericht über den aktuellen Wiedereingliederungsstand sowie am Ende über den Erfolg oder aber das Misslingen des Arbeitsversuches.[24] Bemerkenswert ist die Tatsache, dass Beweggrund für die Einführung eines betrieblichen Eingliederungsmanagements und mithin auch für die stufenweise Wiedereingliederung keine gesetzliche Verpflichtung gewesen ist, sondern allein betriebswirtschaftliche Kostengesichtspunkte zu diesem Entschluss geführt haben.[25]

C. Gang der Untersuchung

Das Beispiel der Ford Werke GmbH mit mehr als 95% im Rahmen der stufenweisen Wiedereingliederung erfolgreich durchgeführten Arbeitsversuchen auf der einen Seite sowie die oben aufgezeigten Belastungen aller Beteiligten, die das Thema Langzeiterkrankungen immer noch mit sich bringt, andererseits, offenbaren, dass eine nähere arbeitsrechtliche Befassung mit der stufenweise Wiedereingliederung nichts an Aktualität und Bedeutung eingebüsst hat.

Darüber hinaus machen verschiedene arbeitsgerichtliche Urteile der letzten Zeit deutlich, dass in arbeitsrechtlicher Hinsicht noch immer große Unsicherheit über die in § 28 SGB IX und § 74 SGB V angesprochene stufenweise Wiedereingliederung herrscht.[26] So sehen sich sowohl wiedereingliedernde Arbeitgeber als auch arbeitsunfähig erkrankte Arbeitnehmer, die sich bereits in einer Wiedereingliederungsmaßnahme befinden oder eine solche anstreben, vielfältigen (arbeits)rechtlichen Fragestellungen ausgesetzt.

Die vorliegende Arbeit möchte auf die in diesem Zusammenhang auftretenden arbeitsrechtlichen Fragen Antworten geben, indem in einem ersten Schritt kurz

---

[21] Vgl. *Badura/Schellschmidt/Vetter*, Fehlzeiten-Report 2006, S. 166.
[22] Vgl. *Badura/Schellschmidt/Vetter*, Fehlzeiten-Report 2006, S. 167.
[23] Vgl. *Badura/Schellschmidt/Vetter*, Fehlzeiten-Report 2006, S. 167.
[24] Vgl. *Badura/Schellschmidt/Vetter*, Fehlzeiten-Report 2006, S. 167.
[25] Vgl. *Badura/Schellschmidt/Vetter*, Fehlzeiten-Report 2006, S. 163.
[26] *Gagel/Schian*, Behindertenrecht 2006, 53, 53.

vorgestellt wird, welches Modell sich hinter § 28 SGB IX und § 74 SGB V verbirgt und welche Rechtsnatur ein Wiedereingliederungsverhältnis aufweist.
Alsdann erfolgt eine intensive Auseinandersetzung mit dem Problemkreis der „Freiwilligkeit der Wiedereingliederung". Dabei soll geklärt werden, ob in Unternehmen, in denen – im Gegensatz zu dem obigen Beispiel der Ford Werke GmbH – die stufenweise Wiedereingliederung bisher ein Schattendasein führt, eine arbeitgeberseitige Verpflichtung zu bejahen ist, eine Wiedereingliederungsmaßnahme durchzuführen.
Des Weiteren wollen die Parteien wissen, welche Rechte ihnen in Zeiten der stufenweisen Wiedereingliederung zustehen und welche Pflichten ihnen währenddessen auferlegt sind. Daher erfolgt eine genauere Untersuchung, ob etwaige Hauptleistungspflichten oder Nebenpflichten während dieser Phase existieren und – bejahendenfalls – um welche Pflichten es sich dabei handelt.
Besonderes Augemerk ist dabei auf die Frage zu legen, inwieweit eine Teilarbeits(un)fähigkeit besteht und ob Kriterien auffindbar sind, die eine genauere Bestimmung des Schicksals einzelner arbeitsvertraglicher Nebenpflichten ermöglichen. In diesem Zusammenhang wird ferner geklärt, ob dem Arbeitgeber ein Direktionsrecht auch während einer Wiedereingliederungsmaßnahme zugesprochen werden kann.
Von besonderer Bedeutung für die Arbeitsvertragsparteien ist aber nicht nur die Bestimmung einzelner Nebenpflichten, sondern auch die rechtliche Würdigung von Pflichtverletzungen in Zeiten der stufenweisen Wiedereingliederung. Die in diesem Zusammenhang auftretenden Auswirkungen sind daher ebenso Inhalt eines weiteren Abschnittes dieser Arbeit wie die auftretenden Haftungsfragen während der Wiedereingliederung.
Was aber passiert, wenn ein Arbeitgeber sich weigert, eine medizinisch notwendige und seitens des Arbeitnehmers gewünschte Wiedereingliederung durchzuführen? In einem solchen Fall sind mannigfaltige Rechtsfolgen und Maßnahmen sowohl auf individualrechtlicher als auch auf kollektivrechtlicher Ebene denkbar. Auf all diese Möglichkeiten geht der anschließende Abschnitt ein. Am Ende werden die dann noch offenen kollektivrechtlichen Fragen geklärt, bevor eine Schlussbetrachtung und eine Ergebnisdarstellung die vorliegende Arbeit abschließen.

§ 2 Modell, Funktion, Begründung und Rechtsnatur der Wiedereingliederung

Arbeits- und Sozialrecht sind vielfältig miteinander verknüpft, wobei häufig arbeitsrechtliche Institute Anknüpfungspunkte für sozialrechtliche Regelungen darstellen.[1] Der umgekehrte Fall, dass sozialrechtliche Normen arbeitsrechtliche Probleme bedingen, ist demgegenüber seltener anzutreffen.[2]
Ein Beispiel für letztere Konstellation ist § 74 SGB V. Hiernach soll der Arzt dann, wenn arbeitsunfähige Versicherte nach ärztlicher Feststellung in der Lage sind, ihre bisherige Tätigkeit teilweise verrichten zu können und durch eine stufenweise Wiederaufnahme ihrer Tätigkeit voraussichtlich besser wieder in das Erwerbsleben eingegliedert werden können, auf der Bescheinigung über die Arbeitsunfähigkeit Art und Umfang der möglichen Tätigkeit angeben.[3] Mit dieser Vorschrift hat der Gesetzgeber am 01.01.1989 erstmals eine gesetzliche Regelung zur stufenweisen Wiedereingliederung ins Leben gerufen.[4] Obwohl es sich hierbei um eine sozialrechtliche Norm handelt, greift die Vorschrift in das arbeitsrechtliche Verhältnis des Arbeitgebers und seines erkrankten Versicherten ein, ohne dieses Verhältnis abzuklären.[5] Das Gesetz fordert den Kassenarzt an dieser Stelle lediglich auf, einen Plan zu erstellen, wenn durch eine teilweise Beschäftigung die Möglichkeit besteht, Phasen der Arbeitsunfähigkeit erfolgreicher zu überwinden.[6]
Mittlerweile gilt die stufenweise Wiedereingliederung durch § 28 SGB IX über den Bereich der Krankenversicherung (SGB V) hinaus allgemein für das Rehabilitationsrecht.[7] Die Tatbestandsvoraussetzungen der Vorschrift sind kongruent mit denen des § 74 SGB V,[8] so dass die vorstehenden Ausführungen zu § 74 SGB V hier entsprechend gelten. § 28 SGB IX enthält für sämtliche Träger medizinischer Rehabilitationsleistungen die Möglichkeit, Versicherte bei einem Wiedereingliederungsversuch zu begleiten.[9] Mithin führen die Träger selbst keine stufenweise

[1] *Gitter*, SGb 1995, 5, 5.
[2] *Gitter*, SGb 1995, 5, 5.
[3] BAG v. 29.01.1992, 5 AZR 37/91, AP Nr. 1 zu § 74 SGB V, unter II.2.
[4] BGBl. 1988, S. 2500.
[5] *Brocke*, SGb 1990, 45, 45.
[6] *Gagel*, Forum B, Beitrag 4/2007, S. 5.
[7] Küttner-*Reinecke*, Personalbuch 2006, Rehabilitation (berufliche), 351 Rn. 8.
[8] Neumann/Pahlen/Majerski-Pahlen-*Majerski-Pahlen*, SGB IX, § 28 Rn. 1.
[9] HK-*Stähler*, SGB IX, § 28 Rn. 1.

Wiedereingliederung durch, sondern unterstützen diese Maßnahme allein in materieller Hinsicht.[10] Beispielsweise sieht § 51 Abs. 5 SGB IX die Zahlung eines Übergangsgeldes vor.[11]

Somit wird deutlich, dass weder § 28 SGB IX noch § 74 SGB V ein ausgefeiltes Konzept beinhaltet, so dass die mit diesen Normen zusammenhängenden Einzelheiten in Bezug auf eine Wiedereingliederungsmaßnahme Rechtsprechung und Wissenschaft überlassen wurden.[12] Es verwundert daher nicht, dass sich, insbesondere bis Mitte der neunziger Jahre, zahlreiche arbeits- und sozialrechtliche Autoren[13] mit dem Modell der stufenweisen Wiedereingliederung beschäftigt haben. Aus dieser Zeit, genauer gesagt aus dem Jahre 1995, stammen mit *Beckers*[14] und *Zwades*[15] Arbeiten auch zwei Dissertationen zu diesem Themenkomplex.

Becker beschäftigt sich in ihrer Arbeit sehr ausführlich mit dem Gegenstand und dem Modell der Wiedereingliederung sowie mit den sozialrechtlichen Folgen dieser Maßnahme. Daneben setzt sie sich mit Fragen auseinander, die auch in der vorliegenden Untersuchung intensiv behandelt werden. In diesem Zusammenhang genannt seien beispielsweise der Rechtscharakter des Wiedereingliederungsverhältnisses, die Freiwilligkeit einer solchen Maßnahme oder auch der Inhalt dieses Rechtsverhältnisses. Allerdings müssen in Folge der Gesetzesänderungen seit der Fertigstellung der Arbeit *Beckers* zahlreiche Problembereiche neu hinterfragt werden, wie zum Beispiel die Freiwilligkeit der Wiedereingliederung und die Rechtsfolgen im Falle unterlassener Wiedereingliederungsvorgänge.

Gleiches gilt für *Zwades* Arbeit. Auch er beschäftigt sich, neben den sozialrechtlichen, zwar auch mit den arbeitsrechtlichen Problemen der stufenweisen Wiedereingliederung. Allerdings ist auch seine Untersuchung auf dem Rechtsprechungs- und Gesetzesstand des Jahres 1995.

Die seit dieser Zeit verabschiedeten Gesetzesänderungen und ergangenen gerichtlichen Entscheidungen gingen demgegenüber einher mit einer bis heute andauernden Unsicherheit bezüglich des zutreffenden arbeitsrechtlichen Umganges mit der stufenweisen Wiedereingliederung. Insofern bedarf es in einigen Bereichen einer Neubewertung der von *Becker* und *Zwade* gefundenen Ergebnisse, wohingegen andere aktuellere Probleme und Lösungsansätze im Jahre 1995 mangels entsprechender Vorschriften noch gar nicht Gegenstand einer Untersuchung sein konnten.

---

[10] *Gagel*, Forum B, Beitrag 16/2006, S. 2 f.

[11] *Gagel*, Forum B, Beitrag 16/2006, S. 2, Fußnote 2.

[12] Vgl. *Gagel*, NZA 2001, 988, 989.

[13] Vgl. insbesondere *Compensis*, NZA 1992, 631, 631 ff.; *Gitter*, ZfA 1995, 123, 123 ff.; *von Hoyningen-Huene*, NZA 1992, 49, 49 ff.

[14] *Becker*, Wiedereingliederung, S. 1 ff.

[15] *Zwade*, Teilarbeitsfähigkeit, S. 1 ff.

Die aktuellen Unsicherheiten bezüglich der Wiedereingliederungsvorgänge zeigen nicht nur Beispiele aus der betriebsärztlichen Praxis, sondern auch neuere arbeitsgerichtliche Urteile.[16] Hierzu trägt sicherlich nicht zuletzt bei, dass zu diesem Problemkomplex erst eine geringe Zahl an Entscheidungen des *Bundesarbeitsgerichtes* vorliegen. In dem „Nachschlagewerk des Bundesarbeitsgerichts – Arbeitsrechtliche Praxis" finden sich bis Dezember 2007 lediglich drei Entscheidungen, die jüngste aus dem Jahre 1999. Zum Vergleich: § 613 a BGB ist in diesem Nachschlagewerk im genannten Zeitpunkt mit 322 Entscheidungen vertreten.

Auf der anderen Seite ist nicht nur eine immer größere Verbreitung des Instrumentes der stufenweisen Wiedereingliederung zu beobachten.[17] Vielmehr hat es seit Mitte der neunziger Jahre bedeutsame Gesetzesänderungen gegeben, die neue Antworten auf – vermeintlich geklärte – Fragen rund um die stufenweise Wiedereingliederung mit sich bringen. Nicht zuletzt machen neueste Entscheidungen[18] des *Bundesarbeitsgerichtes* zum Schwerbehindertenrecht und zum betrieblichen Eingliederungsmanagement nach § 84 Abs. 2 SGB IX eine Neubewertung bestimmter Rechtsfragen zum Thema stufenweise Wiedereingliederung notwendig.

A. Modell der stufenweisen Wiedereingliederung

Arbeitsrechtliche Bewertungen im Zusammenhang mit einer Wiedereingliederungsmaßnahme setzen voraus, sich zunächst Klarheit über das Modell dieser Maßnahme zu verschaffen.

Unter dem Begriff der stufenweisen Wiedereingliederung im Sinne des § 28 SGB IX/ § 74 SGB V ist die schrittweise Rückführung arbeitsunfähiger Arbeitnehmer in den Arbeitsprozess zu verstehen.[19] Eine solche Maßnahme kann von allen an einer stufenweisen Wiedereingliederung beteiligten Akteuren ins Leben gerufen werden, also beispielsweise von dem Arbeitgeber, dem erkrankten Arbeitnehmer, dem behandelnden Arzt oder dem Betriebsarzt und nicht zuletzt auch von den gesetzlichen Krankenkassen. Wird eine stufenweise Wiedereingliederung aus medizinischer Sicht durch eine Stellungnahme des behandelnden Arztes oder des Medizinischen Dienstes der Krankenversicherung (MDK) als im konkreten Fall sinnvolle Maßnahme eingestuft, und erklärt der arbeitsunfähige Rehabilitand sein Einverständnis

---

[16] Vgl. *Gagel/Schian*, Behindertenrecht 2006, 53, 53; *Gagel/M. Schian/H.-M. Schian*, Forum B, Beitrag 16/2006, S. 1.

[17] *Gagel/M. Schian/H.-M. Schian*, Forum B, Beitrag 16/2006, S. 1.

[18] Siehe beispielsweise BAG v. 13. 06. 2006, 9 AZR 229/05, NZA 2007, 91, 91 ff. sowie BAG v. 28.06.2007, 6 AZR 750/06, NZA 2007, 1049, 1049 ff.

[19] Vgl. *Compensis*, NZA 1992, 631, 631.

zu der Durchführung einer Wiedereingliederung, sind zwei Konstellationen denkbar.[20]

In beiden Fällen klärt zunächst der Rehabilitationsträger oder der Versicherte mit dem Arbeitgeber, dem Betriebsarzt sowie gegebenenfalls dem Betriebsrat die Möglichkeiten der Wiedereingliederung.[21] Lehnt nunmehr der Arbeitgeber eine stufenweise Wiedereingliederung ab, so ist der Versuch der schrittweisen Rückkehr in das Erwerbsleben (zunächst einmal) gescheitert.[22] Willigt der Arbeitgeber demgegenüber in die Durchführung einer stufenweisen Wiedereingliederung ein, wird von dem behandelnden Arzt, regelmäßig unterstützt durch den Betriebsarzt, ein Wiedereingliederungsplan erstellt.[23]

Die Umsetzung einer stufenweisen Wiedereingliederung erfordert also eine besondere Vereinbarung mit dem Arbeitgeber.[24] Dagegen kommt den Sozialleistungsträgern primär die Aufgabe zu, die Durchführung dieser Maßnahme, insbesondere durch Zahlung von Krankengeld, zu finanzieren.[25]

Neben diesem finanziellen Aspekt ist der Wiedereingliederungsplan die entscheidende Komponente für den Erfolg einer stufenweisen Wiedereingliederung. Ein solcher Plan regelt die Einzelheiten des Ablaufes der schrittweisen und schonenden Arbeitsaufnahme. Er soll so gestaltet werden, dass die Wiedereingliederungsphase nicht weniger als sechs Wochen und maximal sechs Monate dauert und im Erfolgsfall mit der vollen Arbeitsaufnahme endet.[26] Während dieser Zeit wird der arbeitsunfähige Rekonvaleszent dem Wiedereingliederungsplan entsprechend bei seinem Arbeitgeber beschäftigt und regelmäßig von dem behandelnden Arzt untersucht.[27] Der Wiedereingliederungsplan sieht vor, den Rehabilitanden zu Beginn der Wiedereingliederung mit, im Vergleich zu seiner arbeitsvertraglich geschuldeten Tätigkeit, in qualitativer und/oder in quantitativer Hinsicht reduzierten Aufgaben zu betrauen. Ein in Folge eines Rückenleidens arbeitsunfähiger Lagerarbeiter, der laut seinem Arbeitsvertrag eine achtstündige, sowohl stehende als auch sitzende Tätigkeit schuldet, wird im Rahmen einer Wiedereingliederung beispielsweise die ersten zwei Wochen nur rein sitzende Tätigkeiten und diese auch lediglich vier Stunden

---

[20] Vgl. BAR, Schriftenreihe, Heft 8, S. 24.

[21] Vgl. BAR, Schriftenreihe, Heft 8, S. 24.

[22] Vgl. BAR, Schriftenreihe, Heft 8, S. 24.

[23] Vgl. BAR, Schriftenreihe, Heft 8, S. 24.

[24] *Gagel/Schian*, Behindertenrecht 2006, 53, 54.

[25] *Gagel/Schian*, Behindertenrecht 2006, 53, 54.

[26] Vgl. BAR, Schriftenreihe, Heft 8, S. 30.

[27] Vgl. Richtlinie Nr. 30 alter Fassung, Bundesarbeitsblatt 11/1991, S. 30.; nunmehr Nr. 5 der Anlage zu den AU-Richtlinien neuer Fassung vom 01.12.2003 (Richtlinie des Gemeinsamen Bundesausschusses nach § 92 Abs. 1 S. 2 Nr. 7 SGB V), abgedruckt im Bundesanzeiger Nr. 61/2004, S. 6501, 6502.

täglich verrichten. Erst im Laufe der (erfolgreichen) Wiedereingliederung wird dieses Arbeitspensum schonend erhöht.
Dabei ist der ursprüngliche Wiedereingliederungsplan den ärztlichen Untersuchungsergebnissen stets anzupassen, so dass nicht nur die Verkürzung oder Verlängerung der Wiedereingliederung denkbar ist, sondern sogar deren vorzeitiger Abbruch.[28] Insofern wird der Wiedereingliederungsplan durch ein dynamisches Element gekennzeichnet.

B. Funtion der Wiedereingliederung

Gedanken zum Modell der stufenweisen Wiedereingliederung sind jedoch nur erste Vorüberlegungen, die für eine zutreffende Erörterung abeitsrechtlicher Frage rund um die Wiedereingliederungsmaßnahme anzustellen sind. Wiedereingliederungsvorgänge rechtlich zutreffend würdigen zu können, setzt in einem zweiten Schritt voraus, sich auch über die Funktion einer solchen Maßnahme Klarheit verschafft zu haben.
Die stufenweisse Wiedereingliederung dient zum einen dazu, Arbeitsunfähige nach länger andauernder Krankheit schrittweise an die volle Arbeitsbelastung heranzuführen und ihnen so den Übergang zur vollen Berufstätikeit zu erleichtern.[29] Sie erfolgt also aus therapeutischen Gründen.[30] Dem Arbeitsunfähigen soll die Möglichkeit gegeben werden, seine berufliche Belastbarkeit kennen zu lernen, Selbstsicherheit wiederzugewinnen und die Angst vor Überforderung und einem Krankheitsrückfall abzubauen.[31] Durch eine stufenweise Wiedereingliederung wird das Ziel verfolgt, dass der Arbeitnehmer dem Arbeitsprozess und damit auch seinem Arbeitgeber schneller zur Verfügung steht als ohne die Maßnahme.[32] Insofern spielen therapeutische Gründe bei dem Prozeß der Wiedereingliederung eine entscheidende Rolle.[33] Hierin erschöpft sich die Funktion der Wiedereingliederung allerdings nicht. Zweck der Wiedereingliederung ist nicht allein die schrittweise berufliche Rehabilitation des Arbeitsunfähigen im Interesse der Arbeitsvertragspar-

---

[28] Vgl. Vgl. Richtlinie Nr. 30 alter Fassung, Bundesarbeitsblatt 11/1991, S. 30.; nunmehr Nr. 5 der Anlage zu den AU-Richtlinien neuer Fassung vom 01.12.2003 (Richtlinie des Gemeinsamen Bundesausschusses nach § 92 Abs. 1 S. 2 Nr. 7 SGB V), abgedruckt im Bundesanzeiger Nr. 61/2004, S. 6501, 6502.
[29] BAR, Schriftenreihe, Heft 8, S. 11; *Schaaf*, SGb 1993, 506, 506.
[30] BAR, Schriftenreihe, Heft 8, S. 11.
[31] BAR, Schriftenreihe, Heft 8, S. 11.
[32] *Schaaf*, SGb 1993, 506, 506.
[33] BAG v. 29.01.1992, 5 AZR 37/91, AP Nr. 1 zu § 74 SGB V, unter II.3; *von Hoyningen-Huene*, NZA 1992, 49, 50.

teien.[34] Vielmehr ist mit dieser Maßnahme gleichzeitig eine sozialversicherungsrechtliche Funktion verknüpft.[35] Die stufenweise Widereingliederung soll nämlich auch zu einer Entlastung der Sozialversicherung führen, indem zunächst die Wiedereingliederung als Selbsthilfeform genutzt werden soll, bevor es zu einer die Sozialsysteme belastenden Arbeitslosigkeit kommt.[36] Dieses Subsidiaritätsprinzip, das beispielsweise in § 2 Abs. 1 BSHG zum Ausdruck kommt, wird durch die stufenweise Wiedereingliederung realisiert.[37]
Die stufenweise Wiedereingleiderung hat demzufolge eine doppelte Funktion.[38] Mit ihr soll zum einen die berufliche Rehabilitation des arbeitsunfähigen Arbeitnehmers erreicht werden. Daneben soll diese Maßnahme außerdem dazu dienen, das sozialversicherungsrechtliche Subsidiaritätsprinzip zu stärken.

C. Rechtscharakter des Wiedereingliederungsverhältnisses

Auf Grundlage des Wiedereingliederungsplanes sollen die arbeitsunfähigen Arbeitnehmer schrittweise in das Arbeitsleben zurückgeführt werden. Hierdurch entsteht zwischen dem Arbeitgeber und seinem Rekonvaleszenten ein Wiedereingliederungsverhältnis. Von besonderem Interesse ist dabei seit jeher, welche Rechtsnatur ein solches Wiedereingliederungsverhältnis aufweist. Nur nach einer zutreffenden Bestimmung des Rechtscharakters einer Wiedereingliederungsmaßnahme sind die weiteren arbeitsrechtlichen Probleme rund um das Thema stufenweise Wiederreingliederung zutreffend zu würdigen. So hängen beispielsweise die Fragen, ob eine Pflicht zur Wiedereingliederung besteht, welche Nebenpflichten während der Wiedereingliederungsphase existieren und wie etwaige Pflichtverletzungen kündigungsrechtlich zu würdigen sind, entscheidend von der Rechtsnatur des Wiedereingliederungsverhältnisses ab.

I. Das Wiedereingliederungsverhältnis als Gefälligkeitsverhältnis

Vielfach[39] wird die die Einleitung und Durchführung einer stufenweisen Wiedereingliederung als freiwilliger Akt eingestuft. Weder der Arbeitgeber noch sein ar-

---

[34] *Compensis*, NZA 1992, 631, 632.
[35] *Compensis*, NZA 1992, 631, 632.
[36] *Compensis*, NZA 1992, 631, 632.
[37] *Von Hoyningen-Huene*, NZA 1992, 49, 50.
[38] Darauf weist *Compensis*, NZA 1992, 631, 632, überzeugend hin.
[39] BAG v. 29.01.1992, 5 AZR 37/91, AP Nr. 1 zu § 74 SGB V, unter II.2.; grundsätzlich auch LAG Rheinland-Pfalz v. 04.03.2005, 12 Sa 566/04, NZA-RR 2005, 568, 569 ff.; *Boemke*, AR-Blattei

beitsunfähiger Arbeitnehmer könne zu einer solchen Maßnahme gezwungen werden. Dieses Verständnis legt den Schluss nahe, das Wiedereingliederungsverhältnis als bloßes Gefälligkeitsverhältnis einzuordnen.[40]

1. Gefälligkeitsverhältnisse versus vertragliche Schuldverhältnisse

Ein Gefälligkeitsverhältnis stellt kein Schuldverhältnis im Rechtssinne dar und führt mithin auch zu keinen Rechtsbedingungen der Parteien.[41] Bei Gefälligkeitsverhältnissen handelt es sich um Beziehungen auf einer Grundlage, deren Verbindlichkeit nicht auf rechtlichen, sondern auf außerrechtlichen Verhaltensnormen beruht.[42] Im Rahmen von Gefälligkeitsverhältnissen ist das Wort Gefälligkeit folglich als unverbindliche Leistungserbringung zu verstehen.[43]

Demgegenüber ist für vertragliche Schuldverhältnisse die Rechtsbindung der Parteien als Folge einer entsprechenden Willensbildung wesentlich.[44] Wenigstens eine an einem Schuldverhältnis beteiligte Person muss gegenüber einer anderen rechtlich zu einem Tun oder Unterlassen verpflichtet sein.[45]

2. Abgrenzungskriterien

Es stellt sich daher die Frage, ob die vielfach[46] bejahte Freiwilligkeit der Wiedereingliederung allein ausreicht, diese Maßnahme als Gefälligkeitsverhältnis einzustufen. Eine diesbezügliche Antwort erfordert ein taugliches Abgrenzungskriterium des Gefälligkeitsverhältnisses von einem vertraglichen Schuldverhältnis.

Überzeugenderweise richtet sich eine solche Abgrenzung danach, ob die Parteien ihre Abrede mit Rechtsbindungswillen getroffen haben oder nicht.[47] Ein Rechts-

---

ES 1000 Nr. 186, S. 4; *Compensis*, NZA 1992, 631, 633; Figge-*Minn*, Sozialversicherung, 2.2.3.9, S. 87; *Geyer/Knorr/Krasney*, Entgeltfortzahlung, P, 403 f. Rn. 2 und Rn. 6 f.; *Gussone*, AiB 1996, 5, 12; KassKomm-*Hess*, § 74 SGB V Rn. 3; Kittner/Zwanziger-*Kittner*, ArbR, § 5 Rn. 197; Küttner-*Reinecke*, Personalbuch 2006, Rehabilitation (berufliche), 351 Rn. 9; Moll-*Kolvenbach/Glaser*, MAH Arbeitsrecht, § 22 Rn. 26; Schaub-*Linck*, ArbR-Hdb., § 98 Rn. 18; *Schmidt*, NZA 2007, 893, 894; SKP-*Krauskopf*, § 74 SGB V Rn. 4; *von Hoyningen-Huene*, NZA 1992, 49, 50; Wannagat-*Lindemann*, § 74 SGB V Rn. 3; *Zwade*, Teilarbeitsfähigkeit, S. 122.

40 Vgl. *Gitter*, ZfA 1995, 123, 132.

41 *Gitter*, ZfA 1995, 123, 132.

42 Erman-*H. P. Westermann*, Einl § 241 Rn. 16.

43 Staudinger-*Olzen*, § 241 Rn. 72.

44 Staudinger-*Olzen*, § 241 Rn. 72.

45 Vgl. BGH v. 13.02.1957, IV ZR 183/56, BGHZ 23, 293, 300; MünchKommBGB-*Kramer*, Bd. 2, Einl. Rn. 30.

46 Siehe die Nachweise in § 2, Fußnote 39.

47 BGH v. 22.06.1956, I ZR 198/54, BGHZ 21, 102, 106; BGH v. 02.07.1968, VI ZR 135/67, NJW 1968, 1874, 1874; MünchKommBGB-*Kramer*, Bd. 2, Einl. Rn. 30; Palandt-*Heinrichs*, Einl v § 241 Rn. 7; Bork, AT, § 17 Rn. 676; kritisch zum Kriterium des Rechtsbindungswillens dagegen *Flume*, AT II, § 7, S. 90 ff.

bindungswille ist zu bejahen, wenn der Leistungsempfänger aus dem Handeln des Leistenden unter den gegebenen Umständen nach Treu und Glauben mit Rücksicht auf die Verkehrssitte einen solchen Willen annehmen musste.[48] Die Beantwortung der Frage, ob eine Partei im konkreten Fall mit Rechtsbindungswillen agiert hat oder nicht, muss durch Auslegung beantwortet werden.[49] Entscheidend sind dabei die Umstände des Einzelfalles.[50]

Hierbei stellen die Kriterien der Uneigennützigkeit und Unentgeltlichkeit erste Ansatzpunkte gegen einen Rechtsbindungswillen dar.[51] Dass diese Begriffe jedoch noch keine endgültige Entscheidungskraft besitzen können, zeigen die Gefälligkeitsverträge der §§ 521, 599, 662 und 690 BGB, bei denen der Rechtsbindungswille trotz Fremdnützigkeit und Unentgeltlichkeit vorliegt.[52]

Demzufolge bedarf es weiterer tauglicher Merkmale zur Abgrenzung des Gefälligkeitsverhältnisses von einem vertraglichen Schuldverhältnis. Solche Abgrenzungskriterien können überzeugender Weise in der Art, dem Grund und Zweck der Gefälligkeit sowie der Interessenlage gesehen werden.[53] Von einer vertraglichen Bindung ist demnach auszugehen, wenn ersichtlich bedeutende wirtschaftliche Interessen für den Leistungsempfänger auf dem Spiel stehen und er sich erkennbar auf die Zusage verlässt.[54] Aber auch ein Eigeninteresse des Leistenden an einer gewährten Hilfe lässt regelmäßig den Schluss auf dessen Rechtsbindungswillen zu.[55]

Erörterungsbedürftig ist daher, welche Konsequenzen die Anwendung dieser Rechtsgrundsätze auf die hier beschäftigende Frage nach der Rechtsnatur des Wiedereingliederungsverhältnisses hat.

a) Die Kriterien der Uneigennützigkeit und der Interessenlage

Bezüglich des Kriteriums der Uneigennützigkeit wird im Zusammenhang mit einer Wiedereingliederung vorgebracht, das Vorliegen dieses Merkmales sei bei einer solchen Maßnahme zweifelhaft, weil die stufenweise Wiedereingliederung zwar

---

[48] BGH v. 22.06.1956, I ZR 198/54, BGHZ 21, 102, 106 f.; BGH v. 17.05.1971, VII ZR 146/69, NJW 1971, 1404, 1405.

[49] Vgl. *Bork*, AT, § 17 Rn. 677.

[50] MünchKommBGB-*Kramer*, Bd. 2, Einl. Rn. 33.

[51] Vgl. Staudinger-*Olzen*, § 241 Rn. 85.

[52] Vgl. Palandt-*Heinrichs*, Einl v § 241 Rn. 7.

[53] BGH v. 22.06.1956, I ZR 198/54, BGHZ 21, 102, 107; Palandt-*Heinrichs*, Einl v § 241 Rn. 7.

[54] Vgl. BGH v. 17.05.1971, VII ZR 146/69, NJW 1971, 1404, 1405; Bamberger/Roth-*Grüneberg/ Sutschet*, BGB, § 241 Rn. 18.

[55] BGH v. 22.06.1956, I ZR 198/54, BGHZ 21, 102, 107.

nicht primär, aber doch auch im Interesse des gefälligen Arbeitgebers liege.[56] Diese Aussage ist jedoch in ihrer Allgemeinheit diskussionswürdig.
Zuzustimmen ist ihr insoweit, als dass die Wiedereingliederung bestimmten Personen beziehungsweise Institutionen Vorteile bringt. Für den Arbeitnehmer bietet sie die Möglichkeit, nach einer Zeit längerer Arbeitsunfähigkeit schonend in den Arbeitsprozess integriert zu werden und seine Belastbarkeit zu testen.[57] Demzufolge legt die Wiedereingliederung für den Arbeitnehmer einen wichtigen Grundstein auf dem Weg zurück in das Arbeitsleben. Sie stellt die entscheidende Weiche zur Wiedererlangung regelmäßigen Arbeitseinkommens und der damit einhergehenden wirtschaftlichen Sicherung. Daneben ist die stufenweise Wiedereingliederung ein wichtiges Instrument, Kosten im Gesundheitswesen zu begrenzen und somit die Träger der Sozialversicherung zu entlasten.[58]
Ob dagegen die Wiedereingliederung in jedem Fall auch dem Arbeitgeber Vorteile bringt und in Folge dessen das Kriterium der Uneigennützigkeit abzulehnen ist, erscheint zweifelhaft. Sicherlich ist der Arbeitgeber daran interessiert, Spezialisten und hoch qualifizierte Mitarbeiter, die schwerlich zu ersetzen sind, schrittweise in das Arbeitsleben zurückzuführen. Anders wird es sich dagegen nicht selten bei Mitarbeitern verhalten, die standardisierte Tätigkeiten ausführen oder für die auf dem Arbeitsmarkt ein Arbeitskräfteüberhang besteht. Diese Mitarbeiter sind für den Arbeitgeber unschwer ersetzbar, so dass er aus wirtschaftlichen Überlegungen geneigt sein mag, eine Neueinstellung mit kurzer Einarbeitungsphase der Wiedereingliederung mit dem Risiko ihres Misslingens vorzuziehen. Hier zeigt sich, dass gerade in Zeiten hoher Arbeitslosigkeit die Einstufung der Wiedereingliederung als Gefälligkeitsverhältnis nicht generell mit dem Argument der Uneigennützigkeit abgelehnt oder befürwortet werden kann. Die gleiche Ungewissheit herrscht hinsichtlich der Frage, ob der Arbeitgeber ein wirtschaftliches Interesse an der stufenweisen Wiedereingliederung hat. Auch hier ist stets der Einzelfall entscheidend, so dass sowohl das Kriterium der Uneigennützigkeit als auch das wirtschaftliche Interesse der Beteiligten keine klare Orientierung hinsichtlich der zutreffenden Bestimmung des Rechtscharakters einer Wiedereingliederungsmaßnahme zu liefern vermag.

b) Grund und Zweck der Gefälligkeit

Mithin sind zur Abgrenzung des Gefälligkeitsverhältnisses von einem vertraglichen Schuldverhältnis weitere Faktoren heranzuziehen. Insoweit könnten der Grund und

[56] *Gitter*, ZfA 1995, 123, 132 f.
[57] Vgl. *Karlsfeld*, ArbRB 2002, 278, 278.
[58] Vgl. *Kohte*, Anm. zu LArbG Mainz v. 04.03.2005, 12 Sa 566/04, jurisPR-ArbR, 21/2006, Anm. 4, C und D.

Zweck der Gefälligkeit eine eindeutigere Ergebnisfindung ermöglichen. Sinn und Zweck der stufenweisen Wiedereingliederung ist die langsame und behutsame Integration in den Arbeitsprozess.[59] Die Wiedereingliederung soll arbeitsunfähige Versicherte nach länger andauernder Krankheit schrittweise an die volle Arbeitsbelastung am alten Arbeitsplatz heranführen.[60] Eine solch behutsame Wiedereingliederung wäre nicht erfolgreich umsetzbar, würde das Wiedereingliederungsverhältnis als bloßes Gefälligkeitsverhältnis eingeordnet werden. Bei Annahme eines Gefälligkeitsverhältnisses blieben nämlich sämtliche Nebenpflichten aus dem ruhenden Arbeitsverhältnis während der Wiedereingliederung von vornherein unberücksichtigt,[61] da aus Gefälligkeitsverhältnissen nur Schadensersatzpflichten aus unerlaubter Handlung entstehen können.[62]
Weder lässt sich, entgegen anders[63] lautenden Stimmen, eine Vertrauenshaftung durch sozialen Kontakt konstruieren, noch ändert § 311 Abs. 2 BGB etwas an dem vorstehenden Ergebnis.[64] Eine Vertrauenshaftung durch sozialen Kontakt ist in Folge ihrer Konturenlosigkeit abzulehnen.[65] Darüber hinaus entsteht bei reinen Gefälligkeitsverhältnissen richtigerweise kein Schuldverhältnis gemäß § 311 Abs. 2 BGB.[66] Ein Verhältnis, das in Folge des fehlenden Rechtsbindungswillens als Gefälligkeitsverhältnis eingestuft wird, kann nicht gleichzeitig einen Bezug zu Vertragsverhandlungen oder der Vertragsanbahnung im Sinne des § 311 Abs. 2 BGB haben.[67] Sofern die Wiedereingliederung als Gefälligkeitsverhältnis eingestuft werden sollte, blieben mithin alle arbeitsrechtlichen Nebenpflichten wirkungslos.[68] Dies hätte zur Folge, dass der Rekonvaleszent weniger Schutz genießen würde als seine gesunden Kollegen. Eine solche Sichtweise widerspräche dem Zweck der Wiedereingliederung, wonach der arbeitsunfähige Arbeitnehmer behutsam, also rücksichtsvoll, wieder in den Arbeitsprozess eingegliedert werden soll. Das Kriterium der Behutsamkeit würde ohne jegliche arbeitgeberseitige Nebenpflicht konterkariert. Vielmehr ist der Fortbestand zumindest gewisser, den Rekonvaleszenten schützenden Nebenpflichten Grundvoraussetzung für eine schonende und damit erfolgreiche Wiedereingliederung.

---

[59] *Schaaf*, SGb 1993, 506, 506.
[60] BAR, Schriftenreihe, Heft 8, S. 11.
[61] In diese Richtung gehend wohl auch *Gitter*, ZfA 1995, 123, 133, der die Wirkung dieser Nebenpflichten im Falle eines Gefälligkeitsverhältnisses zumindest als „problematisch" einstuft.
[62] Vgl. OLG Köln v. 05.10.1971, 15 U 78/71, OLGZ 1972, 213, 215; Bamberger/Roth-*Grüneberg/Sutschet*, BGB, § 241 Rn. 23; *Krebber*, VersR 2004, 150, 150.
[63] MünchKommBGB-*Kramer*, Bd. 2, Einl. Rn. 42.
[64] Vgl. *Krebber*, VersR 2004, 150, 156.
[65] Vgl. Bamberger/Roth-*Grüneberg/Sutschet*, BGB, § 241 Rn. 23.
[66] *Krebber*, VersR 2004, 150, 156.
[67] In diesem Sinne auch überzeugend *Krebber*, VersR 2004, 150, 155 f.
[68] Vgl. *Gitter*, ZfA 1995, 123, 133.

Schließlich würde die Einordnung der Wiedereingliederungsmaßnahme als Gefälligkeitsverhältnis noch aus einem weiteren Grund dem Zweck der Wiedereingliederung entgegenstehen. Während derjenige, der auf Grund eines Arbeitsverhältnisses betrieblich veranlasste Arbeiten ausführt, in den Genuss der beschränkten Arbeitnehmerhaftung kommt,[69] haftet der Gefällige grundsätzlich auch für einfache Fahrlässigkeit.[70] Die arbeitsrechtlichen Haftungsbeschränkungen sind auf ein Gefälligkeitsverhältnis nicht übertragbar.[71] Würde das Wiedereingliederungsverhältnis als Gefälligkeitsverhältnis angesehen werden, müsste der Rehabilitand für jede Art von Fahrlässigkeit haften. Dies könnte für den arbeitsunfähigen Arbeitnehmer mit ruinösen Konsequenzen einhergehen. Ein wiedereinzugliedernder Schlosser, der eine Maschine im Wert von mehreren Millionen Euro falsch bedient und so einen Schaden in sechsstelliger Höhe verursacht, wäre schon im Falle leicht fahrlässigen Verhaltens verpflichtet, den Schaden vollständig zu ersetzen – ein Ergebnis, das mit einer behutsamen Wiedereingliederung unvereinbar ist.
Mithin sprechen sowohl der Grund als auch der Zweck einer Wiedereingliederung dagegen, diese Maßnahme als bloßes Gefälligkeitsverhältnis einzustufen. Eine medizinische Maßnahme, die ohne Beachtung aller arbeitsrechtlicher Nebenpflichten sowie ohne Berücksichtigung der beschränkten Arbeitnehmerhaftung durchgeführt werden könnte, wäre mit arbeitsrechtlichen und therapeutischen Gesichtspunkten nicht in Einklang zu bringen. Es handelt sich daher bei der stufenweisen Wiedereingliederung nicht um ein Gefälligkeitsverhältnis, sondern um ein vertragliches Schuldverhältnis.

II. Bereicherungsrechtliches Schuldverhältnis

Mit dieser Feststellung ist auch der Überlegung, das Wiedereingliederungsverhältnis als bereicherungsrechtliches Schuldverhältnis anzusehen, eine Absage erteilt. Einerseits stellt die Vereinbarung zwischen dem Rehabilitanden und seinem Arbeitgeber, ein Wiedereingliederungsverhältnis zu begründen, einen Rechtsgrund dar.[72] Darüber hinaus fehlt es an einer Leistung des einzugliedernden Arbeitnehmers gegenüber seinem Arbeitgeber, da ersterer seine Tätigkeit allein aus therapeutischen Gründen ausübt.[73]

---

[69] Vgl. Schaub-*Linck*, ArbR-Hdb., § 53 Rn. 42.
[70] *Von Hoyningen-Huene*, NZA 1992, 49, 51.
[71] *Von Hoyningen-Huene*, NZA 1992, 49, 51.
[72] Vgl. *Gitter*, SGb 1995, 5, 8.
[73] Vgl. *Gitter*, SGb 1995, 5, 8.

Auch wenn oben[74] bereits die vertragliche Struktur der Wiedereingliederung festgestellt wurde, bedarf es in einem weiteren Schritt der genaueren Klassifizierung dieses Vertragsverhältnisses. Einige wollen in dem Wiedereingliederungsverhältnis die Fortsetzung des bestehenden Arbeitsverhältnisses in modifiziertem beziehungsweise eingeschränktem Umfang sehen.[75]
Die Rechtsprechung[76] sowie das ganz überwiegende Schrifttum[77] stufen demgegenüber das Wiedereingliederungsverhältnis als Rechtsverhältnis eigener Art (sui generis) im Sinne des jetzigen § 311 Abs. 1 BGB[78] ein, das eigenständig neben den fortbestehenden Arbeitsvertrag tritt. Es stellt sich daher die Frage, ob das Wiedereingliederungsverhältnis tatsächlich überzeugend – entgegen der überwiegenden Meinung – als bloße Fortführung des bestehenden Arbeitsverhältnisses in lediglich eingeschränktem Umfang einzuordnen ist.[79]

1. Wortlautgesichtspunkte

Ein Argument für die Klassifizierung des Wiedereingliederungsverhältnisses als modifiziertes ursprüngliches Arbeitsverhältnis könnte in dem Wortlaut des § 74 SGB V gesehen werden. Danach soll der arbeitsunfähig Versicherte nach ärztlicher Feststellung im Rahmen der Wiedereingliederung seine bisherige Tätigkeit teilweise verrichten. Der Normtext geht also scheinbar davon aus, dass der Arbeitnehmer auch bei der schrittweisen Rückkehr in das Arbeitsleben weiterhin seine alte Arbeitsleistung, wenn auch nur teilweise, schuldet. Hieraus den Schluss ziehen zu wollen, dieser Hinweis auf die bisherige Tätigkeit spreche für eine Fortführung des bestehenden Arbeitsvertrages in eingeschränktem Umfang, vermag indes bei ge-

---

[74] Siehe oben unter § 2.C.I.2.b).

[75] *Glaubitz*, NZA 1992, 402, 402; *derselbe*, Krankheit, S. 136, 141; RGRK-*Matthes*, § 616 Rn. 77; bei mehr als halbtägiger Beschäftigung des Arbeitnhmers ebenfalls *Wank*, BB 1992, 1993, 1998.

[76] BAG v. 29.01.1992, 5 AZR 37/91, AP Nr. 1 zu § 74 SGB V, unter II.3.; BAG v. 28.07.1999, 4 AZR 192/98, AP Nr. 3 zu § 74 SGB V, unter 1.a).aa).; LAG Berlin v. 27.06.1990, 13 Sa 40/90, LAG-E 47, Nr. 5 zu § 611 BGB, S. 2 ff.

[77] ArbR BGB-*Schliemann*, § 611 Rn. 240; *Becker*, Wiedereingliederung, S. 76 ff. und S. 209; *Boemke*, AR-Blattei ES 1000 Krankheit des Arbeitnehmers Nr. 186, S. 4; *Compensis*, NZA 1992, 631, 633; *Gagel*, NZA 2001, 988, 989; *Gitter*, ZfA 1995, 123, 131 und 133 ff.; *Hitzfeld*, DS Wiese, S. 55, 57; HWK-*Schliemann*, § 3 EFZG Rn. 55; *Karlsfeld*, ArbRB 2002, 278, 279; Küttner-*Reinecke*, Personalbuch 2006, Rehabilitation (berufliche), 351 Rn. 10; Moll-*Kolvenbach/ Glaser*, MAH Arbeitsrecht, § 22 Rn. 26; SKP-*Krauskopf*, § 74 SGB V Rn. 4; *von Hoyningen-Huene*, NZA 1992, 49, 52; *Zwade*, Teilarbeitsfähigkeit, S. 134 ff. und S. 145 f.

[78] Diese Norm entspricht dem § 305 BGB alter Fassung, vgl. Palandt-*Grüneberg*, § 311 Rn. 1.

[79] Eine solche Fortführung bejaht insbesondere *Glaubitz*, NZA 1992, 402, 402; vgl. außerdem die in § 2, Fußnote 75 benannten Vertreter.

nauerer Betrachtung nicht zu überzeugen. Vielmehr kommt dabei lediglich das Ziel der Wiedereingliederung zum Ausdruck, den Rekonvaleszenten in erster Linie an seinen alten Arbeitsplatz kontinuierlich wieder heranzuführen.[80] Es wird demzufolge durch den Wortlaut des § 74 SGB V allein auf den tatsächlichen Ort der Wiedereingliederung hingewiesen, der möglichst mit dem bisherigen Platz der Arbeit übereinstimmen soll. Demgegenüber sind hieraus keine Rückschlüsse auf die rechtliche Einordnung des Wiedereingliederungsverhältnisses zu schließen. Die rein formale Wortlautargumentation spricht somit nicht dafür, das Wiedereingliederungsverhältnis als bloße Abwandlung des bisherigen Arbeitsverhältnisses einzustufen.

2. Systematische Überlegungen

Des Weiteren ist zu prüfen, ob systematische Überlegungen zur Bestimmung der Rechtsnatur des Wiedereingliederungsverhältnisses hilfreich sind. Die in § 74 SGB V aufgeführte stufenweise Wiedereingliederung befindet sich innerhalb des SGB V im zweiten Abschnitt (Beziehungen zu Ärzten, Zahnärzten und Psychotherapeuten) des vierten Kapitels (Beziehungen der Krankenkassen zu den Leistungserbringern). Hier ist die Norm im Rahmen des ersten Titels zu finden. Dieser erste Titel befasst sich mit der Sicherstellung der vertragsärztlichen und vertragszahnärztlichen Versorgung. § 74 SGB V ist eingefügt zwischen Normen, die den Inhalt und den Umfang der kassenärztlichen Versorgung betreffen (§ 73 bis § 73 c SGB V) und solchen, die Pflichten der Kassenärztlichen Vereinigungen (§ 75 SGB V) beinhalten sowie die freie Arztwahl gewährleisten (§ 76 SGB V). Diese Stellung des § 74 SGB V im Gesetz könnte dazu führen, die Norm als rein formale Regelung zur Bestimmung eines ärztlichen Verfahrens einzustufen.[81] Die Frage kann an dieser Stelle jedoch offen bleiben, da die systematische Einbettung des § 74 SGB V jedenfalls keinerlei Hinweise bezüglich der an dieser Stelle allein interessierenden Rechtsnatur des Wiedereingliederungsverhältnisses zu liefern vermag. Gleiches gilt hinsichtlich der systematischen Stellung des § 28 SGB IX.

3. Sinn und Zweck der stufenweisen Wiedereingliederung

Entscheidende Bedeutung für eine zutreffende vertragliche Einordnung der stufenweisen Wiedereingliederung kommt somit dem Sinn und dem Zweck des § 28 SGB IX beziehungsweise des § 74 SGB V zu. Sollte die Wiedereingliederung tatsächlich ein modifiziertes Arbeitsverhältnis darstellen, so drängt sich zunächst die Frage auf, was genau unter dem Begriff des Arbeitsverhältnisses arbeitsrecht-

---

[80] Vgl. *Gitter*, ZfA 1995, 123, 131.
[81] *Brocke*, SGb 1990, 45, 46.

lich zu verstehen ist. Das durch den Arbeitsvertrag begründete Arbeitsverhältnis stellt ein zweiseitiges verpflichtendes Schuldverhältnis dar.[82] Der Arbeitsvertrag als Unterfall des Dienstvertrages (§§ 611 ff. BGB) ist seinerseits ein gegenseitiger Austauschvertrag.[83]

Der Hauptpflicht des Arbeitnehmers zur Arbeitsleistung steht die arbeitgeberseitige Verpflichtung gegenüber, die geleisteten Dienste entsprechend zu vergüten.[84] Erörterungsbedürftig ist daher, ob diese Hauptleistungspflichten mit dem Zweck der stufenweisen Wiedereingliederung überhaupt vereinbar sind. Nur im Falle der Bejahung dieser Fragestellung wäre es überhaupt denkbar, eine Wiedereingliederungsmaßnahme als modifiziertes ursprüngliches Arbeitsverhältnis einstufen.

Bei vordergründiger Betrachtung könnte die Auffassung vertreten werden, die Arbeitsunfähigkeit sei nur die Voraussetzung dafür, dass entweder von der Krankenkasse Krankengeld gezahlt werden müsse oder aber der Arbeitgeber zur Entgeltfortzahlung verpflichtet werden würde.[85] Demgegenüber wäre das Schicksal der Arbeitspflicht nach den allgemeinen Regeln des Bürgerlichen Gesetzbuches zu bewerten, womit der arbeitgeberseitige Anspruch auf Arbeitsleistung eventuell bestehen bliebe.[86] Konsequenterweise müsste bei einem solchen Verständnis die Wiedereingliederung als ein, wenn auch modifiziertes, Arbeitsverhältnis eingeordnet werden.[87]

Diese Ausführungen greifen jedoch an entscheidender Stelle zu kurz. Ziel des Wiedereingliederungsverhältnisses ist keine Arbeitsleistung im üblichen Sinne.[88] Die Wiedereingliederung soll als Rehabilitationsmaßnahme dem Arbeitnehmer vielmehr Gelegenheit bieten, seine Arbeitsfähigkeit wiederherzustellen.[89] Kennzeichnend für die stufenweise Wiedereingliederung ist somit der verfolgte berufliche und medizinische Rehabilitationszweck und nicht die für ein Arbeitsverhältnis maßgeblichen Austausch- oder Erwerbsziele.[90]

Eine solche Sichtweise erfährt auch durch die Begründung zu dem Regierungsentwurf des § 74 SGB V Unterstützung. Hiernach ist die stufenweise Wiederaufnahme der Beschäftigung während der Arbeitsunfähigkeit für den Kranken hilfreich.[91] Außerdem wird der therapeutische Ansatz der Wiedereingliederung dadurch be-

---

[82] Fachanwalt ArbR-*Kümpel*, Kapitel 1 Rn. 431.

[83] Schaub-*Linck*, ArbR-Hdb., § 29 Rn. 4.

[84] Fachanwalt ArbR-*Kümpel*, Kapitel 1 Rn. 431.

[85] Diese Argumentation vertritt *Glaubitz*, NZA 1992, 402, 402.

[86] So *Glaubitz*, NZA 1992, 402, 402.

[87] So *Glaubitz*, NZA 1992, 402, 402.

[88] ArbR BGB-*Schliemann*, § 611 Rn. 240.

[89] ArbR BGB-*Schliemann*, § 611 Rn. 240.

[90] Vgl. *Boemke*, AR-Blattei ES 1000 Nr. 186, S. 4; Kittner/Zwanziger-*Kittner*, ArbR, § 5 Rn. 197; SKP-*Krauskopf*, § 74 SGB V Rn. 1.

[91] BT-Drucksache 11/2237, S. 192.

stärkt, dass es dem Rekonvaleszenten überlassen bleibt, ob er seine Arbeitskraft teilweise einsetzen will oder aber nicht.[92] Dies verdeutlicht, dass bei § 74 SGB V Rehabilitationsaspekte und nicht die Sicherstellung der Erfüllung arbeitsvertraglicher Hauptleistungspflichten im Vordergrund stehen.[93]

Bestätigung finden die bisherigen Ausführungen durch die Richtlinien des Bundesausschusses der Ärzte und Krankenkassen über die Beurteilung der Arbeitsunfähigkeit und die Maßnahmen zur stufenweisen Wiedereingliederung.[94] Danach soll der erkrankte Arbeitnehmer schonend an die Belastungen seines Arbeitsplatzes herangeführt werden, um dabei seine Belastbarkeit allmählich steigern zu können.[95] Auch die vorgesehene regelmäßige ärztliche Untersuchung des Rekonvaleszenten mit der Möglichkeit, die Wiedereingliederung den Bedürfnissen des Arbeitnehmers anzupassen oder gar gänzlich abzubrechen, unterstreicht den therapeutischen Charakter des Wiedereingliederungsverhältnisses.[96]

Die Einordnung der stufenweisen Wiedereingliederung als Rechtsverhältnis eigener Art ist schließlich auch dadurch gerechtfertigt, dass mit Abschluss eines solchen Vertrages die Arbeitsunfähigkeit bezüglich des ursprünglichen Arbeitsverhältnisses bestehen bleibt.[97] Dagegen geht es bei der Tätigkeit im Rahmen der Wiedereingliederung nicht um eine (in Folge der Arbeitsunfähigkeit entfallene) Arbeitspflicht, sondern um therapeutische Gesichtspunkte. Das Wiedereingliederungsverhältnis ist im Gegensatz zum Arbeitsverhältnis von therapeutischen Aspekten geprägt.[98] Diesen therapeutischen Bedürfnissen wird nur ein Rechtsverhältnis eigener Art gerecht, das neben das ruhende Arbeitsverhältnis tritt.

Gegenstand der Tätigkeit des Rekonvaleszenten ist mithin nicht die vertraglich geschuldete Arbeitsleistung, sondern ein aliud.[99] Dem erkrankten Arbeitnehmer wird lediglich die Möglichkeit eröffnet, in der Praxis zu erproben, ob er durch eine

---

[92] BT-Drucksache 11/2237, S. 192.

[93] Vgl. LAG Berlin v. 27.06.1990, 13 Sa 40/90, LAG-E 47, Nr. 5 zu § 611 BGB, S. 4.

[94] Diese Richtlinien sind in ihrer alten Fassung abgedruckt in Bundesarbeitsblatt, 11/1991, S. 28 ff. Die neue Fassung der Richtlinien findet sich im Bundesanzeiger Nr. 61/2004, S. 6501, 6501 ff.

[95] Vgl. Richtlinie Nr. 26 alter Fassung, Bundesarbeitsblatt 11/1991, S. 29 f.; nunmehr Nr. 1 der Anlage zu den AU-Richtlinien neuer Fassung vom 01.12.2003 (Richtlinie des Gemeinsamen Bundesausschusses nach § 92 Abs. 1 S. 2 Nr. 7 SGB V), abgedruckt im Bundesanzeiger Nr. 61/2004, S. 6501, 6502.

[96] Vgl. BAG v. 29.01.1992, 5 AZR 37/91, AP Nr. 1 zu § 74 SGB V, unter II.3.; Richtlinie Nr. 30 alter Fassung, Bundesarbeitsblatt 11/1991, S. 30; nunmehr Nr. 5 der Anlage zu den AU-Richtlinien neuer Fassung vom 01.12.2003 (Richtlinie des Gemeinsamen Bundesausschusses nach § 92 Abs. 1 S. 2 Nr. 7 SGB V), abgedruckt im Bundesanzeiger Nr. 61/2004, S. 6501, 6502.

[97] *Gagel*, NZA 2001, 988, 989.

[98] *Gagel*, NZA 2001, 988, 989.

[99] BAG v. 29.01.1992, 5 AZR 37/91, AP Nr. 1 zu § 74 SGB V, unter II.3.; *von Hoyningen-Huene*, NZA 1992, 49, 52.

Tätigkeit die Wiederherstellung seiner Arbeitsfähigkeit erreichen kann.[100] Folglich erbringt der Arbeitnehmer während der Wiedereingliederung auch keine dem Arbeitsvertrag entsprechende Arbeitsleistung.[101] Vielmehr ruhen während der Wiedereingliederungszeit die arbeitsvertraglichen Hauptleistungspflichten.[102] Dieses Ruhen der Hauptleistungspflichten steht auch der Annahme entgegen, es handele sich bei der Wiedereingliederung um die Fortsetzung des Arbeitsverhältnisses in eingeschränktem Umfang.[103]

Indem die Wiedereingliederung durch Rehabilitationsgesichtspunkte geprägt wird, kann auch dem Vorwurf nicht beigepflichtet werden, bei einer solchen Sichtweise werde verkannt, dass die Beteiligung des Arbeitsgebers auf arbeitsrechtlicher Grundlage beruhe.[104] Vielmehr handelt es sich bei der Wiedereingliederung um eine Maßnahme, die nicht auf eine Arbeitsleistung im üblichen Sinne gerichtet ist,[105] sondern die dem Rekonvaleszenten schrittweise die Rückkehr in das Arbeitsleben ermöglichen soll. Die Beteiligung des Arbeitgebers findet ihre Grundlage daher in einer zusätzlichen Vereinbarung und nicht in dem Arbeitsverhältnis.

Zusammenfassend lässt sich demzufolge feststellen, dass es sich bei dem Wiedereingliederungsverhältnis richtigerweise um ein Rechtsverhältnis eigener Art (sui generis) im Sinne des § 311 BGB handelt, welches neben den fortbestehenden Arbeitsvertrag tritt.

4. Auflösend bedingtes Rechtsverhältnis eigener Art

Dieses Wiedereingliederungsverhältnis endet, sofern die Entwicklung des Arbeitnehmers deutlich hinter dem Wiedereingliederungsplan zurückbleibt oder aber die Arbeitsunfähigkeit erfolgreich überwunden wird,[106] so dass dieses Rechtsverhältnis eigener Art schließlich auch auflösend bedingt im Sinne des § 158 Abs. 2 BGB ist.[107]

---

[100] BAG v. 29.01.1992, 5 AZR 37/91, AP Nr. 1 zu § 74 SGB V, unter II.3.

[101] BAG v. 29.01.1992, 5 AZR 37/91, AP Nr. 1 zu § 74 SGB V, unter II.3.; LAG Berlin v. 27.06.1990, 13 Sa 40/90, LAG-E 47, Nr. 5 zu § 611 BGB, S. 6.

[102] *Hitzfeld*, DS Wiese, S. 55, 57.

[103] Vgl. *Gitter*, SGb 1995, 5, 8.

[104] So aber *Gunder*, ErsK 1992, 136, 141.

[105] *Hitzfeld*, DS Wiese, S. 55, 57.

[106] Vgl. Nr. 30 der AU-Richtlinien alter Fassung, Bundesarbeitsblatt 11/1991, S. 28, nunmehr Nr. 5 der Anlage zu den AU-Richtlinien neuer Fassung vom 01.12.2003 (Richtlinie des Gemeinsamen Bundesausschusses nach § 92 Abs. 1 S. 2 Nr. 7 SGB V), abgedruckt im Bundesanzeiger Nr. 61/2004, S. 6501, 6502.

[107] Vgl. *Gitter*, ZfA 1995, 123, 134 f.; *von Hoyningen-Huene*, NZA 1992, 49, 52; *Schmidt*, NZA 2007, 893, 895.

D. Freiwilligkeit der Wiedereingliederung

Mit der Einstufung des Wiedereingliederungsverhältnisses als ein Rechtsverhältnis eigener Art wurde in den vorstehenden Ausführungen all jenen Stimmen eine Absage erteilt, die das Wiedereingliederungsverhältnis als fortgeführtes Arbeitsverhältnis einstufen wollen. Aus dieser Sichtweise ergibt sich die weitere Konsequenz, dass die Begründung einer Wiedereingliederungsmaßnahme richtigerweise eine gesonderte Vereinbarung zwischen dem Arbeitgeber und seinem arbeitsunfähigen Arbeitnehmer voraussetzt.[108] Hierbei stellt sich allerdings die Frage, ob der Abschluss eines solchen Rechtsverhältnisses eigener Art im Belieben der Parteien steht oder ob nicht eine oder gar beide Vertragspartner verpflichtet sind, eine Wiedereingliederungsvereinbarung abzuschließen.

I. Bisherige Erklärungsansätze

Eine zutreffende diesbezügliche Erörterung erfordert in einem ersten Schritt eine nähere Untersuchung der bisher anzutreffenden Erklärungsansätze.

1. Wiedereingliederungsvereinbarung im Belieben der Parteien

Vielfach wird weder für den Arbeitgeber noch für den Arbeitnehmer eine Verpflichtung angenommen, ein Wiedereingliederungsverhältnis einzugehen.[109] Zur Begründung dieser Sichtweise kann die Privatautonomie ins Feld geführt werden. Sie ist wesentliches Strukturelement einer freiheitlichen Gesellschaftsordnung und gewährleistet die freie Vertragsgestaltung.[110] Die Auffassung, dass der Abschluss einer Wiedereingliederungsvereinbarung in das Belieben der Parteien gestellt sein müsse, bestätige außerdem der Wortlaut des § 74 SGB V („können").[111] Untermau-

---

[108] BAG v. 29.01.1992, 5 AZR 37/91, AP Nr. 1 zu § 74 SGB V, unter II.2.; Figge-*Minn*, Sozialversicherung, 2.2.3.9, S. 87; *Gitter*, ZfA 1995, 123, 131.

[109] BAG v. 29.01.1992, 5 AZR 37/91, AP Nr. 1 zu § 74 SGB V, unter II.2.; grundsätzlich auch LAG Rheinland-Pfalz v. 04.03.2005, 12 Sa 566/04, NZA-RR 2005, 568, 569 ff.; *Boemke*, AR-Blattei ES 1000 Nr. 186, S. 4; *Compensis*, NZA 1992, 631, 633; Figge-*Minn*, Sozialversicherung, 2.2.3.9, S. 87; *Geyer/Knorr/Krasney*, Entgeltfortzahlung, P, 403 f. Rn. 2 und Rn. 6 f.; *Gussone*, AiB 1996, 5, 12; KassKomm-*Hess*, § 74 SGB V Rn. 3; Kittner/Zwanziger-*Kittner*, ArbR, § 5 Rn. 197; Küttner-*Reinecke*, Personalbuch 2006, Rehabilitation (berufliche), 351 Rn. 9; Moll-*Kolvenbach/Glaser*, MAH Arbeitsrecht, § 22 Rn. 26; Schaub-*Linck*, ArbR-Hdb., § 98 Rn. 18; *Schmidt*, NZA 2007, 893, 894; SKP-*Krauskopf*, § 74 SGB V Rn. 4; *von Hoyningen-Huene*, NZA 1992, 49, 50; Wannagat-*Lindemann*, § 74 SGB V Rn. 3; *Zwade*, Teilarbeitsfähigkeit, S. 122.

[110] MünchKommBGB-*Müller-Glöge*, Bd. 4, § 611 Rn. 278.

[111] *Von Hoyningen-Huene*, NZA 1992, 49, 50.

ert werde die Freiheit des Arbeitnehmers, einer Wiedereingliederung zuzustimmen oder selbige abzulehnen, durch die Gesetzesmaterialien[112] zu § 74 SGB V.[113] Nach dem Willen des Gesetzgebers stehe es im Belieben des Rekonvaleszenten, ob er seine Arbeitskraft teilweise einsetzen wolle oder nicht.[114] Auf der anderen Seite sei auch der Arbeitgeber nicht verpflichtet, dem Rekonvaleszenten eine Rehabilitationsmaßnahme zu ermöglichen.[115] Dies werde durch die AU-Richtlinien[116] des Bundesausschusses der Ärzte und Krankenkassen über die Beurteilung der Arbeitsunfähigkeit und die Maßnahmen zur stufenweisen Wiedereingliederung deutlich.[117]

Diese Richtlinien ergänzen § 74 SGB V und sind mittelbar arbeitsrechtlich maßgebend.[118] Die fehlende arbeitgeberseitige Verpflichtung, eine Wiedereingliederungsvereinbarung zu schließen, zeige dabei die Nr. 31 der AU-Richtlinien alter Fassung besonders anschaulich.[119] Hiernach werde die stufenweise Wiedereingliederung als nicht durchführbar eingestuft, wenn der Arbeitgeber deutlich mache, dass eine leidensgerechte Beschäftigung des erkrankten Arbeitnehmers nicht möglich sei.[120]

Eine Verpflichtung zur Wiedereingliederung könne auch nicht damit begründet werden, dass sowohl der Arbeitnehmer als auch dessen Arbeitgeber schlecht beraten wären, die Wiedereingliederungsmöglichkeit verstreichen zu lassen.[121] Etwas anderes ergebe sich schließlich auch nicht aus § 1 SGB V.[122] Nach dieser Vorschrift sind die Versicherten für ihre Gesundheit mit verantwortlich.

Zwar wollen einige für eine mögliche Wiedereingliederungspflicht § 1 S. 2 SGB V heranziehen.[123] In Kombination mit der möglichen Leistungsbeschränkung bei Selbstverschulden (§ 52 SGB V) würde sich die an die Versicherten gestellte Erwartung aus § 1 S. 2 SGB V zu einer Verpflichtung verdichten.[124] Ein solches Ver-

---

[112] Die Gesetzesmaterialien sahen für die Regelung zur Wiedereingliederung noch § 82 SGB V vor. Inhaltlich hat die Norm aber keine Änderung erfahren, nur die Nummerierung ist durch § 74 SGB V ersetzt worden (vgl. Heinze-*Heinze*, NKV, SGB V, § 74 Rn. 1).

[113] Vgl. *von Hoyningen-Huene*, NZA 1992, 49, 50.

[114] BT-Drucksache 11/2237, S. 192.

[115] Vgl. *Gitter*, ZfA 1995, 123, 131; KassKomm-*Hess*, § 74 SGB V Rn. 3.

[116] Siehe § 2, Fußnote 106.

[117] Vgl. *Gitter*, ZfA 1995, 123, 131.

[118] Vgl. ErfK-*Dörner*, § 3 EFZG Rn. 9; KassKomm-*Hess*, § 74 SGB V Rn. 2.

[119] Vgl. *Gitter*, ZfA 1995, 123, 131.

[120] Vgl. Nr. 31 der AU-Richtlinien alter Fassung, Bundesarbeitsblatt 11/1991, S. 28, nunmehr Nr. 6 der Anlage zu den AU-Richtlinien neuer Fassung vom 01.12.2003 (Richtlinie des Gemeinsamen Bundesausschusses nach § 92 Abs. 1 S. 2 Nr. 7 SGB V), abgedruckt im Bundesanzeiger Nr. 61/2004, S. 6501, 6502; *Gitter*, ZfA 1995, 123, 131.

[121] Vgl. Wannagat-*Lindemann*, § 74 SGB V Rn. 3.

[122] Vgl. *Geyer/Knorr/Krasney*, Entgeltfortzahlung, P, 402 Rn. 2.

[123] So beispielsweise *Brocke*, SGb 1990, 45, 47.

[124] *Brocke*, SGb 1990, 45, 47.

ständnis vermag die Verfechter der Wiedereingliederungsfreiheit aber nicht zu überzeugen. Richtigerweise sei § 74 SGB V lex specialis zu § 1 SGB V und gehe letzterem daher vor.[125] Somit könne der Arbeitnehmer frei entscheiden, ob er an dem teilweisen Einsatz seiner Arbeitskraft interessiert sei oder nicht.[126]

Die aufgezeigten Argumentationsstränge gegen eine Wiedereingliederungspflicht verdienen insoweit Zustimmung, als dass sie die grundsätzliche Freiheit der Arbeitsvertragsparteien betonen, eine Wiedereingliederungsvereinbarung zu schließen. Nicht mehr gefolgt werden kann dieser Meinungsgruppe allerdings in Bezug auf die ausnahmslose Verneinung einer Wiedereingliederungspflicht. Vielmehr könnten Situationen denkbar sein, in denen sehr wohl eine solche Verpflichtung zu bejahen ist, so dass es einer diesbezüglichen weitergehenden Untersuchung bedarf.

2. Pflicht zur Wiedereingliederung

In dieselbe Richtung zielen – zumindest ansatzweise – auch einige Stimmen im Schrifttum. Allerdings vermögen die soeben aufgezeigten Argumente gegen eine Verpflichtung der Beteiligten, eine Wiedereingliederungsvereinbarung abzuschließen, diese Verfechter zur Gänze nicht zu überzeugen. Demzufolge bejahen einige von ihnen eine generelle Pflicht des Arbeitnehmers, eine stufenweise Wiedereingliederung durchzuführen, wohingegen andere den Arbeitgeber in jedem Fall gezwungen sehen, diese Maßnahme anzubieten.

a) Arbeitnehmerseitige Verpflichtung

Eine arbeitnehmerseitige Pflicht zum Abschluss einer Wiedereingliederungsvereinbarung wird teilweise mit sozialversicherungs-rechtlichen Normen begründet.[127] Andere betrachten demgegenüber das Wiedereingliederungsverhältnis als Fortsetzung des Arbeitsverhältnisses und wollen eine Verpflichtung des Arbeitnehmers mit Hilfe der Regeln des Bürgerlichen Gesetzbuches bejahen.[128]

aa) Verpflichtung gemäß §§ 63, 64 SGB I

Als sozialversicherungsrechtliche Argumentationsgrundlage fungieren hierbei für die erstgenannte Meinungsgruppe mit §§ 63, 64 SGB I zwei ältere sozialrechtliche Vorschriften.[129] § 63 SGB I diene der medizinischen, während § 64 SGB I der be-

---

[125] *Geyer/Knorr/Krasney*, Entgeltfortzahlung, P, 402 Rn. 2.

[126] Vgl. SKP-*Krauskopf*, § 74 V Rn. 2.

[127] *Brocke*, SGb 1990, 45, 47 f.; *Gagel*, NZA 2001, 988, 992.

[128] *Glaubitz*, NZA 1992, 402, 402; *derselbe*, Krankheit, S. 136, 140 f.

[129] Vgl. *Brocke*, SGb 1990, 45, 47; *Gagel*, NZA 2001, 988, 991 f.

ruflichen Rehabilitation zu Gute kommen solle.[130] Nach beiden Vorschriften könne der Leistungsträger vom Rekonvaleszenten verlangen, an Maßnahmen mitzuwirken, wenn selbige seine Erwerbs- oder Vermittlungstätigkeit fördern oder erhalten.[131] Diese Mitwirkungspflicht entfalle zwar in den durch § 65 SGB I definierten Grenzen, so dass eine individuelle Abstufung der Zumutbarkeitsgründe vonnöten sei.[132] Eine stufenweise Wiedereingliederung im Sinne des § 74 SGB V dürfte dagegen als zumutbare Maßnahme angesehen werden.[133] Mithin werde die Grenze des § 65 SGB I bei einer Wiedereingliederungsmaßnahme nicht berührt.[134] Folglich resultiere aus §§ 63, 64 SGB I eine Pflicht des erkrankten Arbeitnehmers, an einer stufenweisen Wiedereingliederung mitzuwirken.[135]

Dieses Verständnis wird jedoch einer Wiedereingliederungsmaßnahme nach § 28 SGB IX/§ 74 SGB V nicht gerecht. Hierbei sind zwar nicht die von einigen geäußerten grundsätzlichen Bedenken, ob arbeitsrechtliche Vertragverhältnisse überhaupt von sozialversicherungsrechtlichen Normen beeinflusst werden können, zu teilen.[136] Es ist nämlich nicht ungewöhnlich, dass Normen der Sozialgesetzbücher privatrechtliche Auswirkungen haben. So nehmen beispielsweise die §§ 104-113 SGB VII bedeutsamen Einfluss auf das allgemeine zivilrechtliche Haftungssystem, indem durch §§ 104-109 SGB VII eine Vielzahl von Schädigern von einer Haftung ausgenommen werden.[137] Ferner ist der Arbeitgeber als „indienstgenommener Privater" in das sozialversicherungsrechtliche Beitragsverfahren eingebunden.[138]

Entscheidend für die fehlende Zustimmung zu den obigen Ausführungen bezüglich §§ 63, 64 SGB I sind aber vielmehr zwei andere Gesichtspunkte. So ist zum einen die Regelung des § 63 SGB I auf die stufenweise Wiedereingliederung nicht anwendbar. Diese Vorschrift setzt eine Heilbehandlung voraus. Die stufenweise Wiedereingliederung stellt aber gerade keine solche Heilbehandlung dar.[139]

Ferner betrifft § 64 SGB I nur Maßnahmen im Rahmen von Sozialleistungen und nicht die hier zur Diskussion stehende Konstellation.[140] Mithin lässt sich aus

---

[130] KassKomm-*Seewald*, § 63 SGB I Rn. 2.

[131] *Gagel*, NZA 2001, 988, 992.

[132] Vgl. *Brocke*, SGb 1990, 45, 47.

[133] Vgl. *Gagel*, NZA 2001, 988, 992; grundsätzlich wohl ebenfalls zustimmend *Brocke*, SGb 1990, 45, 47.

[134] Vgl. *Gagel*, NZA 2001, 988, 992; grundsätzlich wohl auch *Brocke*, SGb 1990, 45, 47 f.

[135] *Gagel*, NZA 2001, 988, 992; im Ergebnis wohl auch *Brocke*, SGb 1990, 45, 47 f.

[136] Diese Bedenken äußert aber *von Hoyningen-Huene*, NZA 1992, 49, 51.

[137] Vgl. HWK-*Giesen*, vor §§ 104-113 SGB VII Rn. 1.

[138] *Hanau/Peters-Lange*, NZA 1998, 785, 785.

[139] *Becker*, Wiedereingliederung, S. 116.

[140] Vgl. *von Hoyningen-Huene*, NZA 1992, 49, 51.

§§ 63, 64 SGB I keine arbeitnehmerseitige Verpflichtung zur Mitwirkung an einer stufenweisen Wiedereingliederung herleiten.

bb) Regelungen des Bürgerlichen Gesetzbuches

Für jene[141], die in dem Wiedereingliederungsverhältnis eine Fortführung des bestehenden Arbeitsverhältnisses in eingeschränktem Umfang erblicken wollen, stellt sich die Frage nach einer Verpflichtung zum Abschluss einer Wiedereingliederungsvereinbarung bei genauerer Betrachtung gar nicht. Vielmehr besteht nach dieser Vorstellung die arbeitsvertragliche Verpflichtung zur Arbeitsleistung – wenn auch in eingeschränktem Umfang – grundsätzlich fort.[142] Sofern der Rekonvaleszent trotz seiner Arbeitsunfähigkeit seine Arbeitsleistung zumindest teilweise noch erbringen könne, sei er dazu auch verpflichtet.[143] Dies ergebe sich aus den allgemeinen Vorschriften des Bürgerlichen Gesetzbuches, die auch bei teilweiser Arbeitsunfähigkeit für die Frage der Arbeitspflicht anwendbar blieben.[144] So befreie § 326 BGB[145] den erkrankten Arbeitnehmer nur dann vollständig von seiner Arbeitsleistung, wenn dieser seine Arbeitspflicht insgesamt nicht erfüllen könne.[146] Des Weiteren folge zwar aus § 266 BGB, dass der Rekonvaleszent zu Teilleistungen nicht berechtigt sei.[147] Etwas anderes gelte allerdings, wenn der Arbeitgeber seinen erkrankten Arbeitnehmer zu einer lediglich teilweisen Leistungserbringung auffordere.[148] In diesen Fällen sei ein zu Teilleistungen fähiger Rekonvaleszent verpflichtet, dem Verlangen seines Arbeitgebers nach teilweiser Leistungserbringung nachzukommen.[149] Diesen Ausführungen und insbesondere dem uneingeschränkte Rückgriff auf die allgemeinen Vorschriften des Bürgerlichen Gesetzbuches kann nicht beigepflichtet werden. Ein solches Verständnis nimmt in keiner Weise Rücksicht auf die Rehabilitationsgesichtspunkte der § 28 SGB IX/ § 74 SGB V,[150] die für ein Wiedereingliederungsverhältnis prägend sind. Indem allein schuldrechtliche Aspekte vorgetragen werden, ohne dabei den Normzweck

---

141 *Glaubitz*, NZA 1992, 402, 402; *derselbe*, Krankheit, S. 136, 140 f.
142 *Glaubitz*, NZA 1992, 402, 402; *derselbe*, Krankheit, S. 136, 141; RGRK-*Matthes*, § 616, Rn. 77.
143 *Glaubitz*, Krankheit, S. 136, 141.
144 *Glaubitz*, Krankheit, S. 136, 140 f.
145 Allerdings zitiert *Glaubitz* in seiner Arbeit den damals noch gültigen § 323 BGB a. F., der im Wesentlichen dem jetzigen § 326 BGB entspricht.
146 *Glaubitz*, NZA 1992, 402, 402.
147 *Glaubitz*, NZA 1992, 402, 402.
148 *Glaubitz*, NZA 1992, 402, 402.
149 *Glaubitz*, NZA 1992, 402, 402.
150 Vgl. *Zwade*, Teilarbeitsfähigkeit, S. 121.

des § 74 SGB V (beziehungsweise jenen des § 28 SGB IX) angemessen zu würdigen, vermag diese Auffassung demzufolge nicht zu überzeugen.[151]

b) Pflicht des Arbeitgebers

Ebenso kategorisch wie die soeben aufgezeigten Auffassungen wollen auch andere eine generelle Verpflichtung zum Abschluss einer Wiedereingliederungsvereinbarung befürworten. Dabei verfolgen sie allerdings einen genau gegensätzlichen Ansatzpunkt, indem diese Autoren allein den Arbeitgeber verpflichtet sehen.

aa) Pflicht durch arbeitsrechtlichen Gleichbehandlungsgrundsatz

So solle die Herleitung einer arbeitgeberseitigen Verpflichtung aus der Anwendung des arbeitsrechtlichen Gleichbehandlungsgrundsatzes denkbar sein.[152] Der arbeitsrechtliche Gleichbehandlungsgrundsatz verhindert die sachfremde Schlechterstellung einzelner Arbeitnehmer im Vergleich zu vergleichbaren Kollegen.[153] Auf diesen Grundsatz könne sich ein wiedereingliederungswilliger Rekonvaleszent berufen, sofern sein Arbeitgeber anderen Arbeitnehmern auf kollektiver Grundlage die stufenweise Wiedereingliederung ermögliche.[154] Bevor allerdings verfrüht der Gleichbehandlungsgrundsatz als Begründung einer Wiedereingliederungspflicht herangezogen werden könne, müsse vorher genau geprüft werden, ob für die abweichende Behandlung des Rekonvaleszenten nicht ein sachlicher Grund gegeben sei.[155] Beispielsweise könne die Betriebsorganisation beziehungsweise der betriebliche Ablauf der Eignung eines Arbeitsplatzes zur Wiedereingliederung entgegenstehen.[156]

Richtig an dieser Auffassung ist die Tatsache, dass aus dem Gesichtspunkt der Gleichbehandlung auch anderen Arbeitskollegen ein Anspruch auf Durchführung einer Wiedereingliederungsmaßnahme zugesprochen werden kann. Dabei bleibt aber weiterhin die Frage ungeklärt, ob auch solche Arbeitgeber zu einer Wiedereingliederung verpflichtet sind, die bisher noch überhaupt keine Wiedereingliederungsmaßnahme durchgeführt haben.

---

151 Vgl. *Zwade*, Teilarbeitsfähigkeit, S. 121.
152 *Becker*, Wiedereingliederung, S. 114 f. und S. 209.
153 Vgl. Schaub-*Linck*, ArbR-Hdb., § 112 Rn. 1 ff.
154 Vgl. *Becker*, Wiedereingliederung, S. 115.
155 Vgl. *Becker*, Wiedereingliederung, S. 115.
156 Vgl. *Becker*, Wiedereingliederung, S. 115.

bb) Allgemeine Fürsorgepflicht

Hierauf will eine andere Meinungsgruppe mit Hilfe der allgemeinen Fürsorgepflicht des Arbeitgebers eine Antwort geben.[157] Ihrer Ansicht nach sei aus Fürsorgegesichtspunkten eine arbeitgeberseitige Verpflichtung zum Abschluss einer Wiedereingliederungsvereinbarung anzunehmen.[158] Zur Untermauerung dieser Argumentationslinie wird die amtliche Begründung zu § 74 SGB V herangezogen. Dort sei allein die Entscheidungsfreiheit des Rekonvaleszenten erwähnt, wohingegen keinerlei Aussagen für oder gegen eine arbeitgeberseitige Verpflichtung zur Durchführung einer Wiedereingliederungsmaßnahme zu finden seien.[159] Folglich müsse eine Pflicht des Arbeitgebers zur Ermöglichung einer Wiedereingliederung aus Fürsorgegesichtspunkten bejaht werden, soweit betriebliche Belange einer solchen Maßnahme nicht entgegenstünden.[160]

Auch diese Darstellungen vermögen in ihrer Allgemeinheit nicht zu überzeugen. Hiernach müsste, soweit betriebliche Belange einer Wiedereingliederung nicht entgegenstehen, eine generelle Wiedereingliederungspflicht bejaht werden. Eine so weitgehende arbeitgeberseitige Verpflichtung würde zu einer unverhältnismäßigen Einschränkung der durch Art. 12 GG geschützten Unternehmerfreiheit führen.[161] Die Unternehmerfreiheit umfasst sowohl die Gründung und Führung eines Klein- oder Mittelbetriebes als auch die Tätigkeit eines Großunternehmens.[162] Sie schützt neben der Vertrags- und Wettbewerbsfreiheit auch die unternehmerische Dispositionsfreiheit.[163] Der Schutzbereich von Art. 12 GG beinhaltet jedoch nicht allein den Arbeitgeberschutz, sondern auch die Berufsfreiheit des Arbeitnehmers.[164] Der daraus resultierende Konflikt zwischen der Unternehmerfreiheit des Arbeitgebers und der Berufsfreiheit seines Arbeitnehmers ist im Wege praktischer Konkordanz zu bewältigen.[165] Dieser Grundsatz der praktischen Konkordanz fordert, dass beide widerstreitenden Rechtspositionen einen möglichst schonenden Ausgleich erfah-

---

[157] *Gagel*, NZA 2001, 988, 991 f.; *Gunder*, ErsK 1992, 136, 142.

[158] *Gagel*, NZA 2001, 988, 991 f.; *Gunder*, ErsK 1992, 136, 142.

[159] Vgl. *Gunder*, ErsK 1992, 136, 142.

[160] Vgl. *Gunder*, ErsK 1992, 136, 142.

[161] Zum Schutz der Unternehmerfreiheit durch Art. 12 GG vgl. BVerfG v. 01.03.1979, 1 BVR 532, 533/77, 419/78, 1 BvL 21/78, BVerfGE 50, 290, 363; Münch/Kunig-*Manfred Gubelt*, Art. 12 Rn. 18.

[162] BVerfG v. 01.03.1979, 1 BVR 532, 533/77, 419/78, 1 BvL 21/78, BVerfGE 50, 290, 363; Münch/Kunig-*Manfred Gubelt*, Art. 12 Rn. 18.

[163] Bryde, NJW 1984, 2177, 2180.

[164] Jarass/Pieroth-*Jarass*, GG, Art. 12 Rn. 17.

[165] BGH v. 22.07.2002, II ZR 90/01, BGHZ 151, 389, 394; Jarass/Pieroth-*Jarass*, GG, Art. 12 Rn. 17.

ren.[166] Dabei darf die schwächere Position so weit zurückgedrängt werden, wie es logisch und systematisch zwingend erscheint.[167]
Dies bedeutet für die hier zu behandelnde Wiedereingliederungspflicht, dass eine solche allein mit der allgemeinen Fürsorgepflicht nicht überzeugend zu begründen ist. Die Annahme einer Wiedereingliederungspflicht würde einen tiefen Eingriff in die arbeitgeberseitige Dispositionsbefugnis beinhalten. Der Unternehmer wäre in seiner Entscheidungsfreiheit stark eingeschränkt, indem er den längere Zeit arbeitsunfähigen Arbeitnehmer schrittweise in den übrigen Arbeitsprozess integrieren müsste. Das Interesse des Rehabilitanden an der Rückkehr in das Arbeitsleben könnte dagegen eine allein auf Fürsorgegesichtspunkten gestützte Verpflichtung zur Wiedereingliederung nicht begründen. Hierzu bedürfte es vielmehr normativer Grundlagen, die allein oder aber im Zusammenspiel mit der arbeitgeberseitigen Fürsorgepflicht eine Wiedereingliederungspflicht des Arbeitgebers begründen könnten. Nur in einem solchen Fall dürfte die schwächere Position des Arbeitnehmers aus systematischen Gründen nicht zurückgedränkt werden und wäre eine Wiedereingliederungspflicht des Arbeitgebers zu bejahen.

II. Mitwirkungsverpflichtungen aus neueren Sozialrechtsnormen

Dementsprechende Vorschriften werden teilweise in neueren Sozialrechtsnormen gesehen. Im Zusammenhang mit einer etwaigen Wiedereingliederungspflicht sind hierbei insbesondere § 2 Abs. 2 SGB III und §§ 81 Abs. 4, 84 Abs. 2 SGB IX zu nennen. Diese Vorschriften sollen daher im Folgenden eine ausführlichere Untersuchung erfahren. Dabei ist insbesondere der bereits oben[168] angesprochenen Frage nachzugehen, ob mit Hilfe der genannten Normen nicht zumindest bestimmte Konstellationen herausgearbeitet werden können, die der generellen Verneinung einer Wiedereingliederungspflicht entgegenstehen.

1. § 2 Abs. 2 SGB III

Denkbar wäre es, dieses Ziel mit § 2 Abs. 2 SGB III zu erreichen. Durch das Arbeitsförderungs-Reformgesetz ist das Arbeitsförderungsrecht zum 01.01.1998 als Drittes Buch in das Sozialgesetzbuch eingefügt und in diesem Zusammenhang auch § 2 SGB III ins Leben gerufen worden.[169]

---

166 BGH v. 22.07.2002, II ZR 90/01, BGHZ 151, 389, 394.
167 BGH v. 22.07.2002, II ZR 90/01, BGHZ 151, 389, 394.
168 Siehe oben unter § 2.D.I.1.
169 Vgl. *Bauer/Haußmann*, NZA 1997, 1100, 1101.

a) Die sozialrechtliche Norm des § 2 SGB III im Arbeitsrecht

Die Frage, ob insbesondere Absatz 2[170] dieser neueren Vorschrift Auswirkungen auf das Arbeitsrecht hat, war Gegenstand intensiver Kontroversen im arbeitsrechtlichen Schrifttum.[171] Allerdings stand dabei eine mögliche Ausstrahlung des § 2 SGB III auf das Kündigungsschutzrecht im Mittelpunkt der Debatte,[172] während zu den Auswirkungen des § 2 SGB III auf eine Wiedereingliederungsmaßnahme nur vereinzelt Stellung bezogen wurde.[173] Die – soweit ersichtlich – einzig intensivere Untersuchung der Auswirkungen des § 2 SGB III auf die stufenweise Wiedereingliederung stuft die Norm als Ausprägung der arbeitgeberseitigen Fürsorgepflicht ein, woraus sich eine Mitwirkungspflicht des Arbeitgebers an der Wiedereingliederungsmaßnahme ergebe.[174] Diese Pflicht resultiere aus der in § 2 Abs. 2 SGB III normierten besonderen Verantwortung des Arbeitgebers, Arbeitslosigkeit zu vermeiden.[175]

Vor dem Hintergrund dieses Hinweises auf § 2 Abs. 2 SGB III sowie der bisher vernachlässigten Beschäftigung mit den Folgen der Vorschrift für das Wiedereingliederungsverhältnis liegt eine vertiefende Betrachtung der Norm nahe. Der hinter dieser Untersuchung stehende Ansatz, sozialrechtliche Normen zur Lösung arbeitsrechtlicher Probleme heranzuziehen, ist bereits oben[176] angedeutet worden. Seine Wurzeln findet ein solches Vorgehen darin, dass Arbeits- und Sozialrecht als zusammengehörige Rechtsgebiete angesehen werden.[177] So sind beide Gebiete seit

---

170 Dieser Absatz 2 entspricht dem bis zum 31.12.2001 gültigen – bis auf S. 2 Nr. 3 inhaltsgleichen – Absatz 1 alter Fassung; vgl. auch Niesel-*Niesel*, SGB III, § 2 Rn. 4.

171 *Bauer/Haußmann*, NZA 1997, 1100, 1101 f.; *Beckschulze*, BB 1998, 791, 793; *Bepler*, ArbuR 1999, 219, 220 ff.; *Bieback*, ArbuR 1999, 209, 211 f.; *Clever*, ZFSH/SGB 1998, 3, 6; *Ettwig*, NZA 1997, 1152, 1152 f.; *Fischermeier*, NZA 1997, 1089, 1091; *Gagel*, FS Dieterich, S. 169, 171 ff.; *Gagel*, FS ArbG Rheinland-Pfalz, S. 521, 526 ff.; *Gagel*, BB 2001, 358, 358 ff.; *Gagel*, NZA 2001, 988, 991 f.; *Hanau/Peters-Lange*, NZA 1998, 785, 790; *Preis*, NZA 1998, 449, 449 ff.; *Heinze*, NZA 2000, 5, 7; *Rolfs*, NZA 1998, 17, 18 f.; *Rüthers*, NJW 1998, 283, 283 f.; *Schaub*, NZA 1997, 810, 810 f.; *Wolf*, AuA 1998, 7, 7 f.

172 *Bauer/Haußmann*, NZA 1997, 1100, 1101 f.; *Beckschulze*, BB 1998, 791, 793; *Bepler*, ArbuR 1999, 219, 220 ff.; *Bieback*, ArbuR 1999, 209, 211 f.; *Clever*, ZFSH/SGB 1998, 3, 6; *Ettwig*, NZA 1997, 1152, 1152 f.; *Fischermeier*, NZA 1997, 1089, 1091; *Gagel*, FS Dieterich, S. 169, 171 ff.; *Gagel*, FS ArbG Rheinland-Pfalz, S. 521, 526 ff.; *Gagel*, BB 2001, 358, 358 ff.; *Hanau/Peters-Lange*, NZA 1998, 785, 790; *Preis*, NZA 1998, 449, 449 ff.; *Heinze*, NZA 2000, 5, 7; *Rolfs*, NZA 1998, 17, 18 f.; *Rüthers*, NJW 1998, 283, 283 f.; *Schaub*, NZA 1997, 810, 810 f.; *Wolf*, AuA 1998, 7, 7 f.

173 *Bepler*, ArbuR 1999, 219, 222; *Gagel*, NZA 2001, 988, 991 f.

174 Vgl. *Gagel*, NZA 2001, 988, 991 f.

175 Vgl. *Gagel*, NZA 2001, 988, 992, der bei seinen Ausführungen noch auf den damals gültigen § 2 Abs. 1 SGB III abzielt, welcher dem jetzigen Absatz 2 der Norm entspricht.

176 Siehe oben unter § 2.D.I.2.a).aa).

177 Vgl. *Preis*, NZA 2000, 914, 914.

jeher eng miteinander verwoben.[178] Gleichzeitig ist jedoch auch eine gewisse Emanzipation des Sozialrechtes vom Arbeitsrecht über die Jahre erkennbar, was beispielsweise an der eigenen Kodifikation des Sozialrechtes in den Sozialgesetzbüchern deutlich wird.[179]
Vorliegend könnte daher einerseits der Regelungsgehalt des § 2 Abs. 2 SGB III für die Annahme einer Wiedereingliederungspflicht sprechen und so einen Beitrag zur notwendigen Abstimmung zwischen Arbeits- und Sozialrecht liefern.[180] Auf der anderen Seite besteht die Gefahr, dass bei der Übertragung einer sozialrechtlichen Norm wie § 2 SGB III auf das Arbeitsrecht die Eigenarten des Sozialrechtes übersehen und verletzt werden.[181]

b) Rechtscharakter des § 2 Abs. 2 SGB III

Um dieser Gefahr entgegenzutreten, bedarf es einer näheren Untersuchung des Rechtscharakters dieser Vorschrift. Erst im Anschluss daran ist eine fundierte Aussage hinsichtlich einer aus § 2 Abs. 2 SGB III herzuleitenden Wiedereingliederungspflicht möglich. Bei § 2 Abs. 2 SGB III könnte es sich um einen bloßen Programmsatz handeln, der keinerlei Regelungsfunktion beinhaltet. Es wäre allerdings auch denkbar, der Norm eine unmittelbar verpflichtende Wirkung zuzuschreiben.[182] Um zu klären, welche dieser beiden konträren Ansätze zu überzeugen vermag, erscheint als Einstieg eine genauere Betrachtung des Wortlautes des § 2 Abs. 2 SGB III sinnvoll. Nach § 2 Abs. 2 S. 1 SGB III haben die Arbeitgeber bei ihren Entscheidungen verantwortungsvoll die Auswirkungen auf die Beschäftigung der Arbeitnehmer sowie von Arbeitslosen und somit die Inanspruchnahme von Leistungen der Arbeitsförderung einzubeziehen. Demgegenüber legt Satz 2 des § 2 Abs. 2 SGB III fest, dass die Arbeitgeber insbesondere die in den Nr. 1 bis Nr. 3 der Vorschrift näher aufgeführten Überlegungen bei ihren Entscheidungen berücksichtigen sollen. Somit beschreibt der gesamte Absatz 2 des § 2 SGB III die besondere Verantwortung der Arbeitgeber.[183] Der genauere Vergleich beider Sätze des § 2 Abs. 2 SGB III verdeutlicht eine sprachliche Differenzierung. Während Satz 1 das Wort „haben“ zum Inhalt hat, ist in Satz 2 die Formulierung „sollen“

---

178 *Hanau/Peters-Lange*, NZA 1998, 785, 791.
179 *Von Maydell*, FS Kissel, S. 761, 761 f.
180 Vgl. zu dieser Notwendigkeit *Schmidt*, ArbuR 1997, 461, 469.
181 Vgl. *Heinze*, NZA 2000, 5, 7.
182 Zu dieser Unterscheidung von Programmsatz und verpflichtender Norm vgl. *Preis*, NZA 1998, 449, 451 ff.
183 Niesel-*Niesel*, SGB III, § 2 Rn. 4.

anzutreffen.[184] Höchst umstritten ist allerdings, welche Schlussfolgerungen aus dieser unterschiedlichen Gesetzesterminologie zu ziehen sind.
So wird trotz der scheinbar eindeutigen Wortlautunterscheidung zwischen „haben" und „sollen" teilweise vertreten, dass die sprachliche Differenzierung eher unbedeutend sei.[185] Mithin beinhalte beispielsweise auch Satz 2 Nr. 2 des § 2 Abs. 2 SGB IIII („sollen") eine Verpflichtung, namentlich die arbeitgeberseitige Pflicht, vor dem Ausspruch einer Kündigung betriebliche Maßnahmen zu ergreifen.[186] Andere wiederum weisen darauf hin, dass der Gesetzgeber bewusst zwischen Soll- und Mussverpflichtungen unterschieden habe.[187] Daher sei die von der vorstehenden Meinung vorgenommene Umdeutung der Sollverpflichtung in § 2 Abs. 2 S. 2 Nr. 2 SGB III in eine Mussverpflichtung unzulässig.[188] Schließlich will eine dritte Meinungsgruppe sogar den als Mussverpflichtung formulierten § 2 Abs. 2 S. 1 SGB III als Sollverpflichtung einstufen.[189] Diese Einordnung als Sollverpflichtung werde dadurch begründet, dass Satz 2 den ersten Satz des § 2 Abs. 2 SGB III konkretisiere und Satz 2 nur von „sollen" spreche.[190]
Interessanterweise bedienen sich alle drei Meinungsstränge der Gesetzesbegründung zu dem mit dem jetzigen § 2 Abs. 2 SGB III wortgleichen § 2 Abs. 1 SGB III alter Fassung, um ihre jeweilige Sichtweise zu untermauern.[191] Trotz ihrer unterschiedlichen Standpunkte zitieren dabei fast alle Verfasser die gleiche Passage der Gesetzesbegründung. In dieser wird darauf hingewiesen, dass die in der Norm genannte Sollverpflichtung zwar über das geltende Recht hinausgehe, andererseits aber darauf verzichtet werde, durch Gesetz oder Rechtsverordnung eine nicht praktikable und eine dem freien Arbeitsmarkt in der sozialen Marktwirtschaft nicht entsprechende Mussverpflichtung einzuführen.[192]
Die Berufung dreier unterschiedlicher Auffassungen auf denselben Gesetzestext zeigt, dass es einer intensiveren Erörterung bedarf, um § 2 Abs. 2 SGB III richtig einordnen zu können. Indem die Gesetzesbegründung zwischen der Soll- und Mussverpflichtung abgrenzt,[193] wird allerdings schon vorab deutlich, dass all jenen Vertretern nicht gefolgt werden kann, welche diese sprachliche Unterscheidung als nicht zwingend ansehen. Vielmehr ist die Differenzierung („haben" in Satz 1 und

---

184 *Beckschulze*, BB 1998, 791, 791.
185 *Schaub*, NZA 1997, 810, 810.
186 Vgl. *Schaub*, NZA 1997, 810, 810.
187 *Bauer/Haußmann*, NZA 1997, 1100, 1101.
188 *Bauer/Haußmann*, NZA 1997, 1100, 1101.
189 *Beckschulze*, BB 1998, 791, 792.
190 *Beckschulze*, BB 1998, 791, 792.
191 Vgl. *Bauer/Haußmann*, NZA 1997, 1100, 1101; *Beckschulze*, BB 1998, 791, 791 f.; *Schaub*, NZA 1997, 810, 810.
192 BT-Drucksache 13/4941, S. 152.
193 Vgl. *Gagel*, BB 2001, 358, 359.

„sollen“ in Satz 2) in den beiden Sätzen des § 2 Abs. 2 SGB III ernst zu nehmen. So handelt es sich bei § 2 Abs. 2 S. 1 SGB III um eine Mussvorschrift, wohingegen der Satz 2 des § 2 Abs. 2 SGB III eine bloße Sollvorschrift darstellt.
Der alleinige Wortlaut einer Norm führt aber noch nicht entscheidend zu der zutreffenden Bestimmung ihres Regelungsgehaltes.[194] Demzufolge ist es notwendig, die beiden Sätze des § 2 Abs. 2 SGB III getrennt voneinander näher zu beleuchten. Dabei ist zu klären, welche Konsequenzen sich aus der Tatsache ergeben, dass, nach dem dieser Arbeit zu Grunde gelegten Verständnis, § 2 Abs. 2 S. 1 SGB III als Muss- und Satz 2 dieser Norm als Sollvorschrift einzustufen ist.

aa) Satz 1 des § 2 Abs. 2 SGB III

Gemäß Satz 1 des § 2 Abs. 2 SGB III haben die Arbeitgeber bei ihren Entscheidungen verantwortungsvoll deren Auswirkungen auf die Beschäftigung der Arbeitnehmer und von Arbeitslosen und damit die Inanspruchnahme von Leistungen der Arbeitsförderung einzubeziehen. Einige weisen darauf hin, dass § 2 Abs. 2 S. 1 SGB III als unbestimmte Generalklausel formuliert sei, indem die Norm weder konkrete Verhaltensgebote statuiere noch Sanktionen vorsehe.[195] § 2 Abs. 1 S. 1 SGB III stelle daher – trotz ihrer Einstufung als Mussvorschrift – einen bloßen Appell an die Arbeitsvertragsparteien dar.[196] Richtigerweise ist der Norm dagegen sehr wohl eine arbeitgeberseitige Verpflichtung zu entnehmen.[197] Die in dieser Vorschrift festgelegte Verantwortungszuweisung enthält keinen bloßen Appell, sondern vielmehr eine Statusbeschreibung.[198] Hierdurch wird der Arbeitgeber verpflichtet, im Rahmen des ihm Möglichen verantwortungsbewusst mit seinen Mitarbeitern und den Mitteln der Bundesagentur für Arbeit umzugehen.[199] Folglich kann allein durch die fehlende Individualisierung der Verpflichtung in § 2 Abs. 2 S. 1 SGB III nicht der Schluss gezogen werden, der Vorschrift jegliche Verpflichtungswirkung abzusprechen.[200] Vielmehr wird durch die Norm eine arbeitsrechtlich abgesicherte Selbstverständlichkeit in eine verpflichtende Form gebracht, wonach der Arbeitgeber seinen Arbeitnehmern nur im Rahmen des Kündigungsschutzgesetzes kündigen darf und ihnen Fürsorge gewähren muss.[201] Somit ist § 2 Abs. 2

[194] *Preis*, NZA 1998, 449, 451.
[195] Vgl. Gagel-*Bepler*, SGB III, § 2, Rn. 26.
[196] Gagel-*Bepler*, SGB III, § 2 Rn. 26; *Niesel*, NZA 1997, 580, 584.
[197] *Eichenhofer*, SGb 2000, 289, 292; *Gagel*, FS ArbG Rheinland-Pfalz, S. 521, 523; *Preis*, NZA 1998, 449, 454.
[198] *Gagel*, FS ArbG Rheinland-Pfalz, S. 521, 523.
[199] *Gagel*, FS ArbG Rheinland-Pfalz, S. 521, 523.
[200] Vgl. *Eichenhofer*, SGb 2000, 289, 292.
[201] *Eichenhofer*, SGb 2000, 289, 292.

S. 1 SGB III nicht als bloßer Appell einzustufen, sondern weist nach überzeugendem Verständnis einen verpflichtenden Charakter auf.

bb) Satz 2 des § 2 Abs. 2 SGB III

Ebenfalls umstritten ist die zutreffende exakte rechtliche Würdigung des § 2 Abs. 2 S. 2 SGB III. Hierbei handelt es sich – wie ausgeführt[202] – um eine Sollvorschrift. Teilweise wird auch dieser Norm jegliche Verpflichtungswirkung abgesprochen und in dem gesamten § 2 Abs. 2 SGB III ein bloßer Appell gesehen.[203] Diesen Stimmen treten jene Vertreter entgegen, die § 2 Abs. 2 S. 2 SGB III nicht als reinen Programmsatz, sondern vielmehr als verbindliche Verpflichtung einstufen wollen.[204] Eine überzeugende Einordnung des § 2 Abs. 2 S. 2 SGB III ist jedoch nur möglich, nachdem der Frage nachgegangen worden ist, welche Besonderheiten Sollvorschriften allgemein mit sich bringen und wie sich die dabei ergebenden Erkenntnisse auf die einzelnen Regelbeispiele von § 2 Abs. 2 S. 2 SGB III auswirken.

(1) Sollvorschriften als verpflichtende Normen

Im öffentlichen Recht resultiert aus einer Sollvorschrift im Regelfall eine Verpflichtung.[205] Demgegenüber können Sollvorschriften im Privatrecht ganz unterschiedliche Zielsetzungen beinhalten.[206] So sind hier teilweise bloße Ordnungsvorschriften ohne Rechtsfolgen anzutreffen, wie beispielsweise § 5 MuSchG, der nur die Empfehlung an die Schwangere beinhaltet, im Eigeninteresse den Arbeitgeber über ihre Schwangerschaft zu informieren.[207] Insgesamt sind aber auch im Privatrecht sanktionslose Ordnungsvorschriften selten, wobei insbesondere die Rechtsprechung dazu tendiert, bei wesentlichen Pflichten auf die praktische Wirksamkeit einer Sollensanordnung hinzuwirken, indem sie den Sollensvorschriften regelmäßig eine Verpflichtungswirkung zuschreibt.[208] Demzufolge wurde hinsichtlich einer älteren Sollvorschrift, dem ehemaligen § 14 SchwbG, festgestellt, die Norm sei nicht nur ein bloßer Appell an den Arbeitgeber, sondern verpflichte diesen aus-

---

202 Siehe oben unter § 2.D.II.1.

203 Vgl. *Beckschulze*, BB 1998, 791, 792; Eicher/Schlegel-*Leitherer*, SGB III, § 2 Rn. 14; in diese Richtung argumentieren wohl auch *Bauer/Haußmann*, NZA 1997, 1100, 1101 f.; *Rüthers*, NJW 1998, 283, 283 f.

204 *Bepler*, ArbuR 1999, 219, 220 f.; *Bieback*, ArbuR 1999, 209, 211; *Kreutz*, ArbuR 2003, 201, 201; *Preis*, NZA 1998, 449, 454.

205 Vgl. *Gagel*, BB 2001, 358, 359; *Peine*, Verwaltungsrecht Rn. 212.

206 *Preis*, NZA 1998, 449, 453.

207 BAG v. 13.06.1996, 2 AZR 736/95, AP Nr. 22 zu § 9 MuSchG 1968, unter II.5.b).; ErfK-*Schlachter*, § 5 MuSchG Rn. 1.

208 Vgl. BAG v. 14.11.1989, 1 ABR 88/88, NZA 1990, 368, 368 f.; *Preis*, NZA 1998, 449, 453 f.

drücklich.[209] Weitere Beispiele für die Begründung einer Verpflichtungswirkung von Sollvorschriften finden sich außerdem besonders deutlich im Tarifrecht, aber auch bei einseitigen Leistungsbestimmungen des Arbeitgebers.[210] Mithin ist für Sollbestimmungen im Arbeitsrecht ihre grundsätzlich verpflichtende Wirkung charakteristisch.[211]

(2) Regelbeispiele Nr. 1 und Nr. 2 des § 2 Abs. 2 S. 2 SGB III

Es stellt sich daher die Frage, ob die als Sollvorschriften ausgestalteten Regelbeispiele Nr. 1 und Nr. 2 des § 2 Abs. 2 S. 2 SGB III als arbeitsrechtliche Normen einzustufen sind, die folglich nach dem oben Gesagten eine grundsätzlich verpflichtende Wirkung zwischen den Arbeitsvertragsparteien entfalten. Andererseits könnten die dementsprechenden Untersuchungen auch zu dem Ergebnis führen, den Regelbeispielen einen rein sozialrechtlichen Regelungszusammenhang zuzusprechen und ihnen in Folge dessen jegliche Ausstrahlungswirkung auf das Arbeitsverhältnis abzusprechen.

Erste diesbezügliche Erkenntnisse vermag bereits die alleinige Betrachtung des Normtextes der genannten Regelbeispiele zu liefern. Durch Nr. 1 des § 2 Abs. 2 S. 2 SGB III soll der Arbeitgeber den Leistungsstand der Arbeitnehmer erhalten und ihn an neuere Entwicklungen anpassen.[212] Ferner wird dem Arbeitgeber in Nr. 2 der Vorschrift aufgegeben, sowohl die Inanspruchnahme von Leistungen der Arbeitsförderung als auch Entlassungen zu vermeiden.[213] Der Wortlaut des § 2 Abs. 2 S. 2 SGB III ist also in seinen Nummern 1 und 2 geprägt von Verantwortungszuweisungen an die Arbeitsvertragsparteien. Dies spricht für eine privatrechtliche Ausstrahlungswirkung der genannten Regelungen.

Auch eine systematische Untersuchung führt nicht zwingend dazu, § 2 Abs. 2 S. 2 Nr. 1 und Nr. 2 SGB III einen rein sozialrechtlichen Regelungszusammenhang zuzuschreiben. So ist es nicht ungewöhnlich, dass Normen der Sozialgesetzbücher privatrechtliche Auswirkungen haben. Beispielhaft sei hier das Recht der gesetzlichen Unfallversicherung genannt. Dieses nimmt in §§ 104-113 SGB VII bedeutsamen Einfluss auf das allgemeine zivilrechtliche Haftungssystem, indem durch §§ 104-109 SGB VII eine Vielzahl von Schädigern von einer Haftung ausgenommen werden.[214] Ebenso verhält es sich mit den Verantwortungszuweisungen an die

---

[209] BAG v. 14.11.1989, 1 ABR 88/88, NZA 1990, 368, 368 f.

[210] Vgl. BAG v. 04.11.1970, 4 AZR 121/70, AP Nr. 119 zu § 1 TVG Auslegung; Gagel-*Bepler*, SGB III, § 2 Rn. 27; Preis, NZA 1998, 449, 453; Schaub-*Schaub*, ArbR-Hdb., § 204 Rn. 21.

[211] Vgl. *Gagel*, FS Dieterich, S. 169, 171.

[212] Gagel-*Bepler*, SGB III, § 2 Rn. 8.

[213] PK-*Schmidt-De Caluwe*, SGB III, § 2 Rn. 31.

[214] Vgl. HWK-*Giesen*, vor §§ 104-113 SGB VII Rn. 1.

Arbeitsvertragsparteien in Nr. 1 und Nr. 2 des § 2 Abs. 2 SGB III. Die dort genannten Zuweisungen können nur dann einen Sinn ergeben, wenn sie auch in das Vertragsrecht einwirken.[215] Hieraus folgt eine Grenzüberschreitung vom Sozialrecht zum Arbeitsvertragsrecht, welche die logische Folge der durch das SGB III angestrebten Verantwortungsverlagerung für den Arbeitsmarkt auf die Arbeitsvertragsparteien darstellt.[216] Die damit einhergehende Lastenverteilung von der Bundesagentur für Arbeit auf den Arbeitgeber wird besonders deutlich in § 2 Abs. 2 S. 2 Nr. 1 SGB III, wonach die notwendige betriebliche Weiterbildung nicht allein durch die Arbeitsförderung zu tragen sein soll, sondern vielmehr der Arbeitgeber zur innerbetrieblichen Fortbildung verpflichtet wird.[217]
Aber auch Nr. 2 des § 2 Abs. 2 S. 2 SGB III enthält die arbeitgeberseitige Verpflichtung, durch betriebliche Maßnahmen Kündigungen zu vermeiden.[218] Somit sollen nach § 2 Abs. 2 S. 2 SGB IIII Nr. 1 und Nr. 2 die Arbeitsvertragsparteien – also private Rechtssubjekte – einer Belastung der Sozialkassen durch betriebliche Maßnahmen entgegenwirken.[219] Mithin beeinflussen die Zuweisungen in Nr. 1 und Nr. 2 des § 2 Abs. 2 S. 2 SGB III das privatrechtliche Verhältnis des Arbeitgebers und seines Arbeitnehmers. Die genannten Regelbeispiele strahlen auch auf das Arbeitsrecht aus, da der Arbeitgeber seinen in § 2 Abs. 2 S. 2 Nr. 1 und Nr. 2 SGB III geregelten Pflichten nur durch arbeitsrechtliche Entscheidungen entsprechen kann.[220] Die Vorschriften haben richtigerweise Auswirkungen auf das Verhältnis der Arbeitnehmer und Arbeitgeber untereinander.[221] Daher sind § 2 Abs. 2 S. 2 Nr. 1 und Nr. 2 SGB III – zumindest auch – als Normen des Arbeitsrechtes anzusehen.[222] Folglich gelten die obigen[223] Ausführungen hinsichtlich der grundsätzlichen Verpflichtungswirkung arbeitsrechtlicher Sollvorschriften auch für § 2 Abs. 2 S. 2 SGB III. § 2 Abs. 2 S. 2 Nr. 1 und Nr. 2 SGB III bewirken also eine dem Privatrecht zuzuordnende Verpflichtung, so dass diese Vorschriften bindende Wirkungen zwischen den Arbeitsvertragsparteien entfalten.[224] Dieses Ergebnis wird insbesondere durch die Gesetzesbegründung zu dem damaligen § 2 Abs. 1 SGB III und jetzigen § 2 Abs. 2 SGB III untermauert, wonach die Sollverpflichtung über das geltende Recht hinausgehen soll.[225] Eine Vorschrift kann aber nur dann über

215 Gagel-*Bepler*, SGB III, § 2 Rn. 37.
216 Gagel-*Bearbeiter*, SGB III, § 2 Rn. 37.
217 Vgl. PK-*Schmidt-De Caluwe*, SGB III, § 2 Rn. 29.
218 Vgl. PK-*Schmidt-De Caluwe*, SGB III, § 2 Rn. 31.
219 Vgl. *Preis*, NZA 1998, 449, 454.
220 Vgl. *Gagel*, NZA 2001, 988, 992.
221 Vgl. *Bieback*, ArbuR 1999, 209, 211 f.; *Gagel*, NZA 2001, 988, 992.
222 Vgl. *Gagel*, FS Dieterich, S. 169, 171 f.
223 Siehe oben unter § 2.D.II.1.b).bb).(1).
224 Vgl. *Preis*, NZA 1998, 449, 454.
225 Vgl. BT-Drucksache 13/4941, S. 152.

das geltende Recht hinausgehen, wenn ihr bereits eine rechtliche Verbindlichkeit zugesprochen wird.[226]

Entgegen anders lautender Stimmen[227] im Schrifttum stellen die bisherigen Ausführungen hinsichtlich einer verpflichtenden Ausstrahlungswirkung der Nr. 1 und Nr. 2 des § 2 Abs. 2 SGB III auf das Arbeitsrecht auch keinen Widerspruch zu einer neueren höchstrichterlichen Entscheidung[228] zu § 2 Abs. 2 S. 2 Nr. 3 SGB III dar. Vielmehr zeigt dieses Urteil, dass auch das *Bundesarbeitsgericht* in § 2 Abs. 2 S. 2 Nr. 3 SGB III keine Norm mit bloß unverbindlicher Wirkung sieht, sondern dieser Vorschrift eine arbeitgeberseitige Informationspflicht entnimmt.[229] Der Arbeitgeber wird durch die Norm zur Mitwirkung verpflichtet, um auf diesem Wege Arbeitslosigkeit zu vermeiden.[230] Damit erteilt das Gericht zu Recht all jenen Stimmen eine Absage, die in der Regelung nur eine programmatische Zielvorstellung des Gesetzgebers sehen und die Vorschrift daher als bloß unverbindlichen Appell einstufen.[231] Demgegenüber ist dem *Bundesarbeitsgericht* insoweit nicht mehr zu folgen, als es in § 2 Abs. 2 S. 2 Nr. 3 SGB III einen rein sozialrechtlichen Regelungszusammenhang erblicken will.[232] Allerdings kann an dieser Stelle eine nähere Auseinandersetzung bezüglich dieser Nr. 3 der Vorschrift unterbleiben, da vorliegend allein die Nummern 1 und 2 der Norm eine nähere Beleuchtung erfahren sollen. Dies übersehen all jene, die das Urteil des *Bundesarbeitsgerichtes* als Argumentationsgrundlage gegen jegliche arbeitsrechtliche Auswirkungen des gesamten § 2 SGB III nutzen wollen.[233] Dabei ist in dem besagten Urteil an keiner Stelle ein Hinweis zu finden, dass sich die Einordnung als sozialrechtliche Norm auch auf die anderen Regelbeispiele der Vorschrift erstreckt, mithin also die Vorschrift des § 2 Abs. 2 SGB III insgesamt betreffen soll. Demzufolge beziehen sich die diesbezüglichen Erörterungen des *Bundesarbeitsgerichtes* auch nicht auf die Nummern 1 und 2 des § 2 Abs. 2 S. 2 SGB III, sondern einzig und allein auf § 2 Abs. 2 S. 2 Nr. 3 SGB III. Somit kann überzeugenderweise § 2 Abs. 2 S. 2 Nr. 1 und Nr. 2 SGB III kein rein sozialrechtlicher Regelungszusammenhang zugesprochen werden. Vielmehr sind diese Regelbeispiele als auch arbeitsrechtliche

---

226 *Kreutz*, ArbuR 2003, 201, 201.
227 Eicher/Schlegel-*Leitherer*, SGB III, § 2 Rn. 12.
228 BAG v. 29.09.2005, 8 AZR 571/04, NZA 2005, 1406, 1406 ff.
229 Vgl. BAG v. 29.09.2005, 8 AZR 571/04, NZA 2005, 1406, 1408; diese Informationspflicht bejahen auch *Gitter*, SAE 2006, 190, 190; *Kreutz*, ArbuR 2003, 201, 201 ff.; *Urmersbach*, SGb 2004, 684, 687 ff.
230 BAG v. 29.09.2005, 8 AZR 571/04, NZA 2005, 1406, 1408.
231 Den unverbindlichen Appellcharakter befürworten LAG Düsseldorf v. 29.09.2004, 12 Sa 1323/04, BB 2005, 888, 889 f.; ArbG Verden v. 27.11.2003, 3 Ca 1567/03, BB 2004, 1632, 1632 f.
232 Vgl. BAG v. 29.09.2005, 8 AZR 571/04, NZA 2005, 1406, 1408.
233 So Eicher/Schlegel-*Leitherer*, SGB III, § 2 Rn. 12.

Normen einzustufen, die eine verpflichtende Wirkung zwischen den Arbeitsvertragsparteien entfalten.

(3) Regelbeispiel Nr. 3 des § 2 Abs. 2 S. 2 SGB III

Demgegenüber wollen einige in dem dritten Regelbeispiel des § 2 Abs. 2 S. 2 SGB III – auf einer Linie mit dem soeben[234] bereits angesprochenen Urteil des *Bundesarbeitsgerichtes*[235] – einen rein arbeitsmarktpolitischen Zweck sehen und mithin dieser Sollvorschrift jegliche arbeitsrechtlichen Rechtsfolgen absprechen.[236] Eine solche Auffassung vermag jedoch nicht zu überzeugen. Der Hinweis der Rechtsprechung[237] und aus Teilen des Schrifttums[238], dass bereits der Normtext und die systematische Stellung des § 2 Abs. 2 S. 2 Nr. 3 SGB III für einen ausschließlich sozialrechtlichen Regelungszusammenhang der Vorschrift sprechen würden, stößt ebenso auf Widerspruch wie der von dieser Seite vorgenommene Verweis auf die Entstehungsgeschichte der Norm. Vielmehr muss demgegenüber – ebenso wie für die ersten beiden Regelbeispiele – auch für § 2 Abs. 2 S. 2 Nr. 3 SGB III eine Normeinwirkung auf das Arbeitsrecht bejaht werden.[239] So ist nicht ersichtlich, inwieweit aus dem Normtext des § 2 Abs. 2 S. 2 Nr. 3 SGB III ein ausschließlich sozialrechtlicher Regelungszusammenhang erkennbar sein soll.[240] Auch in dieser Vorschrift wird das Verhältnis des Arbeitgebers zu seinem Arbeitnehmer, also die arbeitsrechtliche Beziehung der Arbeitsvertragsparteien, angesprochen. Auch die Entstehungsgeschichte der Norm spricht für eine Ausstrahlungswirkung in das Arbeitvertragsrecht.[241] Der Gesetzgeber hat durch eine gegenüber einem früheren Gesetzesentwurf wesentlich zurückgenommene Änderung der Bestimmung verdeutlicht, dass primär die Arbeitsvertragsparteien selbst – auch im Verhältnis zueinander – für die Verhinderung von Arbeitslosigkeit verantwortlich sind.[242] Ferner führt der Hinweis auf die systematische Stellung der Vorschrift nicht zwangsläufig zu der Verneinung einer arbeitsrechtlichen Normeinwirkung. Wie bereits oben ausgeführt, strahlen sozialrechtliche Vorschriften nicht selten auf

---

234 Siehe § 2, Fußnote 228.

235 Vgl. BAG v. 29.09.2005, 8 AZR 571/04, NZA 2005, 1406, 1408.

236 So beispielsweise Eicher/Schlegel-*Leitherer*, SGB III, § 2 Rn. 12.

237 BAG v. 29.09.2005, 8 AZR 571/04, NZA 2005, 1406, 1408; LAG Düsseldorf v. 29.09.2004, 12 Sa 1323/04, BB 2005, 888, 889 f.; ArbG Verden v. 27.11.2003, 3 Ca 1567/03, BB 2004, 1632, 1633.

238 *Bauer/Krets*, NJW 2003, 537, 542 f.; *Hanau*, ZIP 2003, 1573, 1574; *Vetter*, BB 2005, 891, 891.

239 *Bepler*, jurisPR-ArbR 35/2004 Anm. 3; *Zieglmeier*, DB 2004, 1830, 1834 f.

240 Anders aber BAG, NZA 2005, 1406, 1408.

241 *Bepler*, jurisPR-ArbR 35/2004 Anm. 3.

242 *Bepler*, jurisPR-ArbR 35/2004 Anm. 3.

zivilrechtliche Beziehungen aus.[243] Die so verstandene Normeinwirkung des § 2 Abs. 2 S. 2 Nr. 3 SGB III auf das Arbeitsrecht wird durch die Gesetzesbegründung der Vorschrift untermauert. Diese geht davon aus, dass die Regelung die arbeitgeberseitige Pflicht, an dem nahtlosen Übergang des gekündigten Arbeitnehmers in ein neues Beschäftigungsverhältnis mitzuwirken, konkretisiere.[244] Diese Mitwirkungspflicht erfordert aber gerade solche Verhaltensweisen des Arbeitgebers, die er während des laufenden Arbeitsverhältnisses zu erfüllen hat.[245] Mithin verfolgt § 2 Abs. 2 S. 2 Nr. 3 SGB III nicht allein arbeitsmarktpolitische Zwecke, sondern entfaltet ebenso eine arbeitsvertragliche Gestaltungswirkung wie die beiden ersten Regelbeispiele des § 2 Abs. 2 S. 2 SGB III. Diese Sollvorschrift ist daher eine – zumindest auch – arbeitsrechtliche Norm, so dass hinsichtlich ihrer verpflichtenden Wirkung die obigen Ausführungen zu arbeitsrechtlichen Sollvorschriften auf diese Vorschrift gleichfalls Anwendung finden.[246] Demnach wird auch diese Norm durch ihren verpflichtenden Charakter gekennzeichnet. Eine gewisse Bestätigung dieser Auffassung kann in einer neueren Entscheidung des *Bundessozialgerichtes*[247] gesehen werden. Dieses hat offen gelassen, welchen Verbindlichkeitsgrad § 2 Abs. 2 S. 2 Nr. 3 SGB III aufweist und ob ein Arbeitgeber, der seiner in dieser Norm festgelegten Informationspflicht nicht genügt, einem Arbeitnehmer gegenüber zum Schadensersatz verpflichtet ist.[248] Es bestehen daher insoweit unterschiedliche Auffassungen zwischen dem *Bundesarbeitsgericht* auf der einen Seite, das eine Schadensersatzpflicht unter anderem mit dem seines Erachtens nach allein arbeitsmarktpolitischen Zweck der Norm verneint hat,[249] und dem *Bundessozialgericht* andererseits, das diese Frage zumindest offen lässt.[250] Ob das *Bundessozialgericht* in Zukunft so weit gehen wird, mit der hier vertretenen Auffassung dem § 2 Abs. 2 S. 2 Nr. 3 SGB III ebenfalls ausdrücklich eine Verpflichtungswirkung zuzuschreiben, bleibt abzuwarten. Zumindest scheint es die Beschreitung eines solchen Weges, anders als das *Bundesarbeitsgericht*, nicht kategorisch auszuschließen.

---

[243] Siehe oben unter § 2.D.II.1.b).bb).(2).
[244] BT-Drucksache 15/25, S. 26.
[245] *Zieglmeier*, DB 2004, 1830, 1834.
[246] Siehe oben unter § 2.D.II.1.b).bb).(1).
[247] BSG v. 25.05.2005, B 11 a/11 AL 81/04 R, NJW 2005, 3803, 3803 ff.
[248] BSG v. 25.05.2005, B 11 a/11 AL 81/04 R, NJW 2005, 3803, 3805.
[249] Vgl. BAG v. 29.09.2005, 8 AZR 571/04, NZA 2005, 1406, 1406 ff.
[250] Vgl. *Gitter*, SAE 2006, 190, 192.

cc) Ergebnis zur rechtlichen Einordnung des § 2 Abs. 2 SGB III

Die bisherigen Ausführungen haben gezeigt, dass sowohl Satz 1 als auch Satz 2 des § 2 Abs. 2 SGB III Verpflichtungselemente enthalten und nicht durch einen bloßen Appellcharakter gekennzeichnet sind. Außerdem ist dem gesamten Absatz 2 des § 2 SGB III eine Ausstrahlungswirkung in das Arbeitsvertragsrecht zuzuschreiben.

c) Ausstrahlung des § 2 Abs. 2 SGB III auf Wiedereingliederungsfragen

An diese Feststellung einer auch in das Arbeitsrecht strahlenden Verpflichtungswirkung des § 2 Abs. 2 SGB III schließt sich nahtlos die weitere Frage an, wie weit diese verpflichtende Wirkung im Einzelfall reicht. Es ist zu erörtern, ob von § 2 Abs. 2 SGB III eine solch intensive Ausstrahlungswirkung auf Wiedereingliederungsfragen ausgeht, dass mit dieser Vorschrift eine Wiedereingliederungspflicht begründet werden kann. Bei der Beleuchtung dieser Fragestellung gilt es zu bedenken, dass die bisherigen Ausführungen zwar einen rein arbeitsmarktpolitischen Zweck des § 2 Abs. 2 SGB III verneint haben. Außerdem wurden die arbeitgeberseitigen Verhaltenspflichten als inhaltliches Charakteristikum der Vorschrift hervorgehoben. Dabei darf aber nicht übersehen werden, dass diese Verhaltenspflichten sehr allgemein gehalten sind.[251] So ist beispielsweise in § 2 Abs. 2 S. 2 Nr. 2 SGB III der allgemeine Hinweis auf vorrangige betriebliche Maßnahmen zu finden, welche vor Ausspruch einer arbeitgeberseitigen Kündigung zu ergreifen sind. Allerdings lässt die Vorschrift den Rechtsanwender aber im Unklaren darüber, wie solche Maßnahmen im Einzelfall auszusehen haben. Diese fehlende Präzisierung des Norminhaltes ist daher insbesondere bei der Untersuchung einer möglichen Wiedereingliederungspflicht zu berücksichtigen.
Eine etwaige Bejahung einer solch konkreten Pflicht durch § 2 Abs. 2 SGB III würde eine wesentliche Einschränkung der unternehmerischen Entscheidungsfreiheit zur Folge haben. Die hiermit angesprochene Freiheit, ein Unternehmen zu gründen und selbiges zu führen, genießt den primären Schutz des Art. 12 GG, subsidiär jenen aus Art. 2 Abs. 1 GG.[252] Auf der anderen Seite können Arbeitgeber ein Unternehmen im Regelfall nur mit Hilfe ihrer Arbeitnehmer führen, wobei letztere ihrerseits wieder dem Schutzbereich des Art. 12 GG unterfallen.[253]
Es stehen sich somit zwei Grundrechtsträger gegenüber, welche beide den Schutz des Art. 12 GG genießen, die aber in vielen Bereichen unterschiedliche Interessen verfolgen. So wollen die Arbeitgeber geringen Regularien unterworfen sein, um

[251] *Bepler*, ArbuR 1999, 219, 221.
[252] Vgl. BVerfG 01.03.1979, 1 BvR 532, 533/77, 419/78, 1 BvL 21/78, BVerfGE 50, 290, 363; von Münch/Kunig-*Manfred Gubelt*, Art. 12 Rn. 18.
[253] Von Münch/Kunig-*Manfred Gubelt*, Art. 12 Rn. 18.

auf ein sich änderndes Markt- und Wettbewerbsgeschehen flexibel reagieren zu können. Der „Faktor Arbeit“ soll hierbei möglichst geringe Kosten verursachen. Auf der anderen Seite haben die Arbeitnehmer ein gesteigertes Interesse, ihr Arbeitsverhältnis möglichst dauerhaft geschützt zu sehen und umfassende Nebenpflichten des Arbeitgebers in Anspruch nehmen zu können.

Dieser Interessenwiderspruch verdeutlicht, dass der Gesetzgeber gerade im Bereich des Art. 12 GG häufig vor der Aufgabe steht, konkurrierende Grundrechtspositionen abzugrenzen und zu harmonisieren.[254] Ausdruck einer solchen Harmonisierung ist unter anderem der hier in Frage stehende § 2 Abs. 2 SGB III. Die Freiheit des Arbeitgebers, unternehmerische Entscheidungen eigenständig zu fällen, erfährt durch diese Regelung eine Einschränkung, indem ihm der Gesetzgeber einen Pflichtenkatalog an die Hand gibt, den der Arbeitgeber bei seinen Entscheidungen zu berücksichtigen hat. Diese arbeitgeberseitige Belastung in § 2 Abs. 2 SGB III und die damit einhergehende Gestaltungswirkung der Vorschrift auf das Verhältnis der Vertragsparteien erfährt anderseits aber auch Einschränkungen. So hat der Gesetzgeber davon abgesehen, die durch Art. 12 GG geschützte Unternehmerfreiheit durch genau definierte Maßnahmen über Gebühr zu belasten. Eine solche Regelungsdichte hätte zwar im Interesse der Arbeitnehmer gelegen, da ihr gleichfalls durch Art. 12 GG geschützter Arbeitsplatz noch intensivere Sicherungsvorkehrungen erfahren hätte. Bei der Wahl der einzelnen Mittel hat der Gesetzgeber jedoch wieder die Unternehmerfreiheit stärker berücksichtigt, indem er von einem konkreten Maßnahmenkatalog abgesehen hat. Wie der Arbeitgeber den allgemeinen Verpflichtungen aus § 2 Abs. 2 SGB III im Einzelfall nachkommen möchte, bleibt daher ihm überlassen.

Somit zeugt der wenig präzise Formulierungsgehalt des § 2 Abs. 2 SGB III von einer Harmonisierung zweier sich gegenüberstehender Grundrechtspositionen. Diese Harmonisierung darf nicht durch den Rechtsanwender unterwandert werden. Mithin steht es im Einklang mit dem gesetzgeberischen Willen, in § 2 Abs. 2 SGB III allgemein formulierte Verhaltenspflichten zu erblicken. Demgegenüber ginge es zu weit, aus diesen allgemein gehaltenen Pflichten konkrete arbeitsvertragsrechtliche Gebote oder Verbote herauslesen zu wollen.[255] Die Folge des Fehlens einzelner Sanktionen für die Verletzung des Pflichtenprogramms aus § 2 Abs. 2 SGB III ist daher, dass diese allgemeinen Pflichten zwar zu einer Konkretisierung arbeitsrechtlicher Normen führen.[256] Demnach sind die Wertungen des § 2 Abs. 2 SGB III heranzuziehen, um beispielsweise unbestimmte Rechtsbegriffe mit Leben zu fül-

---

[254] Vgl. *Bryde*, NJW 1984, 2177, 2181.
[255] Vgl. *Bepler*, ArbuR 1999, 219, 221.
[256] *Bieback*, ArbuR 1999, 209, 211.

len.[257] Es ginge jedoch zu weit und würde die in § 2 Abs. 2 SGB III zum Ausdruck kommende Harmonisierung der Unternehmerfreiheit auf der einen Seite sowie der Berufsfreiheit der Arbeitnehmer andererseits aus dem gesetzgeberischen Gleichgewicht bringen, wenn aus den allgemeinen Arbeitgeberpflichten des § 2 Abs. 2 SGB III konkrete Einzelpflichten konstruiert würden.
Dies gilt auch für die hier zu untersuchende etwaige Wiedereingliederungspflicht. Eine solche Pflicht hätte in Folge ihrer intensiven Eingriffswirkung in die durch Art. 12 GG geschützte Unternehmerfreiheit einer genaueren gesetzgeberischen Präzisierung bedurft. Der allgemein gehaltene Absatz 2 des § 2 SGB III reicht demgegenüber für die Annahme einer konkreten Arbeitgeberpflicht, eine stufenweise Wiedereingliederung zu ermöglichen, nicht aus. Anderenfalls würde § 2 Abs. 2 SGB III systemwidrig aus seinem – auch – arbeitsförderungsrechtlichen Kontext gerissen.[258] Allein die Verneinung einer konkreten Wiedereingliederungspflicht aus § 2 Abs. 2 SGB III kann dem Willen des Gesetzgebers nach Harmonisierung der verschiedenen Grundrechtspositionen gerecht werden.
Dieses Ergebnis führt zu einer verständigen Verknüpfung von Arbeits- und Sozialrecht. Es berücksichtigt sowohl den arbeitsrechtlichen als auch den arbeitsförderungsrechtlichen Kontext des § 2 Abs. 2 SGB III. Nur auf diese Weise wird der Gefahr entgegengewirkt, dass bei der Übertragung einer sozialrechtlichen Vorschrift auf das Arbeitsrecht die Eigenarten des Sozialrechtes übersehen werden. Ein so verstandener Regelungsgehalt des § 2 Abs. 2 SGB III liefert einen Beitrag zur notwendigen Abstimmung zwischen Arbeits- und Sozialrecht. Folglich ergibt sich aus § 2 Abs. 2 SGB III keine Verpflichtungswirkung, eine Wiedereingliederungsvereinbarung zu schließen.

2. § 81 Abs. 4 S. 1 Nr. 1 SGB IX und § 84 Abs. 2 SGB IX

Eine solche Verpflichtung – und sei es auch nur zu Gunsten bestimmter Arbeitnehmergruppen – könnten allerdings zwei andere sozialrechtliche Normen beinhalten. Wie bereits oben[259] angesprochen, vermag die allgemeine arbeitgeberseitige Fürsorgepflicht allein keine Wiedereingliederungspflicht zu begründen. Dabei wurde allerdings schon angedeutet, dass zu überlegen ist, ob diese Fürsorgepflicht im Zusammenspiel mit gesetzlichen Vorschriften in besonderen Fällen nicht doch zu einer Wiedereingliederungspflicht führen kann.

---

257 Gagel-*Bepler*, SGB III, § 2 Rn. 39.
258 Vgl. *Bepler*, ArbuR 1999, 219, 221.
259 Siehe oben unter § 2.D.I.2.b).bb).

In eine ähnliche Richtung hat auch das *Bundesarbeitsgericht* in einer Entscheidung zu § 74 SGB V argumentiert.[260] Dort hat das Gericht ausgeführt, es sei erörterungswürdig, ob der Arbeitgeber nicht bei besonders schutzbedürftigen Arbeitnehmern zur Wiedereingliederung verpflichtet sei.[261] Beispielhaft wurden hierbei Schwerbehinderte genannt, die aus Fürsorgegesichtspunkten eventuell eine Wiedereingliederung beanspruchen könnten.[262] Im konkret zu beurteilenden Fall ließ das Gericht allerdings eine diesbezügliche Entscheidung offen.[263] Dieser höchstrichterliche Ansatzpunkt erscheint insbesondere vor dem Hintergrund der jüngeren §§ 81 Abs. 4, 84 Abs. 2 SGB IX in neuem Lichte. Beide Normen könnten entweder unmittelbar eine Pflicht zur Wiedereingliederung beinhalten oder aber als Konkretisierung der arbeitgeberseitigen Fürsorgepflicht für besonders schutzbedürftige Arbeitnehmer eingestuft werden und so zu einer Wiedereingliederungspflicht führen.

a) § 84 Abs. 2 SGB IX

Zunächst ist § 84 Abs. 2 SGB IX im Hinblick auf eine mögliche Pflicht zur Wiedereingliederung zu untersuchen. Diese Vorschrift beinhaltet die Regelung eines betrieblichen Eingliederungsmanagements für wiederholt oder länger arbeitsunfähige Beschäftigte. Nach § 84 Abs. 2 S. 1 SGB IX klärt der Arbeitgeber mit der zuständigen Interessenvertretung im Sinne des § 93 SGB IX, bei Schwerbehinderten zusätzlich mit der Schwerbehindertenvertretung, wie längere Arbeitsunfähigkeitsphasen überwunden werden können.

aa) Wiedereingliederungspflicht unmittelbar aus § 84 Abs. 2 SGB IX

Ein denkbares Ergebnis des betrieblichen Eingliederungsmanagements nach § 84 Abs. 2 SGB IX ist eine stufenweise Wiedereingliederung im Sinne des § 28 SGB IX beziehungsweise des § 74 SGB V.[264] Es fragt sich allerdings, ob der Vorschrift des § 84 Abs. 2 SGB IX normative Wirkung zukommt,[265] insbesondere ob sich aus dieser Norm unmittelbar eine Verpflichtung des Arbeitgebers zur Durchführung einer Wiedereingliederungsmaßnahme ableiten lässt.

---

[260] Vgl. BAG v. 29.01.1992, 5 AZR 37/91, AP Nr. 1 zu § 74 SGB V, unter II.2.; den diesbezüglichen Ausführungen des Gerichtes zustimmend *Gitter*, ZfA 1995, 123, 131.
[261] BAG v. 29.01.1992, 5 AZR 37/91, AP Nr. 1 zu § 74 SGB V, unter II.2.
[262] Vgl. BAG v. 29.01.1992, 5 AZR 37/91, AP Nr. 1 zu § 74 SGB V, unter II.2.
[263] Vgl. BAG v. 29.01.1992, 5 AZR 37/91, AP Nr. 1 zu § 74 SGB V, unter II.2.
[264] *Balders/Lepping*, NZA 2005, 854, 855.
[265] Vgl. ErfK-*Rolfs*, § 84 SGB IX Rn. 2.

Einige sehen in § 84 Abs. 2 SGB IX eine sanktionslose Norm mit lediglich appellativem Charakter.[266] Demgegenüber betonen andere zu Recht die verbindliche Wirkung der Vorschrift.[267] § 84 Abs. 2 SGB IX stellt demnach keinen unverbindlichen Programmsatz dar.[268] Vielmehr zeigt sich die Verpflichtungswirkung des § 84 Abs. 2 SGB IX in § 84 Abs. 2 S. 7 SGB IX.[269] Hiernach wachen die zuständigen Interessenvertretungen darüber, dass der Arbeitgeber seine Pflichten aus § 84 Abs. 2 SGB IX erfüllt. Dies bedeutet, dass sowohl die Interessenvertretungen als auch die Schwerbehindertenvertretung von dem Arbeitgeber die Einleitung von entsprechenden Maßnahmen verlangen können.[270] Diese Auffassung deckt sich mit dem Text der Gesetzesbegründung, wonach die Akteure zur Klärung der entsprechenden Maßnahmen verpflichtet werden.[271]

Damit ist allerdings noch nichts über die konkrete Verpflichtungswirkung des § 84 Abs. 2 SGB IX gesagt. Überzeugenderweise beinhaltet die Vorschrift lediglich die Verpflichtung zur Durchführung eines Verfahrens.[272] Hierbei lässt das Gesetz allerdings offen, wie die arbeitgeberseitige Klärung im Sinne des § 84 Abs. 2 S. 1 SGB IX im Einzelnen auszusehen hat.[273] Die Mannigfaltigkeit aller denkbarer Maßnahmen des Arbeitgebers, mit denen den Erfordernissen aus § 84 Abs. 2 S. 1 SGB IX entsprochen werden kann, steht somit der Annahme einer Verpflichtung zur stufenweisen Wiedereingliederung entgegen. Insoweit gelten auch hinsichtlich dieser Vorschrift die ablehnenden Ausführungen bezüglich einer Wiedereingliederungspflicht aus § 2 Abs. 2 SGB III entsprechend.[274] Eine unmittelbare materielle Verpflichtung zur Durchführung konkreter Maßnahmen kann folglich in § 84 Abs. 2 S. 1 SGB IX nicht gesehen werden.[275] Insbesondere ist somit die Vorstellung zu verwerfen, § 84 Abs. 2 SGB IX beinhalte die arbeitgeberseitige Verpflichtung, eine stufenweise Wiedereingliederung anzubieten.

---

[266] Den sanktionslosen Charakter der Norm betont beispielsweise das LAG Nürnberg v. 21.06.2006, 4 (9) Sa 933/05, NZA-RR 2007, 75, 77.

[267] *Braun*, ZTR 2005, 630, 631; *Brose*, DB 2005, 390, 391 f.; Hauck/Noftz-*Schröder*, § 84 SGB IX Rn. 10.

[268] Vgl. *Brose*, DB 2005, 390, 391 f.

[269] Vgl. *Braun*, ZTR 2005, 630, 631.

[270] *Braun*, ZTR 2005, 630, 631.

[271] BT-Drucksache 15/1783, S. 16.

[272] *Gagel/Schian*, Behindertenrecht 2006, 53, 55.

[273] *Gaul/Süßbrich/Kulejewski*, ArbRB 2004, 308, 310.

[274] Siehe oben unter § 2.D.II.1.c).

[275] Vgl. *Gagel/Schian*, Behindertenrecht 2006, 53, 55.

bb) § 84 Abs. 2 SGB IX als Ausprägung der Fürsorgepflicht

Eine dementsprechende Verpflichtung könnte sich allerdings ergeben, indem § 84 Abs. 2 SGB IX als Ausprägung der arbeitgeberseitigen Fürsorgepflicht eingestuft wird.[276] Schuldrechtlich und somit neutraler formuliert verbergen sich hinter dem Begriff der Fürsorgepflicht eine Vielzahl von Schutz- und leistungsbezogenen Nebenpflichten.[277] Während Schutzpflichten, die häufig auch als nicht leistungsbezogene Nebenpflichten bezeichnet werden, in den Anwendungsbereich des § 241 Abs. 2 BGB fallen,[278] sind die leistungsbezogenen Nebenpflichten dem § 241 Abs. 1 BGB zuzuordnen.[279] Als Fürsorgepflicht trifft den Arbeitgeber beispielsweise die besondere Schutzpflicht, die Gesundheit seiner Arbeitnehmer nicht zu gefährden.[280] Allerdings lässt sich der genaue Umfang der Fürsorgepflicht nicht allgemein festlegen.[281] Vielmehr bedarf es einer Interessenabwägung.[282] Insoweit wird die Fürsorgepflicht des Arbeitgebers durch den Verhältnismäßigkeitsgrundsatz begrenzt.[283] Mithin ist das Schutzinteresse des Arbeitnehmers den betriebstechnischen und wirtschaftlichen Interessen des Arbeitgebers gegenüberzustellen und beide Standpunkte sind gegeneinander abzuwägen.[284] Demzufolge könnte auch die arbeitgeberseitige Verpflichtung, eine Wiedereingliederungsmaßnahme zu ermöglichen, das Ergebnis einer entsprechenden Interessenabwägung sein.

Einige zielen in der Tat in diese Richtung, indem sie bei der erforderlichen Interessenabwägung auf die geringe Belastung des Arbeitgebers einerseits und die besondere Bedeutung der Gesundheit des Arbeitnehmers anderseits hinweisen.[285] So habe der Arbeitgeber durch eine Wiedereingliederungsmaßnahme sogar Vorteile, weil er während dieser Zeit kein Gehalt zahlen müsse und dabei auch noch eine Arbeitsleistung erhalte.[286] Insbesondere zeige § 84 Abs. 2 SGB IX das neue Verständnis der Arbeitsunfähigkeit, wonach die frühere Vorstellung, dass es sich hier-

---

276 Zur Begründung einer Wiedereingliederungspflicht zielen auch *Gagel/Schian*, Behindertenrecht 2006, 53, 55, auf die Fürsorgepflicht und § 84 Abs. 2 SGB IX ab.

277 HWK-*Thüsing*, § 611 BGB Rn. 241; *Lieb/Jacobs*, Arbeitsrecht, § 1 Rn. 36.

278 Siehe ausführlich zu den unterschiedlichen Nebenpflichten in einem Schuldverhältnis sowie zu der Abgrenzung der leistungsbezogenen von den nicht leistungsbezogenen Nebenpflichten unten unter § 5.A.

279 Huber/Faust-*Faust*, Schuldrechtsmodernisierung, Kapitel 3 Rn. 168 und Rn. 171; *Lorenz/Riehm*, Schuldrecht Rn. 172; *Madaus*, Jura 2004, 289, 290; *Mattheus*, JuS 2002, 208, 211; *Olzen/Wank*, Schuldrechtsreform Rn. 247 und Rn. 261; Staudinger-*Otto*, § 280 Rn. C 24.

280 Moll-*Reinfeld*, MAH Arbeitsrecht, § 32 Rn. 1.

281 Küttner-*Kreitner*, Personalbuch 2006, Fürsorgepflicht, 183 Rn. 7.

282 Vgl. *Gagel/Schian*, Behindertenrecht 2006, 53, 55; Küttner-*Kreitner*, Personalbuch 2006, Fürsorgepflicht, 183 Rn. 7.

283 *Kort*, NZA 1996, 854, 854.

284 *Kort*, NZA 1996, 854, 854.

285 *Gagel/Schian*, Behindertenrecht 2006, 53, 55.

286 *Gagel/Schian*, Behindertenrecht 2006, 53, 55.

bei um eine Zeit des Ruhens gehandelt habe, verdrängt worden sei.[287] Nunmehr sei die Arbeitsunfähigkeit als eine aktive Phase zu verstehen, geprägt von der beiderseitigen Verpflichtung, die Arbeitsunfähigkeit zu beseitigen.[288] Folglich müsse grundsätzlich eine Wiedereingliederungspflicht aus Fürsorgegesichtspunkten, untermauert durch die Regelung des § 84 Abs. 2 SGB IX, bejaht werden.[289]
Dieses Verständnis überdehnt allerdings den Begriff der arbeitgeberseitigen Fürsorgepflicht und ist daher abzulehnen. Richtigerweise geht die Annahme einer grundsätzlichen Wiedereingliederungspflicht des Arbeitgebers für sämtliche erkrankten Arbeitnehmer zu weit. Bei einer dementsprechenden Vorstellung findet die bereits oben intensiver dargelegte Unternehmerfreiheit (Art. 12 GG) nicht ausreichende Beachtung.[290] Insbesondere der Verweis auf § 84 Abs. 2 SGB IX vermag eine etwaige Wiedereingliederungspflicht nicht zu begründen. Der Gesetzgeber hat davon abgesehen, konkrete Maßnahmen in § 84 Abs. 2 S. 1 SGB IX festzuschreiben. Vielmehr fordert die Vorschrift den Arbeitgeber lediglich dazu auf, Möglichkeiten zu klären. Wie der Arbeitgeber diese Möglichkeiten im Einzelnen ausgestaltet, liegt – in Absprache mit den zuständigen Interessenvertretungen – in seiner Gestaltungsfreiheit. Insoweit gelten die obigen[291] Ausführungen zu § 2 Abs. 2 SGB III entsprechend auch hier. Mithin ergibt sich weder unmittelbar aus § 84 Abs. 2 SGB IX noch in Verbindung mit Überlegungen zu der arbeitgeberseitigen Fürsorgepflicht eine Verpflichtung des Arbeitgebers, seinen Mitarbeitern eine stufenweise Wiedereingliederung zu ermöglichen. Allenfalls ließe sich überlegen, ob nicht für bestimmte Arbeitnehmer wie beispielsweise Schwerbehinderte eine Wiedereingliederungspflicht anzuerkennen ist.[292] Hierzu wäre allerdings eine Vorschrift notwendig, die konkreter als § 84 Abs. 2 S. 1 SGB IX und beschränkt auf bestimmte Arbeitnehmergruppen dem Arbeitgeber besondere Pflichten auferlegt. In einem solchen Fall müsste die Unternehmerfreiheit hinter dem Interesse des Arbeitnehmers an einer Wiedereingliederung zurückstehen.

b) Schwerbehinderte Rehabilitanden und § 81 Abs. 4 S. 1 Nr. 1 SGB IX

Eine entsprechende Verpflichtungsnorm könnte in § 81 Abs. 4 S. 1 Nr. 1 SGB IX gesehen werden. Nach dieser Vorschrift haben schwerbehinderte Menschen gegenüber ihren Arbeitgebern Anspruch auf Beschäftigung. Ob dieser Anspruch auch soweit reicht, eine Wiedereingliederungspflicht zu Gunsten schwerbehinderter Ar-

---

[287] *Gagel/Schian*, Behindertenrecht 2006, 53, 55.
[288] *Gagel/Schian*, Behindertenrecht 2006, 53, 55.
[289] *Gagel/Schian*, Behindertenrecht 2006, 53, 55.
[290] Siehe oben unter § 2.D.II.1.c).
[291] Siehe oben unter § 2.D.II.1.c).
[292] Vgl. den Hinweis in BAG v. 29.01.1992, 5 AZR 37/91, AP Nr. 1 zu § 74 SGB V, unter II.2.

beitnehmer zu bejahen, kann durch eine bloße Wortlautbetrachtung jedoch nicht abschließend geklärt werden. Vielmehr bedarf es diesbezüglich einer näheren Beleuchtung des § 81 Abs. 4 S. 1 Nr. 1 SGB IX.

aa) Der Beschäftigungsanspruch schwerbehinderter Arbeitnehmer

Einen umfassenderen Zugang zu der Reichweite des § 81 Abs. 4 S. 1 Nr. 1 SGB IX vermag eine Untersuchung der Rechtsprechung des *Bundesarbeitsgerichtes* zu dieser Vorschrift und deren Vorgängerregelungen ebenso zu ermöglichen wie eine Darlegung des diesbezüglichen Meinungsstandes im arbeitsrechtlichen Schrifttum.

(1) Die Rechtsprechung des Bundesarbeitsgerichtes

Das *Bundesarbeitsgericht* begann bereits in den jungen Jahren der Bundesrepublik einen Beschäftigungsanspruch für schwerbehinderte Arbeitnehmer anzuerkennen und in zahlreichen Entscheidungen weiterzuentwickeln.[293] Schon in einem frühen Urteil hat das Gericht ausgeführt, dass allein die Anerkennung eines Beschäftigungsanspruches dazu führe, nicht gewollte soziale Rückschritte für Schwerbehinderte zu verhindern.[294] In neueren Entscheidungen äußerte das *Bundesarbeitsgericht* weiterhin, dass sich der Beschäftigungsanspruch für Schwerbehinderte nunmehr aus § 81 Abs. 4 S. 1 Nr. 1 SGB IX in der seit dem 01.07.2001 geltenden Fassung ergebe – eine Vorschrift, die wortgleich mit ihren Vorgängerregelungen § 14 Abs. 2 S. 1 SchwbG in der Fassung vom 01.08.1986 und § 14 Abs. 3 S. 1 Nr. 1 SchwbBAG in der Fassung vom 01.10.2000 ist.[295] Durch diesen Beschäftigungsanspruch würden schwerbehinderte Menschen die Möglichkeit erhalten, ihre Fähigkeiten und Kenntnisse möglichst vollständig verwerten und weiterentwickeln zu können.[296] Dabei stehe der Beschäftigungsanspruch zwar unter dem Vorbehalt, dass seine Erfüllung für den Arbeitgeber zumutbar sei und nicht unverhältnismäßig

---

[293] Vgl. BAG v. 04.05.1962, 1 AZR 128/61, AP Nr. 1 zu § 12 SchwBeschG, unter 1.; BAG v. 07.08.1964, 1 AZR 27/64, AP Nr. 3 zu § 12 SchwBeschG, unter II.1.; BAG v. 08.02.1966, 1 AZR 365/65, AP Nr. 4 zu § 12 SchBeschG, unter 3.; BAG v. 19.09.1979, 4 AZR 887/77, AP Nr. 2 zu § 11 SchwbG, Blatt 901; BAG v. 12.11.1980, 4 AZR 779/78, AP Nr. 3 zu § 11 SchwbG, Blatt 746; BAG v. 10.07.1991, 5 AZR 383/90, AP Nr. 1 zu § 14 SchwbG 1986, unter IV.1.; BAG v. 03.12.2002, 9 AZR 481/01, AP Nr. 2 zu § 81 SGB IX, unter A.I.2.a).; BAG v. 22.09.2005, 2 AZR 519/04, AP Nr. 10 zu § 81 SGB IX, unter II.2.d).cc).; BAG v. 14.03.2006, 9 AZR 411/05, NZA 2006, 1214, 1216.

[294] Vgl. BAG v. 07.08.1964, 1 AZR 27/64, AP Nr. 3 zu § 12 SchwBeschG, unter II.1.

[295] Vgl. BAG v. 10.05.2005, 9 AZR 230/04, AP Nr. 8 zu § 81 SGB IX, unter B.II.1.; BAG v. 14.03.2006, 9 AZR 411/05, NZA 2006, 1214, 1216.

[296] BAG v. 14.03.2006, 9 AZR 411/05, NZA 2006, 1214, 1216.

hohe Aufwendungen zur Folge habe (vgl. nunmehr § 81 Abs. 4 S. 3 SGB IX).[297] Allerdings erlösche der Anspruch nicht etwa bereits dann, wenn der Arbeitnehmer in Folge seiner Behinderung die arbeitsvertraglich vereinbarte Tätigkeit nicht mehr auszuüben vermöge.[298] Vielmehr beinhalte der Beschäftigungsanspruch aus § 81 Abs. 4 S. 1 Nr. 1 SGB IX auch die arbeitgeberseitige Verpflichtung, dem Schwerbehinderten eine anderweitige Beschäftigung anzubieten.[299] Soweit der bisherige Arbeitsvertrag eine behindertengerechte Beschäftigungsmöglichkeit nicht beinhalte, könne dem schwerbehinderten Arbeitnehmer sogar ein Anspruch auf eine entsprechende Vertragsänderung aus § 81 Abs. 4 S. 1 Nr. 1 SGB IX zugesprochen werden.[300] Zur Geltendmachung eines solchen Anspruches bedürfe es noch nicht einmal der Erhebung einer Klage auf Änderung des Vertragsinhaltes, da der besondere Beschäftigungsanspruch zu Gunsten des Schwerbehinderten unmittelbar kraft Gesetzes bestünde.[301]

(2) Das arbeitsrechtliche Schrifttum

Auch das arbeitsrechtliche Schrifttum sieht in § 81 Abs. 4 S. 1 Nr. 1 SGB IX beziehungsweise sah in den Vorgängerregelungen der Norm einen Beschäftigungsanspruch für schwerbehinderte Arbeitnehmer.[302] Wortlaut und Zweck der entsprechenden Vorschriften würden dazu führen, dass dieser Arbeitnehmergruppe ein Anspruch auf fähigkeits- und kenntnisadäquate Beschäftigung zuzusprechen sei.[303]

bb) Anspruch auf Wiedereingliederung aus § 81 Abs. 4 S. 1 Nr. 1 SGB IX

Die somit – soweit ersichtlich – einhellige und zutreffende Herleitung eines Beschäftigungsanspruches schwerbehinderter Menschen aus § 81 Abs. 4 S. 1 Nr. 1 SGB IX in Rechtsprechung und Schrifttum hat zur Konsequenz, dass von der

---

[297] Vgl. beispielsweise BAG v. 03.12.2002, 9 AZR 481/01, AP Nr. 2 zu § 81 SGB IX, unter A.I.2.a).; BAG v. 10.05.2005, 9 AZR 230/04, AP Nr. 8 zu § 81 SGB IX, unter B.II.1.

[298] Vgl. BAG v. 14.03.2006, 9 AZR 411/05, NZA 2006, 1214, 1216.

[299] Vgl. BAG v. 10.05.2005, 9 AZR 230/04, AP Nr. 8 zu § 81 SGB IX, unter B.II.1.; BAG v. 14.03.2006, 9 AZR 411/05, NZA 2006, 1214, 1216.

[300] Vgl. BAG v. 10.05.2005, 9 AZR 230/04, AP Nr. 8 zu § 81 SGB IX, unter B.II.1.; BAG v. 14.03.2006, 9 AZR 411/05, NZA 2006, 1214, 1216.

[301] BAG v. 10.05.2005, 9 AZR 230/04, AP Nr. 8 zu § 81 SGB IX, unter B.II.1.

[302] *Bleistein*, DB 1974, 1480, 1482 f.; *Düwell*, BB 2000, 2570, 2574; GK-*Großmann*, SGB IX, § 81 Rn. 303 ff.; Hauck/Noftz-*Schröder*, § 81 SGB IX Rn. 33; HK-*Trenk-Hinterberger*, SGB IX, § 81 Rn. 37; Kittner/Zwanziger-*Bantle*, ArbR, § 129 Rn. 58; *Leßmann*, RdA 1988, 149, 150; MünchArbR-*Bloymeyer*, § 95 Rn. 4; MünchKommBGB-*Müller-Glöge*, Bd. 4, § 611 Rn. 974; *Pahlen*, AR-Blattei SD 1440.1 Rn. 152; *Pallasch*, Beschäftigungsanspruch, S. 81; Schaub-*Koch*, ArbR-Hdb., § 178 Rn. 45; *Welti*, ArbuR 2003, 445, 447.

[303] Vgl. Hauck/Noftz-*Schröder*, § 81 SGB IX Rn. 33; *Pallasch*, Beschäftigungsanspruch, S. 81 zu § 14 SchwbG.

Annahme eines zu engen Regelungsgehaltes des § 81 Abs. 4 S. 1 Nr. 1 SGB IX abzusehen ist. Nur eine solche, am Schutz des Schwerbehinderten orientierte Auseinandersetzung mit der Norm, vermag den schwerbehinderten Menschen eine umfassende Teilhabe am Erwerbsleben zu ermöglichen. Ob diese Einordnung allerdings so weit reicht, eine Wiedereingliederungspflicht zu bejahen, ist in jüngerer Zeit Gegenstand einiger arbeitsgerichtlicher Entscheidungen gewesen.[304]

(1) Restriktives Verständnis

So versucht eine neuere instanzgerichtliche Entscheidung, einem extensiven Verständnis in Bezug auf § 81 Abs. 4 S. 1 Nr. 1 SGB IX Grenzen zu setzen.[305] Hiernach würde die in Folge der Änderung des ehemaligen § 14 SchwbG erreichte Stärkung der Rechte Schwerbehinderter gegen eine Wiedereingliederungspflicht des Arbeitgebers sprechen.[306] Außerdem erscheine die Herleitung einer Pflicht zur Wiedereingliederung aus § 81 Abs. 4 S. 1 Nr. 1 SGB IX deshalb nicht gerechtfertigt, weil die höchstrichterliche Rechtsprechung im Arbeitsrecht dem Gesetzgeber bekannt gewesen sei.[307] Hätte das Parlament mithin eine Wiedereingliederungspflicht gewollt, so wäre eine solche Verpflichtung auch im Rahmen der Gesetzesänderung aufgenommen worden und nicht – wie vorliegend der Fall – unterblieben.[308]

(2) Rekonvaleszenten als Beschäftigte nach § 81 Abs. 4 S. 1 Nr. 1 SGB IX

Diese Auffassung greift allerdings an entscheidenden Stellen zu kurz. Zum einen wird bei einem solchen Verständnis dem Begriff der Beschäftigung aus § 81 Abs. 4 S. 1 Nr. 1 SGB IX nicht die erforderliche Aufmerksamkeit geschenkt. Außerdem sprechen historische, systematische und teleologische Überlegungen für die Annahme einer Wiedereingliederungspflicht zu Gunsten schwerbehinderter Arbeitnehmer.

(a) Begriff der Beschäftigung

§ 81 Abs. 4 S. 1 Nr. 1 SGB IX beinhaltet – wie bereits dargelegt – einen Anspruch auf Beschäftigung. Dabei stellt sich aber die Frage, was genau unter einer Beschäf-

---

304 Vgl. BAG v. 13.06.2006, 9 AZR 229/05, NZA 2007, 91, 92 ff.; LAG Hamm v. 17.05.2001, 8 (6) Sa 30/01, zitiert nach juris Rn. 66 ff.; LAG Rheinland-Pfalz v. 04.03.2005, 12 Sa 566/04, NZA-RR 2005, 568, 568 ff.

305 LAG Rheinland-Pfalz v. 04.03.2005, 12 Sa 566/04, NZA-RR 2005, 568, 568 ff.

306 LAG Rheinland-Pfalz v. 04.03.2005, 12 Sa 566/04, NZA-RR 2005, 568, 570.

307 LAG Rheinland-Pfalz v. 04.03.2005, 12 Sa 566/04, NZA-RR 2005, 568, 570.

308 LAG Rheinland-Pfalz v. 04.03.2005, 12 Sa 566/04, NZA-RR 2005, 568, 570.

tigung im Sinne dieser Vorschrift zu verstehen ist, insbesondere ob unter den Beschäftigungsbegriff im Sinne des § 81 Abs. 4 S. 1 Nr. 1 SGB IX auch eine Wiedereingliederungsmaßnahme subsumiert werden kann. Der Begriff der Beschäftigung findet sich in zahlreichen arbeitsrechtlichen Gesetzen, wie beispielsweise im Kündigungsschutz- und Mutterschutzgesetz.[309] Trotz der einheitlichen Verwendung des Beschäftigungsbegriffes kommt selbigem in den einzelnen Gesetzen eine ganz unterschiedliche inhaltliche Bedeutung zu.[310] Während die in § 1 Abs. 2 KSchG normierte Weiterbeschäftigungsmöglichkeit auf den Schutz des gesamten Arbeitsverhältnisses zielt, tangiert das Beschäftigungsverbot in §§ 3 f. MuSchG lediglich die geschuldete Arbeitsleistung.[311] Trotz der vielfältigen Verwendungen des Begriffes der Beschäftigung ermangelt es an einer allgemein gültigen gesetzlichen Definition dieses Wortes. Etwas anderes ergibt sich auch nicht aus § 7 SGB IV. Zwar wird in dieser Vorschrift der Beschäftigungsbegriff näher ausgeführt. Danach ist unter Beschäftigung nichtselbstständige Arbeit, insbesondere in einem Arbeitsverhältnis, zu verstehen (§ 7 Abs. 1 S. 1 SGB IV). Allerdings ist § 7 SGB IV nach § 1 Abs. 1 SGB IV lediglich auf das Sozialversicherungsrecht einschließlich des Arbeitsförderungsrechtes anwendbar.[312] Indem sich der Anwendungsbereich dieser Vorschrift somit nicht auf § 81 Abs. 4 S. 1 Nr. 1 SGB IX erstreckt, bedarf es der weiteren Suche nach einer zutreffenden Umschreibung der Beschäftigung im Sinne des § 81 Abs. 4 S. 1 Nr. 1 SGB IX. Hierbei könnte auf die Definition des allgemeinen Beschäftigungsanspruches zurückgegriffen werden. In der arbeitsrechtlichen Literatur und Rechtsprechung wird vielfach unter dem Begriff des allgemeinen Beschäftigungsanspruches das Recht des Arbeitnehmers verstanden, entsprechend der vereinbarten Tätigkeit tatsächlich beschäftigt zu werden.[313] Dabei komme durch die Formulierung der Beschäftigung zum Ausdruck, dass die Berechtigung zum Tätigwerden und nicht etwa die Verpflichtung zur Arbeitsleistung im Vordergrund stünde.[314]

Auf dieser Linie argumentieren auch jene, die unter dem Beschäftigungsanspruch den arbeitnehmerseitigen Anspruch verstehen, die vereinbarte Arbeit oder Tätigkeit verrichten zu dürfen.[315] Somit wird deutlich, dass Zweck der Anerkennung eines Beschäftigungsanspruches die Verwirklichung des Arbeitnehmerinteresses an der

---

[309] *Pallasch*, Beschäftigungsanspruch, S. 34.

[310] Vgl. *Pallasch*, Beschäftigungsanspruch, S. 34.

[311] Vgl. *Pallasch*, Beschäftigungsanspruch, S. 34 f.

[312] Vgl. ErfK-*Rolfs*, § 71 SGB IX Rn. 7.

[313] Vgl. BAG v. 10.11.1955, 2 AZR 591/54, AP Nr. 2 zu § 611 BGB Beschäftigungspflicht, unter II.; BAG v. 27.02.1985, GS 1/84, AP Nr. 14 zu § 611 BGB Beschäftigungspflicht, unter C.I.2.; MünchArbR-*Blomeyer*, § 95 Rn. 1; Schaub-*Koch*, ArbR-Hdb., § 110 Rn. 4.

[314] MünchArbR-*Blomeyer*, § 95 Rn. 1.

[315] Vgl. Palandt-*Weidenkaff*, § 611 Rn. 118.

Erbringung seiner Arbeitsleistung ist.[316] Da aber der Arbeitnehmer nicht in der Lage ist, seine Arbeitsleistung allein zu erbringen, sondern hierzu der arbeitgeberseitigen Unterstützung bedarf, beispielsweise durch Errichtung und Ausstattung eines entsprechenden Arbeitsplatzes, handelt es sich bei dem Begriff der Beschäftigung um eine Mitwirkungshandlung des Arbeitgebers.[317] Genauer gesagt ist demzufolge unter Beschäftigung im arbeitsrechtlichen Sinne jene arbeitgeberseitige Mitwirkungshandlung zu verstehen, die zur Erfüllung der Arbeitsleistungspflicht des Arbeitnehmers geeignet ist.[318] Dies hat für nicht schwerbehinderte Arbeitnehmer die Konsequenz, dass sie tatsächliche Beschäftigung nur im Rahmen der arbeitsvertraglichen Regelungen in Form des allgemeinen Beschäftigungsanspruches einfordern können.[319] Die hierdurch zum Ausdruck kommende Begrenzung der Reichweite des Beschäftigungsanspruches auf die arbeitsvertraglich vereinbarte Aufgabenstellung bedarf für das Recht der Schwerbehinderten allerdings einer Modifikation. Indem schwerbehinderte Arbeitnehmer so beschäftigt werden sollen, dass sie ihre Fähigkeiten und Kenntnisse möglichst voll verwerten und weiterentwickeln können (vgl. § 81 Abs. 4 S. 1 Nr. 1 SGB IX), wird der Arbeitgeber verpflichtet, den ursprünglichen Aufgabenbereich den geänderten Bedürfnissen des schwerbehinderten Arbeitnehmers anzupassen.[320] Mithin bedarf es gegebenenfalls einer Neuregelung des arbeitsvertraglichen Aufgabenbereiches.[321] Daraus folgt, dass auch der Beschäftigungsbegriff im Sinne des § 81 Abs. 4 S. 1 Nr. 1 SGB IX weiter reicht als der des allgemeinen Beschäftigungsanspruches.

So genügt der Arbeitgeber seiner Beschäftigungspflicht aus § 81 Abs. 4 S. 1 Nr. 1 SGB IX gegenüber Schwerbehinderten nicht bereits dann, wenn er allgemeine Mitwirkungshandlungen vornimmt, die unmittelbar zur Erfüllung der Arbeitsleistungspflicht notwendig sind. Es reicht daher nicht, einen Arbeitsplatz bereit zu stellen und selbigen auszustatten. Vielmehr ist der Arbeitgeber in Folge des oben Dargelegten verpflichtet, auch Maßnahmen zu ermöglichen, die erst mittelbar zur Erfüllung der Arbeitsleistungspflicht beitragen. Unter eine solch erweiterte Mitwirkungshandlung des Arbeitgebers kann somit auch die Eröffnung einer Wiedereingliederungsmöglichkeit gefasst werden. Zwar dient die stufenweise Wiedereingliederung nicht unmittelbar der Erfüllung der Arbeitsleistungspflicht des arbeitsunfähigen Arbeitnehmers. Allerdings ermöglicht eine solche Maßnahme bei erfolgreicher Durchführung, die Arbeitsfähigkeit des Arbeitnehmers wiederherzustellen und diesen somit mittelfristig in die Lage zu versetzen, seine Arbeitsleistungspflicht

---

[316] Vgl. *Pallasch*, Beschäftigungsanspruch, S. 36.
[317] Vgl. *Pallasch*, Beschäftigungsanspruch, S. 37.
[318] Vgl. *Pallasch*, Beschäftigungsanspruch, S. 37.
[319] Vgl. *Buchner*, Beschäftigungspflicht, S. 23.
[320] Vgl. *Buchner*, Beschäftigungspflicht, S. 23 f.
[321] *Buchner*, Beschäftigungspflicht, S. 24.

nach der Wiedereingliederung wieder erfüllen zu können. Somit ist der Abschluss einer Wiedereingliederungsvereinbarung eine Mitwirkungshandlung des Arbeitgebers, die mittelbar zur Erfüllung der Arbeitsleistungspflicht des Arbeitnehmers dient. Demzufolge sind unter dem Begriff der Beschäftigung im Sinne des § 81 Abs. 4 S. 1 Nr. 1 SGB IX nicht nur die unmittelbar zur Erfüllung der Arbeitsleistungspflicht notwendigen Mitwirkungshandlungen zu verstehen, sondern auch dieser Erfüllung zeitlich vorgelagerte Maßnahmen, wie beispielsweise eine stufenweise Wiedereingliederung.

Beschäftigung gemäß § 81 Abs. 4 S. 1 Nr. 1 SGB IX ist daher jede unmittelbare oder mittelbare Mitwirkungshandlung des Arbeitgebers, welche die Erfüllung der Arbeitsleistungspflicht des Arbeitnehmers – wenn auch erst mittelfristig – ermöglichen soll.

Bei einem solchen Verständnis wird auch nicht die durch Art. 12 GG geschützte Unternehmerfreiheit verkannt.[322] Der Schutzbereich von Art. 12 GG beinhaltet nämlich nicht allein den Arbeitgeberschutz, sondern auch die Berufsfreiheit des Arbeitnehmers.[323] Der daraus resultierende Konflikt zwischen der Unternehmerfreiheit des Arbeitgebers und der Berufsfreiheit seines Arbeitnehmers ist im Wege praktischer Konkordanz zu lösen.[324] Eine praktische Konkordanz fordert, dass beide widerstreitenden Rechtspositionen einen möglichst schonenden Ausgleich erfahren.[325] Dabei darf die schwächere Position so weit zurückgedrängt werden, wie es logisch und systematisch zwingend erscheint.[326] Die Annahme einer Wiedereingliederungspflicht beinhaltet zwar einen tiefen Eingriff in die arbeitgeberseitge Dispositionsbefugnis. Der Unternehmer ist in seiner Dispostionsbefugnis stark eingeschränkt, indem er den längere Zeit arbeitsunfähigen Arbeitnehmer schrittweise in den übrigen Arbeitsprozess integrieren muss. Im Gegensatz zu den Versuchen, eine Wiedereingliederungspflicht allein aus Fürsorgesichtspunkten herleiten zu wollen,[327] kann allerdings das Interesse des schwerbehinderten Rehabilitanden an der Rückkehr in das Arbeitsleben im Zusammenhang mit § 81 Abs. 4 S. 1 Nr. 1 SGB IX eine Verpflichtung des Arbeitgeber zur Wiedereingliederung begründen. § 81 Abs. 4 S. 1 Nr. 1 SGB IX liefert die für die Herleitung einer solchen Wiedereingliederungspflicht erforderliche normative Grundlagen. Durch diese Vorschrift kommt eine eindeutige gesetzgeberische Entscheidung zum Ausdruck, welcher verfassungsrechtlichen Position für die konkret zu entscheidende Frage das

322 Siehe zur Unternehmerfreiheit bereits oben unter § 2.D.II.1.c).
323 Jarass/Pieroth-*Jarass*, GG, Art. 12 Rn. 17.
324 BGH v. 22.07.2002, II ZR 90/01, BGHZ 151, 389, 394; Jarass/Pieroth-*Jarass*, GG, Art. 12 Rn. 17.
325 BGH v. 22.07.2002, II ZR 90/01, BGHZ 151, 389, 394.
326 BGH v. 22.07.2002, II ZR 90/01, BGHZ 151, 389, 394.
327 Siehe zu diesem Ansatz oben unter § 2.D.I.2.b).bb).

höhere Gewicht beizumessen ist.[328] In diesem Fall darf die schwächere Position des schwerbehinderten Arbeitnehmers aus systematischen Gründen nicht zurückgedränkt werden und es ist eine Wiedereingliederungspflicht des Arbeitgebers zu bejahen.

Dieses Ergebnis steht auch zu den oben[329] behandelten § 2 Abs. 2 SGB III und § 84 Abs. 2 SGB IX nicht im Widerspruch. Anders als bei dem Versuch, eine Wiedereingliederungspflicht allein aus der Fürsorgepflicht des Arbeitgebers herleiten zu wollen, würde zwar durch § 2 Abs. 2 SGB III und § 84 Abs. 2 SGB IX auf gesetzgeberische Wertungen zurückgegriffen werden können. Allerdings werden in § 2 Abs. 2 SGB III und § 84 Abs. 2 SGB IX nur allgemeine Maßnahmen angesprochen, die der Annahme einer konkreten Wiedereingliederungspflicht entgegenstehen. Demgegenüber besteht mit der Regelung in § 81 Abs. 4 S. 1 Nr. 1 SGB IX ein gesetzlich kodifizierter Beschäftigungsanspruch. In § 81 Abs. 4 S. 1 Nr. 1 SGB IX wird eine Maßnahme, namentlich der Beschäftigungsanspruch, konkretisiert und anspruchsbegründend ausgestaltet. Mithin hat der Gesetzgeber bei dieser Norm die Entscheidung getroffen, dass die Unternehmerfreiheit hinter dem Schwerbehindertenschutz zurückzustehen hat. In Folge dessen stehen die bisherigen Darlegungen in Bezug auf eine Wiedereingliederungspflicht aus § 81 Abs. 4 S. 1 Nr. 1 SGB IX zu Gunsten schwerbehinderter Arbeitnehmer auch im Einklang mit dem gesetzgeberischen Willen.

(b) Von § 12 Abs. 1 SchwbeschG zu § 81 Abs. 4 S. 1 Nr. 1 SGB IX

Einen weiteren Schritt auf dem Weg zur Klärung der Regelungsbreite des § 81 Abs. 4 S. 1 Nr. 1 SGB IX ermöglicht ein historischer Vergleich der Vorschrift mit ihren Vorläuferregelungen. Bereits die Vorgänger des § 81 Abs. 4 SGB IX hatten die besondere Verantwortung des Arbeitgebers für seine schwerbehinderten Arbeitnehmer zum Inhalt. So verpflichtete schon das SchwbeschG von 1953 in seinem § 12 Abs. 1 die Arbeitgeber, Schwerbehinderte so zu beschäftigen, dass diese ihre Fähigkeiten und Kenntnisse möglichst voll verwerten und weiterentwickeln können. Diese Verpflichtung blieb bis zum SchwbG 1986 unverändert erhalten.[330]

Allerdings ging erst das SchwbBAG aus dem Jahre 2000 so weit, den Schwerbehinderten in § 14 Abs. 3 S. 1 Nr. 1 SchwbBAG einen Rechtsanspruch auf kenntnis- und fähigkeitsadäquate Beschäftigung einzuräumen.[331] Ziel des SchwbBAG war

[328] Vgl. zu diesem Gesichtspunkt im Rahmen der praktischen Konkordanz BVerfG v. 23.10.1952, 1 BvB 1/51, BVerfGE 2, 1, 72 f.; BGH v. 22.07.2002, II ZR 90/01, BGHZ 151, 389, 394.

[329] Siehe oben unter § 2.D.II.1.c). sowie unter § 2.D.II.2.a).

[330] GK-*Großmann*, SGB IX, § 81 Rn. 303.

[331] GK-*Großmann*, SGB IX, § 81 Rn. 303.

es, die Chancengleichheit schwerbehinderter Menschen im Arbeitsleben zu verbessern und hierdurch der verfassungsrechtlichen Verpflichtung der Gesellschaft aus Art. 3 Abs. 3 S. 2 GG gerecht zu werden.[332] In Folge dessen wurden die bisherigen Arbeitgeberpflichten im neuen Gesetzestext nunmehr zu Ansprüchen der schwerbehinderten Arbeitnehmer umgewandelt.[333] Von einer solch anspruchsbegründenden Ausgestaltung ist auch die Nachfolgeregelung des § 14 Abs. 3 SchwbBAG geprägt. Mit der einzigen Ausnahme, dass aus der Vorschrift des SchwbBAG nunmehr eine solche des SGB IX geworden ist, entspricht der gegenwärtig gültige § 81 Abs. 4 S. 1 Nr. 1 SGB IX inhaltlich seiner Vorgängerregelung.[334] Folglich steht nach aktueller Gesetzeslage schwerbehinderten Arbeitnehmern ein Beschäftigungsanspruch zu. Diese gesetzgeberische Wandlung im Schwerbehindertenrecht von der bloßen Verpflichtung des Arbeitgebers hin zu Beschäftigungsansprüchen schwerbehinderter Arbeitnehmer verdeutlicht, von einem zu engen Regelungsgehalt des § 81 Abs. 4 S. 1 Nr. 1 SGB IX abzusehen und unterstützt die oben[335] herausgearbeitete extensive Definition des Beschäftigungsbegriffes. Demzufolge steht die historische Entwicklung dieser Vorschrift im Einklang mit der Einbeziehung einer Wiedereingliederungsmaßnahme in den Begriff der Beschäftigung nach § 81 Abs. 4 S. 1 Nr. 1 SGB IX.

(c) Weitere systematische und teleologische Überlegungen

Auch aus weiteren Gründen ist mit dem *Landesarbeitsgericht Hamm*[336] ein Anspruch des schwerbehinderten Rekonvaleszenten auf Abschluss einer Wiedereingliederungsvereinbarung mit seinem Arbeitgeber zu bejahen. Dieser Wiedereingliederungsanspruch ergab sich aus § 14 Abs. 3 S. 1 Nr. 1 SchwbBAG und folgt nunmehr aus dessen Nachfolgeregelung, also aus § 81 Abs. 4 S. 1 Nr. 1 SGB IX.[337] So führt das Landesarbeitsgericht zu Recht aus, dass durch die seinerzeit neue Vorschrift des § 14 Abs. 4 S. 3 SchwbBAG den schwerbehinderten Arbeitnehmern erstmals ein Anspruch auf Teilzeitbeschäftigung eingeräumt worden sei.[338] Hierdurch sei die Stellung dieser Arbeitnehmergruppe wesentlich gestärkt worden.[339] Daher wäre es schwerlich nachvollziehbar, einerseits den Arbeitgeber gesetzlich verpflichtet zu sehen, den Schwerbehinderten dauerhaft eine Teilzeitbeschäftigung

332 BT-Drucksache 14/3372, S. 15.
333 BT-Drucksache 14/3372, S. 18.
334 Vgl. Neumann/Pahlen/Majerski-Pahlen-*Neumann*, SGB IX, § 81 Rn. 1.
335 Siehe oben unter § 2.D.II.2.b).bb).(2).(a).
336 LAG Hamm v 17.05.2001, 8 (6) Sa 30/01, zitiert nach juris Rn. 68 ff.
337 So überzeugend LAG Hamm v. 17.05.2001, 8 (6) Sa 30/01, zitiert nach juris Rn. 68 zu § 14 Abs. 3 SchwbBAG.
338 LAG Hamm v. 17.05.2001, 8 (6) Sa 30/01, zitiert nach juris Rn. 69.
339 Vgl. LAG Hamm v. 17.05.2001, 8 (6) Sa 30/01, zitiert nach juris Rn. 70.

anzubieten, auf der anderen Seite aber eine Verpflichtung abzulehnen, eine vorübergehende Wiedereingliederung zu ermöglichen.[340] Mithin erschöpfe sich der in § 14 Abs. 3 S. 1 Nr. 1 SchwbBAG kodifizierte Beschäftigungsanspruch des Schwerbehinderten nicht in der arbeitsvertraglich vereinbarten Tätigkeit, sondern gehe darüber hinaus, indem dieser Anspruch auch die arbeitgeberseitige Verpflichtung beinhalte, Wiedereingliederungsmaßnahmen zu ermöglichen.[341] Eine solche Sichtweise überzeugt insbesondere deshalb, weil den Arbeitgeber während der Zeit der stufenweisen Wiedereingliederung keinerlei Entgeltzahlungspflichten treffen, wohingegen er im Rahmen eines – eventuell von ihm unerwünschten – Teilzeitarbeitsverhältnisses zur Gehaltszahlung verpflichtet ist. Nichts anderes gilt für die gegenwärtige Gesetzeslage, nach welcher § 81 Abs. 5 S. 3 SGB IX eine dem § 14 Abs. 4 S. 3 SchwbBAG entsprechende Regelung zum Anspruch der Schwerbehinderten auf Teilzeitbeschäftigung und § 81 Abs. 4 S. 1 Nr. 1 SGB IX einen Beschäftigungsanspruch im Sinne des § 14 Abs. 3 S. 1 SchwbBAG enthält.

In die gleiche Richtung wie das *Landesarbeitsgericht Hamm* in dem oben[342] angesprochenen Teilurteil zielte auch das *Bundesarbeitsgericht* in einer Entscheidung aus dem Jahre 1979 zu einer noch früheren Vorgängerregelung des § 81 Abs. 4 S. 1 Nr. 1 SGB IX, namentlich zu § 11 SchwbG 1974.[343] Dort hat das *Bundesarbeitsgericht* festgestellt, dass die Vorschrift einen sehr weiten Regelungsgehalt aufweise.[344] So räume die Norm dem Schwerbehinderten nicht nur einen Anspruch auf fähigkeits- und kenntnisadäquate Beschäftigung ein, sondern lege ferner fest, dass schwerbehinderte Arbeitnehmer jede zumutbare berufliche Unterstützung und Förderung zu erfahren haben.[345] Diese Unterstützung würde den schwerbehinderten Arbeitnehmern aber gerade vorenthalten, wenn ihnen eine Wiedereingliederungsmaßnahme, auf welche sie zur Realisierung ihrer Fähigkeiten angewiesen seien, mit dem Hinweis auf die fehlende arbeitgeberseitige Verpflichtung verweigert werden könnte.[346]

Dass die Bejahung einer Wiedereingliederungspflicht auch erforderlich ist, um dem Sinn und Zweck des SGB IX und hierbei insbesondere dem des § 81 Abs. 4 S. 1 Nr. 1 SGB IX gerecht zu werden, verdeutlichen schließlich auch weitergehende systematische und teleologische Überlegungen. Die Regelungen im SGB IX sollen die Selbstbestimmung behinderter Menschen und deren Teilhabe am gesellschaftlichen Leben sichern (vgl. § 1 SGB IX). Hierzu gehört auch die Ermöglichung des

---

[340] Vgl. LAG Hamm v. 17.05.2001, 8 (6) Sa 30/01, zitiert nach juris Rn. 70.
[341] Vgl. LAG Hamm v. 17.05.2001, 8 (6) Sa 30/01, zitiert nach juris Rn. 68 ff.
[342] Siehe § 2, Fußnote 336.
[343] Vgl. BAG v. 19.09.1979, 4 AZR 887/77, AP Nr. 2 zu § 11 SchwbG, Blatt 901.
[344] Vgl. BAG v. 19.09.1979, 4 AZR 887/77, AP Nr. 2 zu § 11 SchwbG, Blatt 901.
[345] Vgl. BAG v. 19.09.1979, 4 AZR 887/77, AP Nr. 2 zu § 11 SchwbG, Blatt 901.
[346] Vgl. LAG Hamm v. 17.05.2001, 8 (6) Sa 30/01, zitiert nach juris Rn. 68 ff.

Zuganges zum und der Mitwirkung am Arbeitsleben (vgl. §§ 5 Nr. 2, 33 SGB IX). Besonders für schwerbehinderte Menschen besteht die erhöhte Gefahr, ihren Arbeitsplatz und somit ihre mitwirkende Stellung in der Arbeitswelt zu verlieren.[347] Diese Gefahr hat der Gesetzgeber erkannt und mit §§ 68 ff. SGB IX besondere Schutzvorschriften zu Gunsten schwerbehinderter Arbeitnehmer implementiert. So sorgt insbesondere der Beschäftigungsanspruch aus § 81 Abs. 4 S. 1 Nr. 1 SGB IX dafür, dass die Teilhabe Schwerbehinderter am Arbeitsleben gesichert wird.[348] Zu einer solchen Sicherung gehört die in der Vorschrift festgelegte arbeitgeberseitige Verpflichtung, schwerbehinderte Arbeitnehmer entsprechend ihrer Qualifikation und Leistungsfähigkeit unter Berücksichtigung der Behinderung einzusetzen.[349]
Die Reichweite dieser in § 81 Abs. 4 S. 1 Nr. 1 SGB IX zum Ausdruck kommenden arbeitgeberseitigen Einsetzungs- beziehungsweise Beschäftigungspflicht wird wesentlich durch die Wertung des Grundrechtskataloges und dabei insbesondere durch Art. 3 Abs. 3 S. 2 GG bestimmt. Das Grungesetz ist keine wertneutrale Ordnung.[350] Die durch das Grundgesetz in seinem Grundrechtsabschnitt zu Tage tretenden Elemente objektiver Ordnung müssen als verfassungsrechtliche Grundentscheidung für alle Bereiche des Rechts gelten.[351] Keine Vorschrift darf dem Wertesystem widersprechen, jede muss in seinem Sinne ausgelegt werden.[352]
Im Arbeitsrecht verlangt nicht zuletzt das wirtschaftliche und organisatorische Übergewicht des Arbeitgebers nach einer Grundrechtsbindung.[353] Zu den Pflichten des Arbeitgebers gehört es daher auch, die Grundrechte seines Arbeitnehmers und die sie konkretisierenden Gesetze zu wahren und zu beachten.[354] Diese Aussagen haben entscheidende Bedeutung für Art. 3 Abs. 3 S. 2 GG und seinen Einfluss auf § 81 Abs. 4 S. 1 Nr. 1 SGB IX. Art. 3 Abs. 3 S. 2 GG enthält somit nicht nur ein Benachteiligungsverbot, sondern auch eine allgemeine Wertentscheidung.[355] Insoweit sichert der spezielle Gleichheitssatz aus Art. 3 Abs. 3 S. 2 GG die Chancengleichheit der behinderten Menschen gegenüber den nicht Behinderten im Erwerbsleben.[356] In dieser Funktion als allgemeine Wertentscheidung kommt Art. 3 Abs. 3

---

347 Vgl. *Welti*, ArbuR 2003, 445, 446.
348 Vgl. GK-*Großmann*, SGB IX, § 81 Rn. 304.
349 *Rolfs/Paschke*, BB 2002, 1260, 1263.
350 BVerfG v. 15.01.1958, 1 BvR 400/51, BVerfGE 7, 198, 205; MünchKommBGB-*Müller-Glöge*, Bd. 4, § 611 Rn. 278.
351 BVerfG v. 15.01.1958, 1 BvR 400/51, BVerfGE 7, 198, 205; BVerfG v. 23.04.1986, 2 BvR 487/80, BVerfGE 73, 261, 268 f.
352 BVerfG v. 15.01.1958, 1 BvR 400/51, BVerfGE 7, 198, 205.
353 MünchKommBGB-*Müller-Glöge*, Bd. 4, § 611 Rn. 278.
354 Vgl. *Brox/Rüthers/Henssler*, Arbeitsrecht Rn. 309.
355 Maunz/Dürig-*Scholz*, GG, Art. 3 III Rn. 174.
356 GK-*Großmann*, SGB IX, § 81 Rn. 47.

S. 2 GG eine auslegungsleitende Rolle bei der Anwendung des einfachen Gesetzesrechtes zu.[357]
Die hiermit angesprochene Ausstrahlungswirkung des Art. 3 Abs. 3 S. 2 GG kommt bei der Auslegung und Anwendung von Normen zum Tragen.[358] Indem nunmehr § 81 Abs. 4 S. 1 Nr. 1 SGB IX dem in Art. 3 Abs. 3 S. 2 GG kodifizierten verfassungsrechtlichen Gebot einer verbesserten Eingliederung schwerbehinderter Menschen in das Arbeitsleben Rechnung trägt,[359] ist folglich bei der Auslegung dieser einfachrechtlichen Vorschrift die Ausstrahlungswirkung[360] des Art. 3 Abs. 3 S. 2 GG besonders zu beachten. Demnach darf der in § 81 Abs. 4 S. 1 Nr. 1 SGB IX kodifizierte Beschäftigungsanspruch im Lichte des Art. 3 Abs. 3 S. 2 GG nicht nur als verbesserte Eingliederungsmöglichkeit Schwerbehinderter in das Arbeitsleben verstanden werden. Vielmehr geht bei zutreffendem verfassungsrechtlichem Verständnis mit einer solch optimierten Eingliederung auch der Wunsch nach einer dauerhaften Beschäftigung Schwerbehinderter einher.[361] So ist zwar die Eingliederung in das Erwerbsleben durch die Beschäftigung Schwerbehinderter in einem Unternehmen Grundvoraussetzung für die durch Art. 3 Abs. 3 S. 2 GG geforderte gleichberechtigte Teilhabe dieser Menschen am gesellschaftlichen Leben.[362] Dieses Ziel bliebe allerdings unvollkommen, würden bereits in das Arbeitsleben eingegliederte Schwerbehinderte nicht auch während ihrer Tätigkeit als Arbeitnehmer besonderen Schutz durch § 81 Abs. 4 S. 1 Nr. 1 SGB IX erfahren. Zu einem solchen Schutz gehören auch umfassend unterstützende Maßnahmen im Falle der Arbeitsunfähigkeit dieser Arbeitnehmergruppe. Insofern ist die Reichweite der Beschäftigungspflicht in § 81 Abs. 4 S. 1 Nr. 1 SGB IX nicht zuletzt aus teleologischen Gründen weit zu fassen.
Eine so verstandene extensive Reichweite des § 81 Abs. 4 S. 1 Nr. 1 SGB IX findet Unterstützung durch die Tatsache, dass ein überdurchschnittlich hoher Anteil schwerbehinderter Menschen arbeitslos ist.[363] Die Verwirklichung des gesetzgeberischen Zieles einer vermehrten Beschäftigung Behinderter setzt daher zunächst einmal voraus, dass die Erwerbslosenstatistik dieser Arbeitnehmergruppe nicht durch neue Arbeitslose erhöht wird.[364] Demzufolge bedürfen insbesondere all jene

---

[357] Maunz/Dürig-*Scholz*, GG, Art. 3 III Rn. 174, Fußnote 4; vergleiche hierzu auch BVerfG v. 30.07.1996, 1 BvR 1308/96, NJW 1997, 1062, 1063.
[358] Vgl. Jarass/Pieroth-*Jarass*, GG, Art. 3 Rn. 142 und Rn. 148.
[359] Vgl. *Hauck/Noftz*, § 81 SGB IX Rn. 1, zu dem gesamten § 81 SGB IX.
[360] Vgl. BVerfG v. 30.07.1996, 1 BvR 1308/96, NJW 1997, 1062, 1063.
[361] Vgl. BT-Drucksache 14/3372, S. 15.
[362] Vgl. BT-Drucksache 14/3372, S. 15.
[363] *Welti*, ArbuR 2003, 445, 446, insbesondere Fußnote 28.
[364] Vgl. BT-Drucksache 14/3372, S. 15, bezüglich der gesetzgeberischen Zielsetzung, behinderte Menschen in Arbeit einzugliedern.

Schwerbehinderten einen besonderen Schutz, die bereits im Arbeitsleben stehen. Dies bringt § 81 Abs. 4 S. 1 Nr. 1 SGB IX zum Ausdruck, indem diese Norm den Arbeitgeber auffordert, seine schwerbehinderten Arbeitnehmer soweit wie auch nur irgend möglich („möglichst voll") fähigkeits- und kenntnisadäquat einzusetzen. Folglich ist diese Vorschrift im Lichte des Art. 3 Abs. 3 S. 2 GG so zu verstehen, dass den Arbeitgeber auch in der Zeit der Arbeitsunfähigkeit hinsichtlich seiner schwerbehinderten Arbeitnehmer weitergehende Pflichten treffen als gegenüber nicht schwerbehinderten Mitarbeitern. Daher hat der schwerbehinderte Arbeitnehmer auch und gerade in Zeiten längerer Arbeitsunfähigkeit einen Anspruch gegen seinen Arbeitgeber auf Vornahme solcher Handlungen, die seine Arbeitskraft wiederherzustellen vermögen. Nur so kann die verfassungsrechtlich geforderte Chancengleichheit Schwerbehinderter gegenüber nicht Behinderten auf dem Arbeitsmarkt dauerhaft gesichert werden.

Eine solch beschäftigungssichernde Maßnahme im Sinne des § 81 Abs. 4 S. 1 Nr. 1 SGB IX stellt die stufenweise Wiedereingliederung dar. Diese ermöglicht dem schwerbehinderten Arbeitnehmer, seine Fähigkeiten und Kenntnisse durch einen seinem Gesundheitszustand entsprechenden Einsatz zu verwerten und – im Wege fortschreitender Gesundung – weiterentwickeln zu können. Würde eine Wiedereingliederung als für den Arbeitgeber nicht verpflichtend eingestuft werden, so hätten Zeiten längerer krankheitsbedingter Arbeitsunfähigkeit für schwerbehinderte Arbeitnehmer nicht selten zur Folge, dass diesen eine Fortführung ihrer Erwerbstätigkeit dauerhaft nicht möglich wäre. Eine längere Zeit der Arbeitsunfähigkeit würde für diese Menschen mithin bedeuten, dass sie in vielen Fällen nicht wieder in das Arbeitsleben zurückfinden würden, da ihre Fähigkeiten und Kenntnisse durch die Zeit der Arbeitsunfähigkeit verblasst wären. Trotzdem wären sie nach einer langen Krankheitsphase ab dem ersten Tag der Gesundschreibung wieder zu einer vollständigen Arbeitsleistung verpflichtet. Dies würde häufig eine Überforderung darstellen und diese Arbeitnehmer auf mittlere Sicht aus dem Erwerbsleben drängen. Die gewünschte Chancengleichheit der Schwerbehinderten im Vergleich zu den übrigen Arbeitskollegen wäre so sicher nicht zu erreichen. Demgegenüber werden die Schwerbehinderten durch eine stufenweise Wiedereingliederung schon zu Zeiten der Arbeitsunfähigkeit schrittweise und ihrem Gesundheitszustand entsprechend in das Erwerbsleben zurückgeführt. Auf diese Weise können sie – ganz im Sinne des Gesetzgebers – ihre Fähigkeiten und Kenntnisse erhalten und weiterentwickeln. Dadurch wird die Teilhabe dieser schwerbehinderten Menschen am gesellschaftlichen Leben in Folge ihrer Erwerbstätigkeit dauerhaft gesichert und ein wesentlicher Weg in Richtung Gleichberechtigung beschritten.

Schließlich darf auch nicht außer Acht gelassen werden, dass der Anspruch schwerbehinderter Menschen aus § 81 Abs. 4 S. 1 Nr. 1 SGB IX bei Verneinung einer Wiedereingliederungspflicht häufig leer liefe, da gerade die Phase der Arbeitsunfähigkeit, also eine Zeit, in der diese Mitarbeiter besonderer arbeitgeberseitiger Unterstützung bedürfen, von dem Beschäftigungsanspruch nicht erfasst wäre. Ein Beschäftigungsanspruch, der die Teilnahme einer Arbeitnehmergruppe am Erwerbsleben sichern will, kann aber nur dann Wirkung entfalten, wenn er auch Schutzmechanismen gerade in schwierigen Phasen des Erwerbslebens, namentlich in Zeiten längerer Arbeitsunfähigkeit, erfasst. Somit ist § 81 Abs. 4 S. 1 Nr. 1 SGB IX sowohl aus grammatikalischen als auch aus historischen und systematischen sowie teleologischen Gesichtspunkten als Anspruchsgrundlage anzusehen, nach der ein schwerbehinderter Arbeitnehmer den Abschluss einer Wiedereingliederungsvereinbarung mit seinem Arbeitgeber verlangen kann. Diese Auffassung hat jüngst auch erstmals ausdrücklich das *Bundesarbeitsgericht* befürwortet.[365]

Nach Auffassung des Senates könne ein schwerbehinderter Arbeitnehmer gemäß § 81 Abs. 4 S. 1 Nr. 1 SGB IX die Beschäftigung zur stufenweisen Wiedereingliederung verlangen. Dafür spreche bereits der Wortlaut dieser Vorschrift. Der Begriff der Beschäftigung bedeute Beruf, Arbeit, Betätigung, Zeitvertreib, umfasse also nicht nur die Verrichtung von weisungsabhängiger Arbeit in einem Arbeitsverhältnis. Darüber hinaus würden die neueren Präventions- und Teilhabevorschriften des SGB IX einen Wandel verdeutlichen. Somit seien Zeiten längerer Arbeitsunfähigkeit nicht mehr Phasen des „Ruhens“, sondern Zeiten für betriebliche Eingliederungsmaßnahmen. Hierdurch werde erkennbar, dass das SGB IX der Ausgrenzung behinderter Menschen entgegenwirken wolle. Vielmehr solle deren Teilhabe am Arbeitsleben gestärkt werden. Dem stünde ein Prinzip der Freiwilligkeit bei der stufenweisen Wiedereingliederung entgegen, da eine entsprechende Teilhabe nur mit Hilfe des Arbeitgebers erreichbar sei. Mithin sei ein Arbeitgeber aus § 81 Abs. 4 S. 1 Nr. 1 SGB IX verpflichtet, seinen schwerbehinderten Arbeitnehmer mit dem Ziel einer Wiedereingliederung zu beschäftigen.

cc) Grenzen des Wiedereingliederungsanspruches (§ 81 Abs. 4 S. 3 SGB IX)

Der Anspruch des schwerbehinderten Rekonvaleszenten auf stufenweise Wiedereingliederung findet allerdings seine Grenze in § 81 Abs. 4 S. 3 SGB IX.[366] Danach besteht der Beschäftigungsanspruch aus § 81 Abs. 4 S. 1 Nr. 1 SGB IX dann nicht, wenn seine Erfüllung für den Arbeitgeber unzumutbar oder mit unverhältnismäßigen Aufwendungen verbunden ist. Die hierdurch zum Ausdruck kommende Zumutbarkeitsgrenze erfordert eine Abwägung.[367] Folglich sind die aus der Wieder-

---

[365] BAG v. 13.06.2006, 9 AZR 229/05, NZA 2007, 91, 91 ff.

[366] Vgl. BAG v. 10.05.2005, 9 AZR 230/04, AP Nr. 8 zu § 81 SGB IX, unter B.II.1.; ErfK-*Rolfs*, § 81 SGB IX Rn. 11; GK-*Großmann*, SGB IX, § 81 Rn. 410.

[367] Vgl. ErfK-*Rolfs*, § 81 SGB IX Rn. 11.

eingliederungsmaßnahme resultierenden Vorteile für den Arbeitnehmer den sich hieraus ergebenden Lasten des Arbeitgebers im Einzelfall gegenüberzustellen und zu gewichten.[368] Dabei ist die Situation des schwerbehinderten Rekonvaleszenten mit den sich aus der jeweiligen Wiedereingliederung ergebenden organisatorischen Maßnahmen sowie der Größe und Leistungsfähigkeit des Arbeitgeberbetriebes zu vergleichen.[369] Schließlich entfällt der Anspruch des schwerbehinderten Arbeitnehmers auf stufenweise Wiedereingliederung auch dann, wenn staatliche oder berufsgenossenschaftliche Arbeitsschutzvorschriften oder aber beamtenrechtliche Normen entgegenstehen (§ 81 Abs. 4 S. 3 SGB IX).

c) Nicht schwerbehinderte Rehabilitanden und § 81 Abs. 4 S. 1 Nr. 1 SGB IX

Sowohl die vorstehenden Ausführungen zu den grammatikalischen, historischen, systematischen sowie teleologischen Gesichtspunkten zu § 81 Abs. 4 S. 1 Nr. 1 SGB IX als auch der klare Wortlaut der Norm machen deutlich, dass diese Vorschrift eine Anspruchsgrundlage nur zu Gunsten Schwerbehinderter darstellt. Dagegen steht nicht schwerbehinderten Arbeitnehmern gegen ihren Arbeitgeber kein Anspruch aus § 81 Abs. 4 S. 1 Nr. 1 SGB IX auf Abschluss einer Wiedereingliederungsvereinbarung zu.

E. Zusammenfassung

Unter dem Begriff der stufenweisen Wiedereingliederung im Sinne des § 28 SGB IX/ § 74 SGB V ist die schrittweise Rückführung arbeitsunfähiger Arbeitnehmer in den Arbeitsprozess zu verstehen. Grundlage für die Durchführung dieser Maßnahme ist ein Wiedereingliederungsplan.
Wird ein arbeitsunfähiger Arbeitnehmer wiedereingegliedert, entsteht zwischen ihm und seinem Arbeitgeber ein Wiedereingliederungsverhältnis. Bei diesem Rechtsverhältnis handelt es sich weder um ein Gefälligkeitsverhältnis noch um ein bereicherungsrechtliches Schuldverhältnis. Auch die Einstufung als fortgeführtes Arbeitsverhältnis scheidet aus. Das Wiedereingliederungsverhältnis ist vielmehr ein auflösend bedingtes (§ 158 Abs. 2 BGB) Rechtsverhältnis eigener Art im Sinne des § 311 BGB, das neben den fortbestehenden Arbeitsvertrag tritt.
Der Abschluss eines solchen Rechtsverhältnisses eigener Art steht bei nicht schwerbehinderten Arbeitsunfähigen im Belieben der Parteien. Dagegen ist der Arbeitgeber gegenüber seinen schwerbehinderten Rekonvaleszenten zum Abschluss eines Wiedereingliederungsverhältnisses verpflichtet. Diese Pflicht ergibt

[368] Vgl. GK-*Großmann*, SGB IX, § 81 Rn. 411.
[369] Vgl. zu diesen Kriterien GK-*Großmann*, SGB IX, § 81 Rn. 412 ff.

sich aus § 81 Abs. 4 S. 1 Nr. 1 SGB IX. Der Anspruch des Rekonvaleszenten auf stufenweise Wiedereingliederung findet allerdings seine Grenze in § 81 Abs. 4 S. 3 SGB IX.

Demgegenüber reicht der allgemein gehaltene Absatz 2 des § 2 SGB III zur Begründung einer konkreten arbeitgeberseitigen Wiedereingliederungspflicht nicht aus. Gleiches gilt für § 84 Abs. 2 SGB IX, sei es in unmittelbarer Anwendung, sei es in Verbindung mit der arbeitgeberseitigen Fürsorgepflicht.

§ 3 Hauptleistungspflichten/Teilarbeitsunfähigkeit

Die vorstehenden[1] Ausführungen haben gezeigt, dass es sich bei dem Wiedereingliederungsverhältnis um kein Arbeitsverhältnis handelt, sondern vielmehr um ein Rechtsverhältnis eigener Art. Dieses tritt eigenständig neben den fortbestehenden Arbeitsvertrag. Durch den Abschluss einer Wiedereingliederungsvereinbarung zwischen dem Arbeitgeber und seinem wiedereinzugliedernden Arbeitnehmer sind die Parteien nunmehr durch zwei Schuldverhältnisse verbunden.

A. Hauptleistungspflichten und Wiedereingliederungen

Rechtlich ist dabei von gesteigertem Interesse, inwieweit die Vertragspartner während der Wiedereingliederung etwaige Hauptleistungspflichten aus diesen beiden Schuldverhältnissen zu erfüllen haben.

I. Hauptleistungspflichten aus dem Arbeitsverhältnis

Einen gesunden Arbeitnehmer trifft die sich aus dem Arbeitsvertrag ergebende Hauptleistungspflicht zur Arbeitsleistung.[2] Dagegen ist der stufenweise wiedereinzugliedernde Arbeitnehmer nach dem eindeutigen Wortlaut des § 74 SGB V und den Gesetzesmaterialien arbeitsunfähig.[3] Einem Arbeitnehmer, der wegen Krankheit arbeitsunfähig ist, ist die Erbringung der Arbeitsleistung unmöglich, so dass der Rehabilitand gemäß § 275 Abs. 1 BGB[4] von seiner arbeitsvertraglichen Pflicht zur Arbeitsleistung befreit ist.[5]

---

[1] Siehe oben unter § 2.C.III.

[2] Vgl. *Preis*, Arbeitsrecht, S. 278.

[3] *Gitter*, ZfA 1995, 123, 132.

[4] Siehe zur Anwendbarkeit des § 275 Abs. 1 BGB statt des § 275 Abs. 3 BGB in den Fällen der krankheitsbedingten Arbeitsunfähigkeit eines Arbeitnehmers die ausführliche Darstellung unten unter § 3.B.II.4.a).bb).

[5] *Gitter*, ZfA 1995, 123, 132; *Zwade*, Teilarbeitsfähigkeit, S. 147; siehe auch oben unter § 2.C.III.3.; dagegen besteht nach *Glaubitz*, NZA 1992, 402, 402, auch während der Wiedereingliederung die arbeitsvertragliche Arbeitspflicht für den Rehabilitanden – zumindest teilweise – fort.

Ebenso wie den Arbeitnehmer trifft auch den Arbeitgeber eine aus dem Arbeitsvertrag herrührende Hauptleistungspflicht. Er ist seinem gesunden Arbeitnehmer gegenüber zur Zahlung der vereinbarten Vergütung verpflichtet.[6] Diese Pflicht steht als Hauptpflicht im Gegenseitigkeitsverhältnis (Synallagma) zur Arbeitsleistung des Arbeitnehmers.[7] Indem jedoch, wie soeben dargelegt, der wiedereinzugliedernde Arbeitnehmer von seiner arbeitsvertraglich geschuldeten Pflicht zur Arbeitsleistung befreit ist, trifft auch den Arbeitgeber für die Phase der Wiedereingliederung keine arbeitsvertragliche Vergütungspflicht.[8] Der Vergütungsanspruch des arbeitsunfähigen Rehabilitanden ist gemäß § 326 Abs. 1 BGB erloschen. Er besteht in den Fällen, in denen eine stufenweise Wiedereingliederung durchgeführt wird, auch regelmäßig nicht mehr gemäß § 3 Abs. 1 EFZG fort. § 3 Abs. 1 EFZG begründet den Fortbestand des Vergütungsanspruches während der krankheitsbedingten Arbeitsunfähigkeit lediglich für die Dauer von sechs Wochen. Wiedereingliederungsvorgänge sind demgegenüber grundsätzlich dadurch gekennzeichnet, dass sie erst nach Ablauf dieser Entgeltfortzahlungszeit in Angriff genommen werden. Mithin verliert ein Arbeitnehmer in Zeiten der stufenweisen Wiedereingliederung seinen Vergütungsanspruch aus dem Arbeitsvertrag. Die Phase der stufenweisen Wiedereingliederung ist demnach durch die Suspendierung der auf dem Arbeitsvertrag beruhenden Hauptleistungspflichten gekennzeichnet.

II. Hauptleistungspflichten aus der Wiedereingliederungsmaßnahme

Daneben drängt sich die Überlegung auf, inwieweit originäre Hauptleistungspflichten durch den Abschluss eines Wiedereingliederungsverhältnisses entstehen. Da das Wiedereingliederungsverhältnis kein Arbeitsverhältnis darstellt, scheiden hieran anknüpfende etwaige Hauptleistungspflichten gemäß § 611 BGB beziehungsweise § 612 BGB aus. In Folge dessen ergibt sich aus diesen Vorschriften weder eine Arbeitspflicht des Rehabilitanden noch eine Vergütungspflicht seines Arbeitgebers.[9] Des Weiteren ist zu beachten, dass die Wiedereingliederung durch ein allein der Rehabilitation dienendes Tätigwerden des Arbeitnehmers gekennzeichnet

---

[6] Vgl. *Preis*, Arbeitsrecht, S. 318.

[7] *Preis*, Arbeitsrecht, S. 318.

[8] Vgl. *Gitter*, ZfA 1995, 123, 132; *Zwade*, Teilarbeitsfähigkeit, S. 153; dagegen sieht *Glaubitz*, NZA 1992, 402, 402, den Arbeitgeber zur Vergütungszahlung insoweit verpflichtet, als dass der Rehabilitand seine Arbeitsleistung erbracht hat.

[9] Vgl. BAG v. 29.01.1992, 5 AZR 37/91, AP Nr. 1 zu § 74 SGB V, unter II. 3.; Boemke, AR-Blattei ES 1000 Nr. 186, S. 4; Misera, Anm. zu BAG, Urteil vom 29.01.1992 – 5 AZR 37/91, SAE 1992, 355, 356 f.

ist.[10] Ein gegenteiliges Verständnis ließe sich mit dem Rehabilitationszweck, namentlich der behutsamen Rückkehr des Rekonvaleszenten in das Arbeitsleben, nicht vereinbaren. Insofern resultiert für den Rekonvaleszenten während seiner stufenweisen Wiedereingliederung auch aus anderen Vorschriften keine an das Wiedereingliederungsverhältnis anknüpfende Hauptleistungspflicht zur Arbeitsleistung.[11]

Auf der anderen Seite existiert grundsätzlich keine Grundlage für einen Entgeltanspruch des wiedereinzugliedernden Arbeitsunfähigen.[12] Somit beinhaltet auch das Wiedereingliederungsverhältnis keine dementsprechende Hauptleistungspflicht. Etwas anderes gilt nur für die Fälle, in denen sich der Arbeitgeber und sein Arbeitnehmer auf eine Vergütung für die während der Wiedereingliederung geleisteten Tätigkeiten einigen.[13] Hierzu bedarf es allerdings einer ausdrücklichen Klarstellung der Vertragspartner.[14] Eine solch vereinbarte Vergütungspflicht steht zu der Tätigkeit, die der Rekonvaleszent zum Zweck der Wiedereingliederung erbringt, nicht im Synallagma, da der Rehabilitand nicht arbeitet, um eine Vergütung zu erlangen, sondern um schrittweise in das Erwerbsleben zurückzufinden. Im Übringen würde eine auf dem Grundsatz „do ut es" beruhende gegenseitige Zweckbindung[15] zu einer mittelbaren Drucksituation für den Rehabilitanden führen. Dieser sähe sich verpflichtet, die vereinbarte Tätigkeit in jedem Fall erbringen zu müssen. Ein mittelbar empfundener Zwang wäre aber mit dem therapeuthischen Zweck der Wiedereingliederung nicht in Einklang zu bringen.

Ergänzend sei an dieser Stelle erwähnt, dass der wiedereingliedernde Arbeitgeber in Folge der fehlenden Verpflichtung, dem Rehabilitanden eine Vergütung zu zahlen, auch keine Entgeltfortzahlung im Sinne des Entgeltfortzahlungsgesetzes schuldet.[16] Gleichfalls entfallen etwaige Urlaubsansprüche des wiedereinzugliedernden

---

[10] Vgl. *Compensis*, NZA 1992, 631, 633; *von Hoyningen-Huene*, NZA 1992, 49, 52.

[11] BAG v. 29.01.1992, 5 AZR 37/91, AP Nr. 1 zu § 74 SGB V, unter II.2.; LAG Berlin v. 27.06.1990, 13 Sa 40/90, BB 1990, 1981, 1981; Compensis, NZA 1992, 631, 633; Misera, Anm. zu BAG, Urteil vom 29.01.1992 – 5 AZR 37/91, SAE 1992, 355, 356; Moll-*Kolvenbach/Glaser*, MAH Arbeitsrecht, § 22 Rn. 26; *Wanner*, DB 1992, 93, 94; *Zwade*, Teilarbeitsfähigkeit, S. 147.

[12] BAG v. 29.01.1992, 5 AZR 37/91, AP Nr. 1 zu § 74 SGB V, unter III.1. und III.2.; BAG v. 28.07.1999, 4 AZR 192/98, AP Nr. 3 zu § 74 SGB V, unter 1.b).aa).; *Berenz*, NZA 1992, 1019, 1019; ErfK-*Dörner*, § 1 EFZG Rn. 4; *Gitter*, ZfA 1995, 123, 137; Moll-*Kolvenbach/Glaser*, MAH Arbeitsrecht, § 22 Rn. 26; Staudinger-*Oetker*, § 616 Rn. 182; *Zwade*, Teilarbeitsfähigkeit, S. 153.

[13] BAG v. 29.01.1992, 5 AZR 37/91, AP Nr. 1 zu § 74 SGB V, unter III.2.; *Berenz*, NZA 1992, 1019, 1019; *Misera*, Anm. zu BAG, Urteil vom 29.01.1992 – 5 AZR 37/91, SAE 1992, 355, 357; *von Hoyningen-Huene*, NZA 1992, 49, 52.

[14] BAG v. 29.01.1992, 5 AZR 37/91, AP Nr. 1 zu § 74 SGB V, unter III.2.; *Berenz*, NZA 1992, 1019, 1019.

[15] Vgl. dazu Palandt-*Grüneberg*, Einf v. § 320 Rn. 5.

[16] ErfK-*Dörner*, § 1 EFZG Rn. 4; Staudinger-*Oetker*, § 616 Rn. 182.

Arbeitnehmers während der Wiedereingliederungsphase. Da unter Urlaub die Befreiung des Arbeitnehmers von der vertraglich geschuldeten Arbeitspflicht für eine bestimmte Zeit zu verstehen ist, besteht mangels arbeitsvertraglicher Arbeitspflicht kein Urlaubsanspruch und damit einhergehend kein Anspruch auf Urlaubsentgelt (vgl. §§ 1, 11 BUrlG).[17] Davon unberührt bleibt die Möglichkeit, dass die Parteien bei längeren Wiedereingliederungsvorgängen den Wiedereingliederungsplan mit Urlaubsabschnitten ausstatten, um dem Rehabilitanden erforderliche Erholungsphasen zu ermöglichen.

B. Abgrenzung des Wiedereingliederungsverhältnisses von der Teilarbeitsunfähigkeit

Die bisherigen Darstellungen hinsichtlich einer generellen Suspendierung der auf dem Arbeitsvertrag beruhenden Hauptleistungspflichten während einer Wiedereingliederungsmaßnahme sind allerdings nach einigen Auffassungen im arbeitsrechtlichen Schrifttum ergänzungsbedürftig. Die Einordnung des Wiedereingliederungsverhältnisses als grundsätzlich unentgeltliches Rechtsverhältnis[18] gehe vielmehr mit der Notwendigkeit einher, in einem weiteren Schritt das Wiedereingliederungsverhältnis von einer teilweisen Erbringung der Arbeitsleistung im Rahmen des Arbeitsvertrages abzugrenzen.[19] So seien Fallkonstellationen denkbar, in denen es entscheidend auf die Beantwortung der Frage ankomme, ob eine Tätigkeit des Arbeitnehmers tatsächlich nur zum Zwecke der Wiedereingliederung vorgenommen werde oder ob nicht vielmehr lediglich eine Teilarbeitsunfähigkeit und somit auch eine teilweise Erbringung der Arbeitsleistung bejaht werden müsse.[20] Eine solche Differenzierung wird damit begründet, dass im Rahmen einer teilweisen Erbringung der Arbeitsleistung der Entgeltanspruch erhalten bliebe, während bei einem reinen Wiedereingliederungsverhältnis ein Anspruch auf Vergütung grundsätzlich ausscheide.[21]

---

[17] Vgl. BAG v. 19.04.1994, 9 AZR 462/92, AP Nr. 2 zu § 74 SGB V, unter 1.d).; Moll-*Kolvenbach/Glaser*, MAH Arbeitsrecht, § 22 Rn. 27; Moll-*Jacobsen*, MAH Arbeitsrecht, § 25 Rn. 1 und Rn. 89.

[18] Siehe oben unter § 3.A.

[19] Vgl. *Boemke*, AR-Blattei ES 1000 Nr. 186, S. 5.

[20] Vgl. *Boemke*, Anm. zu BAG, Urteil vom 28.07.1999 – 4 AZR 192/98, AP Nr. 3 zu § 74 SGB V.

[21] *Boemke*, NZA 1997, 190, 190.

Dieses Verständnis setzt allerdings voraus, die Rechtsfigur der Teilarbeitsunfähigkeit überhaupt anzuerkennen. Eine diesbezügliche Bewertung vermag jedoch nur gelingen, nachdem vorab geklärt worden ist, was sich hinter den Begriffen der Arbeitsunfähigkeit und der Teilarbeitsunfähigkeit genau verbirgt.

1. Arbeitsunfähigkeit

Eine gesetzliche Definition der Arbeitsunfähigkeit fehlt.[22] Dies verwundert umso mehr, als dass der Arbeitsunfähigkeitsbegriff in zahlreichen Vorschriften zu finden ist. Beispielhaft genannt sei hier nur die arbeitsrechtliche Norm des § 3 Abs. 1 EFZG (Anspruch auf Entgeltfortzahlung im Krankheitsfall) sowie die sozialrechtliche Vorschrift des § 44 SGB V (Krankengeld). In Folge seiner vielfachen Verwendung haben sich sowohl die arbeits- als auch die sozialrechtliche Rechtsprechung sowie das entsprechende Schrifttum ausführlich mit dem unbestimmten Rechtsbegriff der Arbeitsunfähigkeit befasst.[23]

a) Arbeitsrechtlicher Arbeitsunfähigkeitsbegriff

Ausgangspunkt für die Arbeitsunfähigkeit ist eine Erkrankung des Arbeitnehmers. Der medizinische Krankheitsbegriff wird definiert als ein regelwidriger, der Heilbehandlung bedürfender körperlicher oder geistiger Zustand.[24] Allerdings ist nach ständiger Rechtsprechung des *Bundesarbeitsgerichtes* ein Arbeitnehmer in Folge einer Krankheit erst dann arbeitsunfähig im Sinne des arbeitsrechtlichen Arbeitsunfähigkeitsbegriffes, wenn ihn ein Krankheitsgeschehen außer Stande setze, die ihm nach dem Arbeitsvertrag obliegende Arbeit zu verrichten, oder wenn er die Arbeit nur unter der Gefahr fortsetzen könne, in absehbarer Zeit seinen Zustand zu verschlimmern.[25] Mithin seien Krankheitsbefunde, durch die der Arbeitnehmer nicht gehindert werde, seine Verpflichtung aus dem Arbeitsvertrag zu erfüllen, arbeitsrechtlich irrelevant, so dass der arbeitsrechtliche Begriff der Erkrankung mit dem

---

[22] Vgl. *Dosch*, FS Arbeitsrechtlicher Arbeitskreise Gaul, S. 245, 246; *Reinecke*, DB 1998, 130, 130.

[23] Vgl. *Dosch*, FS Arbeitsrechtlicher Arbeitskreise Gaul, S. 245, 246.

[24] BAG v. 05.04.1976, 5 AZR 397/75, AP Nr. 40 zu § 1 LohnFG, Blatt 587; BAG v. 09.01.1985, 5 AZR 415/82, AP Nr. 62 zu § 1 LohnFG, unter I.1.

[25] BAG v. 14.01.1972, 5 AZR 264/71, AP Nr. 12 zu § 1 LohnFG, Blatt 341; BAG v. 25.10.1973, 5 AZR 141/73, AP Nr. 42 zu § 616 BGB, unter 1.; BAG v. 25.06.1981, 6 AZR 940/78, AP Nr. 52 zu § 616 BGB unter II.4.; BAG v. 09.01.1985, 5 AZR 415/82, NZA 1985, 562, 562; BAG v. 26.07.1989, 5 AZR 301/88, AP Nr. 86 zu § 1 LohnFG, unter II.1.; BAG v. 29.01.1992, 5 AZR 37/91, AP Nr. 1 zu § 74 SGB V, unter II.1.

medizinischen Krankheitsbegriff nicht übereinstimme.[26] Deshalb könne die Arbeitsunfähigkeit nicht losgelöst von ihrem jeweiligen Träger und der von ihm zu verrichtenden Tätigkeit festgestellt werden, da für eine solche Bewertung der Bezug zur vertraglich geschuldeten Arbeitsleistung wesentlich sei.[27] Dieses Begriffsverständnis des *Bundesarbeitsgerichtes*, wonach allein die Fähigkeit, die nach dem Arbeitsvertrag obliegende Arbeit verrichten zu können, für die Bewertung einer arbeitsrechtlichen Arbeitsunfähigkeit heranzuziehen sei, wird von dem überwiegenden Schrifttum geteilt.[28]
Im Gegensatz dazu ist seitens des *Bundesarbeitsgerichtes* in einer früheren Entscheidung aus dem Jahre 1971, die eine Definition des Arbeitsunfähigkeitsbegriffes zum Inhalt hatte, eine Verweisungsmöglichkeit anerkannt worden.[29] In dem Urteil hat der Senat ausgeführt, es müsse dann von einer Arbeitsunfähigkeit gesprochen werden, wenn die Erkrankung dazu führen würde, dass die Arbeit – sei es die bisher geleistete oder eine irgendwie anders geartete – nicht aufgenommen werden könne.[30] Ein solch pauschaler Verweis auf jegliche anderweitige Tätigkeit ohne Beschränkung auf die vertraglich geschuldete Arbeitsleistung ist dem gegenwärtig gültigen Arbeitsunfähigkeitsbegriff des *Bundesarbeitsgerichtes* fremd.

b) Krankenversicherungsrechtlicher Arbeitsunfähigkeitsbegriff

Dagegen weist das soeben aufgezeigte, wenn auch vereinzelt gebliebene extensivere Verständnis des *Bundesarbeitsgerichtes* aus dem Jahre 1971 zum arbeitsrechtlichen Arbeitsunfähigkeitsbegriff in die gleiche Richtung wie vermehrt anzutreffende Ausführungen des *Bundessozialgerichtes*.
So ist auch die ständige Rechtsprechung des *Bundessozialgerichtes* zum, allerdings, krankenversicherungsrechtlichen Arbeitsunfähigkeitsbegriff von einem weiteren Verständnis geprägt.[31] Danach soll ein Versicherter im krankenversicherungsrechtlichen Sinne arbeitsunfähig sein, wenn er seiner bisherigen oder einer ähnlich gearteten Erwerbstätigkeit nach seinem Gesundheitszustand überhaupt nicht mehr

---

[26] BAG v. 25.10.1973, 5 AZR 141/73, AP Nr. 42 zu § 616 BGB, unter 1; BAG v. 25.06.1981, 6 AZR 940/78, AP Nr. 52 zu § 616 BGB, unter II.4.
[27] BAG v. 25.10.1973, 5 AZR 141/73, AP Nr. 42 zu § 616 BGB, unter 1.
[28] *Compensis*, NZA 1992, 631, 634; ErfK-*Dörner*, § 3 EFZG Rn. 9; *Geyer/Knorr/Krasney*, Entgeltfortzahlung, F, 215 Rn. 31; *Hessel*, Krankheit, S. 15; *Hromadka/Maschmann*, Arbeitsrecht 1, § 8 Rn. 70; Kaiser/Dunkl/Hold/Kleinsorge-*Dunkl*, § 3 EFZG Rn. 34; MünchKommBGB-*Müller-Glöge*, Bd. 4, § 3 EFZG Rn. 6; *Preis*, Arbeitsrecht, S. 533; *Reinecke*, DB 1998, 130, 132; Soergel-*Kraft*, § 616 Rn. 48 ff.; teilweise kritisch dagegen *Feichtinger/Pohl*, DB 1984, Beilage Nr. 4, S. 2 f.
[29] BAG v. 22.12.1971, 1 AZR 180/71, AP Nr. 2 zu § 6 LohnFG, unter 1, Blatt 384.
[30] BAG v. 22.12.1971, 1 AZR 180/71, AP Nr. 2 zu § 6 LohnFG, unter 1, Blatt 384.
[31] Vgl. *Angel*, Arbeitsunfähigkeitsbescheinigung, S. 49.

oder nur auf die Gefahr hin nachgehen könne, seinen Zustand zu verschlimmern.[32] Die mit dieser Definition einhergehende Verweisungsmöglichkeit des Arbeitnehmers auf ähnliche Tätigkeiten sei nach Auffassung des *Bundessozialgerichtes* notwendig.[33] So habe der damalige Gesetzgeber nicht erkannt, dass Versicherte häufig noch nach dem Verlust ihrer Arbeit arbeitsunfähig seien.[34] Daher müsse die Prüfung der Arbeitsfähigkeit auch ähnliche Tätigkeiten umfassen.[35] Dabei habe diese Verweisung nichts mit dem Begriff der Zumutbarkeit im Sinne des Rentenversicherungsrechtes gemein.[36] Ob eine „ähnlich geartete Tätigkeit" im Einzelfall in Betracht zu ziehen und somit eine Verweisung möglich sei, müsse sowohl nach der Art der Arbeit als auch nach deren Entlohnung beurteilt werden.[37] Um allerdings einem zu extensiven Verständnis der „ähnlich gearteten Tätigkeit" entgegenzutreten, findet sich in einigen Entscheidungen des *Bundessozialgerichtes* statt der soeben benannten Formulierung der Begriff der „gleich gearteten Tätigkeit".[38] Hierdurch solle die enge Anlehnung an die bisherige Erwerbstätigkeit zum Ausdruck kommen und deutlich werden, dass der Kreis der Tätigkeiten, die an Stelle der bisher ausgeübten für eine Verweisung in Betracht kommen würden, äußerst begrenzt sei.[39]

Während sich, wie oben gezeigt, die ständige Rechtsprechung des *Bundesarbeitsgerichtes* hinsichtlich des Begriffes der Arbeitsunfähigkeit lediglich in einzelnen Entscheidungen dem Verständnis des *Bundessozialgerichtes* annähert, gilt gleiches auch für den umgekehrten Fall. So wurde eine krankenversicherungsrechtliche Arbeitsunfähigkeit in einer älteren Entscheidung des *Bundessozialgerichtes* dann bejaht, wenn ein Arbeitnehmer seiner bisherigen Erwerbstätigkeit gar nicht mehr oder nur auf die Gefahr hin nachgehen könne, dass sich sein Zustand verschlimmert.[40] Entscheidend für die Frage, ob ein Arbeitnehmer als arbeitsunfähig im krankenversicherungsrechtlichen Sinne anzusehen sei, solle somit allein die zuletzt ausgeübte Tätigkeit sein.[41] Eine Verweisungsmöglichkeit hat das *Bundessozialgericht* in dieser Entscheidung ebenso wenig in Betracht gezogen wie das

---

[32] BSG v. 24.05.1978, 4 RJ 69/77, BSGE 46, 190, 191; BSG v. 12.09.1978, 5 RJ 6/77, BSGE 47, 47, 51; BSG v. 16.12.1981, GS 3/78 und GS 4/78, BSGE 53, 22, 24; BSG v. 09.12.1986, 8 RK 12/85, BSGE 61, 66, 70.

[33] BSG v. 09.12.1986, 8 RK 12/85, BSGE 61, 66, 70.

[34] BSG v. 09.12.1986, 8 RK 12/85, BSGE 61, 66, 70.

[35] BSG v. 09.12.1986, 8 RK 12/85, BSGE 61, 66, 71.

[36] BSG v. 15.11.1984. 3 RK 21/83, BSGE 57, 227, 229.

[37] BSG v. 09.12.1986, 8 RK 12/85, BSGE 61, 66, 71 ff.

[38] BSG v. 15.11.1984, 3 RK 21/83, BSGE 57, 227, 229; BSG v. 07.08.1991, 1/3 RK 28/89, BSGE 69, 180, 184.

[39] BSG v. 07.08.1991, 1/3 RK 28/89, BSGE 69, 180, 184; KassKomm-*Höfler*, § 44 SGB V Rn. 10.

[40] BSG v. 19.06.1963, 3 RK 37/59, BSGE 19, 179, 181.

[41] Vgl. BSG v. 19.06.1963, 3 RK 37/59, BSGE 19, 179, 182.

Bundesarbeitsgericht in der Mehrzahl seiner Urteile. Insgesamt lässt sich feststellen, dass die ständige Rechtsprechung des *Bundessozialgerichtes* eine Verweisbarkeit zwar regelmäßig in Betracht zieht, diese Möglichkeit aber nicht generell bejaht.[42] Insbesondere müsse nach dem *Bundessozialgericht* bezüglich des genauen Umfanges der Verweisbarkeit danach differenziert werden, ob das Arbeitsverhältnis fortbestehe oder bereits beendet worden sei.[43] Bei einem fortbestehenden Arbeitsverhältnis könne der Arbeitnehmer allerdings auf ähnlich geartete Tätigkeiten im selben Betrieb verwiesen werden.[44] Diesem neueren Begriffsverständnis des *Bundessozialgerichtes* ist die sozialrechtliche Literatur weitgehend gefolgt, so dass auch das überwiegende Schrifttum eine Arbeitsunfähigkeit im Sinne des Krankenversicherungsrechtes bejaht, wenn der Betroffene nach seinem Gesundheitszustand der zuletzt verrichteten oder einer ähnlichen Tätigkeit überhaupt nicht mehr oder nur auf die Gefahr einer Verschlimmerung seines Zustandes hin nachgehen könne.[45]

c) Bedürfnis nach Vereinheitlichung

Trotz der gezeigten Unterschiede hinsichtlich einer zutreffenden Definition der Arbeitsunfähigkeit im Arbeitsrecht einerseits und im Krankenversicherungsrecht andererseits wollen einige weiterhin einen einheitlichen Arbeitsunfähigkeitsbegriff in der Rechtsprechung des *Bundesarbeits-* und *Bundessozialgerichtes* erblicken beziehungsweise die arbeits- und krankenversicherungsrechtliche Arbeitsunfähigkeit gleich definieren.[46] Begründet wird dieses Verständnis mit dem vermehrten Hinweis des *Bundesarbeitsgerichtes*[47], wonach die von ihm verwendete Definition der arbeitsrechtlichen Arbeitsunfähigkeit jener des Krankenversicherungsrechtes entspreche.[48]

Dabei wird allerdings übersehen, dass der Begriff der Arbeitsunfähigkeit im Arbeits- und Krankenversicherungsrecht – wie oben dargelegt – von der Recht-

---

[42] Vgl. BSG v. 08.02.2000, B 1 KR 11/99 R, SGb 2001, 133, 134; *Muckel*, Sozialrecht, § 8 Rn. 95 ff.; KassKomm-*Höfler*, § 44 SGB V Rn. 13.

[43] Vgl. BSG v. 08.02.2000, B 1 KR 11/99 R, SGb 2001, 133, 134; *Muckel*, Sozialrecht, § 8 Rn. 95 ff.; KassKomm-*Höfler*, § 44 SGB V Rn. 13.

[44] BSG v. 07.08.1991, 1/3 RK 28/89, BSGE 69, 180, 186.

[45] *Gitter/Schmitt*, Sozialrecht, § 9 Rn. 39; GK-*Marschner*, SGB V, § 44 Rn. 6; *May*, SGb 1988, 477, 478 ff.; *Muckel*, Sozialrecht, § 8 Rn. 95 ff.; KassKomm-*Höfler*, § 44 SGB V Rn. 10 ff.; SKP-*Vay*, § 44 SGB V Rn. 11; teilweise kritisch allerdings *Steinwedel*, SozVers 1988, 151, 155.

[46] Vgl. beispielsweise *Kippenberger*, Arbeitsunfähigkeit, S. 158 ff.; *Schulin*, ZfA 1978, 215, 241 ff.; *von Maydell*, DB 1973, Beilage Nr. 15, S. 4; ähnlich auch ErfK-*Rolfs*, § 44 SGB V Rn. 8, wonach eine wesentliche Deckungsgleichheit beider Begriffe erkennbar sei.

[47] BAG v. 18.12.1958, 2 AZR 166/58, AP Nr. 11 zu § 1 ArbKrankhG, unter I.; BAG v. 14.01.1972, 5 AZR 264/71, AP Nr. 12 zu § 1 LohnFG, Blatt 341.

[48] *Kippenberger*, Arbeitsunfähigkeit, S. 158.

sprechung keineswegs eine einheitliche Definition erfährt.[49] Übereinstimmung zwischen dem krankenversicherungs- und dem arbeitsrechtlichen Arbeitsunfähigkeitsbegriff herrscht zwar insoweit, als dass grundsätzlich auch die Definition des Sozialrechtes auf die Tätigkeit im letzten Arbeitsverhältnis für die Beurteilung der Arbeitsunfähigkeit abzielt und somit – ebenso wie das Arbeitsrecht – den Blick auf die arbeitsvertragliche Verpflichtung des Arbeitnehmers richtet.[50] Demgegenüber besteht an anderer Stelle ein entscheidender Unterschied zwischen den beiden Arbeitsunfähigkeitsbegriffen. Während die Heranziehung anderer Tätigkeiten zur Beurteilung einer Arbeitsunfähigkeit im krankenversicherungsrechtlichen Sinne in bestimmten Grenzen als zulässig erachtet wird,[51] soll ein solch extensives Vorgehen bei der Feststellung einer arbeitsrechtlichen Arbeitsunfähigkeit ausscheiden.[52] Insofern unterscheidet sich der allein auf den jeweils arbeitsvertraglich geschuldeten Leistungsinhalt zielende arbeitsrechtliche Begriff der Arbeitsunfähigkeit sehr wohl von dem weiter gefassten krankenversicherungsrechtlichen.[53] Auch wenn das *Bundessozialgericht* den Umfang der „ähnlich gearteten Tätigkeiten" häufig an dem Inhalt des bisherigen Arbeitsverhältnisses festmacht, zieht es dabei nicht eindeutig die vom *Bundesarbeitsgericht* favorisierte vertraglich geschuldete Arbeitsleistung als Grenze möglicher Verweisungsarbeiten heran.[54] Vielmehr kommt nach der Rechtsprechung des *Bundessozialgerichtes* sogar eine Verweisung auf ähnliche Tätigkeiten desselben Berufsbildes in Frage.[55] Insofern kann von einem einheitlichen Begriffsverständnis beider Gerichte bezüglich einer zutreffenden Definition der Arbeitsunfähigkeit nicht gesprochen werden. Dies verwundert umso mehr, da das Bedürfnis nach einem einheitlichen Arbeitsunfähigkeitsbegriff groß ist. Hierfür spricht zum einen die Funktionsidentität, auf der die arbeitsrechtliche Entgeltfortzahlung und das sozialversicherungsrechtliche Krankengeld basieren.[56] Letzteres löst die Entgeltfortzahlung (vgl. § 3 Abs. 1 S. 1 EFZG) nach sechs Wochen ab, so dass sowohl die Entgeltfortzahlung als auch das Krankengeld mit der wirtschaftlichen Sicherung des erkrankten Arbeitnehmers ein identisches Ziel verfolgen und beide eine Erkrankung des Leistungsempfängers voraussetzen.[57] Daneben ist eine einheitliche Begriffsbestimmung auch notwendig, um widersprüchliche Ergebnisse zu vermeiden. Anderenfalls wäre die merkwürdige Situation denkbar, dass ein

---

[49] Vgl. *Brocke*, SGb 1990, 45, 48; *Compensis*, NZA 1992, 631, 634.
[50] Vgl. *Brocke*, SGb 1990, 45, 48.
[51] Siehe oben unter § 3.B.I.1.b).
[52] Peters-*Schmidt*, SGB V, § 44 Rn. 61 und oben unter § 3.B.I.1.a).
[53] *Compensis*, NZA 1992, 631, 634; Peters-*Schmidt*, SGB V, § 44 Rn. 61.
[54] *Gitter*, ZfA 1995, 123, 151.
[55] Vgl. *Dosch*, FS Arbeitsrechtlicher Arbeitskreise Gaul, S. 245, 248.
[56] *Schulin*, ZfA 1978, 215, 245.
[57] Vgl. *Schulin*, ZfA 1978, 215, 245.

Kranker auf eine Tätigkeit verwiesen werden könnte, die er vertraglich nicht schuldet.[58]

Dabei stellt sich aber die Frage, wie eine zutreffende Begriffsbestimmung des Arbeitsunfähigkeitsbegriffes auszusehen hat. Einen diesbezüglichen Ansatzpunkt liefern die AU-Richtlinien[59]. Auch in diesen Richtlinien wird nicht zwischen einem arbeits- und krankenversicherungsrechtlichen Arbeitsunfähigkeitsbegriff differenziert. So ist nach § 2 Abs. 1 der AU-Richtlinien Arbeitsunfähigkeit zu bejahen, wenn der Versicherte krankheitsbedingt seine zuletzt vor der Arbeitsunfähigkeit ausgeübte Tätigkeit nicht mehr oder nur unter der Gefahr der Verschlimmerung der Erkrankung ausführen kann.[60]

Soweit diese Begriffsdefinition im Gegensatz zu jener des *Bundessozialgerichtes* eine Verweisungsmöglichkeit auf ähnliche Tätigkeiten desselben Berufsbildes ausschließt, kann ihr gefolgt werden. Allerdings ist die in § 2 Abs. 1 der AU-Richtlinien zum Ausdruck kommende Beschränkung auf die zuletzt ausgeübte Tätigkeit abzulehnen. Insoweit vermag das Begriffsverständnis des *Bundesarbeitsgerichtes* zu überzeugen, wonach die (gesamte) vertraglich geschuldete Arbeitsleistung für die Beurteilung einer krankheitsbedingten Arbeitsunfähigkeit entscheidend sein soll. Der Arbeitnehmer schuldet nicht allein die zuletzt ausgeübte Tätigkeit, sondern das gesamte arbeitsvertraglich vereinbarte Tätigkeitsspektrum. Dieses Spektrum muss auch und gerade bei der Bewertung eines Arbeitsunfähigkeitsfalles Berücksichtigung finden. Demgegenüber ist das extensive Verständnis des *Bundessozialgerichtes* abzulehnen. Eine Verweisungsmöglichkeit auf ähnliche Tätigkeiten desselben Berufsbildes würde im Widerspruch zu den Regelungen des Arbeitsvertrages stehen. Ein Arbeitnehmer schuldet nur die Arbeitsleistung, zu der er sich auch vertraglich verpflichtet hat. Ein Kranker kann nun einmal – wie bereits angedeutet – aus sozialrechtlichen Vorschriften nicht auf Tätigkeiten verwiesen werden, zu deren Leistung er sich arbeitsvertraglich nicht verpflichtet hat.[61] Insofern hat, bezüglich der Verweisungsmöglichkeit, das Sozial- dem Arbeitsrecht zu folgen,[62] so dass der arbeitsrechtliche Arbeitsunfähigkeitsbegriff auch auf das Krankenversicherungsrecht übertragen werden muss. Mithin liegt nach dem hier favorisierten Verständnis eine Arbeitsunfähigkeit sowohl im arbeits- als auch im krankenversicherungsrechtlichen Sinne immer dann vor, wenn jemand durch ein Krankheitsgeschehen außer Stande gesetzt wird, die vertraglich geschuldete Arbeit zu verrichten

---

[58] *Dosch*, FS Arbeitsrechtlicher Arbeitskreise Gaul, S. 245, 249.

[59] Siehe § 2, Fußnote 106.

[60] AU-Richtlinien neuer Fassung vom 01.12.2003 (Richtlinie des Gemeinsamen Bundesausschusses nach § 92 Abs. 1 S. 2 Nr. 7 SGB V), abgedruckt im Bundesanzeiger Nr. 61/2004, S. 6501, 6501; siehe zu den Richtlinien a. F. § 2, Fußnote 106.

[61] Vgl. *Dosch*, FS Arbeitsrechtlicher Arbeitskreis Gaul, S. 245, 249.

[62] *Gitter*, ZfA 1995, 123, 152.

oder wenn er die Arbeit nur unter der Gefahr fortsetzen könnte, in absehbarer Zeit seinen Zustand zu verschlimmern.

2. Teilarbeitsunfähigkeit

Während soeben bei der Suche nach einer zutreffenden Definition des Begriffes der (vollen) Arbeitsunfähigkeit allein inhaltliche Abweichungen zu Tage getreten sind, finden sich hinsichtlich der teilweisen Arbeitsfähigkeit in Rechtsprechung und Schrifttum bereits terminologische Differenzierungen. Dabei beschreiben allerdings sowohl die Bezeichnungen „beschränkte Arbeitsunfähigkeit“[63], „teilweise Arbeitsverhinderung“[64] als auch die Formulierung „Teilarbeits(un)fähigkeit“[65] einen identischen Problemkomplex.[66] Inhaltlich herrscht dagegen – trotz der terminologischen Unterschiede – insoweit Einigkeit, als dass all die aufgeführten verschiedenen Begriffe einen Zustand umschreiben, in dem ein erkrankter Arbeitnehmer zwar nicht in dem bisherigen, allerdings in einem reduzierten Umfang tätig sein kann.[67] Der Arbeitnehmer besitzt somit also noch eine Restarbeitsfähigkeit,[68] so dass er teilarbeitsfähig ist. In der vorliegenden Arbeit wird nachfolgend zur Beschreibung dieses Sachverhaltes aus Gründen der besseren Lesbarkeit sowie der Vereinheitlichung allein der Begriff Teilarbeitsunfähigkeit verwendet.

Die Teilarbeitsunfähigkeit umfasst inhaltlich drei Fallgestaltungen, die es zu unterscheiden gilt.[69] Sofern der Arbeitnehmer nicht die unmittelbar vor seiner Erkrankung ausgeübte Arbeit, wohl aber eine andere Tätigkeit im bisherigen zeitlichen Umfang zu erbringen vermag, liegt eine qualitative Teilarbeitsunfähigkeit vor.[70] Dagegen ist eine quantitative Teilarbeitsunfähigkeit zu bejahen, wenn der Mitarbeiter seine bisherige Tätigkeit nur noch in zeitlich reduziertem Umfang ausüben kann.[71] Schließlich ist es auch denkbar, dass die soeben aufgeführten Erscheinungsformen kombiniert auftreten, also eine qualitativ-quantitative Teilarbeitsunfähigkeit bejaht werden muss.[72]

---

[63] Schaub-*Linck*, ArbR-Hdb., § 98 Rn. 17.
[64] *Stückmann*, DB 1998, 1662, 1662.
[65] *Stückmann*, DB 1998, 1662, 1662.
[66] Vgl. *Stückmann*, FS Pieper, 551, 558; *Zwade*, Teilarbeitsfähigkeit, S. 7.
[67] Vgl. statt aller *Schmitt*, Entgeltfortzahlung, § 3 EFZG Rn. 65.
[68] MünchArbR-*Boecken*, § 83 Rn. 48.
[69] Vgl. MünchArbR-*Boecken*, § 83 Rn. 48; *Schmitt*, Entgeltfortzahlung, § 3 EFZG Rn. 65.
[70] Vgl. MünchArbR-*Boecken*, § 83 Rn. 48; *Schmitt*, Entgeltfortzahlung, § 3 EFZG Rn. 65.
[71] Vgl. MünchArbR-*Boecken*, § 83 Rn. 48; *Schmitt*, Entgeltfortzahlung, § 3 EFZG Rn. 65.
[72] Vgl. *Schmitt*, Entgeltfortzahlung, § 3 EFZG Rn. 65.

Bei all diesen Erscheinungsformen einer Teilarbeitsunfähigkeit ist problematisch, ob eine teilweise Einschränkung der Leistungsfähigkeit eines Arbeitnehmers die volle Arbeitsunfähigkeit im Rechtssinne zur Folge hat.[73]

1. Referentenentwurf eines Gesetzes zur Förderung der Beschäftigung

Diese Frage hat bereits im Jahre 1984 das Bundesministerium für Arbeit und Sozialordnung beschäftigt und schließlich zu der Überlegung geführt, die Teilarbeitsunfähigkeit im Rahmen des Beschäftigungsförderungsgesetzes zu kodifzieren.[74] Ausgangsregelung einer Teilarbeitsunfähigkeit sollte der geplante § 6 a LFZG[75] sein.[76] Nach dessen Absatz 1 war vorgesehen, einen Arbeitnehmer dann als teilarbeitsunfähig einzustufen, wenn dieser krankheitsbedingt an seiner Arbeitsleistung lediglich teilweise verhindert werde. Des Weiteren wollte § 6 a Abs. 3 LFZG des Referentenentwurfes den Arbeitnehmer zu einer möglichen Leistung eines Teils seiner zuletzt ausgeübten Tätigkeit, zu einer anderen nach dem Inhalt des Arbeitsverhältnisses geschuldeten Tätigkeit oder zu einem Teil dieser Tätigkeit verpflichten. Von dieser Pflicht zur Teilarbeitsleistung sollte der Arbeitnehmer nach dem Referentenentwurf nur bei Unzumutbarkeit befreit sein. Allerdings ist das geplante Vorhaben am Ende nicht Gesetz geworden.[77] Bis heute existiert auch keine mit dem Referentenentwurf aus dem Jahre 1984 vergleichbare eindeutige gesetzliche Regelung der Teilarbeitsunfähigkeit. Dies macht eine nähere Untersuchung der Judikatur sowie des entsprechenden Schrifttums zu diesem Problemkomplex umso notwendiger.

2. Ablehnung der Teilarbeitsunfähigkeit und Verneinung jeglicher Arbeitspflichten

Von der Rechtsprechung[78] sowie den überwiegenden Literaturstimmen[79] wird sowohl die Anerkennung einer sozialrechtlichen als auch einer arbeitsrechtlichen Teilarbeitsunfähigkeit abgelehnt.

---

[73] Vgl. *Dosch*, FS Arbeitsrechtlicher Arbeitskreise Gaul, S. 245, 246.

[74] Vgl. RGRK-*Matthes*, § 616 Rn. 76.

[75] Abgedruckt in RdA 1984, 174.

[76] Vgl. *Breuer*, RdA 1984, 332, 332.

[77] RGRK-*Matthes*, § 616 Rn. 76.

[78] BAG v. 25.10.1973, 5 AZR 141/73, AP Nr. 42 zu § 616 BGB, unter 1.; BAG v. 25.06.1981, 6 AZR 940/78, AP Nr. 52 zu § 616 BGB, unter II.4.; BAG 29.01.1992, 5 AZR 37/91, AP Nr. 1 zu § 74 SGB V, unter II.1.; BSG v. 12.09.1978, 5 RJ 6/77, BSGE 47, 47, 50; BSG v. 03.10.1984, 5b RJ 96/83, BSGE 57, 163, 166; LAG Hamm v. 20.07.1988, 1 Sa 729/88, NZA 1989, 600, 600 f.; LAG Rheinland-Pfalz v. 04.11.1991, 7 Sa 421/91, NZA 1992, 169, 170; LAG Berlin v. 27.06.1990, 13 Sa 40/90, BB 1990, 1981, 1981.

Vielmehr bleibe nach Vorstellung dieser Meinungsgruppe die krankheitsbedingte Arbeitsunfähigkeit auch dann bestehen, wenn der Arbeitnehmer seine geschuldeten Arbeitspflichten statt vollständig lediglich teilweise nicht erbringen könne.[80] Es mache keinen Unterschied, ob ein Arbeitnehmer durch die Krankheit ganz oder teilweise arbeitsunfähig werde.[81] Auch der vermindert Arbeitsfähige sei (vollständig) arbeitsunfähig krank, weil er seine vertraglich geschuldete Arbeitsleistung nicht voll erfüllen könne.[82] Demzufolge müsse beispielsweise ein Vollzeitmitarbeiter, der trotz seiner Erkrankung in der Lage sei, noch halbtags zu arbeiten, als gänzlich arbeitsunfähig eingestuft werden.[83] Eine prozentual bemessene Arbeitsfähigkeit existiere ebenso wenig wie eine prozentual bemessene Arbeitsunfähigkeit.[84] Arbeitsfähigkeit und Arbeitsunfähigkeit würden sich gegenseitig ausschließen.[85] An dieser Sichtweise sei auch nach Einführung des § 74 SGB V festzuhalten.[86]

3. Weitere Ansätze

Dieses Verständnis der Rechtsprechung sowie des überwiegenden arbeits- und sozialrechtlichen Schrifttums wird allerdings nicht uneingeschränkt geteilt. Dabei sind in der Literatur ganz unterschiedliche Ansatzpunkte erkennbar, wie mit dem Problem der Teilarbeitsunfähigkeit richtigerweise umzugehen ist.

a) Teilarbeitsunfähigkeit als Arbeitsunfähigkeit bei gleichzeitigem Direktionsrecht

Einige sehen zwar auf einer Linie mit der oben dargestellten Meinungsgruppe auch den teilweise Arbeitsfähigen grundsätzlich als vollständig arbeitsunfähig krank

---

79 *Brocke*, SGb 1990, 45, 48 f.; *Brox/Rüthers/Henssler*, Arbeitsrecht Rn. 385; *Däubler*, ArbuR 1992, 129, 135; *Eich*, BB 1988, 197, 198; KassKomm-*Höfler*, § 44 SGB V Rn. 19; *Kippenberger*, Arbeitsunfähigkeit, S. 174 ff.; Kittner/Zwanziger-*Schoof*, ArbR, § 58 Rn. 33; *Lambeck*, NZA 1990, 88, 90; *Löwisch*, Arbeitsrecht Rn. 1075; *Misera*, Anm. zu BAG, Urteil vom 29.01.1992 – 5 AZR 37/91, SAE 1992, 355, 356; Peters-*Schmidt*, SGB V, § 44 Rn. 59; RGRK-*Matthes*, § 616 Rn. 76; *von Hoyningen-Huene*, NZA 1992, 49, 50 f.; wohl auch *Dütz*, Krankheit, S. 75, 80 ff.; *Olderog*, BB 1989, 1684, 1685.

80 BAG v. 25.10.1973, 5 AZR 141/73, AP Nr. 42 zu § 616 BGB, unter 1.; BAG v. 25.06.1981, 6 AZR 940/78, AP Nr. 52 zu § 616 BGB, unter II.4.; BAG v. 29.01.1992, 5 AZR 37/91, AP Nr. 1 zu § 74 SGB V, unter II.1.

81 BAG v. 25.10.1973, 5 AZR 141/73, AP Nr. 42 zu § 616 BGB, unter 1.; BAG v. 25.06.1981, 6 AZR 940/78, AP Nr. 52 zu § 616 BGB, unter II.4.; BAG v. 29.01.1992, 5 AZR 37/91, AP Nr. 1 zu § 74 SGB V, unter II.1.

82 BAG v. 25.10.1973, 5 AZR 141/73, AP Nr. 42 zu § 616 BGB, unter 1; BAG v. 29.01.1992, 5 AZR 37/91, AP Nr. 1 zu § 74 SGB V, unter II.1.

83 Vgl. *Eich*, BB 1988, 197, 198.

84 BSG v. 12.09.1978, 5 RJ 6/77, BSGE 47, 47, 50.

85 BSG v. 12.09.1978, 5 RJ 6/77, BSGE 47, 47, 50; BSG v. 03.10.1984, 5b RJ 96/83, BSGE 57, 163, 166.

86 BAG v. 29.01.1992, 5 AZR 37/91, AP Nr. 1 zu § 74 SGB V, unter II.1.

an.[87] Im Unterschied insbesondere zu der aktuellen Rechtsprechung des *Bundesarbeitsgerichtes* weisen diese Vertreter aber ausdrücklich auf das arbeitgeberseitige Direktionsrecht hin, wodurch sich für den Arbeitgeber die Möglichkeit eröffne, die vertraglich geschuldete Arbeitsleistung während der Erkrankung auf eine Teiltätigkeit zu reduzieren.[88] In diesem Fall scheide die Annahme einer vollen Arbeitsunfähigkeit aus.[89]
Allerdings müsse sich die geschuldete Arbeitsleistung in selbstständige Teilleistungen zerlegen lassen.[90] Sofern diese Voraussetzung erfüllt sei, erhalte der Arbeitnehmer durch den Einsatz seiner „Restarbeitsfähigkeit" auch die volle arbeitsvertraglich geschuldete Vergütung.[91]

b) Differenzierung zwischen qualitativer und quantitativer Teilarbeitsunfähigkeit

Eine weitere Möglichkeit, das Problem der Teilarbeitsunfähigkeit zutreffend zu lösen, wird von anderen darin gesehen, entscheidend auf die Unterschiede zwischen einer qualitativen und quantitativen Teilarbeitsunfähigkeit abzuzielen.[92] Diese grundsätzliche Übereinkunft darf aber nicht darüber hinwegtäuschen, dass es auch innerhalb dieser Gruppe ganz unterschiedliche Auffassungen darüber gibt, ob tatsächlich beide Formen der Teilarbeitsunfähigkeit existieren und welche Auswirkungen die Anerkennung einer qualitativen und/oder quantitativen Teilarbeitsunfähigkeit im Einzelnen mit sich bringt.

aa) Direktionsrecht nur bei qualitativer Leistungseinschränkung

Teilweise wird bezüglich der Beurteilung einer qualitativen Teilarbeitsunfähigkeit inhaltlich in die gleiche Richtung wie der zuletzt[93] aufgeführte Ansatz gezielt. Entscheidend sei demnach die Möglichkeit der Verweisung kraft arbeitgeberseitigem Direktionsrechtes.[94] Soweit die Verweisung eines gesunden Arbeitnehmers direkti-

---

87 *Feichtinger*, AR-Blattei SD 1000.1 Rn. 18; *Dannecker*, Krankheitsbegriff, S. 81 ff.; *Raatz*, Entgeltfortzahlung, S. 112 f.; *Schelp/Trieschmann*, Arbeitsverhältnis, S. 4.

88 *Feichtinger*, AR-Blattei SD 1000.1 Rn. 19; in diesem Sinne auch *Dannecker*, Krankheitsbegriff, S. 86 f.; *Raatz*, Entgeltfortzahlung, S. 98 f. und S. 113; *Schelp/Trieschmann*, Arbeitsverhältnis, S. 5 f. und S. 175 ff.

89 *Feichtinger*, AR-Blattei SD 1000.1 Rn. 19.

90 *Feichtinger*, AR-Blattei SD 1000.1 Rn. 19.

91 *Feichtinger*, AR-Blattei SD 1000.1 Rn. 19.

92 So beispielsweise *Boecken*, NZA 1999, 673, 675; *Gitter*, ZfA 1995, 123, 148 ff.; *Schmitt*, Entgeltfortzahlung, § 3 EFZG Rn. 65 ff.

93 Siehe oben unter § 3.B.II.3.a).

94 *Marienhagen/Künzl*, Entgeltfortzahlung, § 3 EFZG Rn. 9; *Schmitt*, Entgeltfortzahlung, § 3 EFZG Rn. 62; in diese Richtung argumentieren auch ErfK-*Dörner*, § 3 EFZG Rn. 11; *Gaul*, DB 1992, 2189, 2190 f.; Kaiser/Dunkl/Hold/Kleinsorge-*Dunkl*, § 3 EFZG Rn. 44 ff.; *Reinecke*, DB 1998, 130, 133.

onsrechtlich möglich sei, solle gleiches auch für den erkrankten Arbeitnehmer gelten.[95] Ein Arbeitnehmer, der mit Hilfe des arbeitgeberseitigen Direktionsrechtes auf eine andere Tätigkeit verwiesen werden könne, sei mithin auch nicht arbeitsunfähig im Rechtssinne.[96] Allerdings gelte ein solches Verständnis – insoweit unterscheidet sich diese Meinungsgruppe von der oben[97] aufgezeigten – allein für die qualitative Einschränkung der Leistungsfähigkeit.[98] Demzufolge würde sowohl die Beurteilung der quantitativen Teilarbeitsunfähigkeit als auch die Situation, in der eine qualitative und quantitative Einschränkung der Leistungsfähigkeit zusammentreffen, eine andere Bewertung erfordern.[99] In diesen Fällen sei der erkrankte Arbeitnehmer arbeitsunfähig und die Verweisungsmöglichkeit entfalle.[100] Eine Verpflichtung zur – auch nur teilweisen – Arbeitsleistung bestehe nicht.[101]

bb) Anerkennung allein einer quantitativen Teilarbeitsunfähigkeit

Dagegen wollen einige Stimmen ausdrücklich eine Teilarbeitsunfähigkeit anerkennen, allerdings beschränkt auf den Fall einer quantitativen Unfähigkeit.[102] Begründet wird diese Sichtweise mit den Regeln des allgemeinen Schuldrechtes im Bürgerlichen Gesetzbuch.[103] So sei die Vorschrift des § 275 BGB auch auf den Problemkomplex der krankheitsbedingten Teilarbeitsunfähigkeit anwendbar, woraus sich die Existenz einer quantitativen Teilarbeitsunfähigkeit ergebe.[104] Hiermit korrespondiere eine teilweise Vergütungspflicht (vgl. § 326[105] BGB).[106]

Diese Sichtweise soll nach *Gitter* allerdings nicht für die stufenweise Wiedereingliederung gelten, da bei dieser Maßnahme Rehabilitationsgesichtspunkte im Vordergrund stünden und insoweit eine rechtliche Teilarbeitsunfähigkeit abzulehnen

---

95 Vgl. *Schmitt*, Entgeltfortzahlung, § 3 EFZG Rn. 66.
96 ErfK-*Dörner*, § 3 EFZG Rn. 11; *Marienhagen/Künzl*, Entgeltfortzahlung, § 3 EFZG Rn. 9; *Schmitt*, Entgeltfortzahlung, § 3 EFZG Rn. 66.
97 Siehe oben unter § 3.B.II.3.a).
98 Vgl. *Schmitt*, Entgeltfortzahlung, § 3 EFZG Rn. 66 f.
99 Vgl. *Schmitt*, Entgeltfortzahlung, § 3 EFZG Rn. 67 f.
100 Vgl. *Schmitt*, Entgeltfortzahlung, § 3 EFZG Rn. 67 f.
101 Vgl. ErfK-*Dörner*, § 3 EFZG Rn. 12; *Schmitt*, Entgeltfortzahlung, § 3 EFZG Rn. 67 f.
102 *Gitter*, ZfA 1995, 123, 148 ff.; GmbH-Handbuch-*Moll*, Teil IV Rn. 252.1; MünchArbR-*Boecken*, § 83 Rn. 48 ff.; *derselbe*, NZA 1999, 673, 675.
103 Vgl. *Gitter*, ZfA 1995, 123, 159 ff.; MünchArbR-*Boecken*, § 83 Rn. 51 f.
104 Vgl. *Gitter*, ZfA 1995, 123, 159 ff.; MünchArbR-*Boecken*, § 83 Rn. 51 f.
105 Die Beiträge der Befürworter dieser Auffassung stammen noch aus der Zeit vor Inkrafttreten des Schuldrechtsmodernisierungsgesetzes (Gesetz vom 26.11.2001, siehe BGBl. 2001, S. 3138 ff.), so dass diese Autoren noch die Vorgängerregelung des § 326 BGB n. F., den § 323 BGB a. F., zitieren. Inhaltlich ergibt sich dadurch für die hier aufgeführte Argumentation allerdings keine Änderung, so dass in dieser Arbeit allein die gegenwärtig aktuelle Norm benannt wird.
106 Vgl. *Gitter*, ZfA 1995, 123, 159 ff.; MünchArbR-*Boecken*, § 83 Rn. 51 f.

sei.[107] Außerdem würde die Annahme einer Teilarbeitsunfähigkeit im Widerspruch zu dem Gesetzeszweck des § 74 SGB V stehen, so dass der wiedereinzugliedernde Arbeitnehmer vollständig arbeitsunfähig im Rechtssinne sei.[108]

cc) Bejahung der quantitativen und qualitativen Teilarbeitsunfähigkeit

Am weitesten gehen demgegenüber diejenigen, die grundsätzlich sowohl die Existenz einer quantitativen als auch die einer qualitativen Teilarbeitsunfähigkeit befürworten.[109] Nach Auffassung dieser Autoren sei es wenig sinnvoll, teilweise arbeitsfähige Arbeitnehmer insgesamt von der Arbeit fernzuhalten.[110] Darüber hinaus werde die verfassungsrechtlich (vgl. Art. 12 Abs. 1 GG und Art. 14 Abs. 1 GG) geprägte, zwischen den Arbeitsvertragsparteien bestehende Lastenverteilung verletzt, bliebe der Arbeitgeber auch bei lediglich teilweiser Arbeitsunfähigkeit des Arbeitnehmers zur vollen Entgeltfortzahlung verpflichtet.[111] Um dieser Verletzung vorzubeugen, bedürfe es einer Kompensationsmöglichkeit in Gestalt einer arbeitnehmerseitigen Verpflichtung zur Teilleistung.[112]

c) Anspruch des Arbeitgebers auf stundenweise Teiltätigkeit

Eine weitere Meinungsgruppe differenziert nicht ausdrücklich zwischen qualitativer und quantitativer Teilarbeitsunfähigkeit. Allerdings zielen auch diese Verfechter im Ergebnis auf eine der genannten Teilarbeitsunfähigkeitsformen, namentlich auf die quantitative, ab, indem sie einen Anspruch des Arbeitgebers auf stundenweise Tätigkeit gegenüber seinem erkrankten Arbeitnehmer befürworten.[113] Sofern der erkrankte Arbeitnehmer krankheitsbedingt nicht fähig sei, seinen Arbeitspflichten im vollständig geschuldeten Umfang nachzukommen, ihm allerdings eine Tätigkeit in zeitlich verminderter Weise möglich sei, sei er zur Teiltätigkeit verpflichtet, sofern sein Arbeitgeber dies verlange.[114]

---

[107] *Gitter*, ZfA 1995, 123, 148 und 158 f.
[108] *Gitter*, ZfA 1995, 123, 158.
[109] *Feichtinger/Pohl*, DB 1984, Beilage Nr. 4, S. 2 f.; *Kreßel*, FS Gitter, S. 491, 501 ff.; *Naendrup*, ZfA 1984, 383, 401 f.; *Stückmann*, DB 1998, 1662, 1662 ff.; *Zwade*, Teilarbeitsfähigkeit, S. 103 f. und S. 183.
[110] *Naendrup*, ZfA 1984, 383, 401.
[111] *Kreßel*, FS Gitter, S. 491, 503.
[112] *Kreßel*, FS Gitter, S. 491, 503.
[113] Vgl. ArbR BGB-*Matthes*, § 616 Rn. 77; MünchKommBGB-*Müller-Glöge*, Bd. 4, § 3 EFZG Rn. 9.
[114] ArbR BGB-*Matthes*, § 616 Rn. 77; MünchKommBGB-*Müller-Glöge*, Bd. 4, § 3 EFZG Rn. 9.

d) Befürwortung einer uneingeschränkten Teilarbeitsunfähigkeit

Schließlich wollen einige Autoren weder zwischen qualitativer und quantitativer Leistungseinschränkung differenzieren, noch die Verpflichtung des erkrankten Arbeitnehmers zur Arbeitsleistung von vornherein auf stundenweise Tätigkeiten beschränken. Nach *Glaubitz* solle der Arbeitnehmer vielmehr auf Verlangen seines Arbeitgebers zur Teilarbeitsleistung verpflichtet sein.[115] Eine solche Sichtweise ergebe sich aus § 275 BGB.[116] Diese Vorschrift habe zur Folge, dass der Arbeitnehmer nur insoweit von seiner Arbeitspflicht befreit werde, als die Leistung unmöglich geworden sei.[117] Die hieraus resultierende Verpflichtung zur teilweisen Arbeitsleistung begrenzt *Glaubitz* – entgegen der oben[118] benannten Autoren – nicht auf eine stundenweise Tätigkeit beziehungsweise auf Fälle quantitativer Leistungseinschränkung. Vielmehr bleibe seiner Auffassung nach ein Arbeitnehmer auch bei tätigkeitsbezogener Leistungsbeschränkung zur Teilleistung verpflichtet. Ebenso wenig will eine weitere Autorengruppe[119] zwischen qualitativer und quantitativer Teilarbeitsunfähigkeit unterscheiden. Allerdings befürworten diese Verfechter allein eine sozialversicherungsrechtliche Teilarbeitsunfähigkeit.[120] Nach ihrer Vorstellung müsse § 74 SGB V als eine gesetzliche Regelung der sozialversicherungsrechtlichen Teilarbeitsfähigkeit angesehen werden.[121] Daher seien wiedereinzugliedernde Arbeitnehmer als teilarbeitsunfähig im sozialversicherungsrechtlichen Sinne einzustufen.[122]

4. Ablehnung der Teilarbeitsunfähigkeit / Verweisungsmöglichkeit in bestimmten Konstellationen

Die vorstehenden Ausführungen haben die Mannigfaltigkeit an Ansätzen zur Beurteilung einer Teilarbeitsunfähigkeit deutlich gemacht. Dabei drängt sich die Frage auf, welche der aufgezeigten Meinungen vorzugswürdig erscheint.

a) § 275 Abs. 1 und Abs. 3 BGB

Eine große Anzahl jener Autoren, die eine Teilarbeitsunfähigkeit begründen wollen, stützen sich hierbei – wie zuvor[123] dargelegt – auf die Regelungen des allge-

---

[115] *Glaubitz*, NZA 1992, 402, 402; *derselbe*, Krankheit, S. 136, 140 f.
[116] *Glaubitz*, Krankheit, S. 136, 141.
[117] *Glaubitz*, Krankheit, S. 136, 141.
[118] Siehe oben unter § 3.B.II.3.c).
[119] *Compensis*, NZA 1992, 631, 635; *Kostorz*, Verweisung, S. 28 f.
[120] *Compensis*, NZA 1992, 631, 635; *Kostorz*, Verweisung, S. 28 f.
[121] *Compensis*, NZA 1992, 631, 635; *Kostorz*, Verweisung, S. 28 f.
[122] *Compensis*, NZA 1992, 631, 637.
[123] Siehe oben § 3.B.II.3.b).bb).

meinen Schuldrechtes. In diesem Zusammenhang wird immer wieder § 275 BGB als Argumentationsgrundlage herangezogen.

aa) Allgemeines Schuldrecht und quantitative Teilarbeitsunfähigkeit

Dieses Verständnis setzt allerdings zunächst einmal voraus, dass die Regeln des Bürgerlichen Gesetzbuches und damit auch § 275 Abs. 1 BGB überhaupt auf arbeitsrechtliche Sachverhalte und insbesondere auf Fälle krankheitsbedingter Arbeitsunfähigkeit anwendbar sind. Der Arbeitsvertrag stellt ein auf den Austausch von Arbeit und Lohn gerichtetes Schuldverhältnis dar und ist als Unterfall des Dienstvertrages (§§ 611 ff. BGB) einzustufen.[124] Im Gegensatz zu früheren Stimmen[125] ist nunmehr anerkannt, dass eine solche Einordnung dieses Vertrages als schuldrechtliches Austauschverhältnis mit einer grundsätzlichen Anwendbarkeit der Vorschriften des Bürgerlichen Gesetzbuches einhergeht.[126] Diese zutreffende Betrachtungsweise eröffnet daher auch die Möglichkeit, § 275 BGB zur Lösung arbeitsvertraglicher Problemkonstellationen heranzuziehen.

Ob diese Norm allerdings auch auf Sachverhalte anwendbar ist, in denen ein Arbeitnehmer krankheitsbedingt oder aus anderen Gründen keine Arbeitsleistung erbracht hat, hängt entscheidend von dem Rechtscharakter der Arbeitspflicht ab. Die Anwendbarkeit des Unmöglichkeitsrechts auf Fälle nicht erbrachter Arbeitsleistung setzt voraus, dass die Pflicht zur Erbringung der Arbeitspflicht auf einen bestimmten Zeitraum beschränkt ist. In der Tat beinhaltet der Arbeitsvertrag für den Arbeitnehmer die Verpflichtung, seine versprochenen Tätigkeiten ausschließlich in einer fest bestimmten Zeitspanne zu erbringen.[127] Die außerhalb dieser Zeit verrichtete Arbeit ist demnach nicht mehr die vertraglich zu leistende.[128]

Ein Mitarbeiter kann beispielsweise die arbeitsvertraglich am Montag geschuldete Tätigkeit nicht an einem der folgenden Arbeitstage nachholen. Dies zeigt, dass es sich bei der Arbeitsleistung grundsätzlich um eine Fixschuld handelt, die durch Zeitablauf unmöglich wird.[129] Folglich ist das Unmöglichkeitsrecht und damit auch § 275 BGB auf Fälle der nicht erbrachten Arbeitsleistung anwendbar. Somit wird ein Arbeitnehmer in Folge des Fixschuldcharakters der Arbeitsleistung bei Arbeitsausfall gemäß § 275 BGB grundsätzlich vollständig von seiner Arbeits-

---

124 MünchArbR-*Richardi*, § 8 Rn. 1; Schaub-*Linck*, ArbR-Hdb., § 29 Rn. 4.

125 So forderte beispielsweise *Sinzheimer*, Grundgedanken, S. 25, dass sich das Arbeitsrecht von dem Bürgerlichen Recht möglichst emanzipieren solle, da dessen Geist dem Arbeitsrecht fremd sei.

126 ErfK-*Preis*, § 611 BGB Rn. 3; Schaub-*Linck*, ArbR-Hdb., § 29 Rn. 5.

127 *Söllner*, AcP 167 (1967), 132, 139.

128 Vgl. *Söllner*, AcP 167 (1967), 132, 139.

129 *Beuthien*, RdA 1972, 20, 20 ff.; Erman-*S. Edenfeld*, § 611, Rn. 333; MünchKommBGB-*Müller-Glöge*, Bd. 4, § 611 Rn. 1040; Söllner, AcP 167 (1967), 132, 139.

pflicht befreit, verliert dadurch allerdings im Regelfall nach § 326 BGB auch seinen Vergütungsanspruch. An diesem Punkt setzen nunmehr jene Stimmen an, die mit Hilfe des § 275 Abs. 1 BGB a. F. eine Teilarbeitsunfähigkeit begründen wollen. Nach ihrer Auffassung bedürfen die bisherigen Ausführungen einer Modifizierung.[130] Die gezeigten Darstellungen stimmten zwar mit dem *Bundesarbeitsgericht* und Teilen des Schrifttums überein.[131] Allerdings würde hierbei ein „Alles oder Nichts-Prinzip" zu Grunde gelegt, das im Widerspruch zum Entgeltfortzahlungsrecht und insbesondere im Gegensatz zu einer zutreffenden bürgerlichrechtlichen Bewertung quantitativer Arbeitsunfähigkeitssachverhalte stünde.[132] So solle eine quantitative Teilarbeitsunfähigkeit grundsätzlich auch nur zur Teilunmöglichkeit der Arbeitsleistung führen.[133] Der in zeitlicher Hinsicht teilarbeitsfähige Arbeitnehmer sei noch in der Lage, zeitweise seine Arbeit zu verrichten.[134] Somit würde seine Leistung nicht gänzlich unerbringlich.[135] Aus § 275 Abs. 1 BGB a. F. ergebe sich, dass ein Schuldner nur in dem Rahmen von seiner Leistungspflicht befreit würde, soweit seine Leistung unmöglich werde.[136] Demzufolge bleibe der Schuldner bei einer teilbaren Leistung hinsichtlich des noch möglichen Teils zur versprochenen Leistung verpflichtet.[137] Voraussetzung einer solchen Teilunmöglichkeit sei allerdings das Vorliegen einer juristisch teilbaren Leistung.[138] Während sich die Arbeitsleistung inhaltlich nicht in verschiedene Einzeltätigkeiten aufspalten ließe, liege der Fall bezüglich einer zeitbezogenen Betrachtung anders.[139] Die Einordnung des Arbeitsverhältnisses als zeitgebundenes Dauerschuldverhältnis habe zur Konsequenz, dass der Arbeitnehmer in Wahrheit seine Leistungspflicht stets nur in Teilleistungen erbringen könne, so dass diesbezüglich eine teilbare Leistung vorläge.[140] Folglich führe eine quantitative Teilarbeitsunfähigkeit des Arbeitnehmers auch grundsätzlich nur zu einer Teilunmöglichkeit der Arbeitsleistung.[141] Hinsichtlich des noch möglichen Teils, also beispielsweise der

[130] Vgl. GmbH-Handbuch-*Moll*, Teil IV Rn. 252.1.
[131] Vgl. MünchArbR-*Boecken*, § 83 Rn. 48 ff.
[132] *Gitter*, ZfA 1995, 123, 159 ff.; MünchArbR-*Boecken*, § 83 Rn. 50 f.
[133] *Gitter*, ZfA 1995, 123, 166 f.; MünchArbR-*Boecken*, § 83 Rn. 51; GmbH-Handbuch-*Moll*, Teil IV Rn. 252.1.
[134] *Gitter*, ZfA 1995, 123, 166.
[135] *Gitter*, ZfA 1995, 123, 166.
[136] MünchArbR-*Boecken*, § 83 Rn. 51.
[137] MünchArbR-*Boecken*, § 83 Rn. 51.
[138] *Gitter*, ZfA 1995, 123, 166.
[139] *Gitter*, ZfA 1995, 123, 166.
[140] *Gitter*, ZfA 1995, 123, 166.
[141] GmbH-Handbuch-*Moll*, Teil IV Rn. 252.1.

noch gesundheitlich möglichen Halbtags- statt Vollzeittätigkeit,[142] bleibe der Arbeitnehmer noch zur Arbeitsleistung verpflichtet.[143]
Eine andere Beurteilung sei dagegen im Fall der qualitativen Arbeitsunfähigkeit vonnöten. Da sich die Gesamtheit der arbeitsvertraglich vereinbarten Tätigkeiten nicht in einzelne Arbeiten aufspalten ließe und daher keine juristisch teilbare Leistung vorliegen würde, sei eine qualitative Arbeitsunfähigkeit mit § 275 Abs. 1 BGB a. F. nicht begründbar.[144]

bb) § 275 BGB im Lichte des Schuldrechtsmodernisierungsgesetzes

Diese Ausführungen sind problematisch. Nachdem soeben[145] die grundsätzliche Anwendbarkeit des § 275 BGB auf Fälle nicht erbrachter Arbeitsleistung festgestellt worden ist, kann eine zutreffende Bewertung der Auswirkungen dieser Vorschrift auf die Teilarbeitsunfähigkeit nur nach einem Blick auf die Entwicklungsgeschichte der Norm gelingen.
So stammen die Beiträge der oben[146] genannten Autoren, die mit Hilfe des § 275 BGB a. F. eine Teilarbeitsunfähigkeit begründen wollen, noch aus der Zeit vor der Schuldrechtsreform. Durch das Schuldrechtsmodernisierungsgesetz vom 26.11.2001[147] hat die Vorschrift des § 275 BGB allerdings Änderungen erfahren. In Folge dessen entfällt gemäß § 275 Abs. 1 BGB n. F. die Primärleistungspflicht des Schuldners kraft Gesetzes, wohingegen nach § 275 Abs. 2 und 3 BGB n. F. die Leistungsbefreiung erst durch eine seitens des Schuldners zu erhebende Einrede erfolgt.[148] Aus dieser Neuregelung ist ein Streit entbrannt, ob sich die Leistungsbefreiung des Arbeitnehmers wegen dessen krankheitsbedingter Arbeitsunfähigkeit nunmehr nach § 275 Abs. 1 BGB n. F. richtet oder nicht vielmehr in den Anwendungsbereich des § 275 Abs. 3 n. F. BGB fällt.[149]
Dieser Streit ist für die Teilarbeitsunfähigkeit insoweit von Interesse, als dass sich jene Autoren, welche die schuldrechtlichen Regelungen des Bürgerlichen Gesetzbuches zur Begründung einer teilweisen Arbeitsunfähigkeit heranziehen wollen, auf § 275 Abs. 1 BGB a. F. berufen. Diese Vorschrift hat, ebenso wie es jetzt bei § 275 Abs. 1 BGB n. F.[150] der Fall ist, ohne weiteres zum Wegfall der Arbeits-

---

142 *Gitter*, ZfA 1995, 123, 166 f.
143 MünchArbR-*Boecken*, § 83 Rn. 51.
144 *Gitter*, ZfA 1995, 123, 166; MünchArbR-*Boecken*, § 83 Rn. 51.
145 Siehe oben unter § 3.B.II.4.a).aa).
146 Siehe oben unter § 3.B.II.3.b).bb).
147 Vgl. BGBl. 2001, S. 3138 ff.
148 Haas/Medicus/Rolland/Schäfer/Wendtland-*Medicus*, Schuldrecht, 3 Rn. 37.
149 Vgl. *Gotthardt*, Schuldrechtsreform Rn. 100.
150 Sofern nachfolgend in diesem Abschnitt (§ 3.B. und § 3.C.) § 275 BGB ohne Zusatz genannt wird, handelt es sich um die Fassung des Schuldrechtsmodernisierungsgesetzes.

pflicht geführt.[151] Dagegen muss der Schuldner bei § 275 Abs. 3 BGB sein Leistungsverweigerungsrecht erst geltend machen. Außerdem unterscheidet sich § 275 Abs. 1 BGB von § 275 Abs. 3 BGB noch in einem weiteren Punkt. Bei Abs. 1 dieser Norm ist die Unmöglichkeit unüberwindbar, wohingegen sie sich in § 275 Abs. 3 BGB – wenn auch mit Anstrengungen – beseitigen lässt.[152] Infolgedessen kann die auf § 275 Abs. 1 BGB a. F. basierende Argumentationslinie zur Teilarbeitsunfähigkeit nur dann uneingeschränkt auf die neue Rechtslage übertragen werden, sofern auch weiterhin die krankheitsbedingte Arbeitsunfähigkeit in den Anwendungsbereich des § 275 Abs. 1 BGB fallen sollte.

Die im Rahmen der Schuldrechtsreform vorgenommene Modifizierung des § 275 BGB hat bei einigen Autoren zu der Überzeugung geführt, dass die krankheitsbedingte Arbeitsunfähigkeit nunmehr stets[153] oder zumindest in bestimmten[154] Fällen dem § 275 Abs. 3 BGB und nicht dem § 275 Abs. 1 BGB zuzuordnen sei. Diese Sichtweise überzeugt allerdings nicht. Ist der Arbeitnehmer arbeitsunfähig krank, so muss vielmehr stets ein Fall des Unvermögens gemäß § 275 Abs. 1 BGB bejaht werden.[155] Eine Änderung dieser Bewertung ist auch durch das Schuldrechtsmodernisierungsgesetz nicht erforderlich geworden. So verlangt § 275 Abs. 3 BGB im Gegensatz zu Abs. 1 dieser Norm eine Abwägung des Leistungshindernisses mit dem Leistungsinteresse des Gläubigers.[156] Diese Voraussetzung lässt sich mit dem Charakter der krankheitsbedingten Arbeitsunfähigkeit nicht vereinbaren. Ein arbeitsunfähiger Arbeitnehmer ist auch bei noch so großem arbeitgeberseitigem Interesse an der Arbeitsleistung nicht zu arbeitsvertraglich geschuldeten Tätigkeiten verpflichtet, so dass § 275 Abs. 3 BGB mit seiner Verhältnismäßigkeitsprüfung auf die Fälle der krankheitsbedingten Arbeitsunfähigkeit keine Anwendung finden kann.[157]

Mithin handelt es sich bei der krankheitsbedingten Arbeitsunfähigkeit um einen Fall des Unvermögens (subjektive Unmöglichkeit).[158] Der arbeitsunfähige Arbeitnehmer ist an seiner Arbeitsleistung verhindert, so dass es ihm im Sinne des

---

[151] Vgl. zum Freiwerden des Arbeitnehmers von dessen Arbeitspflicht durch § 275 Abs. 1 BGB a. F. *Gitter*, ZfA 1995, 123, 160.

[152] *Medicus*, Schuldrecht I Rn. 294.

[153] *Löwisch*, NZA 2001, 465, 465.

[154] ErfK-*Preis*, § 611 BGB Rn. 685; *Gotthardt*, Schuldrechtsreform Rn. 100; Haas/Medicus/Rolland/Schäfer/Wendtland-*Medicus*, Schuldrecht, 3 Rn. 41; *Henssler/Muthers*, ZGS 2002, 219, 223.

[155] *Berkowsky*, AuA 2002, 11, 11; *Canaris*, JZ 2001, 499, 504; *Däubler*, NZA 2001, 1329, 1332; *Geyer/Knorr/Krasney*, Entgeltfortzahlung, F, 214 Rn. 31; *Joussen*, NZA 2001, 745, 747; Palandt-*Heinrichs*, § 275 Rn. 24 und Rn. 30.

[156] *Henssler/Muthers*, ZGS 2002, 219, 221.

[157] Vgl. *Canaris*, JZ 2001, 499, 504; *Joussen*, NZA 2001, 745, 747.

[158] Vgl. BAG v. 21.05.1992, 2 AZR 399/91, NZA 1993, 497, 499; Palandt-*Heirichs*, § 275 Rn. 23 f.

§ 275 Abs. 1 BGB subjektiv unmöglich ist, die geschuldete Arbeit zu erbringen. Daher wird er kraft Gesetzes von seiner Arbeitspflicht befreit, ohne sich auf ein Leistungsverweigerungsrecht berufen zu müssen. In Folge dessen können die auf § 275 Abs. 1 BGB a. F. gestützten Argumente hinsichtlich der Teilarbeitsunfähigkeit auch auf die neue Gesetzeslage übertragen werden.

cc) Verhältnis von § 275 Abs. 1 BGB zu § 74 SGB V

Damit ist allerdings noch nicht entschieden, ob diese oben[159] aufgezeigten Argumente auch inhaltlich überzeugen. Auf den ersten Blick vermag die Sichtweise, eine quantitative Teilarbeitsunfähigkeit mit Hilfe des § 275 Abs. 1 BGB begründen zu wollen, gerade vor dem Hintergrund der Qualifizierung des Arbeitsvertrages als Austauschvertrag, zu überzeugen. Insofern scheint es nur konsequent zu sein, die Unmöglichkeitsregeln des Bürgerlichen Rechtes auch auf die Bewertung der arbeitsrechtlichen Arbeitsunfähigkeit zu übertragen.

Allerdings wird bei dieser Betrachtungsweise ein entscheidender Aspekt zu stark in den Hintergrund gedrängt. So steht im Arbeitsrecht die Anwendbarkeit der Vorschriften des Bürgerlichen Rechtes unter dem Vorbehalt, dass die Besonderheiten des Arbeitsvertrages einer solchen Übertragbarkeit nicht entgegenstehen dürfen.[160] Im Gegensatz zu einem Austauschverhältnis nach § 433 oder § 631 BGB ist das Arbeitsverhältnis durch die Besonderheit geprägt, dass sich der Arbeitnehmer regelmäßig in Person in eine Gemeinschaft einbringt und dabei den Weisungen seines Arbeitgebers unterliegt.[161] Der Arbeitnehmer muss sich in eine fremdbestimmte Arbeitsorganisation einfügen und ist auf diese grundsätzlich existentiell angewiesen, um seinen Lebensunterhalt bestreiten zu können.[162] Diese Feststellung führt zu seiner besonderen Schutzbedürftigkeit, die beispielsweise in einer Intensivierung der jedem Schuldverhältnis zu Grunde liegenden Schutzpflichten ihren Ausdruck findet.[163] Daher ist bei einer arbeitsrechtlichen Sachverhaltslösung, die allein nach den Regeln des Bürgerlichen Rechtes vorgenommen wird, stets zu fragen, ob das gefundene Ergebnis mit der Eigenart des Arbeitsvertrages, namentlich der menschlichen Arbeitsleistung in einem Dauerrechtsverhältnis, in Einklang

---

159 Siehe oben unter § 3.B.II.3.b).bb).

160 Vgl. *Hanau/Adomeit*, ArbR Rn. 580; Schaub-*Linck*, ArbR-Hdb., § 29 Rn. 5; *Zeuner*, FS Kissel, S. 1305, 1305 ff.

161 *Hanau/Adomeit*, ArbR Rn. 580.

162 *Hanau/Adomeit*, ArbR Rn. 580; *Zeuner*, FS Kissel, S. 1305, 1307.

163 *Hanau/Adomeit*, ArbR Rn. 580.

steht.[164] Mithin werden gerade die Regeln des allgemeinen Schuldrechtes vielfach durch Sonderregelungen verdrängt.[165]
Dieser Gesichtspunkt verdient auch im Hinblick auf die Beurteilung der Existenz einer Teilarbeitsunfähigkeit besondere Aufmerksamkeit. So sprechen seit Inkrafttreten des § 74 SGB V gewichtige Argumente für das „Alles oder Nichts-Prinzip" des *Bundesarbeitsgerichtes* und damit gegen eine Anwendbarkeit des reinen Leistungsstörungsrechtes auf den Problemkreis der Arbeitsunfähigkeit.[166] Mithin kann eine zutreffende Aussage für oder gegen die Anerkennung einer Teilarbeitsunfähigkeit mit Hilfe des Unmöglichkeitsrechtes nur gelingen, sofern vorab das Verhältnis von § 275 Abs. 1 BGB zu § 74 SGB V beleuchtet worden ist. § 74 SGB V könnte einem Rückgriff auf § 275 Abs. 1 BGB zur Begründung einer Teilarbeitsunfähigkeit entgegenstehen.
In der Tat spricht § 74 SGB V gegen die Existenz einer quantitativen Teilarbeitsunfähigkeit.[167] Der Norm ist zu entnehmen, dass sich ein erkrankter Arbeitnehmer erst allmählich wieder an die Belastungen des Arbeitslebens gewöhnen soll.[168] Dabei bleibt er jedoch nach dem eindeutigen Gesetzestext auch bei teilweiser Arbeitsaufnahme weiterhin vollständig arbeitsunfähig. Dies wird durch § 2 Abs. 2 der AU-Richtlinien[169] untermauert.[170] So legt § 2 Abs. 2 dieser Richtlinien fest, dass die Arbeitsunfähigkeit auch während der stufenweisen Wiederaufnahme der Arbeit fortbesteht. Mithin ändert nach dem Verständnis der AU-Richlinien die teilweise Arbeitsaufnahme nichts an dem Fortbestand der vollständigen Arbeitsunfähigkeit im Rechtssinne. Daneben ist zu bedenken, dass § 275 Abs. 1 BGB eine Regelung des allgemeinen Schuldrechtes darstellt, die sämtliche Unmöglichkeitsfälle umfasst, sofern keine spezialgesetzliche Norm eingreift. Eine solch speziellere Vorschrift ist aber für den Bereich der krankheitsbedingten Arbeitsunfähigkeit mit Inkrafttreten des § 74 SGB V ins Leben gerufen worden.[171] Insofern erfahren krankheitsbedingte Unmöglichkeitsfälle nunmehr eine andere Beurteilung als sonstige Sachverhalte des Unmöglichkeitsrechtes. Während § 275 Abs. 1 BGB eine

---

164 Vgl. *Hanau/Adomeit*, ArbR Rn. 580; Schaub-*Linck*, ArbR-Hdb., § 29 Rn. 5; *Zeuner*, FS Kissel, S. 1305, 1305 ff.
165 ErfK-*Preis*, § 611 BGB Rn. 3.
166 Vgl. Staudinger-*Oetker*, § 616 Rn. 220.
167 *Marienhagen/Künzl*, Entgeltfortzahlung, § 3 EFZG Rn. 9; *Schmitt*, Entgeltfortzahlung, § 3 EFZG Rn. 67.
168 *Marienhagen/Künzl*, Entgeltfortzahlung, § 3 EFZG Rn. 9.
169 AU-Richtlinien neuer Fassung vom 01.12.2003 (Richtlinie des Gemeinsamen Bundesausschusses nach § 92 Abs. 1 S. 2 Nr. 7 SGB V), abgedruckt im Bundesanzeiger Nr. 61/2004, S. 6501, 6501; siehe zu dem Fundort der Richtlinien a. F. § 2, Fußnote 106.
170 Vgl. BeckOK-*Ricken*, § 3 EFZG Rn. 18.
171 Vgl. *Misera*, Anm. zu BAG, Urteil vom 29.01.1992 – 5 AZR 37/91, SAE 1992, 355, 356; Staudinger-*Oetker*, § 616 Rn. 220.

Teilunmöglichkeit vorsieht („soweit"), ist es nach § 74 SGB V irrelevant, ob der erkrankte Arbeitnehmer seine vertraglich geschuldete Arbeitsleistung gänzlich oder nur teilweise nicht zu erbringen in der Lage ist.[172] Mithin steht § 74 SGB V der Herleitung einer Teilarbeitsunfähigkeit aus § 275 Abs. 1 BGB entgegen.

b) Arbeitsunfähigkeit und arbeitgeberseitiges Direktionsrecht

Die bisherigen Ausführungen bezüglich der Ablehnung einer Teilarbeitsunfähigkeit stehen im Ergebnis auf einer Linie mit der insoweit überzeugenden Auffassung des *Bundesarbeitsgerichtes* und zahlreichen Literaturstimmen.[173]

aa) Qualitative Einschränkung der Leistungsfähigkeit

Allerdings soll insbesondere nach Ansicht des *Bundesarbeitsgerichtes* jede Einschränkung der Arbeitsfähigkeit zur Unmöglichkeit der gesamten Arbeitsleistung führen.[174] Dieses Verständnis erscheint, wie von Teilen des Schrifttums überzeugend vorgetragen,[175] für jene Fälle problematisch, in denen der Arbeitnehmer in qualitativer Hinsicht in seiner Leistungsfähigkeit beschränkt ist. Für die Frage der Arbeitsunfähigkeit kommt es entscheidend darauf an, ob der Mitarbeiter krankheitsbedingt an der Erbringung seiner arbeitsvertraglich geschuldeten Leistung verhindert ist. Der genaue Leistungsumfang ist in dem einzelnen Arbeitsvertrag allerdings nicht selten nur grob umschrieben. Eine Konkretisierung der arbeitsvertraglichen Pflichten des Arbeitnehmers erfolgt daher häufig erst durch das arbeitgeberseitige Direktionsrecht (vgl. § 106 GewO).[176] In diesen Fällen können einem Arbeitnehmer regelmäßig andere Tätigkeiten als die zuletzt vor der Erkrankung verrichtete zugewiesen werden, so dass bei der Beurteilung der krankheitsbedingten Arbeitsunfähigkeit der gesamte Einsatzspielraum eines Mitarbeiters Berücksichtigung finden muss.[177]

Somit ist für das Vorliegen einer Arbeitsunfähigkeit nicht nur die zuletzt ausgeübte Tätigkeit entscheidend,[178] sondern der insgesamt durch den Arbeitsvertrag eröffnete Einsatzbereich. Folglich muss eine Arbeitsunfähigkeit im Rechtssinne in den Fällen verneint werden, in denen der Arbeitsvertrag die Zuweisung anderer Tätigkeiten zulässt und ein Arbeitgeber von seinem Direktionsrecht auch Gebrauch

---

[172] Vgl. *Misera*, Anm. zu BAG, Urteil vom 29.01.1992 – 5 AZR 37/91, SAE 1992, 355, 356.
[173] Siehe zu diesen Stimmen die Nachweise in § 3, Fußnoten 77 und 78.
[174] *Gitter*, ZfA 1995, 123, 161.
[175] Siehe oben unter § 3.B.II.3.b).aa).
[176] Vgl. HWK-*Thüsing*, vor § 611 BGB Rn. 151.
[177] *Künzl/Weinmann*, ArbuR 1996, 306, 306.
[178] Vgl. BeckOK-*Ricken*, § 3 EFZG Rn. 16.

macht.[179] Sofern der Arbeitnehmer zu wirksam zugewiesenen anderen Tätigkeiten gesundheitlich in der Lage ist, bleibt er zur Arbeitsleistung verpflichtet und wird auch nicht durch § 275 Abs. 1 BGB von seiner Arbeitspflicht befreit.[180] Auf der anderen Seite kann der Arbeitgeber die arbeitnehmerseitig angebotene Arbeitsleistung, sofern sie der geschuldeten Leistung entspricht, nicht nach § 266 BGB zurückweisen.[181]

Diesem Verständnis steht auch regelmäßig nicht die ausgestellte Arbeitsunfähigkeitsbescheinigung entgegen. Vielmehr muss im Rahmen der Feststellung einer krankheitsbedingten Arbeitsunfähigkeit beachtet werden, dass ein behandelnder Arzt grundsätzlich eine Arbeitsunfähigkeitsbescheinigung ausstellt, ohne detaillierte Kenntnisse über den genauen Umfang der vertraglich geschuldeten Arbeitsleistung seines Patienten zu besitzen. Dies hat zur Konsequenz, dass die ärztliche Feststellung, ein Arbeitnehmer sei aus gesundheitlichen Gründen außer Stande, die auf dem zuletzt innegehabten Arbeitsplatz auszuübenden Tätigkeiten zu verrichten, regelmäßig keine Beurteilung darüber enthält, ob der Arbeitnehmer tatsächlich bezüglich aller vertraglich geschuldeten Tätigkeiten arbeitsunfähig ist.[182]

Eine solche Argumentationslinie steht auch nicht im Widerspruch zu § 74 SGB V. Von dieser Vorschrift werden all jene Fälle nicht erfasst, in denen erkrankten Arbeitnehmern im Rahmen des Direktionsrechtes zwar andere, aber vertraglich zulässige Arbeiten zugewiesen werden können.[183] Dies lässt sich zum einen damit begründen, dass im Falle der Verweisung auf eine neue, allerdings vertragsgemäße Tätigkeit, überhaupt keine Arbeitsunfähigkeit vorliegt.[184] Vielmehr ist der Arbeitnehmer in solchen Konstellationen arbeitsfähig. Somit kann § 74 SGB V keine Sperrwirkung entfalten, da diese Vorschrift Arbeitsunfähigkeit voraussetzt.[185]

Außerdem muss § 74 SGB V auch nicht aus Schutzgesichtspunkten herangezogen werden. Indem der Arbeitgeber bei der Ausübung seines Direktionsrechtes gemäß § 106 GewO die Grundsätze des billigen Ermessens zu beachten hat, können einem erkrankten Arbeitnehmer nur solche Arbeiten wirksam zugewiesen werden, denen die Erkrankung nicht entgegensteht.[186] Hierdurch wird der Arbeitgeber verpflichtet, vor jeder direktionsrechtlichen Zuweisung einer anderen Tätigkeit eine Einzelfallabwägung vorzunehmen. Dabei sind neben den wesentlichen Umständen auch die

---

[179] Vgl. BeckOK-*Ricken*, § 3 EFZG Rn. 16; *Olderog*, BB 1989, 1684, 1685.
[180] Vgl. Moll-*Kolvenbach/Glaser*, MAH Arbeitsrecht, § 22 Rn. 23.
[181] Vgl. Moll-*Kolvenbach/Glaser*, MAH Arbeitsrecht, § 22 Rn. 23.
[182] Vgl. *Künzl/Weinmann*, ArbuR 1996, 306, 306.
[183] Feichtinger/Malkmus-*Feichtinger*, § 3 Rn. 38.
[184] *Schmitt*, Entgeltfortzahlung, § 3 EFZG Rn. 66.
[185] *Schmitt*, Entgeltfortzahlung, § 3 EFZG Rn. 66.
[186] Vgl. *Gitter*, ZfA 1995, 123, 162; Moll-*Gragert*, MAH Arbeitsrecht, § 10 Rn. 11 f.

Interessen der Vertragsparteien angemessen zu berücksichtigen.[187] Diese Einzelfallabwägung gewährleistet einen adäquaten Schutz erkrankter Arbeitnehmer vor der Zuweisung von Arbeiten, die einem erfolgreichen Genesungsprozess entgegenstehen.
Schließlich ist zu bedenken, dass einen Arbeitnehmer außerhalb dieser direktionsrechtlichen Grenzen keine Verpflichtung trifft, seine Arbeitsleistung einzusetzen. Die Zuweisung einer anderen als der unmittelbar vor einer Erkrankung geleisteten Arbeit kommt demnach nur insoweit in Betracht, als dass der Arbeitsvertrag dem Arbeitgeber die Möglichkeit eröffnet, seinem Arbeitnehmer eine abweichende Tätigkeit zuzuweisen.[188] Seine Grenze findet das Direktionsrecht daher in den arbeitsvertraglich bestimmten Hauptleistungspflichten.[189] Letztere können nicht direktionsrechtlich, sondern allein durch eine Änderungskündigung modifiziert werden.[190] Diese Ausführungen verdeutlichen, dass auch unter Schutzgesichtspunkten keine Sperrwirkung aus § 74 SGB V herzuleiten ist. Mithin bleibt ein Arbeitgeber auch in Fällen der krankheitsbedingten qualitativen Leistungseinschränkung eines Arbeitnehmers zur Ausübung des Direktionsrechtes berechtigt. Er ist demnach legitimiert, seinem Arbeitnehmer solche Aufgaben zuzuweisen, zu deren Erledigung dieser trotz seiner in qualitativer Hinsicht beschränkten Leistungsfähigkeit noch in der Lage ist. Mithin ist hinsichtlich einer qualitativen Leistungseinschränkung festzuhalten, dass ein Arbeitnehmer solange arbeitsfähig ist, wie dem Arbeitgeber die direktionsrechtliche Zuweisung einer anderen Tätigkeit offen steht. Gleiches gilt, sofern die Arbeitsvertragsparteien die ursprünglich geschuldete Arbeitsleistung einverständlich geändert haben.[191] Demnach führt nicht jede qualitative Einschränkung der Arbeitsfähigkeit im Rechtssinne zur Unmöglichkeit der gesamten Arbeitsleistung.

bb) Quantitative Einschränkung der Leistungsfähigkeit

Demgegenüber erfordert die quantitative (zeitliche) Einschränkung der Leistungsfähigkeit eines Arbeitnehmers eine von dem gerade gefundenen Ergebnis abweichende Beurteilung. Im Falle der qualitativen Einschränkung ist es dem Arbeitgeber – wie soeben dargelegt – möglich, dem erkrankten Arbeitnehmer mittels des arbeitgeberseitigen Direktionsrechtes andere vertraglich geschuldete Tätigkeiten zuzuweisen. Insoweit leistet der Mitarbeiter zwar nicht mehr die unmittelbar vor der Erkrankung verrichtete Arbeit, aber immer noch eine vertraglich vereinbarte.

---

187 Vgl. *Gitter*, ZfA 1995, 123, 162.
188 Vgl. Kaiser/Dunkl/Hold/Kleinsorge-*Dunkl*, § 3 EFZG Rn. 46.
189 Moll-*Gragert*, MAH Arbeitsrecht, § 10 Rn. 11.
190 Vgl. Moll-*Gragert*, MAH Arbeitsrecht, § 10 Rn. 11.
191 Kaiser/Dunkl/Hold/Kleinsorge-*Dunkl*, § 3 EFZG Rn. 46.

Eine solche Zuweisung scheidet dagegen bei einer rein quantitativen Einschränkung der Leistungsfähigkeit aus. Die Dauer der Arbeitszeit, also die Frage, wie lange der Arbeitnehmer pro Tag zu arbeiten verpflichtet ist, unterfällt nicht dem arbeitgeberseitigen Direktionsrecht, weil die Arbeitzeitdauer an das Entgelt gekoppelt und daher dem Austauschverhältnis zuzuordnen ist.[192] Der Umfang der Hauptleistungspflichten, also die Arbeits- und Vergütungspflicht, unterliegt aber nicht dem arbeitgeberseitigen Weisungsrecht.[193] Folglich ist es nicht möglich, einen quantitativ in seiner Leistungsfähigkeit eingeschränkten Arbeitnehmer im Rahmen des Direktionsrechtes eine solche Arbeitszeitdauer zuzuweisen, die ihm trotz seiner Krankheit noch möglich ist. Somit kann ein zeitlich leistungsbeschränkter Arbeitnehmer auch nicht mehr seine vertraglich geschuldete Arbeit verrichten – weder im ursprünglichen Zeitrahmen noch in einem direktionsrechtlich zugewiesenen reduziertem Umfang. Dies hat zur Konsequenz, dass ein Arbeitnehmer, der krankheitsbedingt zwar inhaltlich noch die vertragsgemäß geschuldete Arbeitsleistung zu erbringen vermag, dies allerdings nur in zeitlich verringertem Rahmen, rechtlich arbeitsunfähig ist.[194] Hierbei ist es gleichgültig, ob dieser Mitarbeiter die unmittelbar vor der Erkrankung geleistete Arbeit weiterhin ausführt oder sein Arbeitgeber ihm zulässigerweise eine andere Tätigkeit zuweist. In beiden Fällen bleibt die quantitative Einschränkung unverändert bestehen.

Hat sich beispielsweise ein Lagerarbeiter verpflichtet, acht Stunden täglich sowohl stehende als auch sitzende Tätigkeiten zu verrichten, und bricht er sich das Bein, so kann ihm sein Arbeitgeber rein sitzende Arbeiten für den achtstündigen Arbeitstag zuweisen. Bei diesem Sachverhalt führt die allein qualitative Einschränkung der Arbeitsfähigkeit in Folge der Anwendung des arbeitgeberseitigen Direktionsrechtes nicht zur Unmöglichkeit der Arbeitsleistung. Der Arbeitnehmer ist arbeitsfähig, weil ihm die vertraglich geschuldete Arbeit trotz des Beinbruches noch möglich ist. Bricht sich dagegen der Arbeitnehmer in dem Beispiel nicht das Bein, sondern ist er in Folge eines psychischen Leidens krankheitsbedingt nur noch zu einer vierstündigen Arbeitsleistung fähig, scheidet die wirksame Anwendung des Direktionsrechtes aus. Arbeitsvertraglich schuldet der erkrankte Arbeitnehmer eine tägliche Arbeitszeit von acht Stunden. Die vereinbarte Arbeitszeit lässt sich weder eigenmächtig durch den Arbeitnehmer, noch im Wege des Direktionsrechtes seitens des Arbeitgebers wirksam reduzieren. Insofern führt die rein quantitative Leistungsbeschränkung zur (vollen) Arbeitsunfähigkeit.

Demzufolge ist der quantitativ in seiner Leistungsfähigkeit beschränkte Arbeitnehmer, im Gegensatz zu dem Fall der qualitativen Leistungsminderung, auch bei

---

192 *Hromadka*, RdA 1992, 234, 236; Preis-*Preis*, Arbeitsvertrag, II, A Rn. 6 sowie II, D Rn. 114.
193 BAG v. 12.12.1984, 7 AZR 509/83, AP Nr. 6 zu § 2 KSchG 1969, unter II.3.b).
194 Vgl. *Schmitt*, Entgeltfortzahlung, § 3 EFZG Rn. 67.

Zuweisung anderer vertraglich zulässiger Tätigkeiten (vollständig) arbeitsunfähig. Da nach der hier vertretenen Auffassung des Weiteren die Annahme einer aus § 275 Abs. 1 BGB herzuleitenden Teilarbeitsunfähigkeit in Folge der Sperrwirkung des § 74 SGB V ausscheidet,[195] ist ein quantitativ in seiner Leistungsfähigkeit eingeschränkter Arbeitnehmer stets als vollständig arbeitsunfähig einzustufen. In diesem Fall scheidet jegliche Verpflichtung des erkrankten Arbeitnehmers aus, irgendeine Arbeitsleistung zu erbringen.

cc) Zusammentreffen von qualitativer und quantitativer Leistungsbeschränkung

Dieses für die Fälle einer rein quantitativen Einschränkung der Leistungsfähigkeit gefundene Ergebnis muss richtigerweise auch bei einem Zusammentreffen von qualitativer und quantitativer Leistungsbeschränkung gelten.[196] Bei einer solch kombinierten Leistungsbeschränkung kommen die für eine quantitativ eingeschränkte Leistungsfähigkeit gemachten Ausführungen entsprechend zum Tragen, da auch in dieser Konstellation die Zuweisung auf eine andere Tätigkeit ausscheidet und eine Teilarbeitsunfähigkeit aus § 275 Abs. 1 BGB richtigerweise nicht hergeleitet werden kann.

c) Teilarbeitsunfähigkeit, § 74 SGB V und Lastenverteilung im Arbeitsrecht

Schließlich ist auch all jenen Stimmen eine Absage zu erteilen, die zwar nicht § 275 Abs. 1 BGB heranziehen, um eine teilweise Arbeitsfähigkeit begründen zu wollen, dafür aber § 74 SGB V als Argumentationsgrundlage für die Herleitung einer Teilarbeitsunfähigkeit ins Feld führen. Im Gegensatz zu der Auffassung dieser Autoren kann in der Einführung des § 74 SGB V weder eine arbeitsrechtliche noch eine sozialversicherungsrechtliche Regelung der Teilarbeitsunfähigkeit gesehen werden. Nach dem Willen des Gesetzgebers dient § 74 SGB V dem vordringlichen Ziel, erkrankten Arbeitnehmern mit Hilfe einer Wiedereingliederungsmaßnahme die schrittweise Arbeitsaufnahme zu ermöglichen.[197] Mithin ändert weder die Möglichkeit der teilweisen Tätigkeit noch die teilweise Arbeitsaufnahme etwas daran, dass der Rekonvaleszent rechtlich arbeitsunfähig bleibt.[198] Konsequenterweise legt § 74 SGB V daher ausdrücklich fest, dass der wiedereinzugliedernde Arbeitnehmer weiterhin vollständig arbeitsunfähig im Rechtssinne ist.[199]

---

[195] Siehe zu dem Ansatz, eine Teilarbeitsfähigkeit mit Hilfe des § 275 Abs. 1 BGB begründen zu wollen sowie die solchen Überlegungen entgegenstehenden Ausführungen (Sperrwirkung des § 74 SGB V) oben unter § 3.B.II.3.b).bb) und § 3.B.II.3.d).

[196] So auch *Schmitt*, Entgeltfortzahlung, § 3 EFZG Rn. 68.

[197] *Lambeck*, NZA 1990, 88, 90.

[198] BT-Drucksache 11/2237, S. 192.

[199] BAG v. 29.01.1992, 5 AZR 37/91, AP Nr. 1 zu § 74 SGB V, unter II.2.

Eine grundsätzliche Änderung des der arbeits- und sozialrechtlichen Rechtsprechung zu Grunde liegenden Arbeitsunfähigkeitsbegriffes war demgegenüber nicht gewollt.[200]

III. Ergebnis zur Abgrenzung der Wiedereingliederung von der Teilarbeitsunfähigkeit

Zusammenfassend ist somit festzustellen, dass die Existenz einer Teilarbeitsunfähigkeit abzulehnen ist. Darüber hinaus muss zwischen der qualitativen und der quantitativen Leistungsbeschränkung unterschieden werden. Schließlich kommt als dritte denkbare Konstellation ein Zusammentreffen beider Formen eingeschränkter Leistungsfähigkeit in Betracht. Hinsichtlich eines qualitativ in seiner Leistungsfähigkeit eingeschränkten Arbeitnehmers ist zwischen zwei Fallgestaltungen zu differenzieren. Ist einem solchen Arbeitnehmer die Zuweisung einer anderen Tätigkeit im Wege des arbeitgeberseitigen Direktionsrechtes möglich, so ist dieser Arbeitnehmer im rechtlichen Sinne vollständig arbeitsfähig. Er bleibt zur Arbeitsleistung berechtigt und verpflichtet und erhält in Folge dessen seinen ungekürzten Vergütungsanspruch.

Anders stellt sich die Situation bei qualitativer Leistungsbeschränkung und fehlender direktionsrechtlicher Verweisungsmöglichkeit auf andere Tätigkeiten dar. Hier greift § 275 Abs. 1 BGB ein. Der erkrankte Arbeitnehmer wird vollständig von seiner Arbeitspflicht befreit, da ihm die Arbeitsleistung in Folge seiner vollen Arbeitsunfähigkeit insgesamt unmöglich ist. Auf der anderen Seite hat er einen Anspruch auf Entgeltfortzahlung gemäß § 3 Abs. 1 EFZG gegen seinen Arbeitgeber oder, bei Ablauf des Entgeltfortzahlungszeitraumes, auf Zahlung von Krankengeld durch die Krankenkasse.

Ist der Arbeitnehmer in quantitativer Weise leistungsbeschränkt, ist es dem Arbeitgeber nicht möglich, ihm eine arbeitsvertraglich geschuldete Arbeit in lediglich zeitlich reduziertem Umfang zuzuweisen. Das Direktionsrecht umfasst nicht die Dauer der Arbeitszeit. Allerdings ließe sich bei rein dogmatischer Betrachtung eine quantitative Teilarbeitsunfähigkeit mit Hilfe des § 275 Abs. 1 BGB („soweit") begründen. Dabei bliebe aber die Aussage des § 74 SGB V unberücksichtigt. Richtigerweise steht diese Vorschrift der Annahme einer Teilarbeitsunfähigkeit entgegen. Mithin ist auch der quantitativ in seiner Leistungsfähigkeit eingeschränkte Arbeitnehmer vollständig arbeitsunfähig im Rechtssinne. Auch dieser Arbeitnehmer hat

---

[200] BAG v. 29.01.1992, 5 AZR 37/91, AP Nr. 1 zu § 74 SGB V, unter II.2; in diesem Sinne auch KassKomm-*Höfler*, § 44 SGB V Rn. 19.

somit einen Anspruch auf Entgeltfortzahlung oder Krankengeld, ohne dass er zur (teilweisen) Arbeitsleistung verpflichtet wäre.
Die soeben bezüglich einer quantitativen Leistungsbeschränkung getroffenen Aussagen gelten schließlich auch für den Fall, in dem ein Arbeitnehmer sowohl quantitativ als auch qualitativ in seiner Leistungsfähigkeit eingeschränkt ist. Diese Ergebnisse in Bezug auf die Frage nach der Existenz einer arbeitsrechtlichen Teilarbeitsunfähigkeit haben schließlich auch entscheidende Auswirkungen auf die von einigen Autoren[201] geforderte Abgrenzung einer Wiedereingliederung von der Teilarbeitsunfähigkeit.
Die Konstruktion einer Teilarbeitsunfähigkeit ist – wie dargelegt – abzulehnen. Eine Teilleistung des Arbeitnehmers ist nur in den Fällen denkbar, in denen dem erkrankten Arbeitnehmer im Rahmen des arbeitgeberseitigen Direktionsrechtes noch andere, allerdings auch arbeitsvertraglich geschuldete Tätigkeiten zugewiesen werden können, oder aber wenn die Parteien einverständlich den Arbeitsvertrag entsprechend geändert haben. Erbringt der erkrankte Arbeitnehmer in solchen Konstellationen Arbeiten, die zwar nicht der unmittelbar vor seiner Erkrankung verrichteten Tätigkeit entsprechen, die aber von dem Direktionsrecht oder einer einvernehmlichen Änderung des Arbeitsvertrages umfasst sind, so arbeitet er auf Grund seines Arbeitsvertrages. Der Arbeitnehmer ist dann vollständig arbeitsfähig im Rechtssinne. In allen anderen Fällen ist demgegenüber eine rechtlich vollumfängliche Arbeitsunfähigkeit zu bejahen. Demzufolge kann ein Arbeitnehmer entweder nur vollständig arbeitsunfähig oder aber gänzlich arbeitsfähig sein. Eine Teilarbeitsunfähigkeit ist nach dem hier gezeigten Verständnis nicht denkbar. Dies hat zur Konsequenz, dass es keiner Kriterien zur Abgrenzung der Wiedereingliederung von der Teilarbeitsunfähigkeit bedarf.[202] Entgegen anders lautender Stimmen sind daher auch keine Fallkonstellationen denkbar, in denen es entscheidend auf die Beantwortung der Frage ankommt, ob eine Tätigkeit des Arbeitnehmers tatsächlich nur zum Zwecke der Wiedereingliederung vorgenommen wird oder ob nicht vielmehr eine Teilarbeitsfähigkeit beziehungsweise Teilarbeitsunfähigkeit und mithin eine teilweise Erbringung der Arbeitsleistung vorliegt.[203]
Eine Tätigkeit, die während einer Wiedereingliederung erbracht wird, kann nach der hier favorisierten Auffassung nicht als teilweise Erbringung der Arbeitsleistung eingestuft werden,[204] da bei der Beurteilung eines Sachverhaltes stets zunächst die

---

201 Vgl. die diesbezüglichen Ausführungen oben vor § 3.B.I.

202 Anders dagegen *Boemke*, AR-Blattei ES 1000 Nr. 186, S. 5; *derselbe* in Anm. zu BAG, Urteil vom 28.07.1999 – 4 AZR 192/98, AP Nr. 3 zu § 74 SGB V.

203 Eine solche Abgrenzung hält aber *Boemke* in Anm. zu BAG, Urteil vom 28.07.1999 – 4 AZR 192/98, AP Nr. 3 zu § 74 SGB V sowie in AR-Blattei ES 1000 Nr. 186, S. 5, für erforderlich.

204 Anders aber *Boemke*, Anm. zu BAG, Urteil vom 28.07.1999 – 4 AZR 192/98, AP Nr. 3 zu § 74 SGB V.

Frage zu beantworten ist, ob ein Arbeitnehmer arbeitsunfähig ist oder nicht. Sofern dabei die Arbeitsunfähigkeit festgestellt wurde und eine Wiedereingliederungsmaßnahme eingeleitet worden ist, kann keine arbeitsvertragliche Leistungserbringung mehr vorliegen. Dies gilt – wie ausgeführt – auch für die quantitative Leistungsbeschränkung.[205] Arbeitsunfähigkeit und arbeitsvertragliche Leistungserbringung schließen sich aus. Eine Tätigkeit des Rekonvaleszenten in Zeiten der stufenweisen Wiedereingliederung kann nicht als teilweise Erbringung der arbeitsvertraglichen Leistung angesehen werden.

C. Zusammenfassung

Die Phase der stufenweisen Wiedereingliederung ist gekennzeichnet durch die Suspendierung der auf dem Arbeitsvertrag beruhenden Hauptleistungspflichten. Durch den Abschluss eines Wiedereingliederungsverhältnisses werden regelmäßig keine originären Hauptleistungspflichten begründet. Etwas anderes gilt nur für die Fälle, in denen sich der Arbeitgeber und sein Arbeitnehmer auf eine Vergütung für die während der Wiedereingliederung geleisteten Tätigkeiten einigen. Hierzu bedarf es allerdings einer ausdrücklichen Klarstellung der Vertragspartner. Eine solch vereinbarte Vergütungspflicht steht zu der Tätigkeit, die der Rekonvaleszent zum Zwecke der Wiedereingliederung erbringt, nicht im Synallagma, da der Arbeitnehmer nicht arbeitet, um eine Vergütung zu erlangen, sondern um schrittweise in das Erwerbsleben zurückzufinden.

Der wiedereingliedernde Arbeitgeber schuldet keine Entgeltfortzahlung im Sinne des Entgeltfortzahlungsgesetzes. Auch etwaige Urlaubsansprüche und Ansprüche auf Urlaubsentgelt des einzugliedernden Arbeitnehmers entfallen während der Wiedereingliederungsphase.

Der Arbeitsunfähigkeitsbegriff ist einheitlich zu bestimmen. Daher liegt eine Arbeitsunfähigkeit sowohl im arbeits- als auch krankenversicherungsrechtlichen Sinne immer dann vor, wenn jemand durch ein Krankheitsgeschehen außer Stande gesetzt wird, die vertraglich geschuldete Arbeit zu verrichten, oder wenn er die Arbeit nur unter der Gefahr fortsetzen könnte, in absehbarer Zeit seinen Zustand zu verschlimmern.

Der krankheitsbedingt arbeitsunfähige Arbeitnehmer wird von seiner arbeitsvertraglichen Leistungspflicht gemäß § 275 Abs. 1 BGB vollständig befreit. Dies hat zur Folge, dass auch den Arbeitgeber nach § 326 Abs. 1 S. 1 BGB keine arbeitsver-

[205] Anders aber *Boemke*, Anm. zu BAG, Urteil vom 28.07.1999 – 4 AZR 192/98, AP Nr. 3 zu § 74 SGB V.

tragliche Hauptleistungspflicht gegenüber seinem arbeitsunfähigen Arbeitnehmer mehr trifft.

Ferner kann ein Arbeitnehmer richtigerweise nur entweder vollständig arbeitsunfähig oder aber gänzlich arbeitsfähig sein. Eine Teilarbeitsunfähigkeit ist abzulehnen. Dieses Verständnis geht insoweit einher mit der Auffassung des *Bundesarbeitsgerichtes*.

Abweichend zu den Ausführungen des Gerichtes kann allerdings nicht aus jeglicher krankheitsbedingten Einschränkung der Arbeitsleistung sofort der Schluss auf das Vorliegen einer Arbeitsunfähigkeit gezogen werden. Vielmehr ist bei einer qualitativen Leistungsbeschränkung vorab stets die Möglichkeit zu prüfen, ob der Arbeitnehmer nicht mittels des arbeitgeberseitigen Direktionsrechtes auf eine andere Tätigkeit verwiesen werden kann. Ist dies der Fall, so liegt keine Arbeitsunfähigkeit vor. Der Arbeitnehmer ist dann vielmehr vollständig arbeitsfähig und zur Arbeitsleistung verpflichtet. Dafür behält er seinen Vergütungsanspruch aus dem Arbeitsvertrag.

Eine solche Verweisungsmöglichkeit im Rahmen des Direktionsrechtes scheidet in den Fällen rein quantitativer Leistungsbeschränkung aus. Gleiches gilt, wenn ein Arbeitnehmer sowohl qualitativ als auch quantitativ in seinem Leistungsvermögen eingeschränkt ist. In diesen Konstellationen ist der erkrankte Arbeitnehmer vollständig arbeitsunfähig. Ihn trifft daher keine arbeitsvertragliche Verpflichtung zur Arbeitsleistung. Allerdings erhält ein solcher Arbeitnehmer Entgeltfortzahlung oder Krankengeld.

Das dieser Arbeit zu Grunde liegende Verständnis macht schließlich auch eine Abgrenzung der Wiedereingliederung von der Teilarbeitsunfähigkeit entbehrlich.

§ 4 Wiedereingliederungen und andere Situationen ruhender Arbeitsverhältnisse

Während einer stufenweisen Wiedereingliederung sind die auf dem Arbeitsvertrag beruhenden Hauptleistungspflichten suspendiert. Das Arbeitsverhältnis als solches bleibt jedoch bestehen, es wird nunmehr allerdings zu einem ruhenden Arbeitsverhältnis. Ein ruhendes Arbeitsverhältnis liegt immer dann vor, wenn sowohl die Arbeits- als auch die Entgeltfortzahlungspflicht vorübergehend entfallen, das Vertragsverhältnis als solches aber aufrechterhalten bleibt.[1]

Dabei kann der zeitweise Wegfall der Hauptleistungspflichten unterschiedliche Ursachen haben. So ist es denkbar, dass das Eingreifen des Leistungsstörungsrechtes zum Erlöschen der Hauptleistungspflichten geführt hat.[2] Daneben besteht für die Arbeitsvertragsparteien auch die Möglichkeit, durch eine rechtsgestaltende Erklärung oder Vereinbarung eine oder beide Hauptleistungspflichten entfallen zu lassen.[3] Fälle, in denen auf diese gestaltende Art das Arbeitsverhältnis dem Bande nach bestehen bleibt, allerdings die beiderseitigen Hauptleistungspflichten erlöschen, sind beispielsweise die Suspendierung oder der unbezahlte Urlaub.[4] Schließlich kann das Ruhen eines Arbeitsverhältnisses auch ex lege angeordnet werden.[5] Dies ist zum Beispiel bei Arbeitnehmern, die ihren Wehrdienst ableisten, durch die Regelung des § 1 Abs. 1 ArbPlSchG der Fall.

In all diesen Sachverhalten besteht zwischen dem Arbeitgeber und seinem Arbeitnehmer regelmäßig lediglich ein Rechtsverhältnis, nämlich das ruhende Arbeitsverhältnis. Insoweit erscheint die Situation während des vereinbarungsgemäß gewährten unbezahlten Urlaubs oder der Absolvierung des Wehrdienstes mit jener der Wiedereingliederung vollständig identisch zu sein. Dies hätte zur Konsequenz, die im Rahmen der Wiedereingliederung auftretenden Probleme ebenso lösen zu können wie in anderen ruhenden Sachverhalten. So bietet es sich in der Tat an, auch bei der außerordentlichen Kündigung des Arbeitsverhältnisses während einer in der Wiedereingliederungsphase begangenen Pflichtverletzung die durch das

---

[1] *Dikomey*, Arbeitsverhältnis, S. 3.
[2] *Dikomey*, Arbeitsverhältnis, S. 3.
[3] *Dikomey*, Arbeitsverhältnis, S. 3.
[4] Vgl. MünchArbR-*Wank*, § 114 Rn. 16.
[5] Vgl. *Notthoff*, Arbeitsverhältnis, S. 1.

Bundesarbeitsgericht für ruhende Arbeitsverhältnisse entwickelten Besonderheiten heranzuziehen.[6]

Demgegenüber scheidet die generelle Anwendung der in Teilen der Literatur[7] entwickelten gemeinsamen Grundsätze, die für alle ruhenden Arbeitsverhältnisse gelten sollen, aus. Beispielsweise erscheint vor dem Hintergrund des Wiedereingliederungszwecks eine dem vollzogenen Arbeitsverhältnis entsprechende uneingeschränkt fortbestehende Kündigungsmöglichkeit des Arbeitgebers auch in Zeiten des ruhenden Arbeitsverhältnisses ebenso bedenklich wie der Vorschlag, hinsichtlich des Abschlusses ruhender Arbeitsverhältnisse das Mitbestimmungsrecht des Betriebsrates auf § 87 Abs. 1 Nr. 5 BetrVG zu beschränken.[8]

Bei einer pauschalen Übertragung dieser Grundsätze auf Wiedereingliederungssachverhalte bliebe nämlich unberücksichtigt, dass die Rechtsbeziehungen zwischen dem Arbeitgeber und seinem Rehabilitanden in der Wiedereingliederungsphase erweitert werden. Die Vertragsparteien sind nunmehr nicht mehr lediglich durch das nunmehr ruhende Arbeitsverhältnis verbunden, sondern darüber hinaus noch durch ein zweites Rechtsverhältnis, namentlich das Wiedereingliederungsverhältnis. Dieses Rechtsverhältnis eigener Art (sui generis) im Sinne des § 311 BGB tritt neben den fortbestehenden Arbeitsvertrag. Insofern unterscheidet sich die Situation des Rehabilitanden und seines Arbeitgebers in bestimmten Bereichen wesentlich von den übrigen Konstellationen ruhender Arbeitsverhältnisse, in denen der Arbeitgeber und sein Arbeitnehmer nur durch ein Rechtsverhältnis, das nunmehr ruhende Arbeitsverhältnis, verbunden sind. Diese Unterscheidung und das in der Wiedereingliederungsphase zu beachtende Zusammenspiel zweier Rechtsverhältnisse macht eine besondere Begutachtung der Wiedereingliederungsverhältnisse notwendig und verbietet eine pauschale Übertragbarkeit der für andere ruhende Arbeitsverhältnisse entwickelten Grundsätze auf Wiedereingliederungsfälle.

---

[6] Vgl. BAG v. 17.02.1982, 7 AZR 663/79, nicht veröffentlicht, zitiert nach juris Rn. 20 sowie ausführlich unten unter § 7.A.III.1.b).aa).(4).(b).

[7] Siehe insbesondere die Thesen bei *Dikomey*, Arbeitsverhältnis, S. 253 ff. sowie bei *Notthoff*, Arbeitsverhältnis, S. 125 f. Ausführlich auch *Hager*, Arbeitsverhältnis, S. 207 ff.

[8] Diese Sichtweise in Bezug auf ruhende Arbeitsverhältnisse vertritt aber beispielsweise *Dikomey*, Arbeitsverhältnis, S. 254 (These 3.d) sowie S. 259 (These 12.a).

§ 5 Nebenpflichten während der Wiedereingliederung

Es wurde bereits herausgearbeitet, dass die aus dem Arbeitsvertrag resultierenden Hauptleistungspflichten während der Wiedereingliederungsphase suspendiert sind.[1] Ebenso ist festgestellt worden, dass das Arbeitsverhältnis selbst allerdings auch während der stufenweisen Wiedereingliederung fortbesteht,[2] der Rekonvaleszent und sein Arbeitgeber in Zeiten einer Wiedereingliederungsmaßnahme also durch zwei Rechtsverhältnisse verbunden sind.

Dieses Nebeneinander zweier Schuldverhältnisse weckt nicht nur hinsichtlich des Bestehens oder Ruhens etwaiger Hauptleistungspflichten gesteigerte Aufmerksamkeit,[3] sondern auch dann, wenn es um die nahe liegende Frage geht, wie Nebenpflichtverletzungen[4] der Vertragsparteien während einer stufenweisen Wiedereingliederung rechtlich zu würdigen sind. In diesem Zusammenhang ist bisher insbesondere noch weitgehend[5] ungeklärt, welche Auswirkungen Pflichtverletzungen des Rekonvaleszenten während einer stufenweisen Wiedereingliederung auf das Arbeitsverhältnis haben.[6] Dabei ist gerade die Lösung dieses Problems in der arbeitsrechtlichen Praxis von gesteigertem Interesse.

Zum einen möchte der arbeitsunfähige Arbeitnehmer wissen, welche konkreten Nebenpflichten ihn während der Wiedereingliederung treffen und welche Sanktionen ihm – gerade in Bezug auf sein Arbeitsverhältnis – bei entsprechender Pflichtverletzung drohen können. Des Weiteren hat er ein Interesse daran zu erfahren, inwieweit auch dem Arbeitgeber einzelne Nebenpflichten gegenüber seinem Rehabilitanden auferlegt sind. Auf der anderen Seite steht der Arbeitgeber vor der Ungewissheit, ob die oben[7] benannten Rehabilitationsgesichtspunkte so weit rei-

---

[1] Siehe oben unter § 3.A.; vgl. zu diesem Ergebnis auch Küttner-*Reinecke*, Personalbuch 2006, Rehabilitation (berufliche), 351 Rn. 10.

[2] Vgl. *Gitter*, ZfA 1995, 123, 139.

[3] Siehe dazu die Ausführungen oben vor § 3.A.I.

[4] Hierbei kann es sich nur um die Verletzung von Nebenpflichten handeln, da, wie oben unter § 3.A. herausgearbeitet wurde, in Zeiten der stufenweisen Wiedereingliederung keine Hauptleistungspflichten bestehen.

[5] Eine Ausnahme hiervon stellt der Aufsatz *Schmidts*, NZA 2007, 893, 896 f., dar, der sich mit den Auswirkungen etwaigen Fehlverhaltens des Arbeitnehmers in Zeiten der stufenweisen Wiedereingliederung befasst.

[6] Vgl. *Karlsfeld*, ArbRB 2002, 278, 280.

[7] Siehe oben unter § 2.B.

chen, den Rekonvaleszenten von jeglichen Nebenpflichten zu befreien. Für den Arbeitgeber stellt sich also beispielsweise die Frage, ob gegenüber einem Rekonvaleszenten, der während einer Wiedereingliederungsmaßnahme Geschäftsgeheimnisse preisgibt, wirksam die Kündigung des Arbeitsverhältnisses erklärt werden kann oder ob insoweit lediglich die Beendigung der Wiedereingliederungsmaßnahme zulässig ist.
Bevor allerdings solche Auswirkungen möglicher Nebenpflichtverletzungen im Wiedereingliederungsverhältnis auf das Arbeitsverhältnis zutreffend bewertet werden können, bedarf es in einem ersten Schritt zunächst der Feststellung, welche Nebenpflichten überhaupt – für beide Vertragspartner – während der stufenweisen Wiedereingliederung bestehen und wo genau diese Pflichten ihren Ursprung haben. Dass auch in einem Wiedereingliederungsverhältnis Nebenpflichten existieren, wird – soweit ersichtlich – einhellig bejaht.[8] Dabei fallen unter den Begriff der Nebenpflicht all jene Pflichten, die nicht Hauptpflichten sind und welche die Vertragspartei zur Rücksichtnahme auf die Interessen des Vertragspartners sowie zum Schutz und zur Förderung der Durchführung des Vertragszweckes verpflichten.[9] Erörterungswürdig ist aber insbesondere die Frage, ob sämtliche Nebenpflichten während der stufenweisen Wiedereingliederung auf dem Wiedereingliederungsverhältnis beruhen oder ob nicht vielmehr, zumindest einige dieser Pflichten, an das ursprüngliche Arbeitsverhältnis anknüpfen.[10] Hierauf eine zutreffende Antwort zu finden setzt voraus, sich zunächst Klarheit darüber verschafft zu haben, welche Nebenpflichten überhaupt in einem Schuldverhältnis bestehen können.

A.Systematisierung der Nebenpflichten eines Schuldverhältnisses

Mit dem am 01.01.2002 in Kraft getretenen Schuldrechtsmodernisierungsgesetz ist der Versuch unternommen worden, sämtliche vertraglichen Pflichten gesetzlich zu verankern.[11] Nach überwiegender Meinung hatte das Bürgerliche Gesetzbuch alter Fassung nur zwei vom Schuldner stammende Arten der Leistungsstörungen geregelt, namentlich die Unmöglichkeit der Leistung und den Schuldnerverzug.[12] Die damit einhergehenden Abgrenzungsschwierigkeiten wollte der Reformgesetzgeber

---

[8] Vgl. BAG v. 29.01.1992, 5 AZR 37/91, AP Nr. 1 zu § 74 SGB V, unter II.3.; *Becker*, Wiedereingliederung, S. 127; *Gitter*, SGb 1995, 5, 8; Kittner/Zwanziger-*Kittner*, ArbR, § 5 Rn. 197; Küttner-*Reinecke*, Personalbuch 2006, Rehabilitation (berufliche), 351 Rn. 12; Moll-*Kolvenbach/Glaser*, MAH Arbeitsrecht, § 22 Rn. 27; *Zwade*, Teilarbeitsfähigkeit, S. 158 ff.
[9] HWK-*Thüsing*, § 611 BGB Rn. 347.
[10] Vgl. *Becker*, Wiedereingliederung, S. 127.
[11] *Madaus*, Jura 2004, 289, 289.
[12] Haas/Medicus/Rolland/Schäfer/Wendtland-*Medicus*, Schuldrecht, Kapitel 3 Rn. 113.

lösen, indem er in das neue Recht den Begriff der Pflichtverletzung eingeführt hat. Hiermit wurde die Möglichkeit eröffnet, jede Abweichung des Schuldners von dem ihm aufgegebenen Pflichtenprogramm zu erfassen.[13] Der Begriff der Pflichtverletzung umfasst Hauptleistungspflichten, leistungsbezogene Nebenpflichten (auch Nebenleistungspflichten genannt) und nicht leistungsbezogene Nebenpflichten (letztere werden häufig auch als Schutzpflichten oder sonstige Verhaltenspflichten bezeichnet).[14] Der Pflichtverletzung kommt somit in der dogmatischen Konzeption des neuen Schuldrechts entscheidende Bedeutung zu.[15] Insofern hat das Schuldrechtsmodernisierungsgesetz zu einem „einfacher handhabbaren und übersichtlicheren Recht“[16] im Sinne des Reformgesetzgebers geführt.
Um jedoch die im Einzelfall in Betracht kommenden Ansprüche ermitteln zu können, muss nach der konkret verletzten Pflicht unterschieden werden.[17] Bei Verletzung einer Leistungspflicht nach § 241 Abs. 1 BGB kommen §§ 280, 281, 283, 311 a, 323, 326 BGB in Frage.[18] Demgegenüber sind bei Verletzung von Pflichten gemäß § 241 Abs. 2 BGB nur §§ 280, 282, 324 BGB einschlägig.[19] Während diese Erkenntnis bei Verletzung einer Hauptleistungspflicht, also der Pflicht des Schuldners zur ordnungsgemäßen Erfüllung,[20] keinerlei Einordnungsprobleme aufwirft, da Hauptleistungspflichten stets als Pflichten im Sinne des § 241 Abs. 1 BGB einzustufen sind,[21] bedarf es bei der Verletzung von Nebenpflichten in jedem Einzelfall einer genaueren Untersuchung. Dies liegt daran, dass weder eine einheitliche Terminologie in Bezug auf die unterschiedlichen Nebenpflichten zu finden ist, noch die Sanktionen bei Nebenpflichtverletzungen dogmatisch geklärt sind.[22] Die kaum überschaubare Anzahl an denkbaren Nebenpflichten wirft die Frage auf, welche Nebenpflichten unter § 241 Abs. 1 BGB fallen und welche dagegen von § 241 Abs. 2 BGB erfasst werden. Diese Entscheidung ist nach dem oben Gesagten nicht zuletzt für die zutreffende Anspruchsgrundlage bei etwaigem Schadensersatzverlangen von entscheidender Bedeutung.

---

[13] Haas/Medicus/Rolland/Schäfer/Wendtland-*Medicus*, Schuldrecht, Kapitel 3 Rn. 115.
[14] Bamberger/Roth-*Unberath*, BGB, § 280 Rn. 12; *Heinrichs*, FS Schlechtriem, S. 503, 506 ff.; *Madaus*, Jura 2004, 289, 290; Palandt-*Heinrichs*, § 241 Rn. 1 ff. und § 280 Rn. 12; *Schulze/Ebers*, JuS 2004, 265, 268 f.
[15] Bamberger/Roth-*Unberath*, BGB, § 280 Rn. 11; Staudinger-*Otto*, Vorbem zu §§ 280-285 Rn. 9.
[16] BT-Drucksache 14/6040, S. 98.
[17] *Madaus*, Jura 2004, 289, 289.
[18] *Madaus*, Jura 2004, 289, 289.
[19] *Madaus*, Jura 2004, 289, 289.
[20] *Olzen/Wank*, Schuldrechtsreform Rn. 248.
[21] Vgl. *Lorenz/Riehm*, Schuldrecht Rn. 172; *Madaus*, Jura 2004, 289, 289, Fußnote 3; Palandt-*Heinrichs*, § 241 Rn. 5.
[22] Vgl. MünchArbR-*Blomeyer*, § 56 Rn. 1; *Madaus*, Jura 2004, 289, 290.

Eine sinnvolle Zuordnung einer Nebenpflicht zu § 241 Abs. 1 oder Abs. 2 BGB vermag mit den überzeugenden überwiegenden Literaturstimmen gelingen, sofern zwischen leistungsbezogenen und nicht leistungsbezogenen Nebenpflichten differenziert wird.[23] Während erstere in den Anwendungsbereich des § 241 Abs. 1 BGB fallen, sind die nicht leistungsbezogenen Nebenpflichten dem § 241 Abs. 2 BGB zuzuordnen.[24] Diese Erkenntnis verlangt in einem weiteren Schritt die leistungsbezogenen von den nicht leistungsbezogenen Nebenpflichten abzugrenzen. Teilweise wird in diesem Zusammenhang vorgeschlagen, zwischen einklagbaren und nicht einklagbaren Nebenpflichten zu unterscheiden.[25] Auf diese Weise wollen einige Autoren leistungsbezogene Nebenpflichten gemäß § 241 Abs. 1 BGB von nichtleistungsbezogenen Nebenpflichten im Sinne des § 241 Abs. 2 BGB abgrenzen.[26] Entscheidend für die Klagbarkeit sei der Parteiwille.[27]

Das Kriterium der Klagbarkeit vermag allerdings deshalb nicht zu überzeugen, weil sich die Vertragsparteien regelmäßig keine Gedanken über die Klagbarkeit von Nebenpflichten machen.[28] Vielmehr ist für die Abgrenzung leistungs-/nichtleistungsbezogene Nebenpflicht das beeinträchtigte Interesse entscheidungserheblich.[29] Beeinträchtigt die Pflichtverletzung das Äquivalenzinteresse beziehungsweise die Erreichung des Vertragszweckes, so liegt eine leistungsbezogene Nebenpflichtverletzung im Sinne des § 241 Abs. 1 BGB vor. Anderenfalls ist das Integritätsinteresse tangiert und mithin eine nicht leistungsbezogene Pflichtverletzung, also eine Schutzpflichtverletzung,[30] nach § 241 Abs. 2 BGB zu bejahen. Nicht leistungsbezogenen Nebenpflichten im Sinne des § 241 Abs. 2 BGB sind also solche Pflichten, deren Verletzung die Hauptleistung nicht beeinflusst.[31]

---

[23] Huber/Faust-*Faust*, Schuldrechtsmodernisierung, Kapitel 3 Rn. 168 und Rn. 171; *Lorenz/Riehm*, Schuldrecht Rn. 172; *Madaus*, Jura 2004, 289, 290; *Mattheus*, JuS 2002, 208, 211; *Olzen/Wank*, Schuldrechtsreform Rn. 247 und Rn. 261; Staudinger-*Otto*, § 280 Rn. C 24.

[24] Huber/Faust-*Faust*, Schuldrechtsmodernisierung, Kapitel 3 Rn. 168 und Rn. 171; *Lorenz/Riehm*, Schuldrecht Rn. 172; *Madaus*, Jura 2004, 289, 290; *Mattheus*, JuS 2002, 208, 211; *Olzen/Wank*, Schuldrechtsreform Rn. 247 und Rn. 261; Staudinger-*Otto*, § 280 Rn. C 24.

[25] So beispielsweise MünchKommBGB-*Kramer*, Bd. 2, § 241 Rn. 17 ff.

[26] So beispielsweise MünchKommBGB-*Kramer*, Bd. 2, § 241 Rn. 17 ff.

[27] MünchKommBGB-*Kramer*, Bd. 2, § 241 Rn. 17 ff.

[28] *Madaus*, Jura 2004, 289, 290.

[29] Huber/Faust-*Faust*, Schuldrechtsmodernisierung, 3 Rn. 168; *Madaus*, Jura 2004, 289, 290 ff.

[30] Vgl. zu den unterschiedlichen Begrifflichkeiten Palandt-*Heinrichs*, § 241 Rn. 5 f.; *Madaus*, Jura 2004, 289, 290.

[31] Huber/Faust-*Faust*, Schuldrechtsmodernisierung, Kapitel 3 Rn. 168.

B. Systematisierung der während einer Wiedereingliederung bestehenden Nebenpflichten

Werden diese Grundsätze auf die Zeit der stufenweisen Wiedereingliederung angewendet, müssen während dieser Phase schon in Folge der mangelnden Hauptleistung leistungsbezogene Nebenpflichten grundsätzlich ausscheiden. Demzufolge kann es sich bei sämtlichen Nebenpflichten, die einem Arbeitnehmer in der Wiedereingliederungsphase auferlegt sind, nur um Schutz- beziehungsweise Rücksichtnahmepflichten und damit um nicht leistungsbezogene Nebenpflichten im Sinne des § 241 Abs. 2 BGB handeln. Gleiches muss im Grundsatz für die arbeitgeberseitigen Nebenpflichten gelten. Eine hiervon abweichende Beurteilung wäre lediglich für die oben[32] bereits herausgearbeitete Nebenpflicht des Arbeitgebers denkbar, also die gegenüber Schwerbehinderten bestehende Wiedereingliederungspflicht sowie die hiermit korrespondierende Pflicht, eine Wiedereingliederung mit dieser Arbeitnehmergruppe fortzusetzen. Diese beiden Nebenpflichten könnten der Erreichung des Vertragszweckes einer Wiedereingliederung dienen und somit als leistungsbezogene Nebenpflichten im Sinne des § 241 Abs. 1 BGB eingeordnet werden. Allerdings kann diese Frage hier noch offen bleiben, da beide Nebenpflichten in Folge ihrer besonderen Aktualität und Bedeutung erst an anderer Stelle in dieser Arbeit eine ausführlichere Betrachtung erfahren sollen.[33] Folglich handelt es sich bei allen in diesem Abschnitt interessierenden Nebenpflichten, die im Rahmen einer Wiedereingliederung bestehen können, um nicht leistungsbezogene Nebenpflichten im Sinne des § 241 Abs. 2 BGB.

C. Auswirkung einer Wiedereingliederung auf die Nebenpflichten aus dem Arbeitsverhältnis

Nach dieser Systematisierung aller in einem Schuldverhältnis allgemein sowie in einem Wiedereingliederungsverhältnis im Besonderen in Betracht kommender Nebenpflichten kann sich nunmehr der bereits vorstehend aufgeworfenen Frage zugewendet werden, ob sämtliche Nebenpflichten während der stufenweisen Wiedereingliederung auf dem Wiedereingliederungsverhältnis beruhen oder ob nicht vielmehr, zumindest einige dieser Pflichten, an das ursprüngliche Arbeitsverhältnis anknüpfen. Im Anschluss daran werden die während einer Wiedereingliederung bestehenden bedeutsamsten einzelnen Nebenpflichten vorgestellt.

---

32 Vgl. oben unter § 2.D.II.2.b).bb).

33 Siehe unten unter § 9.

Die Grundlage der rechtlichen Beziehung zwischen einem Arbeitnehmer und seinem Arbeitgeber stellt das Arbeitsverhältnis dar. Erst im Laufe dieser Rechtsbeziehung kommt in Folge einer Erkrankung des Arbeitnehmers eine stufenweise Wiedereingliederung in Betracht. Daher scheint es nahe liegend, in einem ersten Schritt die aus dem Arbeitsverhältnis resultierenden Nebenpflichten und ihr Schicksal während der Wiedereingliederung näher zu betrachten.

I. Fortdauernde Ausstrahlungswirkung

Nach überwiegender Auffassung sollen die auf dem Arbeitsvertrag beruhenden Nebenpflichten soweit auf das Wiedereingliederungsverhältnis ausstrahlen, wie diese Pflichten mit dem Zweck der Wiedereingliederungsmaßnahme vereinbar sind.[34]

II. Notwendigkeit einer Interessenharmonisierung

Andere weisen auf die Notwendigkeit einer Interessenharmonisierung von Wiedereingliederungs- und Arbeitsverhältnis hin.[35] Hiernach seien all jene arbeitsvertraglichen Nebenpflichten, die mit dem Zweck der Wiedereingliederung im Einklang stehen oder keinen Zusammenhang zu einer Wiedereingliederungsmaßnahme aufweisen, auch in Zeiten der stufenweisen Wiedereingliederung weiter zu beachten.[36] Demgegenüber würden mit dem Wiedereingliederungszweck unvereinbare Nebenpflichten während dieser Phase ruhen.[37] Schließlich ergäben sich auch gänzlich neue Nebenpflichten, die unmittelbar aus dem Wiedereingliederungsverhältnis herzuleiten seien.[38]

---

[34] BAG v. 29.01.1992, 5 AZR 37/91, AP Nr. 1 zu § 74 SGB V, unter II.3.; *Gitter*, ZfA 1995, 123, 139; Kittner/Zwanziger-*Kittner*, ArbR, § 5 Rn. 197; Küttner-*Reinecke*, Personalbuch 2006, Rehabilitation (berufliche), 351 Rn. 12; Zwade, Teilarbeitsfähigkeit, S. 159.

[35] *Becker*, Wiedereingliederung, S. 127.

[36] Vgl. *Becker*, Wiedereingliederung, S. 127.

[37] Vgl. *Becker*, Wiedereingliederung, S. 127.

[38] Vgl. *Becker*, Wiedereingliederung, S. 128.

III. Fortwirkung nur jener Nebenpflichten, die an das Erfüllungsverhältnis anknüpfen

Die soeben aufgezeigten Ansätze, also die Annahme einer fortdauernden Ausstrahlungswirkung einerseits sowie die Bejahung einer Interessenharmonisierung auf der anderen Seite sind insoweit zu begrüßen, als dass sie bestimmten Nebenpflichten aus dem Arbeitsverhältnis auch während der Wiedereingliederung Geltung verschaffen. Allerdings vermögen sie keine klare dogmatische Begründung zu liefern, welche Nebenpflichten im Einzelnen in Zeiten der stufenweisen Wiedereingliederung fortwirken und welche mit Rehabilitationsgesichtspunkten unvereinbar sind. Zu einer wünschenswerten verstärkten Rechtssicherheit und Rechtsklarheit könnte daher ein anderer Ansatzpunkt führen. Hierbei steht die Frage nach der genauen Zuordnung der einzelnen arbeitsrechtlichen Nebenpflichten im Mittelpunkt der Erörterungen. So ist – unabhängig von dem konkreten Fall der Wiedereingliederung – bisher allgemein weitgehend ungeklärt, woran genau einzelne Nebenpflichten anknüpfen.[39] Die arbeitsrechtlichen Nebenpflichten wurden bisher fast einhellig ganz allgemein dem Arbeitsverhältnis zugeordnet.[40] Auch die oben dargelegten Auffassungen zu dem Fortbestand der Nebenpflichten während einer stufenweisen Wiedereingliederung nehmen keine differenzierte Zuordnung vor, sondern wollen sämtliche diesbezüglichen Nebenpflichten aus dem Arbeitsvertrag herleiten.[41]

1. Grund- und Erfüllungsverhältnis als Bestandteile des Arbeitsverhältnisses

Bei einer solch pauschalen Zuordnung bleibt allerdings das genaue „Woher" der einzelnen Nebenpflicht ungeklärt.[42] Hiermit ist Frage gemeint, ob bereits die Leistungsverpflichtung, mithin das Grundverhältnis, oder aber der Vollzug des Arbeitsverhältnisses, namentlich das Erfüllungsverhältnis, als Entstehungsgrund für eine konkrete Nebenpflicht in Betracht kommt.[43] Dabei ist die Festlegung des genauen Anknüpfungspunktes von Nebenpflichten entscheidend für die Beantwortung der Frage, unter welchen Voraussetzungen im Einzelfall, unabhängig von einer Wiedereingliederung, Nebenpflichten entstehen.[44]

Darüber hinaus könnte die Klärung dieser Zuordnungsproblematik auch für die Zeiten der stufenweisen Wiedereingliederung arbeitsunfähiger Arbeitnehmer von gesteigertem Interesse sein. So wäre es denkbar, in diesem Zusammenhang gleich-

---

[39] Vgl. *Boemke*, Schuldvertrag, S. 319.
[40] *Boemke*, Schuldvertrag, S. 270.
[41] Siehe zu diesen Ansichten oben unter § 5.C.I. und § 5.C.II.
[42] Vgl. *Boemke*, Schuldvertrag, S. 80.
[43] *Boemke*, AR-Blattei SD 1228 Rn. 67.
[44] Vgl. *Boemke*, AR-Blattei SD 1228 Rn. 68.

zeitig klare Differenzierungskriterien für die Frage nach dem Fortbestand arbeitsrechtlicher Nebenpflichten zu erhalten. Auf diese Weise wäre es möglich, in dogmatisch und systematisch überzeugender Weise zwischen jenen arbeitsrechtlichen Nebenpflichten, die während der Wiedereingliederung fortbestehen und solchen, deren Fortgeltung abzulehnen ist, unterscheiden zu können.

Die soeben angesprochene Überlegung, als Anknüpfungspunkt einer arbeitsvertraglichen Nebenpflicht entweder das Grund- oder aber das Erfüllungsverhältnis in Betracht zu ziehen, findet ihren Ursprung bereits in den dreißiger Jahren des letzten Jahrhunderts. Schon zu dieser Zeit hat *Siebert* darauf hingewiesen, dass zwischen dem Arbeitsvertrag und dem Beschäftigungsverhältnis zu differenzieren sei, um arbeitsrechtliche Rechtsfragen zutreffend lösen zu können.[45] Unter dem Arbeitsvertrag sei demzufolge jener Kausalvertrag zu verstehen, welcher die Verpflichtung zur Arbeitsleistung begründe.[46] Dagegen beschreibe das Beschäftigungsverhältnis den Zustand der tatsächlichen Arbeitsleistung und zwar unabhängig davon, ob ein Verpflichtungstatbestand zur Arbeit vorliegen würde oder nicht.[47] Folglich stünden sich der Arbeitsvertrag und das Beschäftigungsverhältnis unabhängig voneinander gegenüber.[48]

Dieser Ansatz wurde von *Boemke* aufgenommen und weiterentwickelt.[49] Hiernach beinhalte der Begriff des Arbeitsverhältnisses nach richtigem Verständnis nicht allein den Verpflichtungstatbestand, der die Pflicht zur Arbeitsleistung begründe, sondern vielmehr auch das Rechtsverhältnis, das in Folge der tatsächlichen Arbeitsleistung bestehe.[50] Demzufolge scheide zur Begründung der Herkunft von Nebenpflichten eine pauschale Anknüpfung an das Arbeitsverhältnis als solches aus.[51] Richtigerweise bedürfe es vielmehr bei jeder einzelnen Nebenpflicht einer konkreten Prüfung, ob selbige auf das Grund- oder Erfüllungsverhältnis zurückzuführen sei.[52] Dabei sei das arbeitsrechtliche Grundverhältnis als Rechtsverhältnis zu definieren, auf dessen Grundlage sich der Arbeitgeber zur Vergütungsleistung und der

---

[45] Vgl. die diesbezüglichen Ausführungen aus dem Jahre 1935 bei *Siebert*, Arbeitsverhältnis, S. 31 f.

[46] *Siebert*, Arbeitsverhältnis, S. 31.

[47] *Siebert*, Arbeitsverhältnis, S. 32.

[48] *Siebert*, Arbeitsverhältnis, S. 32.

[49] Vgl. *Boemke*, Schuldvertrag, S. 1 ff., insbesondere den Hinweis auf *Siebert* auf S. 319.

[50] *Boemke*, Schuldvertrag, S. 227; wohl auch *Hanau/Adomeit*, ArbR Rn. 580; dagegen reduziert *Hueck*, RdA 1955, 323, 324, das Arbeitsverhältnis auf den Verpflichtungs-tatbestand und definiert dieses Verhältnis als ein zwischen dem Arbeitgeber und Arbeitnehmer geschlossenes Rechtsverhältnis, auf Grund dessen der Arbeitnehmer dem Arbeitgeber zur Arbeitsleistung verpflichtet sei.

[51] *Boemke*, Schuldvertrag, S. 269 f.

[52] *Boemke*, Schuldvertrag, S. 319.

Arbeitnehmer zur Dienstleistung verpflichten würde.[53] Demgegenüber sei das Erfüllungsverhältnis durch die Vornahme der Leistungshandlungen seitens der Vertragspartner gekennzeichnet.[54] Damit entsprechen die von *Siebert* gewählten Termini „Arbeitsvertrag" und „Beschäftigungsverhältnis" dem „Grundverhältnis" und dem „Erfüllungsverhältnis" in *Boemkes* Ausführungen.[55]

Diese Überlegungen *Sieberts* und *Boemkes* gehen hinsichtlich ihres grundsätzlichen Ansatzes, die Zuordnung von Nebenpflichten genauer zu untersuchen, einher mit einem Beitrag von *Canaris*. Letzterer gelangt zu der Überzeugung, dass die Lehre von der Struktur des Schuldverhältnisses fortentwickelt werden müsse, indem das „Leistungsverhältnis" von dem „Schutzverhältnis" abzugrenzen sei.[56] Seiner Auffassung nach gingen alle Schutzpflichten auf ein einheitliches „Schutzverhältnis" zurück.[57] Ein solches Verständnis werde durch die Struktur der Schutzpflichten begründet, welche von jener der Leistungspflichten abweiche.[58] Folgerichtig sei zwischen Nebenpflichten aus dem „Schutzverhältnis" und solchen aus dem „Leistungsverhältnis" zu differenzieren.[59] Die Ausführungen der vorstehend benannten drei Autoren vermögen uneingeschränkt zu überzeugen. Dass in dem Arbeitsverhältnis nicht allein der schuldrechtliche Verpflichtungstatbestand gesehen werden kann, untermauern jene Verhältnisse, die von Anfang an nichtig waren oder aber von Gesetzes wegen zu Stande kommen.[60] Auch solche Beziehungen stellen Arbeitsverhältnisse dar.[61]

Ebenfalls zuzustimmen ist der Forderung, jede einzelne Nebenpflicht entweder dem Grund- oder Erfüllungsverhältnis des Arbeitsverhältnisses zuzuordnen. Dieses Erfordernis wird bei genauerer Betrachtung der konkreten Nebenpflichten deutlich. So gibt es Nebenpflichten, die den Leistungserfolg verwirklichen und sichern, mithin also der Hauptleistungspflicht zu Gute kommen sollen und deren Bestand voraussetzen.[62] Solche Nebenpflichten knüpfen folgerichtig an das Grundverhältnis an.[63] Auf der anderen Seite existieren auch von den Hauptleistungspflichten unabhängige Nebenpflichten, die nicht an das Leistungsinteresse des Gläubigers ange-

---

[53] Vgl. *Boemke*, AR-Blattei SD 1228 Rn. 71.
[54] Vgl. *Boemke*, AR-Blattei SD 1228 Rn. 85.
[55] Vgl. *Siebert*, Arbeitsverhältnis, S. 31 f.; *Boemke*, Schuldvertrag, S. 319.
[56] *Canaris*, JZ 1965, 475, 478.
[57] *Canaris*, JZ 1965, 475, 478.
[58] *Canaris*, JZ 1965, 475, 478.
[59] *Canaris*, JZ 1965, 475, 478 ff.
[60] Vgl. zur Einordnung dieser Verhältnisse als Arbeitsverhältnisse Kittner/Zwanziger-*Kittner*, ArbR, § 4 Rn. 1.
[61] Kittner/Zwanziger-*Kittner*, ArbR, § 4 Rn. 1.
[62] Vgl. *Boemke*, Schuldvertrag, S. 320.
[63] Vgl. *Boemke*, Schuldvertrag, S. 320.

lehnt sind und demzufolge dem Erfüllungsverhältnis zuzuordnen sind.[64] Diese Pflichten bestehen unabhängig von einer Verpflichtung beziehungsweise Hauptleistungspflicht und sind direkt auf die tatsächliche Arbeitsleistung oder Vergütungszahlung zurückzuführen, so dass sie richtigerweise das leistungsbegleitende Handeln sichern.[65]

2. Differenzierung zwischen Nebenpflichten des Grund- und solchen des Erfüllungsverhältnisses

Somit wird deutlich, dass es Nebenpflichten gibt, welche die Existenz arbeitsrechtlicher Hauptleistungspflichten voraussetzen, wohingegen andere auf ein solches Erfordernis verzichten. Diese Erkenntnis ist insbesondere für die Frage einer möglichen Fortwirkung von Nebenpflichten aus dem Arbeitsverhältnis in Zeiten der stufenweisen Wiedereingliederung von Interesse.

Wie bereits oben[66] festgestellt, ruhen während der Wiedereingliederungsphase die arbeitsvertraglichen Hauptleistungspflichten. Demzufolge können all jene Nebenpflichten, die der Hauptleistungspflicht zu Gute kommen sollen, indem sie den Leistungserfolg zu verwirklichen und zu sichern haben, in Ermangelung einer solchen Pflicht während der Wiedereingliederung in dieser Zeit keine Wirkung entfalten. Bei diesen Nebenpflichten handelt es sich um leistungsbezogene Nebenpflichten. Dies hat zur Konsequenz, dass diese an das Grundverhältnis anknüpfenden leistungsbezogenen Nebenpflichten in der Wiedereingliederungsphase nicht bestehen. Sie können demzufolge auch keine rechtliche Wirkung für den Rekonvaleszenten oder seinen Arbeitgeber entfalten. Vielmehr sind die Parteien in Zeiten der stufenweisen Wiedereingliederung von diesen arbeitsrechtlichen Nebenpflichten befreit.

Anders verhält es sich mit den nicht leistungsbezogenen Nebenpflichten, also jenen Nebenpflichten, die allein verlangen, dass tatsächlich gearbeitet wurde und mithin das leistungsbegleitende Verhalten sichern wollen. Zwar erbringt der arbeitsunfähige Rekonvaleszent in der Wiedereingliederungsphase keine Arbeitsleistung im Sinne der arbeitsvertraglichen Hauptleistungspflicht. Allerdings ist er tatsächlich im Bereich seines Arbeitgebers tätig. Der Rehabilitand verrichtet während seiner Wiedereingliederung Tätigkeiten, die er selbst vor der Arbeitsunfähigkeit als arbeitsvertragliche Hauptleistungspflicht zu erledigen hatte oder aber die andere Arbeitnehmer in gleicher oder ähnlicher Art und Weise als Arbeitsleistung verrichten. Insoweit unterscheidet sich die Tätigkeit des wiedereinzugliedernden Arbeit-

---

[64] Vgl. *Boemke*, Schuldvertrag, S. 320.
[65] Vgl. *Boemke*, AR-Blattei SD 1228 Rn. 100; *derselbe*, Schuldvertrag, S. 321.
[66] Siehe zum Schicksal der Hauptleistungspflichten oben unter § 3.A.I.

nehmers zwar im Hinblick auf eine allein hauptleistungspflichtbezogene Bewertung. Dagegen ist sie bei einer rein tatsächlichen Betrachtung nicht von der eines gesunden Arbeitnehmers zu unterscheiden. Beispielsweise kommt ein Rekonvaleszent während der im Rahmen einer Wiedereingliederung zu verrichtenden Tätigkeit in gleicher Weise mit dem Eigentum des Arbeitgebers oder mit dessen immateriellen Interessen in Berührung wie seine arbeitsfähigen Kollegen. Demzufolge besteht auch ein anerkennenswertes arbeitgeberseitiges Verlangen, dass solche Nebenpflichten aus dem Arbeitsverhältnis während der Wiedereingliederung fortbestehen, die allein auf den Schutz des leistungsbegleitenden Handelns abzielen.
Durch die fortbestehende Eingliederung des Rekonvaleszenten in den Betrieb seines Arbeitgebers in Zeiten der Wiedereingliederung gilt gleiches für die Fortwirkung jener arbeitgeberseitigen Nebenpflichten aus dem Arbeitsverhältnis, die zum Schutz seines arbeitsunfähigen Arbeitnehmers bestehen. Da diese nicht leistungsbezogenen Nebenpflichten unabhängig von einer Verpflichtung beziehungsweise Hauptleistungspflicht existieren und direkt auf die tatsächliche Arbeitsleistung zurückzuführen sind, bestehen sie auch in der Wiedereingliederungsphase fort. Es handelt sich dabei um Nebenpflichten, die allein ablauf- und verfahrensbezogene Modalitäten regeln.[67] Indem diese Nebenpflichten an das Erfüllungsverhältnis anknüpfen, bleibt als Ergebnis festzuhalten, dass all jene Nebenpflichten aus dem Arbeitsverhältnis, die dem Erfüllungsverhältnis zuzuordnen sind, während der Wiedereingliederung fortbestehen. Dagegen entfalten die an das Grundverhältnis anknüpfenden Nebenpflichten in Zeiten der Wiedereingliederung keinerlei rechtliche Wirkung.

D.Schicksal einzelner Nebenpflichten aus dem Arbeitsverhältnis in der Wiedereingliederung

Für die Lösung arbeitsrechtlicher Fragestellungen bedarf diese Feststellung allerdings einer Konkretisierung. Die bisher vorgenommene allgemeine Systematisierung zwischen solchen Nebenpflichten, die an das Grund- und jenen, die an das Erfüllungsverhältnis anknüpfen, ist insoweit zu spezifizieren, als dass nunmehr das Schicksal einzelner Nebenpflichten aus dem Arbeitsverhältnis während der Wiedereingliederung zu beleuchten ist. Dabei werden nicht alle denkbaren Nebenpflichten aufgeführt, sondern lediglich exemplarisch besonders bedeutsame Pflichten erörtert.

[67] Vgl. *Boemke*, AR-Blattei SD 1228 Rn. 101.

Hierbei sollen in einem ersten Schritt bedeutsame arbeitnehmerseitige Nebenpflichten aus dem Arbeitsverhältnis inhaltlich einzeln dargelegt und anschließend dem Grund- oder Erfüllungsverhältnis zugeordnet werden, um so ihren Fortbestand während der Wiedereingliederung zu beurteilen.

1. Wahrung der betrieblichen Ordnung

Der Rekonvaleszent ist auch während der stufenweisen Wiedereingliederung in dem Betrieb seines Arbeitgebers tätig. Daher liegt die Frage nahe, ob ihn auch in dieser Phase die Verpflichtung aus dem Arbeitsverhältnis trifft, die betriebliche Ordnung zu wahren. Hinsichtlich des Begriffes „Wahrung der Betriebsordnung" sind zwei Fallgruppen zu unterscheiden.[68] Sofern es um die Erfüllung der arbeitsvertraglich versprochenen Dienste geht, ergibt sich die Verpflichtung, die Betriebsordnung zu beachten, unmittelbar aus der Arbeitspflicht,[69] also aus einer leistungsbezogenen Nebenpflicht.

Problematisch[70], aber für die hier zu klärende Frage nach dem Schicksal von Nebenpflichten aus dem Arbeitsverhältnis während der Wiedereingliederung allein von Interesse, ist dagegen die zweite Fallgruppe. Hiermit ist die dem Arbeitnehmer auferlegte Verpflichtung zu ordnungsgemäßem betrieblichem Verhalten in Form von Rücksichtsnahme- beziehungsweise Schutzpflichten, also nicht leistungsbezogene Nebenpflichten, gemeint.[71] Insoweit werden unter dem Begriff der Einhaltung der betrieblichen Ordnung verschiedene Nebenpflichten zusammengefasst.[72] Dabei ist all diesen Pflichten gemein, dass sie dem Arbeitnehmer aufgeben, sich innerhalb des Betriebes ordnungsgemäß zu verhalten.[73] Genannt seien hier exemplarisch Verpflichtungen in Bezug auf den Alkoholgenuss[74] und das Rauchen[75] im Betrieb, die persönliche Überwachung sowie Kontrolle[76] oder aber auch hinsichtlich des Unterlassens von „Mobbingvorgängen"[77].

---

[68] Vgl. ErfK-*Preis*, § 611 BGB Rn. 738; MünchArbR-*Blomeyer*, § 53 Rn. 1.
[69] MünchArbR-*Blomeyer*, § 53 Rn. 1.
[70] Vgl. ErfK-*Preis*, § 611 BGB Rn. 738.
[71] Vgl. MünchArbR-*Bloymeyer*, § 53 Rn. 1.
[72] Vgl. ArbR BGB-*Schliemann*, § 611 Rn. 711 ff.; HWK-*Thüsing*, § 611 BGB Rn. 353; MünchArbR-*Blomeyer*, § 53 Rn. 3 ff.
[73] Vgl. HWK-*Thüsing*, § 611 BGB Rn. 353.
[74] BAG v. 23.09.1986, 1 AZR 83/85, AP Nr. 20 zu § 75 BPersVG, unter II.2.
[75] BAG v. 19.01.1999, 1 AZR 499/98, AP Nr. 28 zu § 87 BetrVG 1972 Ordnung des Betriebes, unter A.II.
[76] BAG v. 26.05.1988, 1 ABR 9/87, AP Nr. 14 zu § 87 BetrVG 1972 Ordnung des Betriebes, unter II.
[77] ArbR BGB-*Schliemann*, § 611 Rn. 714; MünchArbR-*Blomeyer*, § 53 Rn. 28 ff.

Dadurch, dass es sich bei all diesen Nebenpflichten um Schutzpflichten[78] handelt, stellt sich die für eine stufenweise Wiedereingliederung entscheidende Frage, ob solche Pflichten an das Grund- oder vielmehr an das Erfüllungsverhältnis anknüpfen. Kennzeichnend für Schutzpflichten ist, dass sie dem anderen Teil jene Rechte und Rechtsgüter erhalten wollen, die ihm schon zustehen.[79] Diese Pflichten sollen also im Gegensatz zu den Leistungspflichten nicht zu einer Änderung der Güterlage führen, sondern den Gläubiger vor einer Güterbeeinträchtigung durch den Schuldner bewahren.[80] Mithin schützen sie das Erhaltungsinteresse.[81] Dabei bestehen Schutzpflichten richtigerweise unabhängig von der Existenz einer Leistungspflicht.[82] Den Schutzpflichten kommt allein eine Regelungsfunktion hinsichtlich der Art und Weise der tatsächlichen Leistungsabwicklung in Bezug auf den Rechtsgüterschutz des anderen Teils zu.[83] Demzufolge sind diese Pflichten nicht dem Grund-, sondern dem Erfüllungsverhältnis zuzuordnen.[84]
Gleiches gilt daher auch für all jene Schutzpflichten, welche durch die Begrifflichkeit „Wahrung der betrieblichen Ordnung" zusammengefasst werden. Auch diese Pflichten sind in Folge ihres schützenden Charakters dem Erfüllungsverhältnis zuzuordnen. Hieraus ergibt sich nach den obigen[85] Darlegungen, wonach all jene arbeitsrechtlichen Nebenpflichten, welche an das Erfüllungsverhältnis anknüpfen, während der Wiedereingliederung fortbestehen, dass der Rekonvaleszent auch während seiner Wiedereingliederungsphase die unter dem Sammelbegriff „Wahrung der betrieblichen Ordnung" zusammengefassten nicht leistungsbezogenen Nebenpflichten zu beachten hat. Anderenfalls begeht er eine Pflichtverletzung.

2. Beachtung des Unternehmereigentums, Pflicht zur Schadensabwendung, Anzeigepflicht

Einen Arbeitnehmer trifft aus dem Arbeitsverhältnis des Weiteren die Nebenpflicht, Arbeits- und Betriebsmittel sorgfältig zu behandeln und jede Verletzung der Rechtsgüter seines Arbeitgebers zu unterlassen.[86] Außerdem ist er im Rahmen

[78] Vgl. ErfK-*Preis*, § 611 BGB Rn. 738.
[79] Vgl. MünchKommBGB-*Roth*, Bd. 2, § 241 Rn. 90.
[80] *Medicus*, Schuldverhältnis, S. 15.
[81] *Medicus*, Schuldverhältnis, S. 15.
[82] *Boemke*, Schuldvertrag, S. 86; Canaris, JZ 1965, 475, 476; *Frost*, Schutzpflichten, S. 172 f.; *Jakobs*, Unmöglichkeit, S. 38 ff.; *Medicus*, Schuldverhältnis, S. 16; *Motzer*, Vertragsverletzung, S. 81 f.; *Stoll*, Leistungsstörungen, S. 26 f.; *Thiele*, JZ 1967, 649, 650; *Weber*, Arbeitsverhältnis, S. 346 ff.; *Zöllner*, Fürsorgepflicht, S. 91, 99; dieses Verständnis dagegen ablehnend *Ziegler*, Verträge, S. 65.
[83] Vgl. *Boemke*, Schuldvertrag, S. 335.
[84] *Boemke*, Schuldvertrag, S. 335.
[85] Siehe oben unter § 5.C.III.
[86] Vgl. MünchArbR-*Blomeyer*, § 53 Rn. 52.

seiner Möglichkeiten verpflichtet, drohende Schäden für den Betrieb abzuwenden.[87] Mit dieser Schadensabwendungspflicht steht schließlich eine dritte Nebenpflicht, die Anzeigepflicht, in engem Zusammenhang. Hiernach hat ein Arbeitnehmer ihm bekannte drohende Schäden oder Gefahren rechtzeitig anzuzeigen.[88] Bei den genannten drei Nebenpflichten (Beachtung des Unternehmereigentums, Schadensabwendungs- sowie Anzeigepflicht) handelt es sich ebenso wie bei der Verpflichtung zur Wahrung der betrieblichen Ordnung um Schutzpflichten,[89] also um nicht leistungsbezogene Nebenpflichten.
Demzufolge gelten für die Frage der Zuordnung dieser Pflichten zum Grund- oder Erfüllungsverhältnis die obigen[90] Ausführungen zu dem Anknüpfungspunkt der Verpflichtung, die Betriebsordnung zu wahren, entsprechend. Mithin sind auch die Pflicht, das Unternehmereigentum zu beachten sowie die Schadensabwendungs- und die Anzeigepflicht des Arbeitnehmers dem Erfüllungsverhältnis zuzuordnen, so dass diese aus dem Arbeitsverhältnis resultierenden Nebenpflichten auch in Zeiten der stufenweisen Wiedereingliederung fortwirken und von dem arbeitsunfähigen Arbeitnehmer zu beachten sind.

3. Auskunftspflicht

Der Arbeitnehmer ist im bestehenden Arbeitsverhältnis darüber hinaus verpflichtet, seinem Arbeitgeber über solche persönlichen Umstände Auskunft zu erteilen, die diesem unbekannt sind.[91] Diese Nebenpflicht ergibt sich aus § 242 BGB.[92] Die Verpflichtung des Arbeitnehmers zur Erteilung von Auskünften über persönliche Umstände resultiert aus seiner Schadensabwendungspflicht.[93] Ihre Einordnung als Schadensabwendungspflicht führt konsequenterweise dazu, auch diese Nebenpflicht als Schutzpflicht einzuordnen. Hierfür spricht der Sinn und Zweck solcher Pflichten. Schutzpflichten sollen den Gläubiger vor Beeinträchtigungen seiner schon vorhandenen Güter durch den Schuldner bewahren.[94] Genau dieser Erhaltung des Integritätsinteresses[95] dient die Auskunftspflicht des Arbeitnehmers, durch

---

[87] Vgl. ErfK-*Preis*, § 611 BGB Rn. 744; Moll-*Reinfeld*, MAH Arbeitsrecht, § 31 Rn. 26.
[88] Moll-*Reinfeld*, MAH Arbeitsrecht, § 31 Rn. 27; MünchArbR-*Blomeyer*, § 53 Rn. 53.
[89] Vgl. MünchArbR-*Blomeyer*, § 53 Rn. 52 f.; MünchKommBGB-*Roth*, Bd. 2, § 241 Rn. 96 und Rn. 161; Moll-*Reinfeld*, MAH Arbeitsrecht, § 31 Rn. 25 f.
[90] Siehe oben unter § 5.D.I.1.
[91] Vgl. BAG v. 07.09.1995, 8 AZR 828/93, AP Nr. 24 zu § 242 BGB Auskunftspflicht, unter II.2; Kittner/Zwanziger-*Becker*, ArbR, § 72 Rn. 54; Moll-*Reinfeld*, MAH Arbeitsrecht, § 31 Rn. 51; MünchArbR-*Blomeyer*, § 54 Rn. 10.
[92] BAG v. 07.09.1995, 8 AZR 828/93, AP Nr. 24 zu § 242 BGB Auskunftspflicht, unter II.2.
[93] MünchArbR-*Blomeyer*, § 54 Rn. 10.
[94] *Medicus*, Schuldverhältnis, S. 15.
[95] MünchKommBGB-*Roth*, Bd. 2, § 241 Rn. 90.

welche letzterer verpflichtet wird, seinem Arbeitgeber schadensvermeidende persönliche Umstände zu offenbaren.
Indem die Auskunftspflicht im Einklang mit der Verpflichtung des Arbeitnehmers, die betriebliche Ordnung zu wahren, als Schutzpflicht einzustufen ist, teilt sie auch bezüglich der im Rahmen dieser Arbeit besonders interessierenden Zuordnungsfrage an das Grund- oder Erfüllungsverhältnis das gleiche Schicksal. Somit knüpft die Auskunftspflicht in Folge ihres Schutzpflichtcharakters gleichfalls an das Erfüllungsverhältnis an.[96] Mithin bleibt der Arbeitnehmer in Zeiten der Wiedereingliederung zur Auskunftserteilung verpflichtet.

4. Schmiergeldverbot

Auch die Annahme von Schmiergeldern im Geschäftsverkehr stellt eine Pflichtverletzung des Arbeitnehmers gegenüber seinem Arbeitgeber dar.[97] Der Arbeitnehmer ist nämlich aus dem Arbeitsverhältnis verpflichtet, keine Schmiergelder anzunehmen.[98] Personen, die schmieren, machen sich andere durch Bestechung gefügig.[99] Diese Nebenpflicht ist verletzt, wenn der Arbeitnehmer durch Geldleistung zu einer pflichtwidrigen Handlung bestimmt oder als Belohnung für die Vornahme selbiger nachträglich belohnt wird.[100] Dagegen sind Trinkgelder oder geschäftsübliche Geschenke nicht als Schmiergelder einzustufen.[101]
Die Verpflichtung, nicht gegen das Schmiergeldverbot zu verstoßen, stellt eine Schutzpflicht dar.[102] Schon allein deshalb ist diese Nebenpflicht dem Erfüllungs- und nicht etwa dem Grundverhältnis zuzuordnen.[103] Untermauert wird eine solche Sichtweise durch die Tatsache, dass dem Arbeitnehmer in Folge seiner tatsächlichen Arbeitsleistung die Möglichkeit eröffnet wird, auf die Rechtsgüter seines Arbeitgebers einzuwirken und er in diesem Zusammenhang pflichtwidrige, durch Schmiergeld belohnte Handlungen vornehmen kann.[104] Die Verpflichtung, die Annahme von Schmiergeldern zu unterlassen, sichert also das dem Erfüllungsverhältnis zuzuordnende leistungsbegleitende Verhalten des Arbeitnehmers und nicht

---

[96] Siehe zu der Zuordnung von Schutzpflichten die Ausführungen oben unter § 5.D.I.1.
[97] Vgl. *Hueck/Nipperdey*, Arbeitsrecht, S. 247; *Isele*, Anm. zu BAG, Urteil vom 14.07.1961 – 1 AZR 288/60, AP Nr. 1 zu § 687 BGB; Staudinger-*Richardi*, § 611 Rn. 508.
[98] ArbR BGB-*Schliemann*, § 611 Rn. 707; HWK-*Thüsing*, § 611 BGB Rn. 364.
[99] Vgl. *Baumbach/Hefermehl*, vor § 12 UWG Rn. 1.
[100] *Hueck/Nipperdey*, Arbeitsrecht, S. 247.
[101] Vgl. Staudinger-*Richardi*, § 611 Rn. 509.
[102] *Boemke*, Schuldvertrag, S. 341.
[103] Siehe die Ausführungen zur Zuordnung der Schutzpflichten oben unter § 5.D.I.1.
[104] Vgl. *Boemke*, Schuldvertrag, S. 341.

etwa die Hauptleistungspflicht.[105] Indem das Schmiergeldverbot somit an das Erfüllungsverhältnis anknüpft, trifft auch den Rekonvaleszenten während seiner Wiedereingliederungsphase die aus dem Arbeitsverhältnis resultierende Nebenpflicht, keine dementsprechenden Gelder anzunehmen.

5. Pflicht zur Verschwiegenheit

Des Weiteren ist der Arbeitnehmer zur Verschwiegenheit verpflichtet.[106] Dies bedeutet, dass es ihm untersagt ist, Betriebs- oder Geschäftsgeheimnisse zu offenbaren.[107] Ein Betriebs- oder Geschäftsgeheimnis ist zu bejahen, sofern Tatsachen im Zusammenhang mit einem Geschäftsbetrieb, die nur einem begrenzten Personenkreis bekannt und nicht offenkundig sind, nach dem Arbeitgeberwillen aufgrund eines berechtigten wirtschaftlichen Interesses geheim gehalten werden sollen.[108] Dabei beziehen sich Betriebsgeheimnisse auf den technischen Betriebsablauf, wohingegen Geschäftsgeheimnisse den allgemeinen Geschäftsverkehr eines Unternehmens betreffen.[109] Die sich aus dem Arbeitsverhältnis ergebende Verschwiegenheitspflicht ist jedoch nicht auf den Schutz von Betriebs- oder Geschäftsgeheimnissen begrenzt, sondern umfasst auch darüber hinausgehende schützenswerte Interessen des Arbeitgebers.[110]

Indem die Verschwiegenheitspflicht mithin die subjektiven Geschäftsinteressen des Arbeitgebers sichert,[111] schützt ihn diese Nebenpflicht vor Schädigungen durch seinen Arbeitnehmer in Folge etwaiger Geheimnisoffenbarungen. Daher handelt es sich auch bei der arbeitnehmerseitigen Verpflichtung zur Verschwiegenheit um eine Schutzpflicht, die dem arbeitsrechtlichen Erfüllungsverhältnis zuzuordnen ist.[112] In Folge dieser Einordnung der Verschwiegenheitspflicht als Schutzpflicht und ihrer hieraus resultierenden Anknüpfung an das Erfüllungsverhältnis besteht auch für den Rekonvaleszenten in Zeiten der stufenweisen Wiedereingliederung die aus dem Arbeitsverhältnis resultierende Verschwiegenheitspflicht fort.[113]

---

105 Zur Zuordnung leitstungsbegleitender Verhaltenspflichten zum Erfüllungsverhältnis siehe bereits oben unter § 5.C.III.

106 ArbR BGB-*Schliemann*, § 611 Rn. 700; ErfK-*Preis*, § 611 BGB Rn. 710; Küttner-*Kania*, Personalbuch 2006, Verschwiegenheitspflicht, 437 Rn. 1.

107 Vgl. ErfK-*Preis*, § 611 BGB Rn. 710.

108 BAG v. 16.03.1982, 3 AZR 83/79, AP Nr. 1 zu § 611 BGB Betriebsgeheimnis, unter B.III.1.a); ArbR BGB-*Schliemann*, § 611 Rn. 702.

109 BAG v. 15.12.1987, 3 AZR 474/86, AP Nr. 5 zu § 611 BGB Betriebsgeheimnis, unter B.I.2.a).; ErfK-*Preis*, § 611 BGB Rn. 711.

110 Küttner-*Kania*, Personalbuch 2006, Verschwiegenheitspflicht, 437 Rn. 1.

111 MünchArbR-*Blomeyer*, § 53 Rn. 62.

112 Vgl. *Boemke*, Schuldvertrag, S. 334 f. und S. 340 f.

113 Siehe zur Zuordnung der Schutzpflichten sowie zu ihrem Fortbestand während der stufenweisen Wiedereingliederung bereits oben unter § 5.D.I.1.

6. Wettbewerbesverbot

Außerdem unterliegt der Arbeitnehmer einem Wettbewerbsverbot.[114] Er darf demnach während eines bestehenden Arbeitsverhältnisses zu seinem Arbeitgeber nicht in Wettbewerb treten.[115] Hierbei ist es gleichgültig, ob der Arbeitnehmer gleichzeitig noch für Konkurrenten des Arbeitgebers arbeitet oder aber ob er auf eigene Rechnung in dem gleichen Geschäftszweig wie dieser tätig wird.[116] Auch hinsichtlich des Wettbewerbsverbotes ist klärungsbedürftig, ob selbiges dem Grund- oder dem Erfüllungsverhältnis zuzuordnen ist. Einige wollen bei der Beantwortung dieser Frage entscheidende Unterschiede zwischen der soeben[117] behandelten Verschwiegenheitspflicht auf der einen und dem Wettbewerbsverbot auf der anderen Seite erkennen und daher die Verpflichtung des Arbeitnehmers, wettbewerbsrelevante Handlungen zu unterlassen, dem arbeitsrechtlichen Grundverhältnis zuordnen.[118]

Die Pflicht zur Verschwiegenheit bezwecke den Schutz der Rechtsgüter und Interessen des Arbeitgebers.[119] Demgegenüber stehe das Wettbewerbsverbot in engem Zusammenhang mit der Arbeitspflicht.[120] Dieses Verbot sei daher im Gegensatz zur Verschwiegenheitspflicht nicht als Schutzpflicht einzustufen, sondern stelle eine Nebenpflicht dar, deren Bestand untrennbar von der Existenz der Leistungsverpflichtung abhänge.[121] Die den Arbeitnehmer treffende Verpflichtung, keine wettbewerbsrelevanten Verhaltensweisen zu Tage zu legen, solle zur ordnungsgemäßen Erbringung der Hauptleistung beitragen.[122] Diese Sichtweise werde durch die häufig verwendete Formulierung unterstützt, entscheidend für die Wirksamkeit eines Wettbewerbsverbotes sei nicht die tatsächliche Arbeitsleistung, sondern allein der rechtliche Bestand des Arbeitsvertrages.[123] Nur ein Arbeitgeber, der das Recht habe, eine Leistung einzufordern, könne dem zur Leistung Verpflichteten eine gleiche Tätigkeit außerhalb des Arbeitgeberbetriebes wirksam untersagen.[124] Die

---

[114] LAG Düsseldorf v. 19.11.1953, 3 Sa 152/53, DB 1954, 156, 156; MünchArbR-*Blomeyer*, § 52 Rn. 1.
[115] Vgl. *Nikisch*, Arbeitsrecht I, S. 451.
[116] Vgl. MünchArbR-*Blomeyer*, § 52 Rn. 1; *Nikisch*, Arbeitsrecht I, S. 451.
[117] Siehe oben unter § 5.D.I.5.
[118] *Boemke*, Schuldvertrag, S. 347 f.; *Käßer*, Arbeitsvertrag, S. 103; Wiese, Ruhestandsverhältnis, S. 86 ff.
[119] Siehe oben unter § 5.D.I.5.
[120] *Wiese*, Ruhestandsverhältnis, S. 86.
[121] *Wiese*, Ruhestandsverhältnis, S. 87 f.
[122] Vgl. *Käßer*, Arbeitsvertrag, S. 103.
[123] Vgl. BAG v. 17.10.1969, 3 AZR 442/68, AP Nr. 7 zu § 611 BGB Treuepflicht, unter III.3.a).; *Canaris*, Anm. zu BAG, Beschluss vom 17.10.1969 – 3 AZR 442/68, AP Nr. 7 zu § 611 BGB Treuepflicht; *Käßer*, Arbeitsvertrag, S. 103.
[124] Vgl. *Käßer*, Arbeitsvertrag, S. 103.

Zuordnung des Wettbewerbsverbotes zum arbeitsrechtlichen Grundverhältnis hätte für die stufenweise Wiedereingliederung zur Konsequenz, dass einen Rekonvaleszenten während der Wiedereingliederungsphase mangels arbeitsvertraglicher Hauptleistungspflicht[125] keine Verpflichtung treffen würde, wettbewerbsrelevante Handlungen zu unterlassen.[126]

Einem solchen Verständnis kann jedoch nicht gefolgt werden. Die Vorstellung, dass die Existenz eines Wettbewerbsverbotes untrennbar mit der Leistungsverpflichtung verbunden sei, überzeugt nicht. Vielmehr dient das Wettbewerbsverbot dem Schutz der Rechtsgüter des Arbeitgebers.[127] Das verdeutlicht eine nähere Analyse dieser Nebenpflicht. Der Arbeitnehmer erhält während seiner Tätigkeit in dem Arbeitgeberbetrieb eine Fülle wettbewerbsrelevanter Informationen, wie beispielsweise Lieferanten- und Kundendaten oder aber Kenntnisse über Produktions- sowie Herstellungsverfahren.[128] Sinn und Zweck eines Wettbewerbsverbotes ist es nunmehr zu verhindern, dass diese Kenntnisse und Erfahrungen, die der Arbeitnehmer erlangt hat, frühzeitig einem Mitbewerber des Arbeitgebers zu Gute kommen beziehungsweise der ausscheidende Arbeitnehmer selbst mit diesen gewonnenen Fertigkeiten zu seinem Arbeitgeber in Wettbewerb tritt.[129] Mithin wird der Arbeitgeber durch das Wettbewerbsverbot in seinem Rechtsgüterbestand und seinen rechtlich anerkannten Interessen geschützt.[130] Das Wettbewerbsverbot sichert demnach das arbeitgeberseitige Erhaltungsinteresse und ist somit als Schutzpflicht einzuordnen.[131] Diese Argumentationslinie wird noch durch einen weiteren Gedanken untermauert. So entfällt das Wettbewerbsverbot nicht schon in Zeiten, in denen der Arbeitnehmer von seiner Arbeitspflicht befreit ist, wie beispielsweise während des Urlaubes oder einer Freistellung.[132] Sofern allerdings die oben genannten Stimmen[133] das Wettbewerbsverbot zwingend mit dem Bestand der Hauptleistungspflicht verknüpfen wollen, ließe sich der Fortbestand des Wettbewerbsverbotes während des Urlaubes eines Arbeitnehmers in Ermangelung einer Leistungspflicht in dieser Zeit nicht begründen. Konsequenterweise müsste die erstgenannte Meinungsgruppe dem Arbeitnehmer somit während seines Urlaubes wettbewerbsrelevante Handlungen gestatten. Ein solch wenig überzeugendes Ergebnis wird mit der

[125] Siehe oben unter § 3.A.I.
[126] Siehe zum Schicksal der an das Grundverhältnis anknüpfenden Nebenpflichten oben unter § 5.D.I.1.
[127] *Moos*, RdA 1962, 301, 304 f.; *Müller*, Leistungsbegriff, S. 204.
[128] Vgl. *Müller*, Leistungsbegriff, S. 204.
[129] Vgl. *Koenigs*, DB 1955, 1064, 1065.
[130] Vgl. *Moos*, RdA 1962, 301, 304.
[131] Siehe zum Erhaltungsinteresse bereits oben unter § 5.D.I.1.
[132] LAG Kiel v. 24.01.1956, 2 Sa 224/55, DB 1956, 306, 306; Staudinger-*Richardi*, § 611 Rn. 477.
[133] Siehe § 5, Fußnote 118.

Einordnung des Wettbewerbsverbotes als Schutzpflicht vermieden, da Schutzpflichten unabhängig von dem Bestand einer Hauptleistungspflicht beachtet werden müssen. Folglich ist das dem Arbeitnehmer auferlegte Wettbewerbsverbot als Schutzpflicht einzustufen. Wie bereits oben[134] ausgeführt, sind solche Nebenpflichten dem Erfüllungsverhältnis zuzuordnen und bestehen demnach in Zeiten der stufenweisen Wiedereingliederung fort. Daher trifft auch den Rekonvaleszenten während der Wiedereingliederungsphase die fortwirkende Verpflichtung aus dem Arbeitsverhältnis, wettbewerbsrelevante Verhaltensweisen zu unterlassen.

7. Pflicht zu gesundheitsförderndem Verhalten

Im Gegensatz zu den bisher angesprochenen Verpflichtungen, die dem Arbeitnehmer aus dem Arbeitsverhältnis auferlegt werden, ist ein Arbeiter oder Angestellter in der Gestaltung seines außerdienstlichen Verhaltens grundsätzlich frei.[135] Ein Arbeitgeber ist nicht der Sittenwächter seiner Mitarbeiter.[136] Die private Lebensgestaltung eines Arbeitnehmers wird erst dann durch Nebenpflichten aus dem Arbeitsverhältnis eingeschränkt, wenn sich das Privatverhalten auf den betrieblichen Bereich auswirkt und dort zu Störungen führt.[137] In Folge dessen existiert auch keine allgemeine Arbeitnehmerpflicht, sich gesundheits- oder genesungsfördernd zu verhalten.[138]

Etwas anderes gilt allerdings in Zeiten der Arbeitsunfähigkeit.[139] Während dieser Phase trifft den Arbeitnehmer die vertragliche Nebenpflicht, sich so zu verhalten, dass er bald wieder gesund wird, und alles zu unterlassen, was seine Genesung verzögern könnte.[140] Die gegenteiligen Stimmen, welche eine Verpflichtung des Abnehmers, sich gesundheitsfördernd zu Verhalten, ablehnen, lassen einen gewichti-

---

[134] Siehe oben unter § 5.D.I.1.

[135] BAG v. 23.06.1994, 2 AZR 617/93, AP Nr. 9 zu § 242 BGB Kündigung, unter II.2.c).bb).; HWK-*Thüsing*, § 611 BGB Rn. 376; Staudinger-*Richardi*, § 611 Rn. 471.

[136] BAG v. 23.06.1994, 2 AZR 617/93, AP Nr. 9 zu § 242 BGB Kündigung, unter II.2.c).bb).; LAG Düsseldorf, DB 1969, 667, 668.

[137] BAG v. 23.06.1994, 2 AZR 617/93, AP Nr. 9 zu § 242 BGB Kündigung, unter II.2.c).bb).; HWK-*Thüsing*, § 611 BGB Rn. 376; ErfK-*Preis*, § 611 BGB Rn. 730.

[138] ErfK-*Preis*, § 611 BGB Rn. 731.

[139] BAG v. 13.11.1979, 6 AZR 934/77, AP Nr. 5 zu § 1 KSchG 1969 Krankheit, unter III.2.b).; LAG Hamm v. 28.05.1998, 4 Sa 1550/97, MDR 1999, 555, 555.

[140] BAG v. 13.11.1979, 6 AZR 934/77, AP Nr. 5 zu § 1 KSchG 1969 Krankheit, unter III.2.b).; BAG v. 26.08.1993 – 2 AZR 154/93, AP Nr. 112 zu § 626 BGB, unter B.I.3.a).; BAG v. 02.03.2006, 2 AZR 53/05, AP Nr. 14 zu § 626 BGB Krankheit, unter B.II.2.b).aa).; LAG Rheinland-Pfalz v. 15.06.1999, 5 Sa 540/99, BB 2000, 153, 153; LAG Hamm v. 28.05.1998, 4 Sa 1550/97, MDR 1999, 555, 555; APS-*Dörner*, § 1 KSchG Rn. 321; *Barwasser*, DB 1976, 1332, 1333; *Diekhoff*, BB 1966, 1145, 1145; Kaiser/Dunkl/Hold/Kleinsorge-*Dunkl*, § 3 EFZG Rn. 97.

gen Gesichtspunkt außer Acht.[141] Ein arbeitsunfähig erkrankter Arbeitnehmer, der sich heilungswidrig verhält, zerstört das Vertrauen des Arbeitgebers in seine Redlichkeit.[142] Insofern stellt ein solches Verhalten eine schwerwiegende Verletzung der Rücksichtnahmepflicht dar.[143] Die Pflicht zu gesundheitsförderndem Verhalten soll nicht den Leistungserfolg verwirklichen und sichern, kommt also nicht der Hauptleistungspflicht zu Gute. Dies folgt aus der Einordnung dieser Nebenpflicht als Rücksichtnahmepflicht.[144] Rücksichtnahmepflichten geben dem Arbeitnehmer auf, die schützenswerten Interessen des Arbeitgebers nicht zu verletzen.[145] Die Pflicht zu gesundheitsförderndem Verhalten resultiert aus dem Interesse des Arbeitgebers, dass seine aus Art. 2 Abs. 1 GG und Art. 14 GG herzuleitenden Eigentums- und Unternehmensgrundrechte nicht durch seinen Arbeitnehmer verletzt werden.[146] Diese Arbeitgeberrechte sind von dem Arbeitnehmer auch ohne bestehende Leistungsverpflichtung zu beachten. Insofern handelt es sich bei der arbeitnehmerseitigen Pflicht, sich gesundheitsfördernd zu verhalten, um eine nicht leistungsbezogene Nebenpflicht im Sinne des § 241 Abs. 2 BGB.[147] Eine solche Nebenpflicht, die unabhängig von einer Hauptleistungspflicht besteht und nicht an das Leistungsinteresse des Gläubigers angelehnt ist, muss dem Erfüllungsverhältnis zugeordnet werden.

Demnach knüpft auch die Verpflichtung des Arbeitnehmers, sich nicht genesungswidrig zu verhalten, an das Erfüllungsverhältnis. Sie besteht daher nach den obigen Ausführungen[148] auch in Zeiten der stufenweisen Wiedereingliederung fort und ist von dem Rekonvaleszenten zu beachten.

8. Leistungstreuepflicht

Darüber hinaus trifft einen Arbeitnehmer die Leistungstreuepflicht.[149] Diese verpflichtet ihn, jede Verhaltensweise zu unterlassen, die den Vertragserfolg beein-

---

[141] Gegen eine dementsprechende vertragliche Nebenpflicht sprechen sich beispielsweise ArbG Heilbronn v. 24.09.1968, Ca 335/68, BB 1969, 136, 136; ArbG Berlin v. 09.10.1974, 10 Ca 299/74, DB 1974, 2212, 2212; *Berkowsky*, NZA-RR 2001, 57, 59; *Hofmann*, ZfA 1979, 275, 310; *Künzl/Weinmann*, ArbuR 1996, 256, 260 f.; *Lepke*, Kündigung Rn. 543 ff., aus.

[142] BAG v. 26.08.1993 – 2 AZR 154/93, AP Nr. 112 zu § 626 BGB, unter B.I.3.a).; BAG v. 02.03.2006, 2 AZR 53/05, AP Nr. 14 zu § 626 BGB Krankheit, unter B.II.2.b).aa).

[143] BAG v. 02.03.2006, 2 AZR 53/05, AP Nr. 14 zu § 626 BGB Krankheit, unter B.II.2.b).aa).

[144] Vgl. BAG v. 02.03.2006, 2 AZR 53/05, AP Nr. 14 zu § 626 BGB Krankheit, unter B.II.2.b).aa).

[145] Vgl. BAG v. 02.03.2006, 2 AZR 53/05, AP Nr. 14 zu § 626 Krankheit, unter B.II.2.b).aa).

[146] Vgl. *Gottwald*, NZA 1997, 635, 637.

[147] Vgl. MünchKommBGB-*Müller-Glöge*, Bd. 4, § 611 Rn. 1074 und Rn. 1077.

[148] Siehe oben unter § 5.C.III.

[149] *Isensee*, FS Obermayer, S. 203, 206; MünchKommBGB-*Roth*, Bd. 2, § 241 Rn. 67.

trächtigen könnte.[150] Außerdem muss er alles tun, um die Erfüllung der vertraglichen Verpflichtung herbeizuführen und zu sichern.[151]
Hierin zeigt sich auch der entscheidende Unterschied zu den Schutzpflichten. Während letztere das von dem Leistungsaustausch unabhängige Erhaltungsinteresse schützen, dient die Leistungstreupflicht der Sicherung und Erfüllung des Leistungsinteresses.[152] Es handelt sich bei der Leistungstreuepflicht also um eine leistungsbezogene Nebenpflicht. Welche Pflichten sich im Einzelfall hinter dem Oberbegriff der Leistungstreuepflicht verbergen, ist von dem jeweiligen Schuldverhältnis abhängig.[153] So verletzt beispielsweise ein Arbeitnehmer seine Leistungstreuepflicht, wenn er in Folge übermäßigen Alkoholgenusses nicht in der Lage ist, seiner Arbeitspflicht nachzukommen.[154]
Die Leistungstreuepflicht setzt in jedem Fall ein zu sicherndes Leistungsinteresse voraus, erfordert also im Arbeitsrecht eine bestehende Arbeitspflicht. Indem sich eine Arbeitspflicht nur aus dem arbeitsrechtlichen Grundverhältnis ergeben kann, ist Rechtsgrund der Leistungstreuepflicht das vertragliche Leistungsversprechen.[155] Mithin kann die Leistungstreuepflicht des Arbeitnehmers als leistungsbezogene Nebenpflicht nur dem Grundverhältnis und nicht etwa dem Erfüllungsverhältnis zugeordnet werden.[156] In Folge dieses Anknüpfungspunktes ist der Rehabilitand, dem während seiner Wiedereingliederung keine Hauptleistungspflichten auferlegt sind, von der Leistungstreuepflicht befreit.[157]

II. Nebenpflichten des Arbeitgebers aus dem Arbeitsverhältnis

Ebenso wie den Arbeitnehmer treffen auch seinen Arbeitgeber zahlreiche Nebenpflichten aus dem Arbeitsverhältnis. In Folge dessen sollen in gleicher Weise wie bei der soeben[158] vorgenommenen Darlegung bedeutsamer Nebenpflichten, die dem Arbeitnehmer aus dem Arbeitsverhältnis zugewiesen sind, nunmehr exemplarisch auch einige Arbeitgeberpflichten aus diesem Rechtsverhältnis inhaltlich aufgeführt und dem Grund- oder Erfüllungsverhältnis zugeordnet werden. Im Anschluss daran ist in einem weiteren Schritt der Fortbestand dieser Pflichten wäh-

---

150 Vgl. *Isensee*, FS Obermayer, S. 203, 206; MünchKommBGB-*Roth*, Bd. 2, § 241 Rn. 67.
151 Vgl. BGH v. 28.04.1982, IV a ZR 8/81, NJW 1983, 998, 998; Palandt-*Heinrichs*, § 242 Rn. 27.
152 Vgl. MünchKommBGB-*Roth*, Bd. 2, § 241 Rn. 67.
153 Palandt-*Heinrichs*, § 242 Rn. 27.
154 *Boemke*, Schuldvertrag, S. 328.
155 Vgl. *Boemke*, Schuldvertrag, S. 327; MünchKommBGB-*Roth*, Bd. 2, § 241 Rn. 67.
156 *Boemke*, Schuldvertrag, S. 328.
157 Siehe zu jenen Nebenpflichten, die an das Grundverhältnis anknüpfen, oben § 5.C.III.
158 Siehe oben unter § 5.D.I.

rend einer Wiedereingliederungsmaßnahme zu bejahen beziehungsweise abzulehnen.

1. Die Beschäftigungspflicht aus dem Arbeitsverhältnis

Ein Arbeitgeber ist grundsätzlich nicht nur verpflichtet, seinen Arbeitnehmer zu bezahlen, sondern auch zu beschäftigen.[159]

Der damit korrespondierende allgemeine Beschäftigungsanspruch wird aus §§ 611, 613 BGB in Verbindung mit § 242 BGB und dem allgemeinen Persönlichkeitsrecht des Arbeitnehmers (Art. 1 GG in Verbindung mit Art. 2 Abs. 1 GG) hergeleitet.[160]

Die arbeitgeberseitige Pflicht zur Beschäftigung des Arbeitnehmers nimmt allerdings nicht am vertraglichen Synallagma teil und ist keine Hauptleistungspflicht, sondern stellt eine Nebenpflicht des Arbeitgebers dar.[161]

Hierfür spricht, dass die Pflicht zur Beschäftigung hinweggedacht werden kann, ohne dass es dadurch zu einer Änderung des arbeitsvertraglichen Charakters des Schuldverhältnisses kommt.[162] Diese Pflicht ist für das Arbeitsverhältnis nicht wesentlich und gibt dem Schuldverhältnis nicht sein typisches Gepräge.[163] Die Pflicht zur Beschäftigung eines arbeitsfähigen Arbeitnehmers im ungekündigten Arbeitsverhältnis knüpft als arbeitspflichtbezogene, also leistungsbezogene, Nebenpflicht an die Arbeitspflicht an und setzt diese voraus.[164]

Daher ist die Pflicht zur Beschäftigung des Arbeitnehmers dem arbeitsrechtlichen Grundverhältnis zuzuordnen.[165] Hieraus folgt für den Arbeitgeber, dass ihn in Zeiten der stufenweisen Wiedereingliederung aus dem Arbeitsverhältnis keine Verpflichtung trifft, seinen Rekonvaleszenten auch tatsächlich zu beschäftigen.[166]

---

159 BAG v. 10.11.1955, 2 AZR 591/54, AP Nr. 2 zu § 611 BGB Beschäftigungspflicht, unter II.; BAG v. 27.02.1985, GS 1/84, AP Nr. 14 zu § 611 BGB Beschäftigungspflicht, unter C.I.; *Gamillscheg*, AcP 164 (1964), 385, 423; HWK-*Thüsing*, § 611 BGB Rn. 168; Kittner/Zwanziger-*Becker*, ArbR, § 73 Rn. 3.

160 Vgl. Kittner/Zwanziger-*Becker*, ArbR, § 73 Rn. 3.

161 MünchArbR-*Blomeyer*, § 95 Rn. 12; MünchKommBGB-*Müller-Glöge*, Bd. 4, § 611 Rn. 973; dagegen wird die Beschäftigungspflicht teilweise auch als arbeitsvertragliche Hauptpflicht eingestuft, so beispielsweise HWK-*Thüsing*, § 611 BGB Rn. 170.

162 *Leßmann*, RdA 1988, 149, 151.

163 Auf das Gepräge als Kriterium für die Bestimmung der Hauptleistungspflichten weisen insbesondere *Brox/Walker*, Schuldrecht, § 2 Rn. 6, hin.

164 Vgl. *Boemke*, Schuldvertrag, S. 327 ff.

165 Vgl. *Boemke*, Schuldvertrag, S. 327 ff.

166 Siehe zur fehlenden Arbeitspflicht des Rekonvaleszenten oben unter § 3.A. sowie zum Schicksal der an das Grundverhältnis anknüpfenden Nebenpflichten oben unter § 5.C.III.

2. Aufklärungs- und Informationspflichten

Des Weiteren muss ein Arbeitgeber zahlreiche Aufklärungs- und Informationspflichten beachten.[167]
Dies sind solche Nebenpflichten, die den Arbeitgeber dazu verpflichten, seinen Arbeitnehmer von sich aus über alle Umstände in Kenntnis zu setzen, die für den Hauptleistungszweck von Bedeutung sind.[168] Mithin handelt es sich bei den Aufklärungs- und Informationspflichten um leistungsbezogene Nebenpflichten. Der Arbeitgeber hat seinen Mitarbeiter beispielsweise über die betrieblichen Abläufe und alle sonstigen wesentlichen Umstände des Arbeitsverhältnisses zu informieren.[169] Daneben muss er den Arbeitnehmer über wirtschaftliche Schwierigkeiten des Unternehmens aufklären, sofern hierdurch Gehaltszahlungen gefährdet und diese Probleme nicht bereits bekannt sind.[170]
Demgegenüber trifft den Arbeitgeber grundsätzlich keine Verpflichtung, seinen Arbeitnehmer vor Abschluss eines Aufhebungsvertrages über etwaige Beendigungsfolgen aufzuklären.[171] Die Tatsache, dass sich die Aufklärungs- und Informationspflichten auf die für den Hauptleistungszweck entscheidenden Umstände beziehen, führt dazu, diese leistungsbezogenen Nebenpflichten dem arbeitsrechtlichen Grundverhältnis zuzuordnen.[172]
Hieraus folgt für die durch das Fehlen der Hauptleistungspflichten gekennzeichnete Phase der stufenweisen Wiedereingliederung, dass der Arbeitgeber in dieser Zeit solche Aufklärungs- und Informationspflichten gegenüber seinem arbeitsunfähigen Arbeitnehmer nicht zu beachten hat, die für den Hauptleistungszweck von Bedeutung sind.[173]

3. Schutzpflichten aus dem Arbeitsverhältnis

Ebenso wie den Arbeitnehmer[174] treffen auch den Arbeitgeber zahlreiche Schutzpflichten. So ist der Arbeitgeber verpflichtet, das Leben und die Gesundheit seines Mitarbeiters (vgl. §§ 3 ff. ArbSchG, 618 Abs. 1 BGB, 62 Abs. 1 HGB) ebenso zu schützen wie dessen Persönlichkeit (vgl. Art. 1, 2 Abs. 1 GG sowie §§ 1 ff. AGG)

---

[167] Fachanwalt ArbR-*Kümpel*, Kapitel 1 Rn. 563 ff.; Kittner/Zwanziger-*Becker*, ArbR, § 73 Rn. 10; MünchKommBGB-*Müller-Glöge*, Bd. 4, § 611 Rn. 992.
[168] Kittner/Zwanziger-*Becker*, ArbR, § 73 Rn. 10.
[169] Fachanwalt ArbR-*Kümpel*, Kapitel 1 Rn. 563.
[170] HWK-*Thüsing*, § 611 BGB Rn. 248.
[171] BAG v. 03.07.1990, 3 AZR 382/89, AP Nr. 24 zu § 1 BetrAVG, unter II.2.a).; ErfK-*Preis*, § 611 BGB Rn. 634.
[172] Vgl. *Boemke*, Schuldvertrag, S. 343.
[173] Siehe zu den fehlenden Hauptleistungspflichten in dieser Zeit oben unter § 3.A. und zum Schicksal der an das Grundverhältnis anknüpfenden Nebenpflichten oben unter § 5.C.III.
[174] Siehe oben unter § 5.D.I.

und das vom Arbeitnehmer berechtigterweise in den Betrieb eingebrachte Eigentum (Art. 14 GG).[175] Darüber hinaus muss der Arbeitgeber die Maschinen und Gebäude unfallsicher unterhalten.[176] Außerdem hat er hinsichtlich der Art des Umganges mit seinem Arbeitnehmer dessen Persönlichkeitsrecht zu beachten,[177] darf diesen daher insbesondere nicht schikanieren („Mobbingverbot").[178] Des Weiteren muss der Arbeitgeber die Kleidung und das Gepäck seines Arbeitnehmers vor Beschädigungen schützen.[179] Die Einordnung der vorgenannten Nebenpflichten als Schutzpflichten[180] ist auch für die Beurteilung der Fortwirkung dieser Pflichten in Zeiten der Wiedereingliederung von entscheidender Bedeutung. Aus dem Arbeitsverhältnis herrührende Schutzpflichten sind dem arbeitsrechtlichen Erfüllungsverhältnis zuzuordnen.[181] Dies hat zur Folge, dass diese Nebenpflichten während der Wiedereingliederung eines arbeitsunfähigen Arbeitnehmers fortwirken und den Arbeitgeber verpflichten.[182]

4. Aufwendungsersatz

Schließlich stellt auch die arbeitgeberseitige Pflicht, dem Arbeitnehmer Aufwendungen zu ersetzen, eine Nebenpflicht dar.[183] Im Unterschied zum Schaden handelt es sich bei Aufwendungen um freiwillige Vermögenseinbußen.[184] Sofern der Arbeitnehmer Aufwendungen gemacht hat, die er für erforderlich halten durfte, kann er von seinem Arbeitgeber entsprechenden Ersatz verlangen.[185] Hierunter fallen unter bestimmten Voraussetzungen der Ersatz von Fahrtkosten oder die Entrichtung einer Beköstigungszulage.[186] Indem die Begründung eines Aufwendungsersatzes allein von einer tatsächlichen Handlung des Arbeitnehmers abhängt, die zu einer Vermögenseinbuße führt, ist diese Nebenpflicht nicht dem Grund-, sondern

---

[175] BAG v. 01.07.1965, 5 AZR 264/64, AP Nr. 75 zu § 611 BGB Fürsorgepflicht, unter 2.; LAG Bremen v. 24.11.1954, Sa 92/54, AP Nr. 2 zu § 618 BGB; ErfK-*Preis*, § 611 BGB Rn. 618 ff.; ArbR BGB-*Schliemann*, § 611 Rn. 874 f.; *Weber*, RdA 1980, 289, 290; *Wiese*, ZfA 1971, 273, 278 ff.

[176] *Hanau/Adomeit*, ArbR Rn. 594.

[177] ArbR BGB-*Schliemann*, § 611 Rn. 874.

[178] LAG Thüringen v. 10.04.2001, 5 Sa 403/2000, NZA-RR 2001, 347, 355 ff.; *Wickler*, DB 2002, 477, 477 ff.

[179] BAG v. 01.07.1965, 5 AZR 264/64, AP Nr. 75 zu § 611 BGB Fürsorgepflicht, unter 2.; *Weber*, RdA 1980, 289, 290.

[180] Siehe Überschrift bei ErfK-*Preis*, § 611 BGB Rn. 618.

[181] Siehe zur Zuordnung der Schutzpflichten zum Erfüllungsverhältnis oben unter § 5.D.I.1.

[182] Siehe zu dieser Fortwirkung oben unter § 5.C.III.

[183] *Boemke*, Schuldvertrag, S. 332; HWK-*Thüsing*, § 611 BGB Rn. 270.

[184] *Larenz*, Schuldrecht, Band 1, S. 185.

[185] Staudinger-*Richardi*, § 611, Rn. 928.

[186] *Boemke*, Schuldvertrag, S. 332.

vielmehr dem Erfüllungsverhältnis zuzuordnen.[187] Folglich kann auch der wiedereinzugliedernde Rekonvaleszent seinen Arbeitgeber grundsätzlich auf Zahlung einer Aufwandsentschädigung in Anspruch nehmen.[188] Diese Ausführungen stehen auch nicht im Widerspruch zu einer Entscheidung[189] des *Bundesarbeitsgerichtes* aus dem Jahre 1999. In diesem Urteil hat das Gericht zwar im Ergebnis einen Anspruch des Rehabilitanden auf Fahrtkostenersatz abgelehnt. Dieser ergab sich weder aus § 7 Abs. 1 des einschlägigen Tarifvertrages noch aus einer Aufwendungsersatzentschädigung.[190] § 7 Abs. 1 des Tarifvertrages schied aus, weil die Voraussetzungen der Vorschrift nicht erfüllt waren.[191] Auch bestand keine Nebenpflicht des Arbeitgebers, seinem arbeitsunfähigen Arbeitnehmer die Fahrtkosten, also dessen Aufwendungen, zu ersetzen.[192] Eine solche Aufwandsentschädigung wurde allerdings nicht generell für Wiedereingliederungsfälle verneint, sondern im konkreten Fall allein deshalb abgelehnt, weil der Rekonvaleszent die Fahrtkosten nicht für erforderlich halten durfte.

E. Nebenpflichten aus dem Wiedereingliederungsverhältnis

Nachdem der Fokus bisher auf das Schicksal der aus dem Arbeitsverhältnis fortwirkenden Nebenpflichten in Zeiten der Wiedereingliederung gelegt worden ist, stellt sich die weitere Frage, ob und inwieweit originäre Nebenpflichten aus dem Wiedereingliederungsverhältnis existieren.

I. Arbeitnehmerseitige Nebenpflichten aus dem Wiedereingliederungsverhältnis

Auch hier steht zunächst die Suche nach möglichen arbeitnehmerseitigen Nebenpflichten im Mittelpunkt der Erörterungen.

1. Pflicht zu gesundheitsförderndem Verhalten

Ebenso wie eine aus dem Arbeitsverhältnis resultierende Nebenpflicht zu gesundheitsförderndem Verhalten in Zeiten der Arbeitsunfähigkeit nach zutreffendem

---

[187] Vgl. *Boemke*, Schuldvertrag, S. 332.
[188] Zur Fortwirkung der an das Erfüllungsverhältnis anknüpfenden Nebenpflichten siehe oben unter § 5.C.III.
[189] BAG v. 28.07.1999, 4 AZR 192/98, AP Nr. 3 zu § 74 SGB V.
[190] BAG v. 28.07.1999, 4 AZR 192/98, AP Nr. 3 zu § 74 SGB V, unter 1.
[191] BAG v. 28.07.1999, 4 AZR 192/98, AP Nr. 3 zu § 74 SGB V, unter 1.a).
[192] Vgl. BAG v. 28.07.1999, 4 AZR 192/98, AP Nr. 3 zu § 74 SGB V, unter 1.b).

Verständnis zu bejahen ist,[193] trifft den Rehabilitanden die gleiche Verpflichtung aus dem Wiedereingliederungsverhältnis. Wie bereits oben[194] dargelegt, soll die Pflicht zu gesundheitsförderndem Verhalten keinen Leistungserfolg verwirklichen und sichern. Sie kommt also keiner Hauptleistungspflicht zu Gute. Dies ergibt sich aus der Einordnung dieser Nebenpflicht als Rücksichtnahmepflicht.[195] Rücksichtnahmepflichten bestehen in jedem Schuldverhältnis, also nicht allein in Arbeitsverhältnissen. Diese Art von Nebenpflichten geben dem Vertragspartner, hier also dem Rehabilitanden, auf, die schützenswerten Interessen der anderen Partei, im Falle der Wiedereingliederung also jene des Arbeitgebers, nicht zu verletzen. Die Pflicht zu gesundheitsförderndem Verhalten ergibt sich in einem Arbeitsverhältnis aus dem Interesse des Arbeitgebers, dass seine aus Art. 2 Abs. 1 GG und Art. 14 GG herzuleitenden Eigentums- und Unternehmensgrundrechte nicht durch seinen Arbeitnehmer verletzt werden.[196] Nichts anderes gilt für das Wiedereingliederungsverhältnis. Auch auf Grund dieses Rechtsverhältnisses ist der Rehabilitand verpflichtet, die Eigentums- und Unternehmergrundrechte seines Arbeitgebers nicht zu verletzen.

Darüber hinaus sind diese Arbeitgeberrechte von dem Rekonvaleszenten auch ohne bestehende Leistungsverpflichtung zu beachten. Insofern handelt es sich bei der arbeitnehmerseitigen Pflicht, sich gesundheitsfördernd zu verhalten, um eine nicht leistungsbezogene Nebenpflicht im Sinne des § 241 Abs. 2 BGB.[197] Verhält sich der arbeitsunfähige Arbeitnehmer während der Wiedereingliederungsphase genesungswidrig, so zerstört er das Vertrauen des Arbeitgebers in seine Redlichkeit und verstößt somit gegen die originäre und nicht leistungsbezogene Nebenpflicht aus dem Wiedereingliederungsverhältnis, sich gesundheitsfördernd zu verhalten.

2. Pflicht zur Durchführung/Fortsetzung einer Wiedereingliederung

Einige sehen den arbeitsunfähigen Arbeitnehmer außerdem als verpflichtet an, die Tätigkeit während der stufenweisen Wiedereingliederung nicht ohne weiteres einstellen zu dürfen, es sei denn die Beendigung der Wiedereingliederungsmaßnahme sei medizinisch indiziert.[198] Diese Ansicht ist problematisch. Richtigerweise steht

---

[193] Siehe dazu bereits die obigen Ausführungen unter § 5.D.I.7., die für die Begründung einer vertraglichen Nebenpflicht aus dem Wiedereingliederungsverhältnis entsprechend gelten.

[194] Siehe dazu bereits die obigen Ausführungen unter § 5.D.I.7.

[195] Vgl. BAG v. 02.03.2006, 2 AZR 53/05, AP Nr. 14 zu § 626 BGB Krankheit, unter B.II.2.b).aa).

[196] Vgl. *Gottwald*, NZA 1997, 635, 637.

[197] Vgl. MünchKommBGB-*Müller-Glöge*, Bd. 4, § 611 Rn. 1074 und Rn. 1077.

[198] *Karlsfeld*, ArbRB 2002, 278, 280.

es dem Rekonvaleszenten frei, die Wiedereingliederung jederzeit wieder abzubrechen.[199] Dies gilt auch bei unveränderter medizinischer Prognose.[200]
Nur ein solches Verständnis ist mit dem Rehabilitationszweck der Wiedereingliederung vereinbar, den erkrankten Arbeitnehmer behutsam wieder in das Erwerbsleben zu integrieren.[201] Dies zeigen nicht zuletzt die AU-Richtlinien, nach denen dem Rekonvaleszenten mit Hilfe der Wiedereingliederung eine schonende Rückkehr in das Arbeitsleben ermöglicht werden soll.[202] Dieses gesetzgeberische Anliegen würde jedoch konterkariert, müsste der wiedereinzugliedernde Arbeitnehmer mit der ständigen Sorge leben, sich beim Abbruch seines Wiedereingliederungsversuches dem Vorwurf ausgesetzt zu sehen, eine Nebenpflichtverletzung begangen zu haben und sich so vielleicht schadensersatzpflichtig zu machen. Demzufolge ist die Annahme einer aus dem Wiedereingliederungsverhältnis resultierenden Nebenpflicht des arbeitsunfähigen Arbeitnehmers, die Wiedereingliederungsmaßnahme fortzusetzen, abzulehnen. Aus den gleichen Gründen muss erst recht eine arbeitnehmerseitige Verpflichtung verneint werden, eine Wiedereingliederung überhaupt in Angriff zu nehmen.

3. Schutzpflichten aus dem Wiedereingliederungsverhältnis

Die Beteiligten eines Schuldverhältnisses trifft die Verpflichtung, die Person und sonstigen Rechtsgüter des anderen Teils nicht zu verletzen.[203] Schutzpflichten dieser Art sind grundsätzlich in jedem Schuldverhältnis anzutreffen.[204] Sie entstehen auf Grund der verstärkten Einwirkungsmöglichkeit, die eine Vertragspartei im Zusammenhang mit der Erfüllung ihrer vertraglichen Pflichten auf den Rechtskreis des Vertragspartners erhält.[205] Schutzpflichten bezwecken die Erhaltung des Integritätsinteresses des anderen Teils.[206] Diese nicht leistungsbezogenen Nebenpflichten sollen dem Vertragspartner seinen unabhängig von dem Leistungsinteresse bereits bestehenden personen- und vermögensrechtlichen Status quo sichern.[207] Auch der Abschluss eines Wiedereingliederungsverhältnisses und die Durchfüh-

---

199 *Misera*, Anm. zu BAG, Urteil vom 29.01.1992 – 5 AZR 37/91, SAE 1992, 355, 357.
200 *Misera*, Anm. zu BAG, Urteil vom 29.01.1992 – 5 AZR 37/91, SAE 1992, 355, 357.
201 Vgl. zu diesem Zweck die Ausführungen oben unter § 2.B.
202 Vgl. Nr. 1 der Anlage zu den AU-Richtlinien n. F. vom 01.12.2003 (Richtlinie des Gemeinsamen Bundesausschusses nach § 92 Abs. 1 S. 2 Nr. 7 SGB V), Bundesanzeiger Nr. 61/2004, S. 6501, 6502; siehe zu den Richtlinien a. F. § 2, Fußnote 106.
203 BGH v. 10.03.1983, III ZR 169/81, NJW 1983, 2813, 2814; BGH v. 13.01.2004, XI ZR 479/02, NJW-RR 2004, 481, 483; Erman-*G. Hohloch*, § 242 Rn. 87; Palandt-*Heinrichs*, § 242 Rn. 35.
204 Vgl. Erman-*G. Hohloch*, § 242 Rn. 87.
205 Erman-*H. P. Westermann*, § 241 Rn. 11.
206 MünchKommBGB-*Roth*, Bd. 2, § 241 Rn. 90.
207 Vgl. MünchKommBGB-*Roth*, Bd. 2, § 241 Rn. 90.

rung der stufenweisen Wiedereingliederung eröffnen dem wiedereinzugliedernden Arbeitnehmer eine gesteigerte Einwirkungsmöglichkeit auf die Rechte und Rechtsgüter seines Arbeitnehmers. Somit ergibt sich auch aus diesem Rechtsverhältnis eigener Art für den Rekonvaleszenten die Pflicht, im Rahmen seiner schrittweisen Rückkehr in das Erwerbsleben die Rechtsgüter seines Arbeitgebers nicht zu verletzen. Der Rehabilitand ist daher verpflichtet, den personen- und vermögensrechtlichen Status quo zu sichern und dessen Integritätsinteresse zu erhalten.

II. Arbeitgeberseitige Nebenpflichten aus dem Wiedereingliederungsverhältnis

Ebenso wie für den Rekonvaleszenten bestehen auch für seinen Arbeitgeber an das Wiedereingliederungsverhältnis anknüpfende Nebenpflichten.

1. Beschäftigungspflicht aus dem Wiedereingliederungsverhältnis

Während den Arbeitgeber aus §§ 611, 613 BGB in Verbindung mit § 242 BGB und dem allgemeinen Persönlichkeitsrecht des Arbeitnehmers (Art. 1 GG in Verbindung mit Art. 2 Abs. 1 GG) die Verpflichtung trifft, seinen arbeitsfähigen Arbeitnehmer zu beschäftigen, ist er von dieser, aus dem Arbeitsverhältnis herrührenden Nebenpflicht, in der Wiedereingliederungsphase befreit.[208] Davon zu trennen ist allerdings die Frage, ob sich in dieser Zeit eine Beschäftigungspflicht für den Arbeitgeber, wenn schon nicht aus dem Arbeits-, so doch aus dem Wiedereingliederungsverhältnis ergibt.

a) Nicht Schwerbehinderte arbeitsunfähige Arbeitnehmer

Soweit ersichtlich wird ein solcher Gedanke einhellig verworfen. Vielmehr herrscht im arbeitsrechtlichen Schrifttum die übereinstimmende Auffassung, den Arbeitgeber von jeglicher Beschäftigungspflicht in Zeiten der stufenweisen Wiedereingliederung befreit zu sehen.[209] Auf dieser Linie liegt auch eine Entscheidung des *Landesarbeitsgerichtes Berlin*, welches eine Verpflichtung des Arbeitgebers ablehnt, seinen arbeitsunfähigen Arbeitnehmer während der Wiedereingliederungsphase zu beschäftigen.[210]

---

[208] Zur Herleitung der Beschäftigungspflicht aus dem Arbeitsverhältnis sowie ihrer fehlenden Fortwirkung in Zeiten der Wiedereingliederung siehe oben unter § 5.D.II.1.

[209] Vgl. beispielsweise *Compensis*, NZA 1992, 631, 633; *Gitter*, ZfA 1995, 123, 141; *von Hoyningen-Huene*, NZA 1992, 49, 52; *Zwade*, Teilarbeitsfähigkeit, S. 150.

[210] LAG Berlin v. 27.06.1990, 13 Sa 40/90, BB 1990, 1981, 1981.

Begründet wird diese Sichtweise zum einen mit dem Rehabilitationszweck der Wiedereingliederung, welcher der Annahme einer Beschäftigungspflicht entgegenstünde.[211] Des Weiteren sei zu berücksichtigen, dass der Abschluss eines Wiedereingliederungsverhältnisses in das Belieben des Arbeitgebers gestellt sei.[212] Mithin würde auch in der Folgezeit eine arbeitgeberseitige Beschäftigungspflicht ausscheiden.[213] Die Wiedereingliederung beruhe auf einer medizinischen Prognose der aktuellen Leistungsfähigkeit des Rehabilitanden.[214] Diese Bewertung könne fehlerhaft sein oder sich im Laufe der Wiedereingliederung ändern, so dass beiden Parteien die Möglichkeit eröffnet sein müsse, das Wiedereingliederungsverhältnis zu beenden.[215] Schließlich werden die besonderen organisatorischen Schwierigkeiten, die eine Wiedereingliederungsmaßnahme für den Arbeitgeber mit sich bringen würde, als Argument gegen eine Verpflichtung zur Beschäftigung des Rekonvaleszenten ins Feld geführt.[216] Diese Belastungen könnten sich im Falle einer negativen Genesungsentwicklung des arbeitsunfähigen Arbeitnehmers in unzumutbarer Weise zu Lasten des Arbeitgebers verstärken und stünden somit einer Beschäftigungspflicht entgegen.

b) Schwerbehinderte Rekonvaleszenten

Diesen Gedanken ist im Grundsatz beizupflichten. Allerdings wird bei der vorstehenden Betrachtungsweise einer besonders schutzwürdigen Arbeitnehmergruppe nicht die erforderliche Aufmerksamkeit geschenkt, namentlich den schwerbehinderten Rekonvaleszenten.

Wie bereits oben[217] ausführlich dargelegt, kann der Arbeitgeber nicht frei entscheiden, ob er seinen schwerbehinderten Arbeitnehmern die stufenweise Rückkehr in das Erwerbsleben ermöglichen möchte. Vielmehr wird er durch § 81 Abs. 4 S. 1 Nr. 1 SGB IX verpflichtet, diese Mitarbeitergruppe stufenweise in das Erwerbsleben wiedereinzugliedern. Ein solcher Anspruch auf Abschluss einer Wiedereingliederungsvereinbarung wird nur durch die in § 81 Abs. 4 S. 3 SGB IX kodifizierten Zumutbarkeitsüberlegungen begrenzt.[218] Solange allerdings keine Unzumutbarkeit im Sinne des § 81 Abs. 4 S. 3 SGB IX zu bejahen ist, muss der Arbeitgeber den schwerbehinderten Arbeitnehmern eine Wiedereingliederung anbieten.

---

211 *Compensis*, NZA 1992, 631, 633.
212 Vgl. *von Hoyningen-Huene*, NZA 1992, 49, 52.
213 *Von Hoyningen-Huene*, NZA 1992, 49, 52.
214 *Compensis*, NZA 1992, 631, 633.
215 *Compensis*, NZA 1992, 631, 633.
216 Vgl. *Gitter*, ZfA 1995, 123, 141.
217 Siehe oben unter § 2.D.II.2.b).
218 Siehe hierzu oben unter § 2.D.II.2.b).cc).

Mit diesem Verständnis geht konsequenterweise auch die Pflicht einher, diese Mitarbeiter ihrem Krankheitsbild entsprechend zu beschäftigen. Anderenfalls würde der Wiedereingliederungszweck[219], arbeitsunfähige Schwerbehinderte schrittweise und schonend in das Erwerbsleben zurück zu führen, leer laufen. Eine andere Sichtweise ist auch mit dem gesetzgeberischen Ziel[220], schwerbehinderten Arbeitnehmern eine gleichberechtigte Teilhabe am Arbeitsleben zu ermöglichen, unvereinbar.

Schließlich vermag auch die gleiche Überlegung, die vermehrt zur Herleitung des allgemeinen Beschäftigungsanspruches im vollzogenen Arbeitsverhältnis herangezogen wird, einen Anspruch auf Beschäftiung zu Gunsten schwerbehinderter Rehabilitanden auf Grundlage des Wiedereingliederungsverhältnisses zu begründen. Ein Arbeitgeber ist grundsätzlich nicht nur verpflichtet, seinen Arbeitnehmer zu bezahlen, sondern auch zu beschäftigen.[221] Der damit korrespondierende allgemeine Beschäftigungsanspruch wird aus §§ 611, 613 BGB in Verbindung mit § 242 BGB und dem allgemeinen Persönlichkeitsrecht des Arbeitnehmers (Art. 1 GG in Verbindung mit Art. 2 Abs. 1 GG) hergeleitet,[222] wobei der Persönlichkeitsschutz des Arbeitnehmers maßgeblich ist.[223] Die Beschäftigungspflicht ist eine Nebenpflicht, deren Herleitung sich im Wesentlichen aus den Wertentscheidungen der Verfassung und der geltenden Gesetze stützt.[224] Im Gegensatz zu nicht schwerbehinderten genießen schwerbehinderte Rehabilitanden gesteigerten Schutz durch Art. 3 Abs. 3 S. 2 GG sowie auf einfachgesetzlicher Ebene durch § 81 Abs. 4 S. 1 Nr. 1 SGB IX. Diese Wertentscheidungen verdeutlichen den gesteigerten Persönlichkeitsschutz, den der Gesetzgeber dieser Personengruppe zukommen lässt.

Das Leben des schwerbehinderten Arbeitnehmers wird noch stärker durch das Arbeitsverhältnis bestimmt und geprägt als bei nicht schwerbehinderten Beschäftigten. Schwerbehinderte Menschen haben es ungleich schwerer, eine Arbeitsstelle zu finden. Von daher bedürfen all die Schwerbehinderten, die bereits in einem Arbeitsverhältnis stehen, gesteigerter Schutzmechanismen. Dies gilt besonders für Zeiten längerer Arbeitsunfähigkeit und in diesem Zusammenhang

---

[219] Siehe zu diesem Zweck oben unter § 2.B.

[220] Siehe zu dieser Zielsetzung des Gesetzgebers oben unter § 2.D.II.2.b).bb).(2).(c).

[221] BAG v. 10.11.1955, 2 AZR 591/54, AP Nr. 2 zu § 611 BGB Beschäftigungspflicht, unter II.; BAG v. 27.02.1985, GS 1/84, AP Nr. 14 zu § 611 BGB Beschäftigungspflicht, unter C.I.; *Gamillscheg*, AcP 164 (1964), 385, 423; HWK-*Thüsing*, § 611 BGB Rn. 168; Kittner/Zwanziger-*Becker*, ArbR, § 73 Rn. 3.

[222] Vgl. Kittner/Zwanziger-*Becker*, ArbR, § 73 Rn. 3.

[223] BAG v. 27.02.1985, GS 1/84, AP Nr. 14 zu § 611 BGB Beschäftigungspflicht, C.I.1.b) und C.I.2.

[224] MünchArbR-*Blomeyer*, § 95 Rn. 10.

abgeschlossene Wiedereingliederungsvereinbarungen. Eine erfolgreiche Wiedereingliederung ist regelmäßig der einzige Weg zu einer Rückkehr in das Arbeitsleben. Erfolgreich ist eine stufenweise Wiedereingliederung allerdings nur dann, wenn es nicht bei der bloßen Vereinbarung bleibt, sondern die Wiedereingliederung auch durchgeführt, der schwerbehinderte Rehabilitand also auch tatsächlich beschäftigt wird. Nur durch eine schrittweise Tätigkeitsaufnahme wird dem Schwerbehinderten die Möglichkeit eröffnet, dauerhaft das Arbeitsverhältnis zu erhalten. Ebenso wie die Arbeit in dem Arbeitsverhältnis dient daher auch die Beschäftigung im Wiedereingliederungsverhältnis der Entfaltung der geistigen und körperlichen Fähigkeit und damit der Entfaltung der Persönlichkeit des schwerbehinderten und arbeitsunfähigen Menschen.[225] In Folge dessen trifft den Arbeitgeber eine an das Wiedereingliederungsverhältnis anknüpfende Nebenpflicht, seine schwerbehinderten arbeitsunfähigen Arbeitnehmer in der Wiedereingliederungsphase auch tatsächlich zu beschäftigen. Für alle anderen Mitarbeiter ist dagegen mangels einer Art. 3 Abs. 3 S. 2 GG und 81 Abs. 4 S. 1 Nr. 1 SGB IX entsprechenden Regelung sowie mit den oben aufgezeigten Argumenten des arbeitsrechtlichen Schrifttums eine Beschäftigungspflicht während der Wiedereingliederung abzulehnen.

2. Pflicht zur Fortsetzung der Wiedereingliederungsmaßnahme

Die vorstehenden Ausführungen hinsichtlich der Frage nach einer aus dem Wiedereingliederungsverhältnis resultierenden Beschäftigungspflicht gelten für die Bewertung einer etwaigen Verpflichtung des Arbeitgebers, die Wiedereingliederungsmaßnahme fortzusetzen, entsprechend. Demzufolge trifft den Arbeitgeber aus dem Wiedereingliederungsverhältnis grundsätzlich keine Nebenpflicht, einen zunächst begonnenen Wiedereingliederungsversuch auch fortzusetzen.

Etwas anderes gilt dagegen für schwerbehinderte Arbeitnehmer, denen ihre Rückkehr in das Arbeitsleben mit Hilfe einer stufenweisen Wiedereingliederung erleichtert werden soll. Daher ist der Arbeitgeber verpflichtet, die stufenweise Wiedereingliederung mit seinen schwerbehinderten Mitarbeitern auch fortzusetzen.[226] Auf ein Einverständnis des Arbeitgebers kommt es insoweit nicht an.

---

[225] Vgl. zu diesen Aspekten des allgemeinen Beschäftigungsanspruches im vollzogenen Arbeitsverhältnis BAG v. 27.02.1985, GS 1/84, AP Nr. 14 zu § 611 BGB Beschäftigungspflicht, C.I.1.b) und C.I.2.b).

[226] Siehe zu diesem besonderen Schutz Schwerbehinderter bereits oben unter § 2.D.II.2.b).

3. Schutzpflichten aus dem Wiedereingliederungsverhältnis

Schließlich treffen auch den Arbeitgeber als Partei des Wiedereingliederungsverhältnisses aus diesem Rechtsverhältnis eigener Art Schutzpflichten hinsichtlich der Rechtsgüter seines Rekonvaleszenten.[227] Der Arbeitgeber erhält durch den Abschluss einer Wiedereingliederungsvereinbarung und die Durchführung dieser Maßnahme eine verstärkte Einwirkungsmöglichkeit auf den Rechtskreis des Rehabilitanden. Der wiedereinzugliedernde Arbeitnehmer muss daher durch die Anerkennung nicht leistungsbezogener Nebenpflichten ebenso wie sein Arbeitgeber in seinem bereits bestehenden personen- und vermögensrechtlichen Status quo geschützt werden. Mithin ergibt sich auch aus dem Wiedereingliederungsverhältnis für den Arbeitgeber die Verpflichtung, im Rahmen der Wiedereingliederung die Rechtsgüter seines Rekonvaleszenten nicht zu verletzen. Dem Bedürfnis, das Integritätsinteresse des wiedereinzugliedernden Arbeitnehmers zu erhalten, wird durch die Anerkennung von auf dem Wiedereingliederungsverhältnis beruhenden arbeitgeberseitigen Schutzpflichten entsprochen.

F.Konkludent vereinbarte Nebenpflichten im Rahmen der Wiedereingliederung

Neben den bisher aufgeführten Nebenpflichten, die teils aus dem Arbeitsverhältnis fortwirken, teils auf das Wiedereingliederungsverhältnis zurückzuführen sind, steht es dem Arbeitgeber und seinem Rehabilitanden frei, zusätzliche Vereinbarungen zu treffen.[228] Mithin können sie an das Wiedereingliederungsverhältnis – ausdrücklich oder konkludent – beliebig viele weitere Nebenpflichten knüpfen.

G.Zusammenfassung

Für die Beantwortung der Frage, unter welchen Voraussetzungen Nebenpflichten allgemein entstehen und welche Nebenpflichten aus dem Arbeitsverhältnis während der Wiedereingliederung fortbestehen, ist die Festlegung eines genauen Anknüpfungspunktes der einzelnen Nebenpflicht notwendig. Als Bezugspunkt einer Nebenpflicht kann daher nicht pauschal das Arbeitsverhältnis angeführt werden. Dieses besteht nämlich bei genauerer Betrachtung aus zwei Elementen, einem Grund- und einem Erfüllungsverhältnis.

---

[227] Siehe zu den Schutzpflichten bereits oben unter § 5.D.I.1. sowie § 5.E.I.3.

[228] Vgl. zu dieser Möglichkeit BAG v. 28.07.1999, 4 AZR 192/98, AP Nr. 3 zu § 74 SGB V, unter 2.; *Gitter*, SGb 1995, 5, 9.

Einige Nebenpflichten setzen die Existenz arbeitsrechtlicher Hauptleistungspflichten voraus, wohingegen andere auf ein solches Erfordernis verzichten. Somit kommt für bestimmte Nebenpflichten bereits die Leistungsverpflichtung, mithin das Grundverhältnis, als Entstehungsgrund in Betracht. Andere Nebenpflichten knüpfen dagegen an das Erfüllungsverhältnis an und entstehen somit erst durch Vollzug des Arbeitsverhältnisses. Diese Erkenntnisse sind insbesondere für die Frage einer möglichen Fortwirkung von Nebenpflichten aus dem Arbeitsverhältnis in Zeiten der stufenweisen Wiedereingliederung von Interesse.
Während der Wiedereingliederungsphase ruhen die arbeitsvertraglichen Hauptleistungspflichten. Demzufolge können all jene Nebenpflichten, die der Hauptleistungspflicht zu Gute kommen sollen, indem sie den Leistungserfolg zu verwirklichen und zu sichern haben, in Ermangelung einer solchen Pflicht während der Wiedereingliederungsphase in dieser Zeit keine Wirkung entfalten. Dies hat zur Konsequenz, dass solche, an das Grundverhältnis anknüpfenden Nebenpflichten, in der Wiedereingliederungsphase nicht bestehen.
Anders verhält es sich mit jenen Nebenpflichten, die allein verlangen, dass tatsächlich gearbeitet wurde und mithin das leistungsbegleitende Verhalten sichern wollen. Zwar erbringt der Rekonvaleszent in der Wiedereingliederungsphase keine Arbeitsleistung im Sinne der arbeitsvertraglichen Hauptpflicht. Allerdings ist er tatsächlich in dem Bereich seines Arbeitgebers tätig. Da die leistungsbegleitenden Nebenpflichten unabhängig von einer Verpflichtung beziehungsweise Hauptleistungspflicht zu beachten und direkt auf die tatsächliche Arbeitsleistung zurückzuführen sind, bestehen sie auch in der Wiedereingliederungsphase fort. Diese Nebenpflichten knüpfen an das Erfüllungsverhältnis an.
Während der stufenweisen Wiedereingliederung bestehen daher all jene Nebenpflichten aus dem Arbeitsverhältnis fort, die dem Erfüllungsverhältnis zuzuordnen sind. Dagegen entfalten die an das Grundverhältnis anknüpfenden Nebenpflichten aus dem Arbeitsverhältnis in dieser Phase keine Wirkung.
Beispiele für bedeutsame arbeitnehmerseitige Nebenpflichten aus dem Arbeitsverhältnis, die an das Erfüllungsverhältnis anknüpfen und somit während der Wiedereingliederung fortwirken, sind die Verpflichtung zur Wahrung der betrieblichen Ordnung, zur Beachtung des Unternehmereigentums und zur Schadensabwendung sowie die Anzeigepflicht. In diese Gruppe gehören ferner die Auskunftspflicht und das Verbot, Schmiergelder anzunehmen. Schließlich sind auch die Verschwiegenheitspflicht und das Wettbewerbsverbot dem Erfüllungsverhältnis zuzuordnen und bestehen demnach auch in Zeiten der stufenweisen Wiedereingliederung fort. Demgegenüber setzt die Leistungstreuepflicht in jedem Fall ein zu sicherndes Leistungsinteresse voraus, erfordert also im Arbeitsrecht eine bestehende Arbeitspflicht. Demzufolge kann die Leistungstreuepflicht des Arbeitnehmers nur dem Grundverhältnis und nicht etwa dem Erfüllungsverhältnis zugeordnet werden. In

Folge dieses Anknüpfungspunktes ist der arbeitsunfähige Arbeitnehmer, dem während seiner Wiedereingliederung keine Hauptleistungspflichten auferlegt sind, von der Leistungstreuepflicht befreit.
Ebenso wie den Arbeitnehmer treffen auch seinen Arbeitgeber zahlreiche Nebenpflichten aus dem Arbeitsverhältnis. Die arbeitgeberseitige Pflicht, einen arbeitsfähigen Arbeitnehmer im ungekündigten Arbeitsverhältnis zu beschäftigen, knüpft an das arbeitsrechtliche Grundverhältnis an und entfällt daher in Zeiten der stufenweisen Wiedereingliederung. Gleiches gilt für jene Aufklärungs- und Informationspflichten, die für den Hauptleistungszweck von Bedeutung sind. Dagegen treffen auch den Arbeitgeber während der Wiedereingliederung eines arbeitsunfähigen Arbeitnehmers fortwirkende Schutzpflichten. Diese Nebenpflichten sind dem arbeitsrechtlichen Erfüllungsverhältnis zuzuordnen und verpflichten den Arbeitgeber auch in dieser Zeit. Gleiches gilt für die Nebenpflicht, Aufwendungsersatz zu leisten. Diese Pflicht knüpft ebenfalls an das Erfüllungsverhältnis an. Folglich kann der wiedereinzugliedernde Rekonvaleszent seinen Arbeitnehmer grundsätzlich auf Zahlung einer Aufwandsentschädigung in Anspruch nehmen.
Neben diesen aus dem Arbeitsverhältnis fortwirkenden Nebenpflichten in Zeiten der stufenweisen Wiedereingliederung existieren auch originäre Nebenpflichten aus dem Wiedereingliederungsverhältnis. Als dementsprechende arbeitnehmerseitige Nebenpflichten sei zunächst die Pflicht zu gesundheitsförderndem Verhalten zu nennen. Außerdem bestehen auch originäre Schutzpflichten. Dagegen ist die Annahme einer aus dem Wiedereingliederungsverhältnis resultierenden Nebenpflicht des arbeitsunfähigen Arbeitnehmers, eine Wiedereingliederungsmaßnahme zu beginnen und/oder fortzusetzen, abzulehnen.
Auch für den Arbeitgeber bestehen Nebenpflichten, die dem Wiedereingliederungsverhältnis zuzuordnen sind. In Folge dessen trifft den Arbeitgeber eine an das Wiedereingliederungsverhältnis anknüpfende Nebenpflicht, seine schwerbehinderten arbeitsunfähigen Arbeitnehmer in der Wiedereingliederungsphase auch tatsächlich zu beschäftigen. Für alle anderen Mitarbeiter muss dagegen eine diesbezügliche Verpflichtung abgelehnt werden. Außerdem ist der Arbeitgeber aus dem Wiedereingliederungsverhältnis grundsätzlich nicht verpflichtet, einen zunächst begonnenen Wiedereingliederungsversuch auch fortzusetzen. Etwas anderes gilt dagegen für schwerbehinderte Arbeitnehmer. Daher ist der Arbeitgeber verpflichtet, die stufenweise Wiedereingliederung seines schwerbehinderten Mitarbeiters fortzuführen. Schließlich hat auch der Arbeitgeber originär aus dem Wiedereingliederungsverhältnis resultierende Schutzpflichten hinsichtlich der Rechtsgüter seines Rekonvaleszenten zu beachten. Darüber hinaus ist dem Arbeitgeber und seinem Rekonvaleszenten die Möglichkeit eröffnet, in Bezug auf die stufenweise Wiedereingliederung zusätzliche Vereinbarungen zu treffen. Mithin können sie an das Wiedereingliederungsverhältnis – ausdrücklich oder konkludent – weitere Nebenpflichten knüpfen.

§ 6 Arbeitgeberseitiges Direktionsrecht während der Wiedereingliederung

Das arbeitgeberseitige Direktionsrecht (Weisungsrecht) gehört zu dem wesentlichen Inhalt eines jeden Arbeitsverhältnisses.[1] Mit dem Direktions- oder Weisungsrecht ist das Recht des Arbeitgebers gemeint, die Leistungspflicht des einzelnen Arbeitnehmers nach Art, Ort und Zeit einseitig näher zu bestimmen.[2] Für die stufenweise Wiedereingliederung hat das *Bundesarbeitsgericht* zunächst entschieden, dass ein Direktionsrecht des Arbeitgebers als fortwirkende Ausstrahlung des in seinen Hauptpflichten ruhenden Arbeitsverhältnisses bestehe, soweit ein solches Recht mit dem Zweck der Wiedereingliederungsmaßnahme vereinbar sei.[3] Wenige Jahre später gelangte das Gericht demgegenüber zu der Überzeugung, ein Recht des Arbeitgebers, seinem Rehabilitanden während der Wiedereingliederung an einem bestimmten Arbeitsort eine bestimmte Arbeitstätigkeit zuweisen zu können, existiere während der Wiedereingliederung nicht.[4] Dagegen spricht das überwiegende Schrifttum dem Arbeitgeber auch in dieser Zeit ein Direktionsrecht zu,[5] wobei teilweise nicht klar ersichtlich ist, worauf sich dieses Recht stützt.[6]

A.Anknüpfungspunkt des auf dem Arbeitsverhältnis beruhendem Direktionsrechtes

Eine zutreffende Bejahung oder Ablehnung des Fortbestandes eines auf dem Arbeitsverhältnis beruhenden Direktionsrechtes in Zeiten der stufenweisen Wiedereingliederung vermag dagegen mit jener Überlegung gelingen, die bereits für die Bestimmung fortbestehender Nebenpflichten herangezogen worden ist.[7]

---

[1] BAG v. 27.03.1980, 2 AZR 506/78, AP Nr. 26 zu § 611 BGB Direktionsrecht, unter III.1.
[2] Preis-*Preis*, Arbeitsvertrag, II, D 30 Rn. 1.
[3] BAG v. 29.01.1992, 5 AZR 37/91, AP Nr. 1 zu § 74 SGB V, unter II.3.
[4] BAG v. 28.07.1999, 4 AZR 192/98, AP Nr. 3 zu § 74 SGB V, unter 1.a).bb).
[5] *Becker*, Wiedereingliederung, S. 133 ff.; Gagel, NZA 2001, 988, 989, Fußnote 7; *Gitter*, ZfA 1995, 123, 136; *Zwade*, Teilarbeitsfähigkeit, S. 152.
[6] So spricht *Becker*, Wiedereingliederung, S. 133, von der Notwendigkeit eines die Wiedereingliederungstätigkeit betreffendes, „wie auch immer" gearteten „Weisungsrechtes".
[7] Siehe oben unter § 5.C.III.

Es ist mithin zu klären, ob das auf dem Arbeitsverhältnis basierende Direktionsrecht dem Grund- oder vielmehr dem Erfüllungsverhältnis zuzuordnen ist. Für die Einräumung des arbeitgeberseitigen Direktionsrechtes kommt es auf den Bestand eines arbeitsrechtlichen Grundverhältnisses an. Durch das arbeitsrechtliche Grundverhältnis verpflichtet sich der Arbeitnehmer zur Leistung der versprochenen unselbstständigen Dienste.[8] Somit ergibt sich allein aus diesem Grundverhältnis eine, wenn auch meist nur rahmenmäßig umschriebene, Arbeitspflicht,[9] die es nach Zeit, Ort und Art der Leistung mit Hilfe des Direktionsrechtes näher zu präzisieren gilt.[10] Die Verpflichtung des Arbeitnehmers zur Arbeitsleistung korrespondiert mit dem Weisungsrecht des Arbeitgebers.[11] Sowohl die Hauptleistungspflicht, weisungsabhängige Dienste zu leisten, als auch das Direktionsrecht finden ihre Grundlage in dem Arbeitsvertrag,[12] beruhen also auf dem arbeitsrechtlichen Grundverhältnis.[13]
Wie ausgeführt[14], ruhen während der Wiedereingliederungsphase die arbeitsvertraglichen Hauptleistungspflichten. Mithin können nicht nur all jene Nebenpflichten, die der Hauptleistungspflicht zu Gute kommen, indem sie den Leistungserfolg verwirklichen und sichern sollen, in Ermangelung einer solchen Pflicht während der Wiedereingliederungsphase in dieser Zeit keine Wirkung entfalten. Auch sonstige Rechte, die, wie das Direktionsrecht, ihre Grundlage in dem arbeitsrechtlichen Grundverhältnis haben, können während dieser Maßnahme nicht ausgeübt werden. Ebenso wenig wie an das Grundverhältnis anknüpfende Nebenpflichten in Zeiten der stufenweisen Wiedereingliederung bestehen, existiert in dieser Phase ein auf dem Arbeitsverhältnis basierendes Direktionsrecht.

B.Das auf dem Wiedereingliederungsverhältnis beruhende Direktionsrecht

Dies schließt allerdings nicht aus, dem Arbeitgeber trotzdem ein Direktionsrecht während der Wiedereingliederungsphase zuzusprechen. Scheidet nach den bisherigen Ausführungen das Arbeitsverhältnis als Rechtsgrundlage für ein solches Recht aus, bliebe noch das die Wiedereingliederung begründende Rechtsverhältnis eigener Art, um ein arbeitgeberseitiges Direktionsrecht zu begründen. Ein Rehabilitand wird durch den Abschluss eines Wiedereingliederungsverhältnisses und die stu-

[8] *Boemke*, Schuldvertrag, S. 230.
[9] BAG v. 27.03.1980, 2 AZR 506/78, AP Nr. 26 zu § 611 BGB Direktionsrecht, unter III.1.
[10] Vgl. *Boemke*, Schuldvertrag, S. 230 f., S. 253, 264 ff. und S. 327.
[11] *Boemke*, Schuldvertrag, S. 254.
[12] BAG v. 27.03.1980, 2 AZR 506/78, AP Nr. 26 zu § 611 BGB Direktionsrecht, unter III.1.
[13] *Boemke*, Schuldvertrag, S. 277.
[14] Siehe zum Schicksal dieser Hauptleistungspflichten oben unter § 3.A.I.

fenweise Aufnahme einer Tätigkeit in den Betrieb des Arbeitgebers eingegliedert. Dabei ist den Parteien, ebenso wie bei dem Abschluss eines Arbeitsvertrages, bewusst, dass nicht alle konkreten Pflichten im Einzelnen bereits bei Vertragsschluss festgelegt werden können.[15] Außerdem hat der Rehabilitand von der Tatsache Kenntnis, dass er sich mit Abschluss der Wiedereingliederungsvereinbarung in die von seinem Arbeitgeber organisierte Aufgabenteilung eingliedert.[16] Er erkennt mit Abschluss der Vereinbarung, eine Wiedereingliederung aufzunehmen, das Betriebsleitungsrecht und die Organisationsgewalt seines Vertragspartners an.[17]
Die insoweit geäußerte Kritik, eine solche Sichtweise führe dazu, Rechtswirkungen nicht aus der Anerkennung privatautonomer Entschlüsse, sondern nur aus objektiver Zurechnung zu begründen, überzeugt auf Grund der Kenntnis des Rehabilitanden von seiner Eingliederung in den Betrieb des Arbeitegbers nicht.[18] Der Arbeitgeber und sein Rekonvaleszent treffen daher gleichzeitig mit Abschluss der Wiedereingliederungsvereinbarung eine konkludente Vereinbarung, wonach dem Arbeitgeber für das „Wie", nicht dagegen für das „Ob" der Tätigkeit ein Direktionsrecht eingeräumt wird.[19]
Das Direktionsrecht beruht somit auf vertraglicher Unterwerfung. Rechtsgrundlage des arbeitgeberseitigen Direktionsrechtes in Zeiten der stufenweisen Wiedereingliederung ist mithin der Wiedereingliederungsvertrag, also ein Rechtsverhältnis eigener Art. Ein möglicherweise entgegenstehender Wille des Rehabilitanden ist nach § 157 BGB unwirksam.[20] Sofern der wiedereinzuglidernde Rekonvaleszent mit dem Direktionsrecht des Arbeitgebers nicht einverstanden ist, muss er darauf bestehen, eine Regelung in der Wiedereingliederungsvereinbarung zu treffen. Das Direktionsrecht wird allerdings begrenzt durch das therapeutische Ziel des Wiedereingliederungsverhältnisses und den ärztlichen Wiedereingliederungsplan.[21]

---

[15] Vgl. Preis-*Preis*, Arbeitsvertrag, II, D 30 Rn. 12.

[16] Vgl. zu diesen Argumenten zur Begründung des Direktionsrechtes beim Arbeitsvertrag, die auf die Wiedereingliederungsvereinbarung ebenfalls anwendbar sind, *Söllner*, Leistungsbestimmung, S. 46; in diese Richtung argumentiert auch *Gagel*, NZA 2001, 988, 989, Fußnote 7, nach dessen Auffassung die Einbindung des Rehabilitanden in die betriebliche Organisation ein Direktionsrecht gebiete.

[17] Vgl. zu diesen Argumenten zur Begründung des Direktionsrechtes beim Arbeitsvertrag, die auf die Wiedereingliederungsvereinbarung ebenfalls anwendbar sind, *Söllner*, Leistungsbestimmung, S. 46.

[18] Diese Bedenken äußert aber Birk, Leitungsmacht, S. 60, bezüglich der Begründung des Direktionsrechtes im Arbeitsverhältnis.

[19] Vgl. Preis-*Preis*, Arbeitsvertrag, II, D 30 Rn. 12; *Gitter*, ZfA 1995, 123, 136.

[20] Vgl. zu diesen Argumenten zur Begründung des Direktionsrechtes beim Arbeitsvertrag, die auf die Wiedereingliederungsvereinbarung ebenfalls anwendbar sind, *Söllner*, Leistungsbestimmung, S. 46.

[21] Vgl. *Becker*, Wiedereingliederung, S. 134 f.; *Gagel*, NZA 2001, 988, 989, Fußnote 7; *Gitter*, ZfA 1995, 123, 136; *Zwade*, Teilarbeitsfähigkeit, S. 152.

C.Zusammenfassung

Dem Arbeitgeber steht auch während der stufenweisen Wiedereingliederung ein Direktionsrecht zu. Dieses beruht allerdings nicht auf dem Arbeits-, sondern auf dem Wiedereingliederungsverhältnis.

§ 7 Rechtliche Würdigung von Pflichtverletzungen in Zeiten der stufenweisen Wiedereingliederung

Die vorstehenden Ausführungen haben gezeigt, dass im Rahmen einer stufenweisen Wiedereingliederung zum einen Nebenpflichten existieren, die an das Arbeitsverhältnis anknüpfen, wohingegen andere Pflichten dem Wiedereingliederungsverhältnis zuzuordnen sind. Eine solch genaue Analyse des Anknüpfungspunktes einzelner Nebenpflichten ist nicht zuletzt deshalb notwendig, um die Auswirkungen von Pflichtverletzungen während einer Wiedereingliederungsmaßnahme zutreffend rechtlich würdigen zu können. In diesem Zusammenhang tauchen zwei Problembereiche auf, die im Folgenden näher beleuchtet werden sollen. Zum einen wird der Frage nachgegangen, inwieweit Pflichtverletzungen zur Beendigung des Wiedereingliederungs- oder gar des Arbeitsverhältnisses führen können. Im Anschluss daran ist zu erörtern, ob durch eine Pflichtverletzung, die während der stufenweisen Wiedereingliederung begangen wird, Erfüllungs- und Unterlassungsansprüche sowie Ansprüche auf Schadensersatz begründet werden.

A. Beendigung des Wiedereingliederungs- und/oder des Arbeitsverhältnisses

Wie bereits oben angedeutet ist – trotz der Bedeutung dieses Problemkomplexes für die Arbeitsvertragsparteien – bisher noch ungeklärt, welche Auswirkungen Pflichtverletzungen des Rekonvaleszenten im Rahmen einer Wiedereingliederung auf den Bestand des Arbeitsverhältnisses haben.[1] Die gleiche Ungewissheit gilt auch hinsichtlich der Frage, ob Pflichtverletzungen der Vertragspartner stets die vorzeitige und sofortige Beendigung des Wiedereingliederungsverhältnisses ermöglichen oder ob etwaige Schutzmechanismen zu Gunsten des Rekonvaleszenten greifen. Schließlich ist in diesem Zusammenhang auch offen, ob sogar ein „Durchgriff" in der Weise denkbar ist, dass die Verletzung einer allein auf dem Wiedereingliederungsverhältnis beruhenden Nebenpflicht eine Vertragspartei dazu berechtigt, das Arbeitsverhältnis zu kündigen. Bei all diesen Problemfeldern rund um das Thema Beendigung des Arbeits- und/oder Wiedereingliederungsverhältnisses ste-

[1] Vgl. *Karlsfeld*, ArbRB 2002, 278, 280.

hen sich erneut, wie bereits bei der Frage nach der Freiwilligkeit der Wiedereingliederungsmaßnahme, regelmäßig zwei divergierende Interessen gegenüber.
Häufig ist ein Arbeitgeber, der seinem arbeitsunfähig erkrankten Arbeitnehmer eine stufenweise Wiedereingliederung ermöglicht, nicht bestrebt, diese Maßnahme fortzusetzen, wenn der Rekonvaleszent ihm gegenüber eine Pflichtverletzung begeht. Er möchte daher nicht selten die Wiedereingliederung möglichst sofort beenden, um nicht der Gefahr weiterer Pflichtverletzungen ausgesetzt zu sein. Darüber hinaus wird der Arbeitgeber – zumindest bei schwereren Pflichtverletzungen – auch die Beendigung des Arbeitsverhältnisses in Betracht ziehen. Auf der anderen Seite stellt die stufenweise Wiedereingliederung für den erkrankten Arbeitnehmer regelmäßig die einzige Möglichkeit dar, schrittweise und erfolgreich in das Erwerbsleben zurück zu finden. Folglich hat er ein gesteigertes Interesse daran, diese Maßnahme trotz einer erfolgten Pflichtverletzung fortzuführen. Gleiches gilt – erst recht – für die Fortsetzung des Arbeitsverhältnisses.

I. Anwendbarkeit des § 1 KSchG auf Wiedereingliederungsverhältnisse

Hinsichtlich des Arbeitsverhältnisses hat der Gesetzgeber diesen Konflikt zwischen Bestands- und Beendigungsinteresse in Form des Kündigungsschutzgesetzes gelöst. So wird der Bestand des Arbeitsverhältnisses, bei Erfüllung der betrieblichen und persönlichen Voraussetzungen, durch das Kündigungsschutzgesetz gesichert. Dies gilt auch für die Phase der stufenweisen Wiedereingliederung. Für das Arbeitsverhältnis besteht der Kündigungsschutz auch in dieser Zeit fort.[2]
Was aber gilt für das weitere Rechtsverhältnis, durch das der Rekonvaleszent und sein Arbeitgeber zusätzlich miteinander verbunden sind, namentlich das Wiedereingliederungsverhältnis? Greift der in § 1 KSchG geregelte allgemeine Kündigungsschutz auch bei diesem Rechtsverhältnis? Eine direkte Anwendung dieser Norm ist abzulehnen,[3] da das Wiedereingliederungsverhältnis kein Arbeitsverhältnis im Sinne des § 1 Abs. 1 KSchG ist, sondern vielmehr ein Rechtsverhältnis eigener Art.[4]

1. § 1 KSchG analog und Wiedereingliederungsverhältnisse Schwerbehinderter

Nach *Gitter* soll darüber hinaus auch eine analoge Anwendung des Kündigungsschutzgesetzes, also auch des § 1 KSchG, auf das Wiedereingliederungsverhältnis

---

[2] *Von Hoyningen-Huene*, NZA 1992, 49, 53.
[3] So auch *Becker*, Wiedereingliederung, S. 151; *von Hoyningen-Huene*, NZA 1992, 49, 53.
[4] Siehe oben unter § 2.C.III.

ausscheiden.[5] Seine Auffassung begründet er neben dem Hinweis auf die Freiwilligkeit der Wiedereingliederung damit, dass einerseits den Arbeitgeber keine Beschäftigungs- oder Vergütungspflicht treffe sowie andererseits der Rehabilitationszweck eine jederzeitige Beendigungsmöglichkeit der Wiedereingliederung durch den Arbeitnehmer erfordere.[6] Diese Argumentationskette *Gitters* widerspricht allerdings teilweise den bisherigen Ausführungen der vorliegenden Arbeit. So haben zumindest schwerbehinderte Arbeitnehmer seit der Einführung des § 81 Abs. 4 S. 1 Nr. 1 SGB IX einen Anspruch auf Durchführung einer Wiedereingliederungsmaßnahme gegen ihren Arbeitgeber, so dass die Hinweise auf die Freiwilligkeit der Wiedereingliederungsmaßnahme sowie die fehlende Beschäftigungspflicht des Arbeitgebers einer analogen Anwendung des Kündigungsschutzgesetzes auf Wiedereingliederungsverhältnisse nicht mehr entgegenstehen. Daher stellt sich die Frage, ob nunmehr nicht doch, jedenfalls für die Gruppe der Schwerbehinderten, eine analoge Anwendung des allgemeinen Kündigungsschutzes, mithin also insbesondere eine analoge Anwendung des § 1 KSchG, auf das Wiedereingliederungsverhältnis angenommen werden muss.

a) Gesetzeslücke als Voraussetzung einer Analogie

Eine Analogie besteht darin, dass ein für einen vergleichbaren Sachverhalt in einer oder mehreren Vorschriften enthaltener Gesetzeszweck auf den ungeregelten Sacherverhalt angewandt wird.[7] Voraussetzung einer Analogie ist dabei stets das Bestehen einer Gesetzeslücke.[8] Ob eine solche Lücke bejaht werden kann, muss aus Sicht des zu untersuchenden Gesetzes beurteilt werden.[9] Maßgeblich ist der gesetzgeberische „Plan“, also die dem Gesetz zu Grunde liegende Regelungsabsicht.[10] Demnach ist eine Gesetzeslücke als „planwidrige Unvollständigkeit“ des Gesetzes zu kennzeichnen.[11] Dies bedeutet für die hier in Frage stehende analoge Anwendung des allgemeinen Kündigungsschutzes auf Wiedereingliederungsverhältnisse mit schwerbehinderten Arbeitnehmern, dass zu untersuchen ist, ob die in § 1 Abs. 1 KSchG zu findende Beschränkung des Gesetzes auf Arbeitsverhältnisse als planwidrige Unvollständigkeit des Kündigungsschutzgesetzes angesehen werden kann.

---

[5] *Gitter*, ZfA 1995, 123, 147.
[6] *Gitter*, ZfA 1995, 123, 147.
[7] *Larenz/Wolf*, AT, § 4 Rn. 80.
[8] *Bydlinkski*, Methodenlehre, S. 472 ff.; *Canaris*, Feststellung, § 14, S. 25.
[9] *Larenz*, Methodenlehre, S. 373.
[10] *Larenz*, Methodenlehre, S. 373.
[11] *Canaris*, Feststellung, § 3, S. 16; *Elze*, Lücken, S. 6; *Larenz*, Methodenlehre, S. 373.

Die für eine analoge Anwendung erforderliche Feststellung einer Gesetzeslücke verlangt ein Werturteil.[12] Für dieses Urteil sind neben den Absichten und Entscheidungen des Gesetzgebers auch die in das Gesetz eingegangenen objektiven Rechtszwecke und allgemeinen Rechtsprinzipien zu berücksichtigen.[13] Maßgebliche Bedeutung bei der Lückenfeststellung kommt dabei dem Sinn und Zweck der Vorschrift in Verbindung mit dem Gleichheitssatz zu.[14] Sofern ein bestimmter Sachverhalt S1 eine gesetzliche Regelung erfahren hat, das Gesetz den rechtlich gleich zu bewertenden Fall S2 dagegen nicht erfasst, liegt eine Lücke des Gesetzes vor.[15] Demnach müsste die Situation eines wiedereinzugliedernden und schwerbehinderten Arbeitnehmers, dessen Arbeitgeber die stufenweise Wiedereingliederung vorzeitig für beendet erklärt, bezüglich seines Wiedereingliederungsverhältnisses rechtlich vergleichbar sein mit jenen Fällen, in denen – im Anwendungsbereich des Kündigungsschutzgesetzes – einem Arbeitnehmer gegenüber die Kündigung seines Arbeitsverhältnisses erklärt wird.

b) Regelungsplan des Kündigungsschutzgesetzes

Um eine entsprechende Wertung vornehmen zu können, bedarf es zunächst einmal der Feststellung, welcher Regelungsplan dem Kündigungsschutzgesetz zu Grunde liegt. Nur die Kenntnis dieses gesetzgeberischen Planes macht in einem weiteren Schritt eine Aussage über die Vergleichbarkeit beider soeben dargestellter Sachverhalte und mithin über eine analoge Anwendung des Kündigungsschutzgesetzes möglich. Der Regelungsplan ist im Wege der historischen und teleologischen Auslegung des Gesetzes zu erschließen.[16] Demnach geht auch die hier interessierende Untersuchung einer möglichen analogen Anwendung des Kündigungsschutzgesetzes auf Wiedereingliederungsverhältnisse mit schwerbehinderten Rekonvaleszenten zwingend einher mit der zutreffenden Herausarbeitung des Regelungsplanes dieses Gesetzes.
Das gegenwärtig gültige Kündigungsschutzgesetz findet seine Grundlage in dem Kündigungsschutzgesetz vom 10.08.1951 (KSchG 1951).[17] Durch das Gesetz wurde 1951 für das damalige Bundesgebiet erstmals ein einheitlicher Kündigungsschutz in Gesetzesform gegossen.[18] Schon dieses Gesetz sah – in Übereinstimmung mit der heutigen Gesetzeslage – eine Kündigung nur dann als rechtswirksam an,

---

[12] *Binder*, Philosophie, S. 983; *Canaris*, Feststellung, § 3, S. 17.
[13] *Larenz*, Methodenlehre, S. 374.
[14] *Canaris*, Feststellung, § 63, S. 71.
[15] *Larenz*, Methodenlehre, S. 375 ff.
[16] *Larenz*, Methodenlehre, S. 373.
[17] Dieses Gesetz ist im BGBl. 1951, S. 499 ff., veröffentlicht.
[18] Vgl. *von Hoyningen-Huene/Linck*, KSchG, Einleitung Rn. 29.

wenn diese sozial gerechtfertigt war (§ 1 Abs. 1 KSchG 1951). Sozial ungerechtfertigt sollte die Kündigung dann sein, wenn sie nicht durch Gründe, die in der Person oder in dem Verhalten des Arbeitnehmers liegen, oder durch dringende betriebliche Erfordernisse bedingt war (§ 1 Abs. 2 KSchG 1951). Ziel des Gesetzes war die Verbesserung des Arbeitnehmerschutzes.[19] Geschützte Rechtsgüter sollten demzufolge der Arbeitsplatz und die Betriebszugehörigkeit des Arbeitnehmers sein, die die Grundlagen für dessen wirtschaftliche und soziale Existenz bilden würden.[20] Gleichzeitig ist allerdings auch der Hinweis zu finden, das Gesetz nicht als Sperre gegen solche Entlassungen zu verstehen, die aus triftigen Gründen erforderlich seien.[21] Das Kündigungsschutzgesetz wolle lediglich Kündigungen verhindern, die als willkürliche Zerstörung des Bandes der Betriebszugehörigkeit erscheinen würden.[22]
Schon diese beiden, in ganz unterschiedliche Stoßrichtungen zielenden Hinweise in der Begründung des Regierungsentwurfes (Existenzsicherung einerseits, bloßes Willkürverbot andererseits) haben vorweggenommen, was seit Inkrafttreten des Kündigungsschutzgesetzes Gegenstand intensiver Diskussionen gewesen ist: die zutreffende Bestimmung des allgemeinen Regelungsgehaltes dieses Gesetzes.[23]
Im Rahmen dieser Kontroverse kann dabei jenen Vertretern[24] nicht gefolgt werden, die den Zweck des Kündigungsschutzgesetzes allein darin sehen, rechtsmissbräuchliche Kündigungen zu vermeiden. Machtmissbräuchliche und willkürliche Kündigungen lassen sich bereits durch die Anwendung der Vorschriften des allgemeinen Zivilrechtes wirksam bekämpfen.[25] Hierzu bedarf es folglich keines besonderen Instrumentariums in Form eines Kündigungsschutzgesetzes, so dass sich der Regelungsgehalt dieses Gesetzes nicht in einem bloßen Willkürschutz erschöpfen kann. Überzeugenderweise ist durch das Kündigungsschutzgesetz vielmehr ein Bestandsschutz zu Gunsten der Arbeitnehmer in das individuelle Kündigungsschutzrecht eingeführt worden, also ein Schutz des Arbeitsverhältnisses, der über eine bloße Willkürkontrolle hinausgeht.[26] Indem das Kündigungsschutzgesetz vornehmlich dem Schutz des Arbeitsplatzes dient, ist es ein Bestandsschutzgesetz.[27]

---

[19] Vgl. die Begründung zum Regierungsentwurf, abgedruckt in RdA 1951, 61, 63.
[20] Vgl. die Begründung zum Regierungsentwurf, abgedruckt in RdA 1951, 61, 63.
[21] Vgl. die Begründung zum Regierungsentwurf, abgedruckt in RdA 1951, 61, 63.
[22] Vgl. die Begründung zum Regierungsentwurf, abgedruckt in RdA 1951, 61, 63.
[23] Vgl. *Preis*, Prinzipien, 2. Kapitel, § 6, I.3.b).
[24] *Reuter*, FS 25 Jahre BAG, S. 405, 424 ff; *Schwerdtner*, ZIP 1984, 10, 22.
[25] *Von Stebut*, Schutz, S. 77.
[26] Kittner/Däubler/Zwanziger-*Kittner*, KSchR, § 1 KSchG Rn. 3; KR-*Etzel*, § 1 KSchG Rn. 29; *Nikisch*, Arbeitsrecht I, S. 748 f.; *Preis*, Prinzipien, 2. Kapitel, § 6, I.3.b); *Söllner/Waltermann*, Arbeitsrecht, § 35 Rn. 918 f.; *von Hoyningen-Huene/Linck*, KSchG, § 1 KSchG Rn. 4.
[27] BAG v. 30.09.1976, 2 AZR 402/75, AP Nr. 3 zu § 9 KSchG 1969, unter 3 a).; BAG v. 23.06.2005, 2 AZR 256/04, AP Nr. 52 zu § 9 KSchG 1969, unter II.2.a).

Dabei stellt sich aber die Frage, wie weit dieser Bestandsschutz reicht.[28] Nur die genaue Bestimmung des Umfanges dieses Schutzes eröffnet die zutreffende Ermittlung des Regelungsplanes des Kündigungsschutzgesetzes.
Eine Antwort auf die Reichweite des Bestandsschutzes ist vollumfänglich nur möglich, wenn geklärt ist, was sich hinter dem Begriff des Bestandsschutzes im Sinne des Gesetzes genauer verbirgt. Zum einen basiert der Bestandsschutzgedanke auf der Erkenntnis, dass der Verlust des Arbeitsplatzes grundsätzlich mit gravierenden negativen Folgen für den gekündigten Arbeitnehmer einhergeht.[29] So stellt die Arbeitskraft des Arbeitnehmers für diesen regelmäßig die Existenzgrundlage dar und ist keine beliebig auf dem Arbeitsmarkt anzupreisende Ware.[30] Mithin will das Kündigungsschutzgesetz die sozialen und wirtschaftlichen Folgen, die mit dem Arbeitsplatzverlust einhergehen, so gut es geht vermeiden.[31] Daneben hat die abweichende wirtschaftliche und soziale Lage der Arbeitsvertragsparteien eine unterschiedliche Gestaltung der Kündigungsbefugnisse in Form einer Beschränkung des arbeitgeberseitigen Kündigungsrechtes erforderlich werden lassen.[32] Dieses Ziel wurde durch das Erfordernis der sozialen Rechtfertigung einer ordentlichen Arbeitgeberkündigung in Form von § 1 Abs. 2 und Abs. 3 KSchG verwirklicht.
Zusammenfassend lässt sich daher, im Einklang mit dem *Bundesarbeitsgericht*, feststellen, dass die unbeschränkte Kündigungsfreiheit des Arbeitgebers mit Inkrafttreten des Kündigungsschutzgesetzes entfallen ist, um die Lebensführung des Arbeitnehmers und die seiner Familie zu sichern.[33] Der durch das Kündigungsschutzgesetz eingeräumte Bestandsschutz findet demnach seine Grenze in arbeitgeberseitigen Verhaltensweisen, die keine auf die Beendigung des Arbeitsverhältnisses gerichtete Gestaltungserklärungen darstellen. Solche Handlungen sind von dem Bestandsschutz und mithin auch von dem Regelungsgehalt des Gesetzes nicht mehr umfasst.

c) Rechtlich vergleichbare Sachverhalte

Allein mit dieser Erarbeitung des Regelungsplanes ist allerdings noch keine Aussage darüber getroffen, ob auch tatsächlich eine analoge Anwendung des § 1 KSchG auf jene Fälle in Betracht kommt, in denen ein Arbeitgeber das Wiedereingliede-

---

[28] *Preis*, Prinzipien, 2. Kapitel, § 8, II.2.
[29] Zutreffend *Galperin*, RdA 1966, 361, 362.
[30] *Rühle*, DB 1991, 1378, 1378.
[31] *Preis*, Prinzipien, 2. Kapitel, § 8, II.2; vgl. auch die Begründung zum Regierungsentwurf, abgedruckt in RdA 1951, 61, 63.
[32] Vgl. *Nikisch*, Arbeitsrecht I, S. 748 f.
[33] BAG v. 27.01.1955, 2 AZR 418/54, AP Nr. 5 zu § 11 KSchG, unter II.; so auch *Galperin*, RdA 1966, 361, 362.

rungsverhältnis mit einem schwerbehinderten Arbeitnehmer durch einseitige Erklärung beendet hat. Die genauere Untersuchung des gesetzgeberischen Regelungsplanes war aber notwendig, um nunmehr, in einem weiteren Schritt, zu beurteilen, ob eine auf die Beendigung eines Wiedereingliederungsverhältnisses gerichtete Erklärung des Arbeitgebers gegenüber einem schwerbehinderten Arbeitnehmer rechtlich vergleichbar ist mit der arbeitgeberseitigen ordentlichen Kündigung eines dem Anwendungsbereich des Kündigungsschutzgesetzes unterfallenden Arbeitsverhältnisses. Denn diese Vergleichbarkeit entscheidet schließlich – wie eingangs bereits erwähnt – über die Zulässigkeit einer Analogie.
Vergleichbar wären die beiden geschilderten Fallkonstellationen, wenn sie die gleiche Interessenlage aufweisen würden.[34] Der Arbeitsplatz stellt in den überwiegenden Fällen die Grundlage der wirtschaftlichen Existenz eines Arbeitnehmers dar.[35] Auf dieser Grundüberlegung basiert der Reglungsplan des Kündigungsschutzgesetzes, da es den Arbeitnehmer nach Möglichkeit vor dem Verlust seiner – regelmäßig einzigen – Einkommensquelle schützen will.[36] Der Bestandsschutz geht allerdings nicht so weit, dass durch das Kündigungsschutzgesetz umfassend das allgemeine wirtschaftliche Arbeitnehmerinteresse geschützt werden soll.[37] Vielmehr will dieses Gesetz dem Arbeitnehmer (nur) sein Arbeitsverhältnis als Grundlage eines regelmäßigen Vermögenszuflusses in Form der arbeitgeberseitig geschuldeten Vergütung erhalten.[38]
Ein solcher Vermögenszufluss entfällt regelmäßig in Zeiten der stufenweisen Wiedereingliederung. In dieser Phase stehen dem wiedereinzugliedernden Arbeitnehmer grundsätzlich weder aus dem Arbeits- noch aus dem Wiedereingliederungsverhältnis Vergütungsansprüche zu.[39] Bei einer Wiedereingliederung wird die Arbeit zum Zwecke der Rehabilitation geleistet,[40] nicht dagegen zur Erfüllung einer vertraglichen Arbeitspflicht.[41] Folgerichtig entfallen daher in dieser Phase regelmäßig etwaige Vergütungsansprüche des Arbeitnehmers.[42] Dieser grundsätz-

---

[34] Vgl. zum Kriterium der gleichen Interessenlage ausführlich *Larenz*, Methodenlehre, S. 381 ff. sowie den zu diesem Thema aufgeführten Fall bei *Brox/Walker*, AT, § 3 Rn. 66.
[35] APS-*Preis*, Grundlagen B. Rn. 16.
[36] Vgl. hierzu auch zusammenfassend APS-*Preis*, Grundlagen B. Rn. 16.
[37] APS-*Preis*, Grundlagen B. Rn. 16.
[38] Vgl. *Wiedemann*, RdA 1961, 1, 8.
[39] BAG v. 29.01.1992, 5 AZR 37/91, AP Nr. 1 zu § 74 SGB V, unter III.1.; Moll-*Kolvenbach/Glaser*, MAH Arbeitsrecht, § 22 Rn. 26; siehe hierzu auch die Ausführungen oben unter § 3.A.I. und § 3.A.II.
[40] Siehe dazu bereits oben unter § 2.B.
[41] Schaub-*Linck*, ArbR-Hdb., § 98 Rn. 18.
[42] Etwas anderes gilt nur für den Fall einer ausdrücklichen oder konkludenten Vergütungsvereinbarung zwischen dem Arbeitgeber und seinem Arbeitnehmer, vgl. Moll-*Kolvenbach/Glaser*, MAH Arbeitsrecht, § 22 Rn. 27.

lich fehlende Vermögenszufluss während der Wiedereingliederungsphase offenbart die abweichende Interessenlage des Arbeitnehmers während einer stufenweisen Wiedereingliederung im Vergleich zu Zeiten, in denen ein arbeitsfähiger Arbeitnehmer seine Arbeitsleistung verrichtet. Ein wiedereinzugliedernder Rekonvaleszent wird beschäftigt, um schrittweise in das Erwerbsleben zurückzufinden. Seine Tätigkeit wird dabei nicht geprägt von dem Gesichtspunkt, eine Vergütung zu erhalten. Eine Wiedereingliederung ist vielmehr durch therapeutische Gesichtspunkte gekennzeichnet.[43] Im Unterschied dazu verrichtet ein arbeitsfähiger Arbeitnehmer seine Arbeitsleistung im Wesentlichen, um sein Gehalt zu erhalten, also aus finanziellen Gründen.

Demzufolge stellt das Wiedereingliederungsverhältnis, im Gegensatz zum Arbeitsverhältnis, auch nicht die Grundlage der wirtschaftlichen Existenz eines arbeitsunfähigen Arbeitnehmers dar. Mithin muss für den Fall, dass der Arbeitgeber das Wiedereingliederungsverhältnis einseitig für beendet erklärt, der Rekonvaleszent auch nicht vor dem Verlust seiner Einkommensquelle geschützt werden. Die Beendigung der Wiedereingliederung geht nämlich nicht einher mit einer automatischen Auflösung des Arbeitsverhältnisses. Letzteres bleibt trotz des Abbruches der stufenweisen Wiedereingliederung weiterhin bestehen, so dass dem Rekonvaleszenten auch bei vorzeitiger Beendigung seiner Wiedereingliederung die Existenzgrundlage in Form seines Arbeitsverhältnisses erhalten bleibt. Insoweit liegt der Fall anders als die Situation, in der ein Arbeitgeber das Arbeitsverhältnis ordentlich kündigt und dem Arbeitnehmer so seine meist einzige Einkommensquelle unmittelbar entzogen wird.

2. Ergebnis zur analogen Anwendung von § 1 KSchG

Ein Sachverhalt, in dem der Arbeitgeber eine auf Beendigung des Wiedereingliederungsverhältnisses gerichtete Erklärung gegenüber seinem schwerbehinderten Arbeitnehmer ausspricht, weist also nicht die gleiche Interessenlage auf wie der Fall einer im Anwendungsbereich des Kündigungsschutzgesetzes ausgesprochenen arbeitgeberseitigen Kündigung des Arbeitsverhältnisses. Beide Sachverhalte sind rechtlich nicht vergleichbar. Die in § 1 Abs. 1 KSchG zum Ausdruck kommende Beschränkung des Gesetzes auf Arbeitsverhältnisse ist daher nicht als planwidrige Unvollständigkeit des Kündigungsschutzgesetzes einzustufen. Insoweit fehlt es an der eine Analogie voraussetzenden Gesetzeslücke. Folglich scheidet eine analoge Anwendung des § 1 KSchG auf jene Fälle aus, in denen ein Arbeitgeber das Wiedereingliederungsverhältnis mit einem (schwerbehinderten) Arbeitnehmer durch einseitige Erklärung beendet.

---

[43] Siehe dazu bereits oben unter § 2.B.

Daneben entfällt auch eine analoge Anwendung des in § 85 SGB IX geregelten besonderen Kündigungsschutzes zu Gunsten schwerbehinderter Arbeitnehmer auf Wiedereingliederungsverhältnisse. Hier fehlt es ebenso wie im Falle des § 1 KSchG an der eine Analogie voraussetzenden planwidrigen Regelungslücke. Ein Sachverhalt, der den Ausspruch einer arbeitgeberseitigen Kündigung des Arbeitsverhältnisses gegenüber einem schwerbehinderten Arbeitnehmer zum Inhalt hat, weist nicht die gleiche Interessenlage auf wie die vorzeitige Beendigung eines Wiedereingliederungsverhältnisses mit einem Schwerbehinderten.

Das durch § 85 SGB IX angeordnete Zustimmungserfordernis verfolgt die Förderung der Beschäftigung schwerbehinderter Arbeitnehmer.[44] Damit ist allerdings keine umfassende Beschäftigungssicherung gemeint, sondern allein die Bewahrung der wirtschaftlichen Existenzgrundlage.[45] Die Grundlage der wirtschaftlichen Existenz eines Arbeitnehmers stellt grundsätzlich allein das Arbeitsverhältnis dar. Regelmäßig erwächst dem Arbeitnehmer nur aus diesem Rechtsverhältnis ein Vergütungsanspruch. Demgegenüber scheidet das Wiedereingliederungsverhältnis als Existenzgrundlage aus, da es grundsätzlich unentgeltlich ausgestaltet ist.[46]

Gegen eine analoge Anwendung von § 85 SGB IX auf die mit Schwerbehinderten geschlossenen Wiedereingliederungsverhältnisse spricht nicht zuletzt auch, dass diese Vorschrift lediglich die behinderungsbedingten Nachteile ausgleichen will.[47] Dagegen soll durch die Regelung keine generelle Bevorzugung der Behinderten gegenüber Nichtbehinderten erreicht werden.[48] Die in diesem Abschnitt der vorliegenden Arbeit in Frage stehende vorzeitige Beendigung des Wiedereingliederungsverhältnisses hat ihren Ursprung aber nicht in einem behinderungsbedingten Nachteil, sondern vielmehr in einer Pflichtverletzung des Arbeitnehmers. Hierbei denkbare Pflichtverletzungen sind nicht spezifisch für die Gruppe der (Schwer)behinderten, sondern werden von Behinderten wie Nichtbehinderten gleichermaßen begangen. Demzufolge würde die Anwendung des § 85 SBG IX auf Wiedereingliederungsverhältnisse eine Bevorzugung schwerbehinderter Arbeitnehmer mit sich bringen. Ein solches Ergebnis stünde im Widerspruch zu dem Ziel des Gesetzes. Auch aus diesem Gesichtspunkt muss daher eine analoge Anwendung dieser Vorschrift auf Wiedereingliederungssachverhalte ausscheiden. Nur mit der Ablehnung einer analogen Anwendung von § 85 SGB IX auf mit Schwerbehinderten geschlos-

---

[44] BAG v. 11.05.2000, 2 AZR 276/99, AP Nr. 42 zu § 103 BetrVG 1972, unter II.2.a).; Hauck/Noftz-*Griebeling*, § 85 SGB IX Rn. 1 a.

[45] Vgl. Hauck/Noftz-*Griebeling*, § 85 SGB IX Rn. 1 a.

[46] Vgl. hierzu die Ausführungen oben unter § 7.A.I.1.c).

[47] Vgl. APS-*Preis*, Grundlagen G. Rn. 35.

[48] Vgl. APS-*Preis*, Grundlagen G. Rn. 35.

sene Wiedereingliederungsverhältnisse wird im Übrigen auch dem Grundgedanken des SGB IX entsprochen, wonach die Gestaltungsfreiheit des Betriebsinhabers auch nach Inkrafttreten des Gesetzes so weit wie möglich erhalten bleiben soll.[49]

III. Beendigungsmöglichkeiten in Folge von Pflichtverletzungen

Nach diesen Überlegungen stellt sich nunmehr die Frage, welche Beendigungsmöglichkeiten in Folge von Pflichtverletzungen den Parteien zur Verfügung stehen. Dabei macht der Rehabilitationszweck der stufenweisen Wiedereingliederung eine Unterscheidung zwischen den arbeitgeberseitigen Maßnahmen einerseits und den arbeitnehmerseitigen Beendigungsformen auf der anderen Seite notwendig.

1. Arbeitgeberseitige Maßnahmen

Begeht der Rehabilitand während einer stufenweisen Wiedereingliederung eine Pflichtverletzung, so wäre ein Arbeitgeber nicht selten geneigt, die Wiedereingliederungsmaßnahme vorzeitig abzubrechen oder sogar (zusätzlich) das ruhende Arbeitsverhältnis zu beenden. Hinsichtlich dieser Situation ist somit zu klären, auf welche Beendigungstatbestände der Arbeitgeber in Zeiten der stufenweisen Wiedereingliederung zurückgreifen kann und ob die gefundenen Tatbestände auch auf beide Rechtsverhältnisse anwendbar sind.

a) Einfache Beendigungserklärung

An Stelle einer Kündigung im Sinne der §§ 620 ff. BGB ist in diesem Zusammenhang zunächst an eine einfache Beendigungserklärung zu denken.

aa) Arbeitsverhältnis

Eine solch einfache Beendigungserklärung vermag das ruhende Arbeitsverhältnis nicht zu beenden. Für dieses Rechtsverhältnis bedarf es einer Kündigung im Sinne der §§ 620 ff. BGB (vgl. § 620 Abs. 2 BGB).

---

[49] Vgl. BVerwG v. 02.07.1992, 5 C 31/91, AP Nr. 1 zu § 21 SchwbG 1986, unter II. Die Ausführungen des BVerwG beziehen sich zwar auf die Vorgängerregelungen zu den jetzigen §§ 85 bis 92 SGB IX, namentlich auf §§ 15-22 SchwbG 1986. Da diese Vorläuferbestimmungen aber inhaltsgleich mit den §§ 85 bis 92 SGB IX in das SGB IX übernommen worden sind (vgl. GK-*Lampe*, SGB IX, § 85, Rn. 17), haben die Ausführungen des BVerwG auch gegenwärtig nichts an Aktualität eingebüßt.

bb) Wiedereingliederungsverhältnis

Etwas anderes könnte aber für das Wiedereingliederungsverhältnis gelten. Dieses ist kein Dienstverhältnis gemäß § 620 Abs. 2 BGB, sondern vielmehr ein Rechtsverhältnis eigener Art.[50] In Folge dessen wird vermehrt eine einfache Erklärung des Arbeitgebers gegenüber seinem Rekonvaleszenten als ausreichend angesehen, um das Wiedereingliederungsverhältnis zu beenden.[51] Eine solche Auffassung kann nach den bisherigen Ausführungen dieser Arbeit nicht uneingeschränkt überzeugen.

(1) Differenzierung zwischen schwerbehinderten und übrigen Arbeitnehmern

Für nicht schwerbehinderte Arbeitnehmer verdient die Befürwortung einer jederzeitigen Beendigungsmöglichkeit durch eine einfache Willenserklärung seitens des Arbeitgebers Zustimmung. Es wäre schwerlich nachvollziehbar, auf der einen Seite die Freiwilligkeit einer Wiedereingliederungsmaßnahme in Bezug auf nicht schwerhinderte Rekonvaleszenten zu betonen,[52] dem Arbeitgeber aber andererseits die Möglichkeit zu nehmen, sich jederzeit und grundlos hiervon lossagen zu dürfen.[53] Demnach ist es für die vorzeitige Beendigung einer Wiedereingliederungsmaßnahme mit einem nicht schwerbehinderten Rekonvaleszenten durch den Arbeitgeber unerheblich, ob dem Arbeitnehmer eine Pflichtverletzung[54] vorzuwerfen ist oder nicht.

Nicht mehr gefolgt werden kann den Verfechtern der jederzeitigen und grundlosen Beendigungsmöglichkeit durch einfache Willenserklärung aber insoweit, als dass sie diese Sichtweise undifferenziert auf alle Arbeitnehmergruppen übertragen wollen. Könnte ein Arbeitgeber durch einfache Beendigungserklärung auch die mit einem schwerbehinderten Arbeitnehmer begonnene stufenweise Wiedereingliederung uneingeschränkt abbrechen, so würde der aus § 81 Abs. 4 S. 1 Nr. 1 SGB IX resultierende Anspruch[55] Schwerbehinderter auf Durchführung einer stufenweisen Wiedereingliederung ad absurdum geführt. Der Arbeitgeber wäre bei einem solchen Verständnis zwar verpflichtet, mit seinem schwerbehinderten Rehabilitanden eine Wiedereingliederungsmaßnahme zu beginnen, er könnte diese jedoch jederzeit, also im Extremfall auch unmittelbar nach deren Beginn, grundlos beenden.

---

[50] Siehe oben unter § 2.C.III.

[51] Eine einfache Beendigungserklärung befürworten *Gitter*, ZfA 1995, 123, 147; *Schmidt*, NZA 2007, 893, 895; *Zwade*, Teilarbeitsfähigkeit, S. 165 f.

[52] Siehe oben unter § 2.D.

[53] In diesem Sinne auch überzeugend *Schmidt*, NZA 2007, 893, 895.

[54] Zu den einzelnen Nebenpflichten siehe oben unter § 5.D., § 5.E. und § 5.F.

[55] Siehe oben unter § 2.D.II.2.b).bb).

Die Aussage, Arbeitgeber sollten nicht über Gebühr in die Pflicht genommen werden und daher stets die Möglichkeit erhalten, eine Wiedereingliederung grenzenlos beenden zu können,[56] ist mit der durch § 81 Abs. 4 S. 1 Nr. 1 SGB IX zum Ausdruck kommenden gesetzgeberischen Wertung unvereinbar. Dies bedeutet allerdings nicht, dass dem Arbeitgeber in Bezug auf wiedereinzugliedernde Schwerbehinderte die Möglichkeit einer vorzeitigen Beendigung der stufenweisen Wiedereingliederung generell abzusprechen ist. Ebenso wie der Wiedereingliederungsanspruch aus § 81 Abs. 4 S. 1 Nr. 1 SGB IX in ausgewählten Fällen nicht besteht (vgl. § 81 Abs. 4 S. 3 SGB IX), muss der Arbeitgeber auch nach Beginn einer Wiedereingliederungsmaßnahme in bestimmten Konstellationen die Möglichkeit erhalten, selbige vorzeitig beenden zu können. Mit dieser Feststellung geht die Frage einher, unter welchen Voraussetzungen dem Arbeitgeber die Möglichkeit einer außerplanmäßigen Beendigungserklärung zuzusprechen ist.

Denkbar wäre, eine dementsprechende einfache Willenserklärung dann zuzulassen, wenn die Beendigungserklärung billigem Ermessen im Sinne des § 315 Abs. 1 BGB entspricht, also ein sachlicher Grund vorliegt.[57] Allerdings setzt § 315 Abs. 1 BGB entweder eine (ausdrückliche oder stillschweigende) Vereinbarung oder aber eine gesetzliche Regelung voraus, aus welcher sich ein Leistungsbestimmungsrecht zu Gunsten einer Partei ergibt.[58] Ein Leistungsbestimmungsrecht haben die Wiedereingliederungsparteien jedoch regelmäßig weder vereinbart, noch ergibt sich ein solches Recht aus der einzig in Betracht kommenden gesetzlichen Regelung (§ 81 Abs. 4 S. 1 Nr. 1 SGB IX). Bereits aus diesem Grund scheidet die Anwendung des § 315 BGB auf vorzeitig abzubrechende Wiedereingliederungen aus.

Überzeugender ist demnach ein anderer Ansatzpunkt. Die grundsätzlich bestehende Freiwilligkeit, eine Wiedereingliederungsmaßnahme durchzuführen, wird durch den zu Gunsten Schwerbehinderter bestehenden Wiedereingliederungsanspruch aus § 81 Abs. 4 S. 1 Nr. 1 SGB IX eingeschränkt. Demnach kann auch die Verneinung einer vorzeitigen Beendigungsmöglichkeit der Wiedereingliederung eines Schwerbehinderten durch den Arbeitgeber nur solange bestand haben, wie ein Wiedereingliederungsanspruch existiert. Wie bereits ausgeführt, entfällt der Anspruch aus § 81 Abs. 4 S. 1 Nr. 1 SGB IX in den in § 81 Abs. 4 S. 3 SGB IX genannten Fällen. Konsequenterweise muss gleiches auch für den außerplanmäßigen Abbruch der Wiedereingliederung gelten. Dieser Weg ist dem Arbeitgeber auch hinsichtlich seiner wiedereinzugliedernden Schwerbehinderten eröffnet, wenn die Fortführung der stufenweisen Wiedereingliederung für ihn nicht zumutbar oder mit unverhält-

[56] Auf diese Weise will *Schmidt*, NZA 2007, 893, 895, eine uneingeschränkte Beendigungsmöglichkeit durch einfache Willenserklärung begründen.

[57] Auf diesen Ansatz weist *Becker*, Wiedereingliederung, S. 153, hin.

[58] Palandt-*Grüneberg*, § 315 Rn. 4.

nismäßigen Aufwendungen verbunden wäre (vgl. § 81 Abs. 4 S. 3 SGB IX). Unzumutbar ist die Fortsetzung der Wiedereingliederung beispielsweise, wenn es im Rahmen dieser Maßnahme zu einer Störung des Betriebsablaufes kommt.[59] Verletzt der schwerbehinderte Rehabilitand entweder eine originäre Nebenpflicht aus dem Wiedereingliederungsverhältnis oder aber eine während der Wiedereingliederung fortbestehende Nebenpflicht aus dem Arbeitsverhältnis,[60] so kann damit eine solche Störung des Betriebsablaufes einhergehen, dass dem Arbeitgeber die Fortsetzung der Wiedereingliederung unzumutbar ist. Entscheidend für die Unzumutbarkeit sind stets die Umstände des Einzelfalles.[61] Allerdings wird die erforderliche Interessenabwägung bei gravierenden einmaligen oder wiederholten Nebenpflichtverletzungen, gleichgültig auf welches Rechtsverhältnis die verletzte Nebenpflicht zurückzuführen ist, regelmäßig zu Lasten des Schwerbehinderten ausfallen. Der Arbeitgeber kann in diesen Fällen die Wiedereingliederung vorzeitig abbrechen.

(2) Auslauffrist

Entgegen der Auffassung *Beckers* bedarf es demgegenüber weder für schwerbehinderte Rehabilitanden noch für die übrigen Arbeitnehmer im Falle einer vorzeitigen Beendigung der Wiedereingliederungsmaßnahme einer aus § 242 BGB herzuleitenden Auslauffrist.[62] Nach *Beckers* Überzeugung entspricht eine solche Frist einem in §§ 671 Abs. 2, 627 Abs. 2, 675 Abs. 1 HS 2 BGB zum Ausdruck kommenden allgemeinen Rechtsgedanken.[63] Gegen ein solches Fristerfordernis spricht aber, dass der Zweck einer Auslauffrist darin liegt, den Erklärungsempfänger vor existenzvernichtenden Folgen zu schützen, beispielsweise im Falle eines befristet beschäftigten Arbeitnehmers, der regelmäßig seinen gesamten Lebensunterhalt aus diesem befristeten Arbeitsverhältnis bezieht.[64]

Mit solchen Folgen geht die vorzeitige Beendigung einer Wiedereingliederungsmaßnahme nicht einher. Der arbeitsunfähige Rekonvaleszent behält nämlich regelmäßig unabhängig von dem Ausgang der stufenweisen Wiedereingliederung seinen Anspruch auf Zahlung von Krankengeld. Dadurch wird seine Existenz, anders als in den von *Becker* aufgeführten Fällen, auch ohne Auslauffrist gesichert. Eine solche Frist ist nicht nach § 242 BGB geboten. Richtigerweise muss der

---

[59] Auf die Betriebsablaufstörungen im Zusammenhang mit der vorzeitigen Beendigung einer Wiedereingliederung weist auch *von Hoyningen-Huene*, NZA 1992, 49, 53, hin.

[60] Zu den einzelnen Pflichten siehe oben siehe oben unter § 5.D., § 5.E. und § 5.F.

[61] Vgl. zu § 81 Abs. 4 S. 3 SGB IX GK-*Großmann*, SGB IX, § 81 Rn. 411.

[62] Für eine Auslauffrist spricht sich *Becker*, Wiedereingliederung, S. 154, aus. Dagegen wendet sich zutreffend *Schmidt*, NZA 2007, 893, 895.

[63] *Becker*, Wiedereingliederung, S. 154.

[64] So auch *Schmidt*, NZA 2006, 893, 895.

Arbeitgeber daher die außerplanmäßige Beendigung einer stufenweisen Wiedereingliederung nicht rechtzeitig ankündigen.

b) Ordentliche und außerordentliche Kündigung im Sinne der §§ 620 ff. BGB

Hinsichtlich des in Zeiten der stufenweisen Wiedereingliederung zwar ruhenden, aber fortbestehenden Arbeitsverhältnisses wurde bereits oben[65] festgestellt, dass selbiges nicht durch eine einfache Willenserklärung beendet werden kann, sondern vielmehr einer Kündigung im Sinne der §§ 620 ff. BGB bedarf. Nunmehr ist zu klären, unter welchen Voraussetzungen eine Nebenpflichtverletzung des Arbeitnehmers während einer Wiedereingliederungsmaßnahme den Arbeitgeber zu einer Kündigung des Arbeitsverhältnisses berechtigt.
Darüber hinaus ist problematisch, ob das Wiedererereingliederungsverhältnis im Falle einer Pflichtverletzung allein durch die soeben erörterte einfache Willenserklärung und den dabei zu beachtenden Besonderheiten bei schwerbehinderten Arbeitnehmern vorzeitig abgebrochen werden kann oder aber, ob dem Arbeitgeber auch eine Kündigungsmöglichkeit im Sinne der §§ 620 ff. BGB offen steht. Für den Fall arbeitnehmerseitiger Pflichtverletzungen ist hinsichtlich beider Rechtsverhältnisse sowohl an den Ausspruch einer ordentlichen als auch einer außerordentlichen Kündigung zu denken.

aa) Kündigung des Arbeitsverhältnisses

Die Auswirkung von Pflichtverletzungen des Rekonvaleszenten während einer stufenweisen Wiedereingliederung auf den Bestand des Arbeitsverhältnisses gehörte zu den bisher ungelösten Fragen im Zusammenhang mit Wiedereingliederungsfällen.[66] Insbesondere war ungeklärt, ob der Arbeitgeber in diesen Fällen die ordentliche Kündigung des Arbeitsverhältnisses erklären kann. Nunmehr hat sich *Schmidt*[67] in einem neueren Aufsatz dieser Problematik angenommen. Sie vertritt die Auffassung, dass ein Fehlverhalten des Arbeitnehmers in Zeiten der stufenweisen Wiedereingliederung unter besonderen Voraussetzungen eine Kündigung des Arbeitsverhältnisses durch den Arbeitgeber rechtfertigen könne.[68] In solchen Fällen sei eine Kündigung dann zulässig, wenn die Voraussetzungen für eine Kündigung auf Grund außerdienstlichen[69] Verhaltens vorlägen.[70]

---

[65] Siehe oben unter § 7.A.III.1.a).aa).
[66] *Karlsfeld*, ArbRB 2002, 278, 280.
[67] *Schmidt*, NZA 2007, 893, 896 f.
[68] Vgl. *Schmidt*, NZA 2007, 893, 896.
[69] Die von *Schmidt*, NZA 2007, 893, 896, verwendete Formulierung des „außerbetrieb-lichen" Verhaltens beschreibt inhaltlich die gleiche Konstellation wie der vermehrt anzutreffende Begriff des „außerdienstlichen" Verhaltens (vgl. beispielsweise *von Hoyningen-Huene/Linck*, KSchG,

Diese Sichtweise ist auf den ersten Blick aus zwei Gründen problematisch. Zum einen lässt sie unberücksichtigt, dass während einer stufenweisen Wiedereingliederung Nebenpflichten unterschiedlicher Herkunft existieren. Neben solchen Pflichten, die ihre Grundlage in dem ruhenden Arbeitsverhältnis haben, treffen den Arbeitnehmer darüber hinaus Nebenpflichten, die erst durch den Abschluss der Wiedereingliederungsvereinbarung entstehen.[71] Darüber hinaus wirkt es zunächst befremdlich, auf die Beendigung einer Wiedereingliederung die Kündigungsvoraussetzungen bei außerdienstlichem Verhalten anwenden zu wollen, ist doch der Rekonvaleszent weiterhin im Betrieb seines Arbeitgebers, wenn auch nunmehr zur Wiedereingliederung und nicht zur Erfüllung einer arbeitsvertraglichen Verpflichtung, tätig.

(1) Keine Differenzierung nach dem Ursprung der Nebenpflicht im Kündigungsfall

Bei genauerer Betrachtung verdient der Ansatz *Schmidts*, in Kündigungsfällen nicht nach dem Ursprung der verletzten Nebenpflicht zu differenzieren, allerdings sehr wohl Beifall.
Die oben[72] vorgenommene Herausarbeitung der einzelnen Nebenpflichten des Rekonvaleszenten in Zeiten der stufenweisen Wiedereingliederung hat nämlich nicht nur deutlich gemacht, dass es zum einen Nebenpflichten gibt, die ihren Ursprung in dem Arbeitsverhältnis haben und dass daneben solche Pflichten existieren, die auf das Wiedereingliederungsverhältnis zurückzuführen sind. Vielmehr hat diese Untersuchung zu einer weiteren Erkenntnis geführt. So existiert keine originäre Wiedereingliederungspflicht, die dem Rehabilitanden nicht auch inhaltsgleich als fortbestehende Nebenpflicht aus dem Arbeitsverhältnis auferlegt wird. Sowohl die Verpflichtung zu gesundheitsförderndem Verhalten als auch die oben genannten Schutzpflichten werden nicht nur durch den Abschluss des Wiedereingliederungsverhältnisses begründet, sondern finden ihre rechtliche Grundlage darüber hinaus auch in dem ruhenden, aber fortbestehendem Arbeitsverhältnis. Somit geht die Verletzung einer aus dem Wiedereingliederungsverhältnis herrührenden Nebenpflicht stets einher mit der Verletzung einer inhaltsgleichen Pflicht aus dem Arbeitsverhältnis. Nichts anderes gilt für den umgekehrten Fall.

---

§ 1 KSchG Rn. 311). Nachfolgend wird der besseren Lesbarkeit halber in dieser Arbeit allein die weiter verbreitete Terminologie des „außerdienstlichen" Verhaltens verwendet, ohne dass damit inhaltliche Änderungen zu den Darstellungen bezüglich des „außerbetrieblichen" Verhaltens einhergehen.

[70] Vgl. *Schmidt*, NZA 2007, 893, 896.

[71] Siehe oben unter § 5.D. und § 5.E.

[72] Siehe oben unter § 5.D. und § 5.E.

Dieses Ergebnis macht es möglich, in Bezug auf die Voraussetzungen einer ordentlichen Kündigung des Arbeitsverhältnisses in Folge eines Fehlverhaltens des Arbeitnehmers während einer Wiedereingliederung nicht zwischen der Verletzung einer arbeitsvertraglichen Nebenpflicht und einer solchen aus dem Wiedereingliederungsverhältnis differenzieren zu müssen. Insoweit ist dem in *Schmidts* Ausführungen zum Ausdruck kommende Ansatz zuzustimmen, wonach sämtliche arbeitnehmerseitigen Fehlverhaltensweisen beziehungsweise Nebenpflichtverletzungen hinsichtlich ihrer kündigungsrechtlichen Konsequenzen zusammenzufassen sind.[73]

(2) Pflichtverletzung bei Wiedereingliederung als außerdienstliches Verhalten

Aus dieser Erkenntnis ist aber noch nicht ersichtlich, unter welchen Voraussetzungen die Kündigung des Arbeitsverhältnisses in Folge einer Nebenpflichtverletzung während der Wiedereingliederung zulässig sein soll. Wie bereits angedeutet, scheint der Vorschlag *Schmidts*, auf diese Fälle die Kündigungsvoraussetzungen bei außerdienstlichem Verhalten anzuwenden,[74] zunächst einmal wenig überzeugend zu sein, ändert doch die Wiedereingliederungsmaßnahme nichts an der fortbestehenden körperlichen Anwesenheit des Rekonvaleszenten im Betrieb seines Arbeitgebers. Somit wäre es nahe liegend, auch die stufenweise Wiedereingliederung als dienstlichen und nicht etwa als außerdienstlichen Vorgang einzustufen. Die allein physische Betrachtungsweise kann jedoch nicht entscheidend sein, um dienstliches von außerdienstlichem Verhalten abzugrenzen. Beispielsweise liegt ein außerdienstliches Verhalten trotz körperlicher Anwesenheit im Betrieb vor, wenn ein Arbeitnehmer während seines Urlaubes seine Kollegen am Arbeitsplatz allein deshalb besucht, um über seine Urlaubserlebnisse zu berichten und dabei ausländerfeindliches Gedankengut von sich gibt. Es bedarf daher eines tauglicheren Abgrenzungskriteriums als jenes der (bloß) physischen Anwesenheit im Betrieb, um einen dienstlichen von einem außerdienstlichen Vorgang unterscheiden zu können. Einen dementsprechenden Ansatz liefert eine primär zeitliche Betrachtungsweise. Die Arbeitszeit bestimmt den zeitlichen Umfang der geschuldeten Arbeitspflicht.[75] Findet ein Vorgang außerhalb des zeitlich geschuldeten Arbeitszeitrahmens statt, ist der Arbeitnehmer grundsätzlich nicht mehr arbeitsvertraglich gebunden. Er ist

---

73 Vgl. *Schmidt*, NZA 2007, 893, 896, die allerdings auf das Problem der Differenzierung zwischen solchen Nebenpflichten, die in dem Wiedereingliederungsverhältnis ihren Ursprung haben und solchen, die auf das Arbeitsverhältnis zurückzuführen sind, gar nicht eingeht. Sie spricht im Zusammenhang mit der Kündigung des Arbeitsverhältnisses in Zeiten der stufenweisen Wiedereingliederung lediglich – ohne nähere Erörterungen – von „Auswirkungen etwaigen Fehlverhaltens des Arbeitnehmers".

74 Vgl. *Schmidt*, NZA 2007, 893, 896.

75 *Daum*, Verhaltenspflichten, S. 3.

nicht mehr „im Dienst". Außerdienstliches Verhalten muss demzufolge bei all jenen Vorgängen angenommen werden, die sich außerhalb der Arbeitszeit abspielen.[76]

Dagegen geht es zu weit, wenn darüber hinaus für ein außerdienstliches Verhalten verlangt wird, dass der Arbeitnehmer sich zusätzlich noch räumlich entfernt von der Arbeitsstätte befinden müsse.[77] Vielmehr ist, neben der zeitbezogenen Betrachtung, entscheidend, weshalb sich ein Arbeitnehmer auf dem Betriebsgelände aufhält. Will er, wie in dem soeben aufgezeigten Beispiel, während seiner Urlaubszeit lediglich seine Kollegen besuchen, um sich mit diesen zu unterhalten, so befindet sich der Arbeitnehmer zwar an seiner Arbeitsstätte, es liegt aber ein außerdienstliches Verhalten vor. Begründen lässt sich dieser rein außerdienstliche Vorgang damit, dass sich der Arbeitnehmer nicht zur Erfüllung seiner Arbeitspflicht oder sonst arbeitsvertraglich veranlasst an seiner Arbeitsstelle aufhält, sondern allein aus freien Stücken und ohne arbeitsvertraglich verpflichtet zu sein, die Kollegen in seiner Freizeit aufsucht.[78] Es ist allein die „Privatsphäre"[79] des Arbeitnehmers betroffen. Die bloße Anwesenheit auf dem Gelände des Arbeitgebers reicht nicht aus, um einen dienstlichen Vorgang zu bejahen.

Somit kommt einer räumlichen Betrachtungsweise keine entscheidende Bedeutung bei der Abgrenzung des dienstlichen von einem außerdienstlichen Verhalten zu. Für diese Abgrenzungsfrage sind allein die Dienstzeit sowie die arbeitsvertragliche Veranlassung des Arbeitnehmers auf dem Betriebsgelände entscheidend. Mithin liegt ein dienstliches Verhalten nur vor, wenn der zu untersuchende Vorgang innerhalb der Dienstzeit liegt und/oder der Aufenthalt des Arbeitnehmers auf dem Betriebsgelände arbeitsvertraglich veranlasst ist.[80]

Dieses Ergebnis ist auch für die eingangs aufgeworfene Frage von Bedeutung, ob die Wirksamkeit einer ordentlichen Kündigung des Arbeitsverhältnisses in Folge einer Nebenpflichtverletzung des Rekonvaleszenten während einer Wiedereingliederung nach den Grundsätzen einer Kündigung bei außerdienstlichem Verhalten zu beurteilen ist. Auch der wiedereinzugliedernde Arbeitnehmer schuldet in Folge seiner Arbeitsunfähigkeit keine Arbeitspflicht. Bereits dies spricht dafür, den Wiedereingliederungsvorgang als außerdienstliches Verhalten einzustufen. Etwas anderes ergibt sich nach dem oben Gesagten auch nicht daraus, dass er sich während der

[76] *Daum*, Verhaltenspflichten, S. 2 f.

[77] So aber *Otto*, Freiheit, S. 63.

[78] Auf den Gesichtspunkt des arbeitsvertraglich veranlassten Aufenthaltes auf dem Betriebsgelände weisen überzeugend *Lansnicker/Schwirtzek*, DB 2001, 865, 865, hin. Diesem Ansatz folgt Schmidt, NZA 2007, 893, 896, mit dem Hinweis in der Fußnote 37 ihres Aufsatzes auf *Hueck/ Nipperdey*, Arbeitsrecht, S. 818.

[79] Zu diesem Begriff siehe *Mayer-Maly*, ArbuR 1968, 1, 1.

[80] *Lansnicker/Schwirtzek*, DB 2001, 865, 865.

Wiedereingliederungsmaßnahme auf dem Betriebsgelände seines Arbeitgebers befindet. Dieser Tatsache kommt, wie dargelegt, keine ausschlaggebende Bedeutung für die Abgrenzung des dienstlichen von dem außerdienstlichen Verhalten zu. Entscheidend ist vielmehr, dass sich der Rehabilitand nicht arbeitsvertraglich veranlasst auf dem Betriebsgelände aufhält, sondern die Rechtsgrundlage für seinen dortigen Aufenthalt zur Wiedereingliederung allein in dem Wiedereingliederungsverhältnis zu sehen ist. Mithin ist die stufenweise Wiedereingliederung kündigungsrechtlich als ein rein außerdienstlicher Vorgang einzustufen, so dass in Bezug auf die Kündigung des Arbeitsverhältnisses in dieser Zeit die Kündigungsvoraussetzungen bei außerdienstlichem Verhalten anzuwenden sind. Der Ansatz *Schmidts*[81] überzeugt.

(3) Voraussetzungen der ordentlichen Kündigung bei außerdienstlichem Verhalten

Damit ist aber immer noch ungeklärt, unter welchen Voraussetzungen eine Kündigung bei außerdienstlichem Verhalten möglich ist.

(a) Vertragswidriges Verhalten

Das *Bundesarbeitsgericht* verlangt sowohl für eine wirksame ordentliche als auch für eine außerordentliche Kündigung in Folge außerdienstlicher Verhaltensweisen, dass das Arbeitsverhältnis durch die beanstandete Handlung „konkret berührt“[82] oder „konkret beeinträchtigt“[83] werde, sei es im Leistungsbereich, im Bereich der betrieblichen Verbundenheit aller Mitarbeiter, im personalen Vertrauensbereich oder auch im Unternehmensbereich.[84] Beispiele hierfür sind die politische Betätigung[85] oder häufige Lohnpfändungen[86]. Häufige Lohnpfändungen berühren wegen der damit verbundenen kosten- und arbeitsmäßigen Belastungen die unternehmerischen und betrieblichen Interessen des Arbeitgebers.[87]

---

[81] *Schmidt*, NZA 2007, 893, 896.

[82] BAG v. 26.05.1977, 2 AZR 632/76, AP Nr. 5 zu § 611 BGB Beschäftigungspflicht, unter II.5.; BAG v. 04.11.1981, 7 AZR 264/79, AP Nr. 4 zu § 1 KSchG 1969 Verhaltensbedingte Kündigung, unter I./II.2.b.aa).

[83] BAG v. 06.02.1969, 2 AZR 241/68, AP Nr. 58 zu § 626 BGB, Leitsatz 2; BAG v. 21.06.2001, 2 AZR 325/00, NZA 2002, 1030, 1031.

[84] BAG v. 26.05.1977, 2 AZR 632/76, AP Nr. 5 zu § 611 BGB Beschäftigungspflicht, unter II.5; BAG v. 04.11.1981, 7 AZR 264/79, AP Nr. 4 zu § 1 KSchG 1969 Verhaltensbedingte Kündigung, unter I./II.2.b.aa).

[85] BAG v. 26.05.1977, 2 AZR 632/76, AP Nr. 5 zu § 611 BGB Beschäftigungspflicht, unter II.5.

[86] BAG v. 04.11.1981, 7 AZR 264/79, AP Nr. 4 zu § 1 KSchG 1969 Verhaltensbedingte Kündigung, unter I./II.2.b.aa).

[87] BAG v. 04.11.1981, 7 AZR 264/79, AP Nr. 4 zu § 1 KSchG 1969 Verhaltensbedingte Kündigung, unter I./II.2.b.aa).

Diese Sichtweise des *Bundesarbeitsgerichtes* hat zur Konsequenz, dass dem Arbeitnehmer eine Pflichtverletzung deshalb vorzuwerfen ist, weil das Arbeitsverhältnis konkret berührt ist.[88] Daher ist die Auffassung des *Bundesarbeitsgerichtes* problematisch. Sie verleitet zu der Fehlvorstellung, jegliches Verhalten eines Arbeitnehmers als kündigungsrelevant einstufen zu können, sofern ein Vorgang nur irgendwie mit dem Arbeitsverhältnis in Verbindung gebracht werden kann.[89] Die bloße Berührung begründet jedoch noch keine kündigungsrelevante Beeinträchtigung des Arbeitsverhältnisses.[90] Darüber hinaus finden bei dieser Vorstellung die gesetzlichen Kündigungsgründe keine ausreichende Beachtung.[91]
Richtigerweise erfordert eine „konkrete Berührung" oder „konkrete Beeinträchtigung" des Arbeitsverhältnisses mithin das Vorliegen einer Haupt- oder Nebenpflichtverletzung.[92] Eine „konkrete Berührung" beziehungsweise „konkrete Beeinträchtigung" des Arbeitsverhältnisses ist allein dann anzunehmen, wenn dem Arbeitnehmer eine Pflichtverletzung vorzuwerfen ist.[93] Ein außerdienstliches Verhalten eines Arbeitnehmers rechtfertigt eine verhaltensbedingte ordentliche Kündigung im Sinne des § 1 Abs. 2 S. 1 KSchG also nur dann, wenn in diesem Vorgang eine vertragswidrige Handlung liegt.[94] Ist dagegen eine außerdienstliche Handlung nicht als vertragswidrig einzustufen, so scheidet eine verhaltensbedingte ordentliche Kündigung aus. In diesem Fall kommt allerdings eine personenbedingte Kündigung gemäß § 1 Abs. 2 S. 1 KSchG in Betracht.[95]
Für die im Mittelpunkt dieser Arbeit stehenden Wiedereingliederungsfälle bedeutet dies, dass – im Geltungsbereich des Kündigungsschutzgesetzes – allein die Verletzung einer der oben[96] aufgeführten arbeitsvertraglichen Nebenpflichten den Ausspruch einer verhaltensbedingten ordentlichen Kündigung des Arbeitsverhältnisses durch den Arbeitgeber rechtfertigen kann. Verhaltensweisen, die das Arbeitsverhältnis lediglich „berühren" oder „beeinträchtigen", ohne dabei eine Pflichtverlet-

---

88 Darauf weist *Otto*, Freiheit, S. 65, richtigerweise hin.
89 Vgl. auch *Preis*, DB 1990, 630, 632.
90 Vgl. *Otto*, Freiheit, S. 65, Preis, DB 1990, 630, 632.
91 Vgl. HK-KSchG-*Dorndorf*, § 1 Rn. 808; KR-*Griebeling*, § 1 KSchG Rn. 450; Stahlhacke-*Preis*, Kündigung Rn. 697.
92 So zutreffend ErfK-*Oetker*, § 1 KSchG Rn. 189. Die Notwendigkeit eines vertrags-widrigen Verhaltens in diesen Fällen befüworten außerdem HK-KSchG-*Dorndorf*, § 1 Rn. 808; KR-*Griebeling*, § 1 KSchG Rn. 450; MünchKommBGB-*Hergenröder*, Bd. 4, § 1 KSchG Rn. 203; *Preis*, DB 1990, 630, 632; *von Hoyningen-Huene/Linck*, KSchG, § 1 KSchG Rn. 463.
93 *Otto*, Freiheit, S. 65.
94 Vgl. KR-*Griebeling*, § 1 KSchG Rn. 450; MünchKommBGB-*Hergenröder*, Bd. 4, § 1 KSchG Rn. 203 und Rn. 252.
95 HK-KSchG-*Dorndorf*, § 1 Rn. 810; MünchKommBGB-*Hergenröder*, Bd. 4, § 1 KSchG Rn. 252.
96 Siehe oben unter § 5.D.I.

zung darzustellen, vermögen dagegen keine verhaltensbedingte Arbeitgeberkündigung gegenüber einem Rehabilitanden zu begründen.
Neben diesem kündigungsrelevanten Verhalten erfordert eine verhaltensbedingte Kündigung zweierlei. Dabei bestehen in Bezug auf die verhaltensbedingte ordentliche Kündigung wegen außerdienstlichen Verhaltens – mit Ausnahme der eben geschilderten Problematik („konkret berührtes Arbeitsverhältnis“) – grundsätzlich keine Besonderheiten im Vergleich zu einer sonstigen verhaltensbedingten Kündigung. Dies bedeutet allerdings nicht, dass bei der verhaltensbedingten ordentlichen Kündigung während einer stufenweisen Wiedereingliederung im Einzelfall nicht doch Ausnahmen von den übrigen Kündigungssachverhalten zu beachten sind.
Jede Kündigung aus verhaltensbedingten Gründen verlangt neben der oben behandelten Vertragsverletzung eine negative Zukunftsprognose.[97] Darüber hinaus muss dem Ausspruch einer solchen Kündigung regelmäßig eine Abmahnung vorausgehen.[98] Ist auch diese Voraussetzung erfüllt, so ist für die Wirksamkeit einer verhaltensbedingten Kündigung des Arbeitsverhältnisses entscheidend, ob die Arbeitgeberinteressen an der Verhinderung zukünftiger Pflichtverletzungen durch den Arbeitnehmer höher zu gewichten sind als das Interesse des Arbeitnehmers an der Fortsetzung der Vertragsbeziehung.[99] Es bedarf also stets einer Interessenabwägung.[100] Für eine verhaltensbedingte Kündigung in Zeiten stufenweiser Wiedereingliederung sind insbesondere die negative Zukunftsprognose sowie die Interessenabwägung von besonderem Interesse. Diese beiden Prüfungspunkte sollen daher näher beleuchtet werden.

(b) Negative Zukunftsprognose

Eine negative Zukunftsprognose ist unter zwei Gesichtspunkten denkbar. Zum einen kann sie darauf gestützt werden, dass sich ein vergangenes Verhalten auch ohne erneute Wiederholung zukünftig belastend auf das Arbeitsverhältnis aus-

---

[97] BAG v. 10.11.1988, 2 AZR 215/88, AP Nr. 3 zu § 1 KSchG 1969 Abmahnung, unter II.2.d).bb).; BAG v. 17.01.1991, 2 AZR 375/90, AP Nr. 25 zu § 1 KSchG 1969 Verhaltensbedingte Kündigung, unter II.2.c).; HK-KSchG-*Dorndorf*, § 1 Rn. 545; MünchKommBGB-*Hergenröder*, Bd. 4, § 1 KSchG Rn. 209; Preis, DB 1990, 630, 634.

[98] BAG v. 18.01.1980, 7 AZR 75/78, AP Nr. 3 zu § 1 KSchG 1969 Verhaltensbedingte Kündigung, unter 2.a).; BAG v. 26.01.1995, 2 AZR 649/94, AP Nr. 34 zu § 1 KSchG 1969 Verhaltensbedingte Kündigung, unter B.III.4.a).; APS-*Dörner*, § 1 KSchG Rn. 343; MünchKommBGB-*Hergenröder*, Bd. 4, § 1 KSchG Rn. 210.

[99] HK-KSchG-*Dorndorf*, § 1 Rn. 705.

[100] BAG v. 22.07.1982, 2 AZR 30/81, AP Nr. 5 zu § 1 KSchG 1969 Verhaltensbedingte Kündigung, unter III.3.; BAG v. 12.01.2006, 2 AZR 21/05, AP Nr. 53 zu § 1 KSchG 1969 Verhaltensbedingte Kündigung, unter B.II.1.; HK-KSchG-*Dorndorf*, § 1 Rn. 705; Stahlhacke-*Preis*, Kündigung Rn. 1184.

wirkt.[101] Daneben ist eine negative Zukunftsprognose auch dann begründet, wenn mit weiteren Vertragsverstößen zukünftig gerechnet werden muss.[102] Erklärt ein Arbeitgeber die verhaltensbedingte Kündigung des Arbeitsverhältnisses während einer Wiedereingliederung, so gilt es zu differenzieren. Stützt er die Kündigung auf die drohende Wiederholungsgefahr, so ist die Kündigung unwirksam, wenn die festgestellte Pflichtverletzung auf die Arbeitsunfähigkeit des Rehabilitanden zurückzuführen ist.[103] Dies lässt sich damit begründen, dass nach Wiedererlangung der Arbeitsfähigkeit kein erneutes vertragswidriges Verhalten mehr zu befürchten ist.[104]

Etwas anderes gilt allerdings für den Vortrag des Arbeitgebers, dass die vergangene Pflichtverletzung künftige Folgewirkungen zeigen würde. Eine hierauf gestützte negative Zukunftsprognose setzt stets, also auch für Sachverhalte ohne Wiedereingliederungsbezug, eine besonders schwerwiegende Pflichtverletzung voraus.[105] Sieht sich ein Rekonvaleszent einem solchen Vorwurf begründet ausgesetzt, so bedarf er, im Gegensatz zu den Fällen der Wiederholungsgefahr, keiner Privilegierung. Hier ist die negative Zukunftsprognose daher auch dann erfüllt, wenn die Pflichtverletzung in irgendeiner Form auf die Arbeitsunfähigkeit zurückzuführen ist. Zu denken wäre diesbezüglich beispielsweise an rassistische Äußerungen oder Tätlichkeiten gegenüber Arbeitskollegen oder dem Arbeitgeber, die der Rehabilitand mit seinem krankheitsbedingt „dünnen Nervenkostüm“ zu rechtfertigen versucht.

(c) Konkrete Interessenabwägung

Neben der negativen Zukunftsprognose könnten auch im Rahmen der konkreten Interessenabwägung bei einer verhaltensbedingten Kündigung des mit einem wiedereinzugliedernden Arbeitnehmer bestehenden Arbeitsverhältnisses Besonderheiten zu beachten sein. Für die Interessenabwägung gilt normalerweise, dass nur noch besondere Umstände dazu führen können, die Kündigung als sozialwidrig einzustufen, da eine an sich zur Kündigung geeignete Pflichtverletzung ja bereits vorliegt.[106] Der Arbeitnehmer hat es bei verhaltensbedingten Gründen regelmäßig selbst in der Hand, keine vertragswidrige Handlung vorzunehmen, so dass bei einer

---

[101] BAG v. 26.01.1995, 2 AZR 649/94, AP Nr. 34 zu § 1 KSchG 1969 Verhaltensbedingte Kündigung, unter B.III.4.a).; MünchKommBGB-*Hergenröder*, Bd. 4, § 1 KSchG Rn. 209.

[102] BAG v. 17.01.1991, 2 AZR 375/90, AP Nr. 25 zu § 1 KSchG 1969 Verhaltensbedingte Kündigung, unter II.2.c).; MünchKommBGB-*Hergenröder*, Bd. 4, § 1 KSchG Rn. 209.

[103] So im Ergebnis auch *Schmidt*, NZA 2007, 893, 896, ohne allerdings zwischen der Wiederholungsgefahr und den Folgewirkungen zu differenzieren.

[104] Ebenso *Schmidt*, NZA 2007, 893, 896.

[105] MünchKommBGB-*Hergenröder*, Bd. 4, § 1 KSchG Rn. 209.

[106] MünchKommBGB-*Hergenröder*, Bd. 4, § 1 KSchG Rn. 227.

verhaltensbedingten – im Unterschied zu einer personenbedingten – Kündigung nicht von vornherein ein besonders strenger Maßstab anzulegen ist.[107] Der Tatrichter hat somit zu beachten, dass eine an sich den Arbeitgeber zur verhaltensbedingten Kündigung berechtigende Pflichtwidrigkeit des Arbeitnehmers lediglich auf Grund besonderer Umstände des Einzelfalles nicht dazu geeignet ist, die Kündigung sozial zu rechtfertigen.[108]

Etwas anderes muss aber für die Wiedereingliederungsphase gelten. Hier macht der Zweck einer Wiedereingliederungsmaßnahme, dem arbeitsunfähigen Rehabilitanden die behutsame Rückkehr in das Erwerbsleben zu ermöglichen, eine abweichende Beurteilung notwendig. In diesen Fällen ist dem Rekonvaleszenten in Bezug auf die verhaltensbedingte Kündigung die gleiche erhöhte Schutzbedürftigkeit zuzusprechen, wie einem erkrankten arbeitsunfähigen Arbeitnehmer, dem die personenbedingte Kündigung droht. Ebenso wie im letztgenannten Fall die gesteigerte Schutzbedürftigkeit erhöhte Anforderungen an die Interessenabwägung im Rahmen der personenbedingten Kündigung rechtfertigt,[109] gilt gleiches für den wiedereinzugliedernden arbeitsunfähigen Arbeitnehmer. Insofern ist bei der Interessenabwägung im Rahmen einer verhaltensbedingten Kündigung während einer Wiedereingliederungsmaßnahme ein besonders strenger Maßstab anzulegen.

Besonders bedeutsam ist in diesem Zusammenhang die Frage, inwieweit die Pflichtverletzung zu konkreten Störungen des Betriebsablaufes oder des Betriebsfriedens geführt hat. Dieser Aspekt ist zwar Bestandteil einer jeden Interessenabwägung im Zusammenhang mit einer verhaltensbedingten Kündigung.[110] Bei der Kündigung des Arbeitsverhältnisses eines wiedereinzugliedernden Arbeitnehmers aus verhaltensbedingten Gründen ist diesem Gesichtspunkt allerdings besonderes Gewicht einzuräumen. Während in den Fällen ohne Wiedereingliederungsbezug konkrete Störungen der genannten Art keine unabdingbare Voraussetzung für die soziale Rechtfertigung einer Kündigung sind,[111] muss anderes für eine Pflichtverletzung in Zeiten der stufenweisen Wiedereingliederung gelten. Mit dem Rehabilitationszweck wäre es unvereinbar, auch solche Pflichtverletzungen ausreichen zu lassen, denen jegliche konkrete Auswirkungen auf den Betriebsablauf oder den Betriebsfrieden abzusprechen sind. Vielmehr macht es die erhöhte Schutzwürdig-

---

[107] APS-*Dörner*, § 1 KSchG Rn. 432.

[108] KR-*Griebeling*, § 1 KSchG Rn. 410.

[109] Auf die erhöhte Schutzbedürftigkeit eines Arbeitnehmers, die bei der personenbedingten Kündigung einen besonders strengen Maßstab bezüglich der Interessenabwägung rechtfertigt, weist APS-*Dörner*, § 1 KSchG Rn. 432, zutreffend hin.

[110] BAG v. 16.08.1991, 2 AZR 604/90, AP Nr. 27 zu § 1 KSchG 1969 Verhaltensbedingte Kündigung, unter III.3.d).aa).; MünchKommBGB-*Hergenröder*, Bd. 4, § 1 KSchG Rn. 227.

[111] BAG v. 16.08.1991, 2 AZR 604/90, AP Nr. 27 zu § 1 KSchG 1969 Verhaltensbedingte Kündigung, unter III.d.aa).

keit des Rehabilitanden notwendig, nur jene Pflichtverletzungen als kündigungsgeeignet einzustufen, die mit konkreten Betriebsablaufstörungen oder Beeinträchtigungen des Betriebsfriedens einhergehen.

(4) Außerordentliche Kündigung des Arbeitsverhältnisses

Auch eine auf verhaltensbedingte,[112] außerdienstliche Störungen gestützte außerordentliche Kündigung des Arbeitsverhältnisses kann in Zeiten der stufenweisen Wiedereingliederung nur wirksam ausgesprochen werden, wenn ein vertragswidriges Verhalten vorliegt.[113] Die Sichtweise des *Bundesarbeitsgerichtes*, für die Wirksamkeit einer Kündigung wegen außerdienstlichen Verhaltens die „konkrete Berührung" oder „konkrete Beeinträchtigung" des Arbeitsverhältnisses ausreichen zu lassen,[114] vermag bei einer Kündigung nach § 626 BGB ebenfalls nicht zu überzeugen.

(a) Allgemeine Voraussetzungen einer Kündigung nach § 626 BGB

Eine außerordentliche Kündigung des Arbeitsverhältnisses setzt nach § 626 Abs. 1 BGB das Vorliegen eines wichtigen Grundes voraus. Die Prüfung, ob ein Sachverhalt einen wichtigen Grund im Sinne dieser Vorschrift liefert, verlangt nach einem zweistufigen Prüfungsmaßstab.[115] Hiernach muss der zu überprüfende Lebenssachverhalt zunächst „an sich" geeignet sein, einen Kündigungsgrund zu bilden.[116] Ist dies der Fall, so schließt sich an diese Feststellung eine umfassende Interessenabwägung im Einzelfall an.[117] Ein außerdienstliches Verhalten stellt dann einen „an sich" geeigneten Sachverhalt dar, wenn es mit einer Nebenpflichtverletzung einhergeht.[118] Somit sind auch Nebenpflichtverletzungen eines Rekonvaleszenten während einer Wiedereingliederungsmaßnahme grundsätzlich geeignet, eine außerordentliche Kündigung zu rechtfertigen.

---

[112] Siehe zu der überzeugenden Unterscheidung zwischen personen-, betriebs- und verhaltensbedingten Störungen bei der außerordentlichen Kündigung APS-*Dörner*, § 626 BGB Rn. 61.

[113] Siehe die Darstellungen oben unter § 7.A.III.1.b).aa).(3).(a). sowie Staudinger-*Preis*, § 626 Rn. 159 f.

[114] Siehe die Ausführungen oben unter § 7.A.III.1.b).aa).(3).(a). sowie beispielsweise BAG v. 21.06.2001, 2 AZR 325/00, NZA 2002, 1030, 1031.

[115] BAG v. 02.03.1989, 2 AZR 280/88, AP Nr. 101 zu § 626 BGB, unter I.2.b).bb).; BAG v. 27.04.2006, 2 AZR 386/05, AP Nr. 202 zu § 626 BGB, unter B.II.1.

[116] BAG v. 02.03.1989, 2 AZR 280/88, AP Nr. 101 zu § 626 BGB, unter I.2.b).bb).; BAG v. 27.04.2006, 2 AZR 386/05, AP Nr. 202 zu § 626 BGB, unter B.II.1.

[117] BAG v. 02.03.1989, 2 AZR 280/88, AP Nr. 101 zu § 626 BGB, unter I.2.b).bb).; BAG v. 27.04.2006, 2 AZR 386/05, AP Nr. 202 zu § 626 BGB, unter B.II.1.

[118] Vgl. APS-*Dörner*, § 626 BGB Rn. 72 und Rn. 77; Staudinger-*Preis*, § 626 Rn. 97 Rn. 100 und Rn. 159 f.

Allerdings verlangt eine wirksame außerordentliche Kündigung aus verhaltensbedingten Gründen grundsätzlich das Vorliegen einer vorherigen vergeblichen Abmahnung des Arbeitnehmers.[119] Ist eine solche Abmahnung gegenüber einem Rehabilitanden erfolgt oder war selbige ausnahmsweise entbehrlich (vgl. § 314 Abs. 2 S. 2 BGB in Verbindung mit § 323 Abs. 2 BGB), so schließt sich bei der Prüfung einer außerordentlichen Kündigung die Interessenabwägung im Einzelfall an. Hierbei sind alle in Betracht kommenden konkreten Umstände zu berücksichtigen.[120] Es muss das Interesse des Arbeitgebers an der außerordentlichen Kündigung gegen jenes des gekündigten Arbeitnehmers an der Fortsetzung des Arbeitsverhältnisses abgewogen werden.[121]

(b) Außerdienstliche Pflichtverletzung in Zeiten des ruhenden Arbeitsverhältnisses

Diese für die außerordentliche Kündigung aller Arbeitsverhältnisse geltenden Voraussetzungen finden auch auf die Kündigung eines Arbeitsverhältnisses nach § 626 BGB in Zeiten der stufenweisen Wiedereingliederung Anwendung. Allerdings müssen in Folge der Tatsache, dass die Hauptleistungspflichten aus dem Arbeitsverhältnis während der Wiedereingliederung suspendiert sind und mithin in dieser Zeit (nur) ein ruhendes Arbeitsverhältnis vorliegt, gewisse Besonderheiten für die außerordentliche Kündigung während dieser Phase gelten.
Wie bereits an anderer Stelle herausgearbeitet,[122] ist eine Pflichtverletzung des Rehabilitanden als außerdienstliche Pflichtverletzung einzustufen. Für außerdienstliches Fehlverhalten in Zeiten des ruhenden Arbeitsverhältnisses kann aber bei einer Kündigung gemäß § 626 BGB im Rahmen der Interessenabwägung zu Gunsten des Arbeitnehmers ein milderer Maßstab gelten als in den übrigen Fällen.[123] Einer Pflichtverletzung, die während des Ruhens eines Arbeitsverhältnisses begangen worden ist, muss in diesem Zusammenhang unter Umständen ein geringeres Gewicht beigemessen werden als in Zeiten eines vollzogenen Arbeitsverhältnisses.[124] Dies gilt verstärkt für jene Fälle, in denen ein Arbeitnehmer vor dem Ruhen des Arbeitsverhältnisses kein vergleichbares Fehlverhalten gezeigt hat.[125]

---

[119] Vgl. APS-*Dörner*, § 1 KSchG, Rn. 343 und § 626 BGB Rn. 84.

[120] BAG v. 14.11.1984, 7 AZR 474/83, AP Nr. 83 zu § 626 BGB, unter II.; MünchArbR-*Wank*, § 120 Rn. 34.

[121] BAG v. 13.12.1984, 2 AZR 454/83, Nr. 81 zu § 626 BGB, unter III.3.a).; MünchArbR-*Wank*, § 120 Rn. 34.

[122] Siehe oben unter § 7.A.III.1.b).aa).(2).

[123] Vgl. BAG v. 17.02.1982, 7 AZR 663/79, nicht veröffentlicht, zitiert nach juris Rn. 20; kritisch in Bezug auf die Wiedereingliederung dagegen *Schmidt*, NZA 2007, 893, 896.

[124] Vgl. BAG v. 17.02.1982, 7 AZR 663/79, nicht veröffentlicht, zitiert nach juris Rn. 20.

[125] Vgl. BAG v. 17.02.1982, 7 AZR 663/79, nicht veröffentlicht, zitiert nach juris Rn. 20.

Die geringere Gewichtung von außerdienstlichen Fehlverhaltensweisen während eines ruhenden Arbeitsverhältnisses lässt sich zum einen damit erklären, dass sich der Arbeitnehmer gerade wegen des Ruhens dieses Rechtsverhältnisses in bestimmten Kündigungssachverhalten nicht so in die Pflicht genommen fühlt wie in einem vollzogenen Arbeitsverhältnis.[126] Auch wird das Interesse des Arbeitgebers an einer sofortigen Kündigung während eines ruhenden Arbeitsverhältnisses nicht selten geringer sein als während des Vollzuges, da der Arbeitgeber eine Anwesenheit des Arbeitnehmers während dieser Zeit häufig nicht zu dulden braucht.[127]

Der letztgenannte Gesichtspunkt vermag allerdings eine modifizierte Interessenabwägung nur in Bezug auf die außerordentliche Kündigung des Arbeitsverhältnisses eines nicht schwerbehinderten Arbeitnehmers in Zeiten der stufenweisen Wiedereingliederung zu begründen. Allein bei dieser Arbeitnehmergruppe steht dem Arbeitgeber eine jederzeitige Beendigungsmöglichkeit der Wiedereingliederungsmaßnahme zu.[128] Er braucht daher die Anwesenheit des Rehabilitanden nicht zu dulden. Demgegenüber scheidet ein sofortiger Abbruch der stufenweisen Wiedereingliederung bei schwerbehinderten Rekonvaleszenten aus,[129] so dass dem Arbeitgeber bei dieser Arbeitnehmergruppe eine Duldungspflicht für die Dauer der Wiedereingliederungsmaßnahme auferlegt ist. Bei der letztgenannten Arbeitnehmergruppe lässt sich die Notwendigkeit einer modifizierten Interessenabwägung aber aus Schutzgesichtspunkten herleiten. Müsste der wiedereinzugliedernde Schwerbehinderte mit dem scharfen Schwert der außerordentlichen Kündigung während einer Wiedereingliederung ebenso rechnen wie in Zeiten eines vollzogenen Arbeitsverhältnisses, so würde die Wiedereingliederung nicht nur die (gewünschte) Möglichkeit zur schrittweisen Rückkehr in das Erwerbsleben ermöglichen, sondern auch mit dem (unerwünschten) Risiko einhergehen, den Arbeitsplatz vollständig verlieren zu können. Eine solche Gefahr ist mit der gesetzlichen Kodifizierung des Wiedereingliederungsanspruches in § 81 Abs. 4 S. 1 Nr. 1 SGB IX nicht vereinbar. Dieser Anspruch macht deutlich, dass Schwerbehinderte in bestimmten Konstellationen einen besonderen Schutz erfahren sollen. Dieser Schwerbehindertenschutz darf aber nicht nur bei der Begründung von Rechtsverhältnissen, sondern muss auch bei deren Beendigung zum Tragen kommen. Dies zeigt sich auch in dem besonderen Kündigungsschutz nach §§ 85, 91 SGB IX. Soll die Kündigung stets das letzte Mittel sein, müssen auch die in den letzten Jahren durch den Gesetzgeber gestärkten Rehabilitationsmaßnahmen mit erweiterten Schutzmechanismen Hand

---

126 Vgl. BAG v. 17.02.1982, 7 AZR 663/79, nicht veröffentlicht, zitiert nach juris Rn. 20.

127 Vgl. BAG v. 17.02.1982, 7 AZR 663/79, nicht veröffentlicht, zitiert nach juris Rn. 20.

128 Siehe oben unter § 7.A.III.1.a).bb).(2).

129 Siehe oben unter § 7.A.III.1.a).bb).(2).

in Hand gehen. Insofern bedeutet die vom Gesetzgeber verfolgte „Rehabilitation statt Entlassung“ nicht zuletzt auch, dass an den wirksamen Ausspruch einer außerordentlichen Kündigung besonders hohe Anforderungen zu stellen sind. Diese gesteigerten Voraussetzungen machen bei der außerordentlichen Kündigung eine zu Gunsten der Schwerbehinderten modifizierte Interessenabwägung erforderlich. Hierfür spricht nicht zuletzt, dass dem Arbeitgeber bis zur Beendigung des Ruhens oft noch ausreichend Zeit zur Verfügung steht, um durch konkrete Anweisungen und weitere Vorkehrungen ein vergleichbares Fehlverhalten seines schwerbehinderten Rekonvaleszenten im wieder vollzogenen Arbeitsverhältnis auszuschließen.[130]

bb) Die Kündigung des Wiedereingliederungsverhältnisses

Im Gegensatz zu einem Arbeitsverhältnis kann das Wiedereingliederungsverhältnis nicht durch eine ordentliche Arbeitgeberkündigung im Sinne der §§ 620 ff. BGB beendet werden. Zum einen ist das Wiedereingliederungsverhältnis kein Dienstverhältnis gemäß §§ 620 ff. BGB, sondern ein Rechtsverhältnis eigener Art.[131] Daneben steht die Tatsache, dass ein Wiedereingliederungsverhältnis auflösend bedingt ist, der Möglichkeit einer ordentlichen Kündigung entgegen.[132] Die auflösende Bedingung hat eine Vertragshöchstdauer zur Folge.[133] Demgegenüber setzt die Anwendung der §§ 620 ff. BGB ein auf unbestimmte Dauer abgeschlossenes Dienstverhältnis voraus (vgl. § 620 Abs. 2 BGB). Dagegen ist die außerordentliche Kündigung eines Wiedereingliederungsverhältnisses grundsätzlich möglich. Dabei kommt auf das Wiedereingliederungsverhältnis als Rechtsverhältnis eigener Art nicht der ausschließlich für Dienstverhältnisse gültige § 626 BGB zur Anwendung, sondern die für alle Dauerschuldverhältnisse gültige Vorschrift des § 314 BGB.[134] Auch das Wiedereingliederungsverhältnis ist ein Dauerschuldverhältnis, da es ein Rechtsverhältnis von längerer Dauer darstellt, das stark in die Lebensbetätigung der Parteien eingreift beziehungsweise mit einer besonderen gegenseitigen Interessenverflechtung einhergeht und ein persönliches Zusammenwirken sowie ein unge-

---

130 So allgemein zur außerordentlichen Kündigung des Arbeitsverhältnisses im Falle des Ruhens dieses Rechtsverhältnisses im Zeitpunkt des außerdienstlichen Fehlverhaltens BAG v. 17.02.1982, 7 AZR 663/79, nicht veröffentlicht, zitiert nach juris Rn. 20.

131 Darauf weist auch *Becker*, Wiedereingliederung, S. 151, zu Recht hin. Siehe zum Rechtscharakter der Wiedereingliederungsmaßnahme auch oben unter § 2.B.III.

132 So überzeugend *Becker*, Wiedereingliederung, S. 151; *Schmidt*, NZA 2007, 893, 896, Fußnote 36.

133 *Becker*, Wiedereingliederung, S. 151.

134 Für die Anwendbarkeit des § 314 BGB auch *Schmidt*, NZA 2007, 893, 896, Fußnote 36.

störtes gegenseitiges Vertrauen der Beteiligten erfordert.[135] Somit ist § 314 BGB auch auf das Wiedereingliederungsverhältnis anwendbar. Allerdings besteht für eine außerordentliche Kündigung gemäß § 314 BGB neben der oben[136] dargelegten Möglichkeit, das Wiedereingliederungsverhältnis durch einfache Willenserklärung beenden zu können, keine Notwendigkeit.[137] Die stufenweise Wiedereingliederung eines nicht schwerbehinderten Arbeitnehmers kann der Arbeitgeber jederzeit und nicht erst, wie es § 314 BGB verlangt, bei Vorliegen eines wichtigen Grundes, vorzeitig abbrechen.

Hinsichtlich schwerbehinderter Rekonvaleszenten reicht, wie ausgeführt, die einfache Beendigungserklärung allein nicht aus. Hinzu kommt bei dieser Arbeitnehmergruppe das Erfordernis der Unzumutbarkeit, das allerdings bereits in Fällen erfüllt sein kann, in denen ein wichtiger Grund im Sinne des § 314 BGB noch verneint werden muss. Erst recht legitimieren unverhältnismäßige Aufwendungen im Sinne der § 81 Abs. 4 S. 3 SGB IX keine außerordentliche Kündigung gemäß § 314 BGB, aber eine einfache Beendigungserklärung gegenüber einem Schwerbehinderten. Dies verdeutlicht, dass neben der einfachen Beendigungserklärung für sämtliche Arbeitnehmergruppen kein Bedürfnis an einer an strengere Voraussetzungen gebundene außerordentliche Kündigung nach § 314 BGB besteht.

2. Arbeitnehmerseitige Maßnahmen

Im Gegensatz zu einem Arbeitgeber, der zumindest in Bezug auf schwerbehinderte Mitarbeiter gewisse Beendigungshürden zu beachten hat,[138] ist für einen Arbeitnehmer jederzeit die freiwillige Beendigung des Wiedereingliederungsverhältnisses möglich.[139] Diese Sichtweise findet ihre Grundlage in dem Rehabilitationszweck einer Wiedereingliederungsmaßnahme.[140] Hinsichtlich der Beendigung des Arbeitsverhältnisses durch den Arbeitnehmer bedarf es demgegenüber einer Kündigung im Sinne der §§ 620 ff. BGB.

---

[135] Zu dieser Definition des Dauerschuldverhältnisses siehe BGH v. 01.04.1953, II ZR 235/52, BGHZ 9, 157, 162.

[136] Siehe oben unter § 7.A.III.1.a).bb).(1).

[137] So auch *Schmidt*, NZA 2007, 893, 896.

[138] Siehe dazu oben unter § 7.A.III.1.a).bb).(1).

[139] *Gitter*, ZfA 1995, 123, 147; *von Hoyningen-Huene*, NZA 1992, 49, 53; *Zwade*, Teilarbeitsfähigkeit, S. 165 f.

[140] *Gitter*, ZfA 1995, 123, 147.

B. Weitere Auswirkungen von Pflichtverletzungen während der Wiedereingliederungsphase

Die soeben ausführlich behandelten Beendigungsmöglichkeiten sind allerdings nicht die einzig denkbaren Auswirkungen von Pflichtverletzungen während der Wiedereingliederung. Vielmehr könnten darüber hinaus sowohl positive Erfüllungsansprüche als auch Unterlassungsansprüche in Betracht kommen, die der verletzte Arbeitgeber oder Arbeitnehmer notfalls einklagen will. Nicht zuletzt wären auch Schadensersatzansprüche denkbar.

I. Erfüllungs- und Unterlassungsansprüche/Klagbarkeit und Durchsetzbarkeit von Nebenpflichten

Die Frage nach der Klagbarkeit von Nebenpflichten ist allerdings nicht einfach zu beantworten. Dies liegt daran, dass weder eine einheitliche Terminologie in Bezug auf die unterschiedlichen Nebenpflichten zu finden ist, noch die Sanktionen bei Nebenpflichtverletzungen dogmatisch geklärt sind.[141]

Um eine Aussage in Bezug auf die in dieser Arbeit besonders interessierenden denkbaren Erfüllungs- und Unterlassungsklagen in der Wiedereingliederungsphase treffen zu können, ist daher in einem ersten Schritt die oben[142] vorgenommene Systematisierung der unterschiedlichen Nebenpflichten erforderlich gewesen. Diesbezüglich ist die Unterteilung in leistungsbezogene und nicht leistungsbezogene Nebenpflichten (Schutzpflichten) zu begrüßen.[143] Dabei ist für die Abgrenzung leistungs-/ nichtleistungsbezogene Nebenpflicht das beeinträchtigte Interesse entscheidungserheblich.[144]

Werden diese oben[145] herausgearbeiteten Grundsätze auf die Zeit der stufenweisen Wiedereingliederung angewendet, müssen während dieser Phase schon in Folge der mangelnden Hauptleistung leistungsbezogene Nebenpflichten weitestgehend ausscheiden. So ist in dieser Untersuchung schon an früherer Stelle[146] herausgearbeitet worden, dass es sich bei sämtlichen Nebenpflichten, die einem Arbeitnehmer in der Wiedereingliederungsphase auferlegt sind, um Schutz- beziehungsweise Rücksichtnahmepflichten und damit um nicht leistungsbezogene Nebenpflichten im Sinne des § 241 Abs. 2 BGB handelt. Gleiches gilt für die arbeitgeberseitigen

---

141 Vgl. MünchArbR-*Blomeyer*, § 56 Rn. 1; *Madaus*, Jura 2004, 289, 290 sowie oben unter § 5.A.
142 Siehe oben unter § 5.A. und § 5.B.
143 Siehe oben unter § 5.A. und § 5.B.
144 Huber/Faust-*Faust*, Schuldrechtsmodernisierung, 3 Rn. 168; *Madaus*, Jura 2004, 289, 290 ff.
145 Siehe oben unter § 5.A. und § 5.B.
146 Siehe oben unter § 5.B.

Nebenpflichten. Zwar treffen den Arbeitgeber in Zeiten der Wiedereingliederung nicht nur Schutz- beziehungsweise Rücksichtnahmepflichten. Die außerdem bestehende Nebenpflicht zum Aufwendungsersatz ist allerdings ebenso wie die Schutzpflichten als nicht leistungsbezogene Nebenpflicht gemäß § 241 Abs. 2 BGB einzuordnen, da auch die Verletzung dieser Nebenpflicht die ruhende Hauptleistung nicht zu beeinträchtigen vermag

Eine hiervon abweichende Beurteilung wäre lediglich für die beiden darüber hinaus[147] noch herausgearbeiteten Nebenpflichten des Arbeitgebers denkbar, also die gegenüber Schwerbehinderten bestehende Wiedereingliederungspflicht sowie die hiermit korrespondierende Pflicht, eine Wiedereingliederung mit dieser Arbeitnehmergruppe fortzusetzen. Diese beiden Nebenpflichten könnten der Erreichung des Vertragszweckes einer Wiedereingliederung dienen und somit als leistungsbezogene Nebenpflichten im Sinne des § 241 Abs. 1 BGB eingeordnet werden. Allerdings kann diese Frage auch hier noch offen bleiben, da beide Nebenpflichten in Folge ihrer besonderen Aktualität und Bedeutung erst an anderer Stelle in dieser Arbeit eine ausführlichere Betrachtung erfahren sollen.[148] Mithin handelt es sich bei allen in diesem Abschnitt interessierenden Nebenpflichten um nicht leistungsbezogene Nebenpflichten nach § 241 Abs. 2 BGB.

Die Systematisierung der Nebenpflichten in Zeiten der Wiedereingliederung ist zwar Voraussetzung, um die Klagbarkeit von Nebenpflichten bewerten zu können, trifft selbst aber keine Aussage dahingehend, ob eine entsprechende Klage auch tatsächlich möglich ist. In Zeiten der stufenweisen Wiedereingliederung kommt als einzig an dieser Stelle zu behandelnde Nebenpflichtverletzung, die auf jeden Fall einen klagbaren (Erfüllungs)anspruch mit sich bringt, die Verletzung der Verpflichtung zum Aufwendungsersatz durch den Arbeitgeber in Betracht. Zur Frage der Zwangsvollstreckung aus einem (solchen) Leistungstitel sowie zu Fragen hinsichtlich einer einstweiligen Verfügung in diesem Zusammenhang wird ausführlich im Abschnitt § 9 eingegangen.

Alle übrigen Nebenpflichten, die sowohl den Arbeitgeber als auch den Arbeitnehmer in Zeiten der stufenweisen Wiedereingliederung treffen und die bereits in diesem Abschnitt näher zu beleuchten sind, stellen Schutz- beziehungsweise Rücksichtnahmepflichten dar. Die Klagbarkeit von Schutzpflichten ist auch nach Inkrafttreten des Schuldrechtsmodernisierungsgesetzes noch überwiegend ungeklärt.[149] Richtigerweise ist diese Frage allerdings zu bejahen, so dass auch Schutz-

[147] Vgl. oben unter § 2.D.II.2.b).bb).
[148] Siehe unten unter § 9.
[149] MünchKommBGB-*Roth*, Bd. 2, § 241 Rn. 113.

pflichten grundsätzlich einklagbar sind.[150] Hierfür spricht die Rechtsähnlichkeit dieser Pflichten zu den deliktischen Ansprüchen.[151] Falls sich die abzuwehrende Gefahr rechtzeitig im Voraus hinreichend konkretisiert, muss auch bei Verletzung von Schutzpflichten ein klagbarer Erfüllungs- und vorbeugender Unterlassungsanspruch angenommen werden. Anderenfalls bestünde eine nicht hinnehmbare Rechtsschutzlücke.[152] Außerdem ist in § 241 Abs. 2 BGB explizit von einer Verpflichtung die Rede.[153]

Nichts anderes gilt für Schutzpflichten in Zeiten der stufenweisen Wiedereingliederung. Demnach kann sowohl der Arbeitgeber als auch der Arbeitnehmer zur Verhinderung des Schadenseintritts einen vorbeugenden Unterlassungsanspruch grundsätzlich geltend machen und diesen auch einklagen. Ein entsprechender Anspruch setzt lediglich die Konkretisierung zu einem bestimmten Unterlassen voraus.[154] Erforderlich ist also ein Geschehensablauf, der eine abzuwehrende Gefahr im Voraus hinreichend deutlich macht.[155] Will eine der Parteien in diesen Konstellationen aus einem obsiegenden Urteil vollstrecken, so richtet sich Zwangsvollstreckung nicht nach § 888 ZPO, sondern nach § 890 ZPO, da ein Unterlassungstitel vorliegt.[156] Es geht nicht um eine unvertretbare Handlung, wie sie § 888 ZPO voraussetzt, sondern um das Unterlassen eines genau bestimmten Verhaltens.[157] Darüber hinaus kommt auch eine einstweilige Verfügung gemäß § 935 ZPO in Betracht, wenn die Verwirklichung des Anspruches durch Zeitablauf vereitelt zu werden droht.[158]

II. Schadensersatzansprüche

Schließlich können Nebenpflichtverletzungen zu vertraglichen Schadensersatzansprüchen zu Gunsten der geschädigten Partei gemäß § 280 Abs. 1 BGB führen. Daneben kommen deliktische Ansprüche aus §§ 823 ff. BGB auf Ersatz etwaiger Schäden in Betracht.

---

[150] BGH v. 12.01.1995, III ZR 136/93, NJW 1995, 1284, 1285; Erman-*Westermann*, § 241 Rn. 13; *Medicus*, Schuldrecht I Rn. 423 f.; MünchKommBGB-*Roth*, Bd. 2, § 241 Rn. 113; *Stürner*, JZ 1976, 384, 384 ff.; die Klagbarkeit von Schutzpflichten wird dagegen von *Larenz*, Schuldrecht, Band 1, S. 12, im Allgemeinen und von *Madaus*, Jura 2004, 289, 290, Fußnote 18, gänzlich abgelehnt.

[151] MünchKommBGB-*Roth*, Bd. 2, § 241 Rn. 113.

[152] BGH v. 12.01.1995, III ZR 136/93, NJW 1995, 1284, 1285.

[153] Erman-*Westermann*, § 241 Rn. 13.

[154] *Stürner*, JZ 1976, 384, 386.

[155] MünchKommBGB-*Roth*, Bd. 2, § 241 Rn. 113; *Stürner*, JZ 1976, 384, 386.

[156] Vgl. *Boemke*, AR-Blattei SD 1228 Rn. 389; MünchArbR-*Blomeyer*, § 56 Rn. 7.

[157] Vgl. *Boemke*, AR-Blattei SD 1228 Rn. 389; MünchArbR-*Blomeyer*, § 56 Rn. 7.

[158] Vgl. *Boemke*, AR-Blattei SD 1228 Rn. 390; MünchArbR-*Blomeyer*, § 56 Rn. 7.

C. Zusammenfassung

Eine analoge Anwendung des § 1 KSchG auf jene Fälle, in denen ein Arbeitgeber das Wiedereingliederungsverhältnis mit einem schwerbehinderten Arbeitnehmer durch einseitige Erklärung beendet, scheidet aus. Die in § 1 Abs. 1 KSchG zum Ausdruck kommende Beschränkung des Kündigungsschutzgesetzes auf Arbeitsverhältnisse ist nicht als planwidrige Unvollständigkeit dieses Gesetzes einzustufen. Insoweit fehlt es an der eine Analogie voraussetzenden Gesetzeslücke.
Daneben entfällt auch eine analoge Anwendung des in § 85 SGB IX geregelten besonderen Kündigungsschutzes zu Gunsten schwerbehinderter Arbeitnehmer auf Wiedereingliederungsverhältnisse. Hier mangelt es ebenso wie im Falle des § 1 KSchG an einer planwidrigen Regelungslücke.
Das ruhende Arbeitsverhältnis kann nicht durch eine einfache Willenserklärung des Arbeitgebers beendet werden. Für dieses Rechtsverhältnis bedarf es einer Kündigung im Sinne der §§ 620 ff. BGB (vgl. § 620 Abs. 2 BGB).
Dagegen reicht in Bezug auf das mit nicht schwerbehinderten Rehabilitanden geschlossene Wiedereingliederungsverhältnis eine einfache Beendigungserklärung seitens des Arbeitgebers aus. Dies gilt allerdings nicht für die Wiedereingliederung Schwerbehinderter. Hinsichtlich dieser Arbeitnehmergruppe ist eine einfache arbeitgeberseitige Beendigungserklärung nur wirksam, wenn die Fortführung der stufenweisen Wiedereingliederung für den Arbeitgeber nicht zumutbar oder mit unverhältnismäßigen Aufwendungen verbunden wäre (vgl. § 81 Abs. 4 S. 3 SGB IX). Dagegen bedarf es in all den soeben benannten Beendigungssachverhalten im Falle einer vorzeitigen Beendigung der Wiedereingliederungsmaßnahme durch einfache Willenserklärung keiner aus § 242 BGB herzuleitenden Auslauffrist.
Die stufenweise Wiedereingliederung ist kündigungsrechtlich als ein rein außerdienstlicher Vorgang einzustufen, so dass in Bezug auf die Kündigung des Arbeitsverhältnisses in dieser Zeit die Kündigungsvoraussetzungen bei außerbetrieblichem Verhalten anzuwenden sind. Dabei kann allein die Verletzung einer arbeitsvertraglichen Nebenpflicht den Ausspruch einer verhaltensbedingten ordentlichen Kündigung des Arbeitsverhältnisses durch den Arbeitgeber rechtfertigen. Verhaltensweisen, die das Arbeitsverhältnis lediglich „berühren“ oder „beeinträchtigen“, ohne dabei eine Pflichtverletzung darzustellen, vermögen dagegen keine verhaltensbedingte Arbeitgeberkündigung gegenüber einem Rehabilitanden zu rechtfertigen.
Eine ordentliche verhaltensbedingte Kündigung des Arbeitsverhältnisses in Zeiten stufenweiser Wiedereingliederung erfährt sowohl in Bezug auf die negative Zukunftsprognose als auch hinsichtlich der Interessenabwägung Besonderheiten.
Die für eine außerordentliche Kündigung aller Arbeitsverhältnisse geltenden Voraussetzungen finden auch auf die Kündigung eines Arbeitsverhältnisses nach

§ 626 BGB während einer stufenweisen Wiedereingliederung Anwendung. Allerdings müssen in Folge der Tatsache, dass in dieser Zeit ein ruhendes Arbeitsverhältnis vorliegt, gewisse Besonderheiten beachtet werden. Einer Pflichtverletzung, die während des Ruhens eines Arbeitsverhältnisses begangen wurde, ist in diesem Zusammenhang unter Umständen ein geringeres Gewicht beizumessen als in Zeiten eines vollzogenen Arbeitsverhältnisses.
Auch das Wiedereingliederungsverhältnis ist als Dauerschuldverhältnis nach § 314 BGB kündbar. Allerdings besteht neben der Möglichkeit, das Wiedereingliederungsverhältnis durch einfache Willenserklärung beenden zu können, für eine außerordentliche Kündigung keine Notwendigkeit.
Im Gegensatz zu einem Arbeitgeber, der zumindest in Bezug auf schwerbehinderte Mitarbeiter gewisse Beendigungshürden zu beachten hat, ist für einen Arbeitnehmer jederzeit die freiwillige Beendigung des Wiedereingliederungsverhältnisses möglich. Diese Sichtweise findet ihre Grundlage in dem Rehabilitationszweck einer Wiedereingliederungsmaßnahme.
Hinsichtlich der Beendigung des Arbeitsverhältnisses durch den Arbeitnehmer bedarf es demgegenüber einer Kündigung im Sinne der §§ 620 ff. BGB.
In Zeiten der stufenweisen Wiedereingliederung kommt als einzig in diesem Abschnitt zu behandelnde Pflichtverletzung, die einen Erfüllungsanspruch mit sich bringen kann, die Verletzung der Verpflichtung zum Aufwendungsersatz durch den Arbeitgeber in Betracht. Dieser Erfüllungsanspruch ist auch einklagbar.
Die übrigen in diesem Abschnitt erörterten Nebenpflichten, die sowohl den Arbeitgeber als auch den Arbeitnehmer in Zeiten der stufenweisen Wiedereingliederung treffen, stellen Schutz- beziehungsweise Rücksichtnahmepflichten dar. Die Klagbarkeit von Schutzpflichten ist zu bejahen, so dass auch Schutzpflichten grundsätzlich einklagbar sind. Werden Schutzpflichten verletzt und will eine der Parteien in diesem Fall aus einem obsiegenden Urteil vollstrecken, so richtet sich die Zwangsvollstreckung nach § 890 ZPO, da ein Unterlassungstitel vorliegt. Schließlich kommt auch eine einstweilige Verfügung gemäß § 935 ZPO in Betracht, wenn die Verwirklichung des Anspruches durch Zeitablauf vereitelt zu werden droht.
Nebenpflichtverletzungen während der Wiedereingliederung können mit vertraglichen Schadensersatzansprüchen zu Gunsten der geschädigten Partei gemäß § 280 Abs. 1 BGB einhergehen. Daneben kommen deliktische Ansprüche aus §§ 823 ff. BGB auf Ersatz etwaiger Schäden in Betracht.

§ 8 Haftungsfragen während der Wiedereingliederung

Hat ein Rekonvaleszenten schuldhaft eine Nebenpflicht verletzt, so ist er seinem Arbeitgeber gegenüber zum Schadensersatz verpflichtet.[1] Sofern den Arbeitgeber an der Schadensentstehung kein Mitverschulden gemäß § 254 BGB trifft, wäre der wiedereinzugliedernde Arbeitnehmer gezwungen, den Schaden in voller Höhe zu ersetzen.[2]
Ein solches „Alles oder nichts-Prinzip" erscheint unbillig, sähe sich ein Arbeitnehmer in diesem Fall nicht selten erheblichen finanziellen Verpflichtungen ausgesetzt.[3] Dies ist sowohl in Zeiten des vollzogenen Arbeitsverhältnisses als auch während der stufenweisen Wiedereingliederung nicht interessengerecht.
Aber auch eine uneingeschränkte Arbeitgeberhaftung erscheint, gleich ob es sich um ein ruhendes oder vollzogenes Arbeitsverhältnis handelt, wenig sachgemäß, besteht doch auch während der Wiedereingliederungsphase das gesteigerte Interesse des Arbeitgebers, den Betriebsfrieden zu wahren und nicht durch Rechtsstreitigkeiten mit dem Rehabilitanden zu gefährden. Dieses Friedensargument begründet im vollzogenen Arbeitsverhältnis die Haftungsprivilegierung des Unternehmers aus § 104 SGB VII.[4] Es wäre daher nur konsequent, diese Privilegierung auch in der Wiedereingliederungsphase zur Geltung kommen zu lassen. Insoweit ist klärungsbedürftig, ob für die Haftung während der Wiedereingliederung die gleichen Grundsätze gelten, wie im vollzogenen Arbeitsverhältnis.

---

[1] Siehe die vorstehenden Ausführungen oben unter § 7.B.II.

[2] Vgl. zur Arbeitnehmerhaftung BAG v. 19.03.1959, 2 AZR 402/55, AP Nr. 8 zu § 611 BGB Haftung des Arbeitnehmers; BAG v. 27.09.1994, GS 1/89 (A), AP Nr. 103 zu § 611 BGB Haftung des Arbeitnehmers; *Boemke*, AR-Blattei SD 1228 Rn. 394.

[3] Vgl. zur Arbeitnehmerhaftung BAG v. 19.03.1959, 2 AZR 402/55, AP Nr. 8 zu § 611 BGB Haftung des Arbeitnehmers; BAG v. 27.09.1994, GS 1/89 (A), AP Nr. 103 zu § 611 BGB Haftung des Arbeitnehmers; *Boemke*, AR-Blattei SD 1228 Rn. 394.

[4] Vgl. zur Vorgängerregelung (§ 636 RVO) BVerfG v. 07.11.1972, 1 BvL 4 u. 17/71, 1 BvR 355/71, NJW 1973, 502, 503 und BGH v. 10.12.1974, VI ZR 73/73, VersR 1975, 274, 274 sowie zu § 104 SGB VII Franke/Molkentin-*Rapp*, SGB VII, § 104 Rn. 3.

A. Die Arbeitgeberhaftung

Dabei soll zunächst der Blick auf die Arbeitgeberhaftung in Zeiten der stufenweisen Wiedereingliederung gerichtet werden.

I. Personenschäden des Arbeitnehmers / Anwendbarkeit des § 104 SGB VII

Neben dem bereits soeben dargestellten Friedensargument wird die Haftungsprivilegierung des Arbeitgebers gemäß § 104 SGB VII für Personenschäden, also alle Schäden aus Tötung und Verletzung,[5] im vollzogenen Arbeitsverhältnis zusätzlich noch durch Finanzierungsüberlegungen begründet.[6] Dafür, dass der Unternehmer die Beiträge zur gesetzlichen Unfallversicherung allein entrichten muss (vgl. § 150 SGB VII),[7] werden für ihn durch den Haftungsausschluss des § 104 SGB VII Arbeitsunfälle kalkulierbar.[8]
Die gesetzliche Unfallversicherung verlagert den Schadensausgleich bei Arbeitsunfällen aus dem individualrechtlichen in den sozialrechtlichen Bereich.[9] Sie ist dadurch gekennzeichnet, daß sie die zivilrechtliche Haftpflicht des einzelnen Unternehmers gegenüber seinem Arbeitnehmer durch die öffentlich-rechtliche Leistungspflicht der zu Berufsgenossenschaften körperschaftlich zusammengeschlossenen Unternehmergemeinschaft ablöst.[10] An die Stelle der haftungsbegründenden Tatbestände des bürgerlichen Rechts, welche im Grundsatz von der verantwortlichen Handlung einer Person ausgehen, tritt ein öffentlich-rechtlicher Versicherungsfall, der Arbeitsunfall, der die Leistungspflicht der Berufsgenossenschaft begründet.[11]
Auch während der Wiedereingliederungsphase möchte der Arbeitgeber Haftungsstreitigkeiten mit seinen Rekonvaleszenten möglichst vermeiden und eine Kalkulationsbasis für eintretende Arbeitsunfälle erhalten. Daher büßt in Zeiten der stufenweisen Wiedereingliederung weder das Friedens- noch das Finanzierungsargument

---

[5] *Hanau/Adomeit*, ArbR Rn. 707.
[6] So zur Vorgängerregelung (§ 636 RVO) BVerfG v. 07.11.1972, 1 BvL 4 u. 17/71, 1 BvR 355/71, NJW 1973, 502, 503 sowie zu § 104 SGB V Franke/Molkentin-*Rapp*, SGB VII, § 104 Rn. 3.
[7] Franke/Molkentin-*Rapp*, SGB VII, § 104 Rn. 3.
[8] So überzeugend zur Vorgängerregelung (§ 636 RVO) des § 104 SGB VII BVerfG v. 07.11.1972, 1 BvL 4 u. 17/71, 1 BvR 355/71, NJW 1973, 502, 503.
[9] So überzeugend zur Vorgängerregelung (§ 636 RVO) des § 104 SGB VII BVerfG v. 07.11.1972, 1 BvL 4 u. 17/71, 1 BvR 355/71, NJW 1973, 502, 502.
[10] So überzeugend zur Vorgängerregelung (§ 636 RVO) des § 104 SGB VII BVerfG v. 07.11.1972, 1 BvL 4 u. 17/71, 1 BvR 355/71, NJW 1973, 502, 502.
[11] So überzeugend zur Vorgängerregelung (§ 636 RVO) des § 104 SGB VII BVerfG v. 07.11.1972, 1 BvL 4 u. 17/71, 1 BvR 355/71, NJW 1973, 502, 502.

etwas an Bedeutung ein. Eine Haftungsprivilegierung wäre somit auch während der Wiedereingliederungsphase sehr wohl gerechtfertigt – unabhängig davon, ob eine Nebenpflicht aus dem Wiedereingliederungsverhältnis oder aus dem Arbeitsverhältnis verletzt worden ist und zu einem Personenschaden geführt hat.

1. Rehabilitand als Beschäftigter gemäß §§ 7 SGB IV, 2 Abs. 1 Nr. 1 SGB VII

Allerdings setzt die Anwendbarkeit des § 104 SGB VII zunächst einmal voraus, dass eine versicherte Person geschädigt wird (vgl. § 104 Abs. 1 S. 1 SGB VII). Kraft Gesetzes sind Beschäftigte eines Unternehmens unfallversichert (vgl. § 2 Abs. 1 Nr. 1 SGB VII).[12] Damit die Privilegierung des § 104 Abs. 1 S. 1, 1. Alt. SGB VII zu Gunsten des Unternehmers greift, müsste der wiedereinzugliedernde Arbeitnehmer demnach als Beschäftigter eines Unternehmers im Sinne des §§ 7 SGB IV, 2 Abs. 1 Nr. 1 SGB VII anzusehen sein.[13]
Beschäftigung gemäß § 7 Abs. 1 S. 1 SGB IV ist nichtselbständige Arbeit, insbesondere in einem Arbeitsverhältnis. Dabei sind Anhaltspunkte für eine Beschäftigung, ob die in Frage stehende Person Tätigkeiten nach Weisungen verrichtet und in die Arbeitsorganisation des Weisungsgebers eingegliedert ist (vgl. § 7 Abs. 1 S. 2 SGB IV). Dagegen ist die Entgeltlichkeit kein notwendiges Merkmal einer Beschäftigung nach § 7 SGB IV.[14] Somit sind auch solche Personen Beschäftigte im Sinne dieser Vorschrift, die ohne Entgelt in einem fremden Unternehmen arbeiten, sofern nur die erforderliche persönliche Abhängigkeit vorliegt.[15] Diese persönliche Abhängigkeit beurteilt sich nach der Eingliederung in die Betriebsordnung, innerhalb derer mit sächlichen und/oder sonstigen Mitteln ein unternehmerseitig vorgegebenes Ziel verfolgt wird und dem Arbeitgeber ein umfassendes Weisungsrecht zusteht.[16]
Auch der Rekonvaleszent unterfällt, wie dargestellt,[17] in Zeiten der Wiedereingliederung einem Weisungsrecht seines Arbeitgebers. Er bleibt in dieser Phase in den Betrieb eingegliedert und verfolgt, wenn auch krankheitsbedingt in eingeschränkter Weise, ein unternehmerseitig gesetztes Ziel. Zwar basiert ein solches Tätigwerden nicht auf einem Arbeits-, sondern auf einem Wiedereingliederungsvertrag. Wird allerdings ein Beschäftigungsverhältnis nach § 7 Abs. 1 SGB IV sogar angenom-

[12] *Schmitt*, SGB VII, § 2 Rn. 5.
[13] Vgl. Franke/Molkentin-*Rapp*, SGB VII, § 104 Rn. 11.
[14] BSG v. 13.12.1984, Az 2 RU 79/83, BSGE 57, 262, 264; Brackmann-*Kruschinsky*, § 2 SGB VII Rn. 191.
[15] Brackmann-*Kruschinsky*, § 2 SGB VII Rn. 191.
[16] BSG v. 10.08.2000, Az B 12 KR 21/98, BSGE 87, 53, 55; Winkler-*Lüdtke*, § 7 SGB IV Rn. 8.
[17] Siehe oben unter § 6.

men, wenn überhaupt kein Arbeitsverhältnis vorliegt,[18] so muss nach dem bisher Gesagten erst Recht eine Beschäftigung in den Fällen bejaht werden, in denen ein Arbeitsverhältnis mit lediglich ruhenden Hauptleistungspflichten gegeben ist.
Dieses Ergebnis ergibt sich auch aus Schutzzwecküberlegungen. Den Schutz der Sozialversicherung bedürfen nicht nur jene Personen, die eine arbeitsvertragliche Hauptleistungspflicht erfüllen, sondern auch jene, die durch ein Tätigsein wirtschaftlich ebenfalls stark gefährdet sind.[19] In den Genuss der Sozialversicherung sollen alle kommen, die aufgrund ihrer Schutzbedürftigkeit ein besonderes Sicherungssystem benötigen.[20] Das trifft auf Rekonvaleszenten in Zeiten der stufenweisen Wiedereingliederung zu.[21] Mithin ist die Tätigkeit des Rehabilitanden während einer Wiedereingliederungsmaßnahme als Beschäftigung im Sinne des § 7 Abs. 1 S. 1 SGB IV einzuordnen.[22]
Da der Beschäftigtenbegriff des § 7 Abs. 1 SGB IV auch für § 2 Abs. 1 Nr. 1 SGB VII gilt (vgl. § 1 Abs. 1 SGB IV),[23] ist der Rekonvaleszent während der stufenweisen Wiedereingliederung gemäß § 2 Abs. 1 Nr. 1 SGB VII kraft Gesetzes unfallversichert.[24] Die insoweit gegenteilige Auffassung *Gitters*[25] hinsichtlich der Vorgängerregelung des § 2 Abs. 1 Nr. 1 SGB VII, dem § 539 Abs. 1 Nr. 1 RVO, ist abzulehnen. Zum einen kann sein Hinweis, dass der Rehabilitand nicht aufgrund eines Arbeitsverhältnisses, sondern eines Wiedereingliederungsverhältnisses tätig sei,[26] die Nichtanwendbarkeit des § 2 Abs. 1 Nr. 1 SGB VII nicht mehr begründen. Im Gegensatz zu § 539 Abs. 1 Nr. 1 RVO, der nur solche Beschäftigte als Unfallversicherte eingestuft hat, die auf Grund eines Arbeits-, Dienst- oder Lehrverhältnisses tätig waren, sind nach der Nachfolgeregelung des § 2 Abs. 1 Nr. 1 SGB VII alle Beschäftigten gesetzlich unfallversichert. Daneben ist auch *Gitters* Behauptung zu pauschal, die Tätigkeit des Rekonvaleszenten als keine ernsthafte, dem Unternehmen nicht dienliche Arbeit einzustufen und in Folge dessen die Anwendbarkeit

[18] Vgl. BSG v. 10.08.2000, Az B 12 KR 21/98, BSGE 87, 53, 57 ff.; *Waltermann*, Sozialrecht, § 7 Rn. 110.
[19] Vgl. BSG v. 29.01.1981, Az 12 RK 63/79, BSGE 51, 164, 167; *Becker*, Wiedereingliederung, S. 189.
[20] Vgl. BSG v. 29.01.1981, Az 12 RK 63/79, BSGE 51, 164, 167; KassKomm-*Seewald*, § 7 SGB IV Rn. 52.
[21] So auch überzeugend *Becker*, Wiedereingliederung, 189 f.
[22] Ebenso *Becker*, Wiedereingliederung, S. 189 f.
[23] Vgl. KassKomm-*Ricke*, § 2 SGB VII Rn. 6; *Schmitt*, SGB VII, § 2 Rn. 5.
[24] So auch zutreffend zur, im Wesentlichen gleich lautenden (vgl. Brackmann-*Kruschinsky*, § 2 SGB VII, Rn. 2) Vorgängerregelung des § 2 Abs. 1 Nr. 1 SGB VII, dem § 539 Abs. 1 Nr. 1 RVO, *Becker*, Wiedereingliederung, S. 143.
[25] Vgl. *Gitter*, ZfA 1995, 123, 146, der allerdings die Versicherungspflicht des Rehabilitanden aus dem Auffangtatbestand des § 539 Abs. 2 RVO herleiten wollte.
[26] Vgl. *Gitter*, ZfA 1995, 123, 146.

des § 539 Abs. 1 Nr. 1 RVO abzulehnen.[27] Weder § 539 Abs. 1 Nr. 1 RVO noch der nunmehr gültige § 2 Abs. 1 Nr. 1 SGB VII hat eine bestimmte Qualität der Tätigkeit vorausgesetzt beziehungsweise setzt diese voraus.

2. Versicherungsfall nach § 7 SGB VII

Neben einer versicherte Person verlangt § 104 Abs. 1 S. 1 SGB VII, dass es sich bei dem schädigenden Ereignis um einen Versicherungsfall im Sinne des § 7 SGB VII handelt. Es muss also ein Arbeitsunfall oder eine Berufskrankheit (§ 7 Abs. 1 SGB VII) vorliegen.[28]
Unfälle des Rekonvaleszenten während der Wiedereingliederungsphase stellen Arbeitsunfälle dar, wenn die Voraussetzungen des § 8 SGB VII erfüllt sind.[29] Gemäß § 8 Abs. 1 S. 1 SGB VII sind Arbeitsunfälle Unfälle von Versicherten in Folge einer den Versicherungsschutz nach §§ 2, 3 oder 6 SGB VII begründenden Tätigkeit. Erforderlich ist ein sachlicher Zusammenhang zwischen der unfallversicherten Wiedereingliederungstätigkeit und der unfallverursachenden Tätigkeit.[30] Dieser sachliche Zusammenhang ist wertend zu ermitteln.[31] Liegt nach diesen Ausführungen ein Arbeitsunfall vor, kommt § 104 SGB VII auch während der Wiedereingliederungsphase bei Personenschäden zur Anwendung, die durch arbeitgeberseitige Pflichtverletzungen verursacht worden sind. Ist demgegenüber ein Arbeitsunfall im Sinne des § 8 Abs. 1 S. 1 SGB VII zu verneinen, richtet sich die Arbeitgeberhaftung bei Körper- und Gesundheitsschäden nach den allgemeinen Grundsätzen. Der Arbeitgeber schuldet dem Arbeitnehmer dann vertraglichen und deliktischen Schadensersatz.

II. Sonstige Schäden des Arbeitnehmers und verschuldensunabhängige Ersatzpflicht

Im Gegensatz zu Personenschäden ist § 104 SGB VII bei sonstigen Schäden des Arbeitnehmers nicht anzuwenden, so dass in diesen Fällen die allgemeine Ver-

---

[27] Vgl. *Gitter*, ZfA 1995, 123, 146.
[28] Vgl. Franke/Molkentin-*Rapp*, SGB VII, § 104 Rn. 16.
[29] Ebenso *Becker*, Wiedereingliederung, S. 203, zu der weitgehend inhaltsgleichen Vorgängerregelung des § 8 SGB VII (vgl. KassKomm-*Ricke*, § 8 SGB VII Rn. 1 f.) , dem § 548 RVO.
[30] *Becker*, Wiedereingliederung, S. 203; vgl. auch BSG v. 20.01.1987, Az 2 RU 27/86, BSGE 61, 127, 128 und KassKomm-*Ricke*, § 8 SGB VII Rn. 3 ff.
[31] BSG v. 20.01.1987, Az 2 RU 27/86, BSGE 61, 127, 128.

schuldenshaftung aus Vertragsverletzung und Deliktsrecht zum Tragen kommt.[32] Dies gilt auch für die Zeit der stufenweisen Wiedereingliederung.

1. § 670 BGB analog im vollzogenen Arbeitsverhältnis

In bestimmten Konstellationen ist der Arbeitgeber seinem Arbeitnehmer im vollzogenen Arbeitsverhältnis aber auch ohne Verschulden zum Schadensersatz verpflichtet.[33] In diesem Zusammenhang werden allerdings nur die arbeitstypischen, unabgegoltenen Sachschäden ersetzt.[34] Ausgenommen sind gewöhnliche Schäden, also solche, die zum allgemeinen Lebensrisiko gehören.[35] Das Bestehen eines verschuldensunabhängigen Ausgleichsanspruches ist heute in Rechsprechung[36] und Literatur[37] allgemein anerkannt.[38] Umstritten ist allein die dogmatische Begründung dieses Anspruches.[39]

Überzeugenderweise ist die verschuldensunabhängige Arbeitgeberhaftung auf eine (doppelt) analoge Anwendung des § 670 BGB zu stützen.[40] Hierfür spricht, dass die Interessenlage im Arbeitsverhältnis mit derjenigen des selbstständigen Geschäftsbesorgers gleichzusetzen ist.[41] Letzterer soll durch die Ausführung weder Einbußen erleiden, noch einen Gewinn erzielen.[42] Nichts anderes gilt für einen Arbeitnehmer. Die Abwälzung der arbeitstypischen Sachschäden gemäß § 670 BGB

---

[32] *Hanau/Adomeit*, ArbR Rn. 709.

[33] *Brox/Rüthers/Henssler*, Arbeitsrecht Rn. 367.

[34] *Hanau/Adomeit*, ArbR Rn. 710.

[35] *Dütz*, ArbR, § 5 Rn. 259; *Hanau/Adomeit*, ArbR Rn. 710.

[36] BAG v. 10.11.1961, GS 1/60, AP Nr. 2 zu § 611 BGB Gefährdungshaftung des Arbeitgebers, unter VII.; BAG v. 08.05.1980, 3 AZR 82/79, AP Nr. 6 zu § 611 BGB Gefährdungshaftung des Arbeitgebers, unter I.; BAG v. 17.07.1997, 8 AZR 480/95, AP Nr. 14 § 611 BGB Gefährdungshaftung des Arbeitgebers, unter II.1.; LAG Düsseldorf v. 12.08.1994, 9 Sa 901/94, MDR 1995, 476, 476.

[37] *Becker-Schaffner*, VersR 1970, 100, 100 ff.; *Canaris*, RdA 1966, 41, 41 ff.; *Franzen*, ZTR 1996, 305, 306; *Langenbucher*, ZfA 1997, 523, 547 ff.; *Müller-Glöge*, FS Dieterich, S. 387, 387 ff.; MünchArbR-*Blomeyer*, § 96 Rn. 68; *Otto/Schwarze*, Haftung Rn. 622, S. 406 ff.; *Reichold*, NZA 1994, 488, 488 ff.; *Stoffels*, AR-Blattei, SD 860.1 Rn. 150 ff.; *von Hoyningen-Huene*, Anm. zu BAG, Urteil vom 08.05.1980 – 3 AZR 82/79, SAE 1982, 51, 51 f.

[38] Vgl. *Stoffels*, AR-Blattei SD 860.1 Rn. 140 ff.

[39] *Stoffels*, AR-Blattei SD 860.1 Rn. 143.

[40] So auch BAG v. 10.11.1961, GS 1/60, AP Nr. 2 zu § 611 BGB Gefährdungshaftung des Arbeitgebers, unter VII.; BAG v. 17.07.1997, 8 AZR 480/95, AP Nr. 14 § 611 BGB Gefährdungshaftung des Arbeitgebers, unter II.1.; *Brox/Rüthers/Henssler*, Arbeitsrecht Rn. 367; *Franzen*, ZTR 1996, 305, 306; MünchArbR-*Blomeyer*, § 96 Rn. 68; *Otto/Schwarze*, Haftung Rn. 622, S. 406 ff.; *Stoffels*, AR-Blattei, SD 860.1 Rn. 150 ff.; *von Hoyningen-Huene*, Anm. zu BAG, Urteil vom 08.05.1980 – 3 AZR 82/79, SAE 1982, 51, 51 f.

[41] Vgl. *von Hoyningen-Huene*, Anm. zu BAG, Urteil vom 08.05.1980 – 3 AZR 82/79, SAE 1982, 51, 52.

[42] Vgl. *von Hoyningen-Huene*, Anm. zu BAG, Urteil vom 08.05.1980 – 3 AZR 82/79, SAE 1982, 51, 52.

analog auf den Arbeitgeber lässt sich daneben aus weiteren Überlegungen rechtfertigen.
Ebenso wie der unentgeltlich tätige Beauftragte wird auch ein Arbeitnehmer fremdnützig tätig, da Nutznießer seiner Arbeitstätigkeit nicht er selbst, sondern ein anderer, namentlich der Arbeitgeber, ist.[43] Darüber hinaus ist der Arbeitgeber kraft seiner Organisationsgewalt in der Lage, Schadensrisiken konkret zu beherrschen.[44] Schließlich verlangt die Wertentscheidung des § 670 BGB nach einer Gleichbehandlung von freiwilligen Vermögensopfern (Aufwendungen) und Schäden (unfreiwillige Vermögensopfer).[45] Der Sinn und Zweck des § 670 BGB macht die Einbeziehung solcher Schäden notwendig, die für und im Interesse des Geschäftsherrn entstehen.[46]

2. § 670 BGB analog in Zeiten der stufenweisen Wiedereingliederung

Diese Argumente sind aber nicht allein für die Begründung einer verschuldensunabhängigen Ersatzpflicht des Arbeitgebers im vollzogenen Arbeitsverhältnis bedeutsam. Sie vermögen darüber hinaus einen entsprechenden Anspruch gemäß § 670 BGB analog auch für den Rehabilitanden während der Wiedereingliederungsphase zu begründen. Auch in dieser Zeit behält der Arbeitgeber seine Organisationsgewalt. Es ist ihm somit, ebenso wie im vollzogenen Arbeitsverhältnis, möglich, die Schadensrisiken zu beherrschen. Außerdem ändert das Ruhen der Hauptleistungspflichten nichts daran, dass der im Rahmen einer Wiedereingliederung tätige Arbeitnehmer fremdnützig handelt. Seine Tätigkeit entspricht zwar nicht vollkommen der arbeitsvertraglich geschuldeten Arbeitsleistung. Allerdings leistet er Tätigkeiten, die der vertraglich geschuldeten, wenn auch qualitativ und/oder quantitativ eingeschränkt, entsprechen. Insofern profitiert der Arbeitgeber von den Handlungen des Rehabilitanden ebenso wie ein Beauftragter, so dass auch während der Wiedereingliederung die gleiche Interessenlage festzustellen ist wie im vollzogenen Arbeitsverhältnis.
Auch der wiedereinzugliedernde Rekonvaleszent soll, ebenso wie der Geschäftsbesorger, durch seine Tätigkeit weder Einbußen erleiden noch einen Gewinn erzielen. Ziel ist es lediglich, ihn schonend, aber grundsätzlich unentgeltlich, in das Arbeitsleben zurückzuführen. Schließlich macht es der Zweck des § 670 BGB auch in der Wiedereingliederungsphase notwendig, solche Schäden unter den analogen Anwendungsbereich dieser Norm zu fassen, die für den Geschäftsherrn entstehen.

---

[43] Vgl. *Otto/Schwarze*, Haftung Rn. 622, S. 407.
[44] Vgl. *Otto/Schwarze*, Haftung Rn. 622, S. 407.
[45] Vgl. *Franzen*, ZTR 1996, 305, 306; *von Hoyningen-Huene*, Anm. zu BAG, Urteil vom 08.05.1980 – 3 AZR 82/79, SAE 1982, 51, 52.
[46] Vgl. *Franzen*, ZTR 1996, 305, 306.

Indem der Arbeitgeber regelmäßig von während der Wiedereingliederung geleisteten Tätigkeiten profitiert, muss er auch für die tätigkeitsspezifischen Sachschäden des Rehabilitanden einstehen. Mithin hat der Arbeitgeber dem Arbeitnehmer sowohl im vollzogenen Arbeitsverhältnis als auch in Zeiten der stufenweisen Wiedereingliederung alle arbeits- bzw. tätigkeitstypischen Sachschäden nach § 670 BGB analog zu ersetzen.[47] Dabei ist ein etwaiges Mitverschulden des wiedereinzugliedernden Rekonvaleszenten gemäß § 254 BGB zu berücksichtigen.[48]

B.Die Arbeitnehmerhaftung

Nicht nur die Arbeitgeber-, sondern auch die Arbeitnehmerhaftung könnte in der Wiedereingliederungszeit eingeschränkt sein.

I. Haftung für Arbeitgeberschäden

Bei dieser Untersuchung ist zwischen der Haftung gegenüber dem Arbeitgeber und jener gegenüber anderen Personen zu differenzieren.

1. Besondere Haftungsregeln im Arbeitsverhältnis

Die Haftung des Rehabilitanden für während der Wiedereingliederung verursachte Arbeitgeberschäden könnte sich an die besonderen Haftungsregeln im vollzogenen Arbeitsverhältnis anlehnen, so dass an dieser Stelle auf letztere besonderes Augenmerk gelegt werden soll.

Im Jahre 1957 hat der *Große Senat* des *Bundesarbeitsgerichtes* entschieden, die Haftung des Arbeitnehmers gegenüber seinem Arbeitgeber zu beschränken.[49] Dies sollte allerdings nur für die Fälle der gefahrgeneigten Arbeit gelten.[50] Der Arbeitgeber konnte danach keinen oder nur eingeschränkten Schadensersatz von seinem Arbeitnehmer verlangen, wenn die Eigenart der zu leistenden Dienste es mit sich brachte, dass dem Arbeitnehmer Fehler unterlaufen, die zwar im Einzelfall zu vermeiden waren, mit denen aber aufgrund der menschlichen Unzulänglichkeiten nach der Lebenserfahrung gerechnet werden musste.[51] Das Kriterium der Gefahrge-

---

[47] Im Ergebnis ebenso *Becker*, Wiedereingliederung, S. 143 ff.

[48] Vgl. *Becker*, Wiedereingliederung, S. 144; *Hanau/Adomeit*, ArbR Rn. 710.

[49] BAG v. 25.09.1957, GS 4/56 (GS 5/56), AP Nr. 4 zu §§ 898, 899 RVO, unter III.1.

[50] BAG v. 25.09.1957, GS 4/56 (GS 5/56), AP Nr. 4 zu §§ 898, 899 RVO, unter III.1.

[51] Vgl. BAG v. 25.09.1957, GS 4/56 (GS 5/56), AP Nr. 4 zu §§ 898, 899 RVO, unter II.; BAG v. 11.11.1976, 3 AZR 266/75, AP Nr. 80 zu § 611 BGB Haftung des Arbeitnehmers, unter 4.a).

neigtheit wurde vom *Bundesarbeitsgericht*, trotz kritischer Stimmen in der Literatur[52] und einer vereinzelt gebliebenen gegenteiligen Entscheidung[53], weit über dreißig Jahre beibehalten.[54]

Erst mit seinem Beschluss vom 27.09.1994 hat der *Große Senat* die Beschränkung auf gefahrgeneigte Arbeiten aufgegeben und die besondere Arbeitnehmerhaftung auf alle betrieblich veranlassten Tätigkeiten erweitert.[55] Diese Rechtsprechung erfährt auch in der Literatur weitgehende Zustimmung.[56] Die Haftungsbeschränkung des Arbeitnehmers hat nunmehr zwei Voraussetzungen.[57] Zum einen muss die Arbeit durch den Betrieb veranlasst sein.[58] Darüber hinaus wird verlangt, dass die Tätigkeit aufgrund eines Arbeitsverhältnisses zu leisten ist.[59] Betrieblich veranlasst sind alle Arbeiten, die der Arbeitnehmer auf Grund seines Arbeitsvertrages schuldet oder die ihm durch den Arbeitgeber zugewiesen sind.[60] Die Tätigkeit muss in nahem Zusammenhang mit dem Betrieb und seinem betrieblichen Wirkungskreis stehen.[61] Anknüpfungspunkt dieser beschränkten Haftung des Arbeitnehmers gegenüber seinem Arbeitgeber ist auch nach der Schuldrechtsreform § 254 BGB analog und nicht etwa § 276 Abs. 1 S. 1 BGB.[62] Die besondere Arbeitnehmerhaftung hat zur Konsequenz, dass der Arbeitnehmer vorsätzlich verursachte Schäden

---

[52] *Brox*, Anm. zu BAG, Urteil vom 23.03.1983 – 7 AZR 391/79, AP Nr. 82 zu § 611 BGB Haftung des Arbeitnehmers, unter II.; *Gamillscheg/Hanau*, Haftung, S. 121 f.; *Koller*, Risikozurechnung, S. 402 ff. und S. 449; *Kohte*, BB 1983, 1603, 1608 f.; *Mayer-Maly*, FS *Hilger/Stumpf*, S. 467, 467 ff.

[53] BAG v. 12.02.1985, 3 AZR 487/80, AP Nr. 86 zu § 611 BGB Haftung des Arbeitnehmers, unter I.1.c).

[54] Vgl. beispielsweise BAG v. 19.03.1959, 2 AZR 402/55, AP Nr. 8 zu § 611 BGB Haftung des Arbeitnehmers, unter II.2.a).; BAG v. 11.11.1976, 3 AZR 266/75, AP Nr. 80 zu § 611 BGB Haftung des Arbeitnehmers, unter 4.a).; BAG v. 24.11.1987, 8 AZR 524/82, AP Nr. 93 zu § 611 BGB Haftung des Arbeitnehmers, unter B.II.

[55] BAG v. 27.09.1994, GS 1/89, AP Nr. 103 zu § 611 BGB Haftung des Arbeitnehmers, unter C.I.2.

[56] *Waltermann*, RdA 2005, 98, 98.

[57] Vgl. BAG v. 27.09.1994, GS 1/89, AP Nr. 103 zu § 611 BGB Haftung des Arbeitnehmers, Leitsatz; Schaub-*Linck*, ArbR-Hdb., § 53, Rn. 42.

[58] Vgl. BAG v. 27.09.1994, GS 1/89, AP Nr. 103 zu § 611 BGB Haftung des Arbeitnehmers, Leitsatz; Schaub-*Linck*, ArbR-Hdb., § 53, Rn. 42.

[59] Vgl. BAG v. 27.09.1994, GS 1/89, AP Nr. 103 zu § 611 BGB Haftung des Arbeitnehmers, Leitsatz.

[60] BAG v. 27.09.1994, GS 1/89 (A), AP Nr. 103 zu § 611 BGB Haftung des Arbeitnehmers; Schaub-*Linck*, ArbR-Hdb., § 53 Rn. 42 f.

[61] BAG v. 27.09.1994, GS 1/89 (A), AP Nr. 103 zu § 611 BGB Haftung des Arbeitnehmers Schaub-*Linck*, ArbR-Hdb., § 53 Rn. 42 f.

[62] Vgl. BAG v. 27.09.1994, GS 1/89, AP Nr. 103 zu § 611 BGB Haftung des Arbeitnehmers, unter C.II.; BAG v. 18.04.2002, 8 AZR 348/01, AP Nr. 122 zu § 611 BGB Haftung des Arbeitnehmers, unter II.3.a).; *Junker*, Arbeitsrecht, § 5 Rn. 295 a; MünchKommBGB-*Henssler*, Bd. 4, § 619 a Rn. 10 f.; *Waltermann*, RdA 2005, 98, 99 f. Dagegen will *Reichold*, ZTR 2002, 202, 209, die Haftungsprivilegierung des Arbeitnehmers nunmehr unter § 276 Abs. 1 S. 1 BGB fassen.

in vollem Umfang zu tragen hat.[63] Dagegen entfällt bei leichtester Fahrlässigkeit die Arbeitnehmerhaftung insgesamt.[64] Bei grober Fahrlässigkeit hat der Arbeitnehmer in aller Regel den gesamten Schaden zu tragen, wobei eine Haftungserleichterung von einer Abwägung im Einzelfall abhängig ist, während bei normaler Fahrlässigkeit der Schaden in aller Regel zwischen Arbeitgeber und Arbeitnehmer quotal zu verteilen ist.[65] Dabei verlangt die Beurteilung der Arbeitnehmerhaftung stets nach einer Gesamtabwägung unter besonderer Berücksichtigung von Schadensanlass und Schadensfolgen.[66]

2. Übertragbarkeit der beschränkten Arbeitnehmerhaftung auf das Wiedereingliederungsverhältnis

Die eingeschränkte Arbeitnehmerhaftung gilt nach den bisherigen Ausführungen nur für betrieblich veranlasste Tätigkeiten, die aufgrund eines Arbeitsverhältnisses zu leisten sind.[67] Betrieblich veranlasst sind, wie bereits angesprochen, alle Arbeiten, die der Arbeitnehmer arbeitsvertraglich schuldet oder die er im Interesse des Arbeitgebers für den Betrieb ausführt.[68] Bei streng wortlautbezogener Betrachtung würde damit eine Übertragung der Haftungsbeschränkung auf das Wiedereingliederungsverhältnis ausscheiden. Lässt sich in den Aufgaben, die der Rehabilitand während der Wiedereingliederung verrichtet, in Folge des während dieser Zeit fortbestehenden arbeitgeberseitigen Direktionsrechtes noch eine betrieblich veranlasste Tätigkeit sehen,[69] so würde eine eingeschränkte Haftung nach den oben genannten Grundsätzen daran scheitern, dass diese Tätigkeit nicht aufgrund eines Arbeits-, sondern eines Rechtsverhältnisses eigener Art erbracht wird.

Es könnte aber eine Erweiterung des in den Genuss einer beschränkten Haftung kommenden Personenkreises angebracht sein. Eine solche Ausweitung des persönlichen Anwendungsbereiches erfordert zweierlei.[70] Zum einen wäre die Feststellung erforderlich, dass die für eine im Arbeitsverhältnis sprechenden haftungsbe-

---

[63] BAG v. 18.04.2002, 8 AZR 348/01, AP Nr. 122 zu § 611 BGB Haftung des Arbeitnehmers, unter II.3.a).; BAG v. 18.01.2007, 8 AZR 250/06, AP Nr. 15 zu § 254 BGB, unter B.II.2.c).aa).

[64] BAG v. 18.04.2002, 8 AZR 348/01, AP Nr. 122 zu § 611 BGB Haftung des Arbeitnehmers, unter II.3.a).; BAG v. 18.01.2007, 8 AZR 250/06, AP Nr. 15 zu § 254 BGB, unter B.II.2.c).aa).

[65] BAG v. 18.04.2002, 8 AZR 348/01, AP Nr. 122 zu § 611 BGB Haftung des Arbeitnehmers, unter II.3.a).; BAG v. 18.01.2007, 8 AZR 250/06, AP Nr. 15 zu § 254 BGB, unter B.II.2.c).aa).

[66] BAG v. 18.04.2002, 8 AZR 348/01, AP Nr. 122 zu § 611 BGB Haftung des Arbeitnehmers, unter II.3.a).; BAG v. 18.01.2007, 8 AZR 250/06, AP Nr. 15 zu § 254 BGB, unter B.II.2.c).aa).

[67] Vgl. auch BAG v. 18.04.2002, 8 AZR 348/01, AP Nr. 122 zu § 611 BGB Haftung des Arbeitnehmers, unter II.2.b).

[68] Vgl. BAG v. 18.04.2002, 8 AZR 348/01, AP Nr. 122 zu § 611 BGB Haftung des Arbeitnehmers, unter II.2.b).aa).; Schaub-*Linck*, ArbR-Hdb., § 53 Rn. 42.

[69] Siehe zum Direktionsrecht während der Wiedereingliederung oben unter § 6.

[70] Hierauf weist *Waltermann*, RdA 2005, 98, 100, überzeugend hin.

grenzenden Überlegungen auch für Wiedereingliederungsverhältnisse gelten können und müssen.[71] Daneben müsste die Rechtsordnung eine von den allgemeinen Regeln abweichende Haftungsregelung zu Gunsten des Rekonvaleszenten gebieten, wohingegen eine bloße Schutzbedürftigkeit die Erweiterung des Personenkreises nicht zu legitimieren vermag.[72]
Die eingeschränkte Arbeitnehmerhaftung findet ihre Grundlage in der Überlegung, dass ein Arbeitnehmer den vorgegebenen Arbeitsbedingungen regelmäßig weder tatsächlich noch rechtlich ausweichen kann.[73] Der Arbeitgeber bestimmt durch sein Direktionsrecht die arbeitsvertraglich geschuldete Arbeitsleistung.[74] Er kann durch seine Organisationsbefugnis Schadensrisiken schaffen oder verändern.[75] Somit prägt die durch den Arbeitgeber gesetzte Organisation des Betriebes das Haftungsrisiko des Arbeitnehmers.[76] Mithin geht es bei der eingeschränkten Arbeitnehmerhaftung darum, die Verantwortung des Arbeitgebers für die Betriebsorganisation sowie die Gestaltung der Arbeitsbedingungen und das darin liegende Betriebsrisiko des Arbeitgebers in die Frage nach dem zu ersetzenden Schaden mit einzubeziehen.[77]
Schließlich ist diese eingeschränkte Haftung auch verfassungsrechtlich geboten (vgl. Art. 12 Abs. 1 GG und subsidiär Art. 2 Abs. 1 GG). Das Grundgesetz ist keine wertneutrale Ordnung.[78] Die durch das Grundgesetz in seinem Grundrechtsabschnitt zu Tage tretenden Elemente objektiver Ordnung müssen als verfassungsrechtliche Grundentscheidung für alle Bereiche des Rechts gelten.[79] Keine Vorschrift darf den Prinzipien widersprechen, die in den Grundrechten zum Ausdruck kommen.[80] Im Arbeitsrecht verlangt nicht zuletzt das wirtschaftliche und organisa-

---

[71] Vgl. *Waltermann*, RdA 2005, 98, 100.
[72] Vgl. *Waltermann*, RdA 2005, 98, 100.
[73] BAG v. 27.09.1994, GS 1/89, AP Nr. 103 zu § 611 BGB Haftung des Arbeitnehmers, unter C.II.2.; BAG v. 18.04.2002, 8 AZR 348/01, AP Nr. 122 zu § 611 BGB Haftung des Arbeitnehmers, unter II.3.a).
[74] BAG v. 27.09.1994, GS 1/89, AP Nr. 103 zu § 611 BGB Haftung des Arbeitnehmers, unter C.II.2.; BAG v. 18.04.2002, 8 AZR 348/01, AP Nr. 122 zu § 611 BGB Haftung des Arbeitnehmers, unter II.3.a).
[75] BAG v. 27.09.1994, GS 1/89, AP Nr. 103 zu § 611 BGB Haftung des Arbeitnehmers, unter C.II.2.
[76] BAG v. 27.09.1994, GS 1/89, AP Nr. 103 zu § 611 BGB Haftung des Arbeitnehmers, unter C.II.2.; BAG v. 18.04.2002, 8 AZR 348/01, AP Nr. 122 zu § 611 BGB Haftung des Arbeitnehmers, unter II.3.a).
[77] BAG v. 18.04.2002, 8 AZR 348/01, AP Nr. 122 zu § 611 BGB Haftung des Arbeitnehmers, unter II.3.a).
[78] BVerfG v. 15.01.1958, 1 BvR 400/51, BVerfGE 7, 198, 205; MünchKommBGB-*Müller-Glöge*, Bd. 4, § 611 Rn. 278.
[79] BVerfG v. 15.01.1958, 1 BvR 400/51, BVerfGE 7, 198, 205; BVerfG v. 23.04.1986, 2 BvR 487/80, BVerfGE 73, 261, 268 f.
[80] BVerfG v. 15.01.1958, 1 BvR 400/51, BVerfGE 7, 198, 205.

torische Übergewicht des Arbeitgebers nach einer Grundrechtsbindung.[81] Zu den Pflichten des Arbeitgebers gehört es daher auch, die Grundrechte seines Arbeitnehmers und die sie konkretisierenden Gesetze zu wahren und zu beachten.[82]
Diese Gedanken finden auch auf die gesetzlichen Haftungsgrundsätze des Bürgerlichen Gesetzbuches Anwendung.[83] Die Haftungsgrundsätze können sich mit ihren wirtschaftlichen Folgen sehr gravierend auf die allgemeine Lebensgestaltung und die Berufsausübung des schadensersatzpflichtigen Arbeitnehmers auswirken.[84] Dies gilt sowohl im vollzogenen Arbeitsverhältnis als auch in Zeiten stufenweiser Wiedereingliederung. Auch der Rehabilitand befindet sich in einer strukturellen Ungleichgewichtslage. Er ist im Vergleich zu seinem Arbeitgeber durch die nach allgemeinen Grundsätzen des Schuldrechts drohende „Alles-oder-Nichts-"Haftung deutlich strukturell unterlegen. Während der Arbeitgeber seinen Betrieb gegen Schäden versichern und entsprechend organisierten kann, befindet sich der Arbeitnehmer in einem fremdbestimmten Tätigkeitsbereich und kommt häufig mit Maschinen und anderen Arbeitsgeräten in Berührung, deren Beschädigung für ihn nicht selten unbezahlbare Schäden mit sich bringt.
Diese Ungleichgewichtslage kann im Wege der praktischen Konkordanz so gelöst werden, dass auch der Rekonvaleszent in den Genuss der beschränkten Arbeitnehmerhaftung kommt. Hierdurch werden die Grundrechtspositionen des Arbeitgebers aus Art. 2 Abs. 1, Art. 12 und Art. 14 Abs. 1 GG nicht unangemessen außer Acht gelassen, sondern aus den soeben genannten Gründen in einen gerechten Ausgleich mit jenen des Arbeitnehmers (Art. 2 Abs. 1, Art. 12 Abs. 1 GG) gebracht. Eine vollständige Arbeitnehmerhaftung ohne Berücksichtigung des Betriebsrisikos des Arbeitgebers wäre mit dem Grundgesetz nicht vereinbar.[85] Eine eingeschränkte Haftung ist daher auch in der Wiedereingliederungsphase verfassungsrechtlich erforderlich und geboten (vgl. Art. 12 Abs. 1 GG und subsidiär Art. 2 Abs. 1 GG),[86] da sich die Haftungsgrundsätze des Bürgerlichen Gesetzbuches ebenso entscheidend auf die Berufsausübung und Lebensgestaltung des Rehabilitanden auswirken würden, wie es im vollzogenen Arbeitsverhältnis der Fall ist. Eine Haftung ohne Berücksichtigung des Betriebsrisikos des Arbeitgebers wäre mit dem Grundgesetz nicht in Einklang zu bringen, so dass die Rechtsordnung eine von den gesetzlichen Wertungen abweichende eingeschränkte Rehabilitandenhaftung gebietet.

---

[81] MünchKommBGB-*Müller-Glöge*, Bd. 4, § 611 Rn. 278.
[82] Vgl. *Brox/Rüthers/Henssler*, Arbeitsrecht Rn. 309.
[83] BAG v. 27.09.1994, GS 1/89, AP Nr. 103 Haftung des Arbeitnehmers, unter C.III.1.
[84] BAG v. 27.09.1994, GS 1/89, AP Nr. 103 Haftung des Arbeitnehmers, unter C.III.1.
[85] BAG v. 27.09.1994, GS 1/89, AP Nr. 103 zu § 611 BGB Haftung des Arbeitnehmers, unter C.III.1.
[86] Siehe hierzu die ausführliche Darstellung bei *Zwade*, Teilarbeitsfähigkeit, S. 160 ff.

Auch bei dem Wiedereingliederungsverhältnis handelt es sich nicht um eine kurzzeitige rechtliche Verbindung zweiter Vertragspartner. Der gesamte Wiedereingliederungsprozess umfasst in der überwiegenden Anzahl der Fälle mehrere Monate. Darüber hinaus gilt es zu berücksichtigen, dass die Parteien regelmäßig auch schon vor der stufenweisen Wiedereingliederung über längere Zeit durch das Arbeitsverhältnis verbunden waren und dies auch während der Wiedereingliederungsphase bleiben. Es besteht also auch in der Phase einer schrittweisen Rückkehr in das Erwerbsleben das in jeder Dauerbeziehung angelegte latente Schadensrisiko.[87] Darüber hinaus bleibt der Rekonvaleszent auch in Zeiten der stufenweisen Wiedereingliederung in die Betriebsorganisation eingegliedert und den betrieblichen Verhaltensregeln unterworfen.[88] Die Risikolage wird während dieser Phase daher ebenso durch den arbeitgeberseitig organisierten Arbeitsprozess bestimmt wie im vollzogenen Arbeitsverhältnis.[89] Mithin können und müssen die für das vollzogene Arbeitsverhältnis sprechenden haftungsbegrenzenden Überlegungen auch für das Wiedereingliederungsverhältnis gelten.[90] Die Grundsätze der besonderen Arbeitnehmerhaftung gelten somit auch während einer stufenweisen Wiedereingliederung zu Gunsten der Rekonvaleszenten.

II. Haftung gegenüber Betriebsangehörigen

Auch die Haftungsprivilegierung betrieblich tätiger Personen gegenüber Versicherten desselben Betriebes sowie deren Angehörigen und Hinterbliebenen gemäß § 105 Abs. 1 S. 1 SGB VII kommt dem Rehabilitanden zu Gute. Er ist als haftungsbefreiter Schädiger anzusehen, da er Beschäftigter des Betriebes im Sinne des § 2 Abs. 1 Nr. 1 SGB VII[91] ist und schädigende Handlungen für ihn betrieblicher Art sind.[92] Der Rehabilitand verrichtet betriebliche Tätigkeiten, weil er Arbeiten verübt, die aus Betriebsgründen ausgeführt werden und entweder dem ausdrücklichen beziehungsweise mutmaßlichen Willen des Unternehmers entsprechen oder

---

[87] Auf das latente Schadensrisiko als Voraussetzung für eine beschränkte Haftung weist überzeugend *Waltermann*, RdA 2005, 98, 101, hin.

[88] Diese Gesichtspunkte waren für den BGH v. 05.12.1983, II ZR 252/82, BGHZ 89, 153, 159, wesentlich, um die Grundsätze der eingeschränkten Arbeitnehmerhaftung auf einen Fall zu übertragen, in dem ein ehrenamtlicher Pfadfinder einen Schaden verursacht hat.

[89] Vgl. zu diesem Gesichtspunkt *Waltermann*, RdA 2005, 98, 101.

[90] Im Ergebnis ebenso *Becker*, Wiedereingliederung, S. 136 f.; Gitter, ZfA 1995, 123, 145; *Zwade*, Teilarbeitsfähigkeit, S. 160 ff.

[91] Siehe dazu oben unter § 8.A.I.1.

[92] Vgl. zu diesen Voraussetzungen des § 105 Abs. 1 S. 1 SGB VII KassKomm-*Ricke*, § 105 SGB VII Rn. 3 ff.; Schmitt, SGB VII, § 105 Rn. 3 ff.

objektiv dem Betrieb zu dienen bestimmt sind.[93] Wird ein Versicherungsfall durch eine betriebliche Handlung des Rehabilitanden gegenüber einem Versicherten desselben Betriebes ausgelöst, so greift folglich die Privilegierung des § 105 Abs. 1 S. 1 SGB VII ein.[94]

III. Haftung gegenüber Dritten

Schädigt ein Arbeitnehmer einen Dritten, also eine Person, die weder sein Arbeitgeber noch ein Angehöriger desselben Betriebes ist, haftet er vollständig nach den allgemeinen Vorschriften.[95] In Fällen der betrieblichen Tätigkeit besteht allerdings Anlass zu einer materiellen Entlastung des Arbeitnehmers.[96] Daher muss der Arbeitgeber den Arbeitnehmer von solchen Schadensersatzansprüchen Dritter befreien, die durch betrieblich veranlasste Tätigkeiten verursacht worden sind.[97] Sofern der Arbeitnehmer in diesen Fällen den Schadensersatzanspruch des Dritten noch nicht erfüllt hat, steht ihm gegen seinen Arbeitgeber ein auf §§ 257, 670 BGB analog gestützter Freistellungsanspruch zu.[98]

Hat der Arbeitnehmer dagegen den geschädigten Dritten bereits befriedigt, so kann er von seinem Arbeitgeber Ersatz verlangen.[99] Diese Freistellungs- und Erstattungsansprüche des Arbeitnehmers gegen seinen Arbeitgeber greifen nur, soweit der Arbeitnehmer in den Genuss der arbeitsrechtlichen Haftungsbeschränkung kommt.[100] Sie basieren demzufolge auf den gleichen Überlegungen wie die eingeschränkte Arbeitnehmerhaftung bei Schädigungen des Arbeitgebers. Letztere ist nach dem oben[101] Gesagten auch zu Gunsten des Rehabilitanden beschränkt. Somit kann auch der Rekonvaleszent Freistellungs- und Erstattungsansprüche gegen seinen Arbeitgeber geltend machen. In dem Umfang, in dem der wiedereinzuglie-

---

[93] Vgl. zu dem Kriterium der betrieblichen Tätigkeit KassKomm-*Ricke*, § 105 SGB VII Rn. 6; *Schmitt*, SGB VII, § 105 Rn. 5.

[94] So auch zur Vorgängerregelung des § 105 SGB VII, dem § 637 RVO, *Gitter*, ZfA 1995, 123, 146; *Becker*, Wiedereingliederung, S. 142.

[95] BAG v. 21.12.1993, VI ZR 103/93, AP Nr. 104 zu § 611 BGB Haftung des Arbeitnehmers, unter II.2.b).; *Buchner*, RdA 1972, 153, 170 f.; *Hanau/Adomeit*, ArbR Rn. 713; MünchArbR-*Blomeyer*, § 60 Rn. 1.

[96] *Otto/Schwarze*, Haftung Rn. 474, S. 294.

[97] *Otto/Schwarze*, Haftung Rn. 478, S. 297.

[98] MünchArbR-*Blomeyer*, § 60 Rn. 15; *Steindorff*, FS Dölle, S. 272, 290. Dagegen will die Rechtsprechung den Freistellungsanspruch aus der Fürsorgepflicht des Arbeitgebers herleiten (vgl. *Otto/Schwarze*, Haftung Rn. 478, S. 296 f.), siehe beispielsweise BAG v. 23.06.1988, 8 AZR 300/85, AP Nr. 94 zu § 611 BGB Haftung des Arbeitnehmers, unter I.1.

[99] *Hanau/Adomeit*, ArbR Rn. 713.

[100] *Lieb/Jacobs*, Arbeitsrecht, § 2 Rn. 227.

[101] Siehe oben unter § 8.B.I.2.

dernde Arbeitnehmer seinem Arbeitgeber gegenüber nicht haftet, steht ihm gegen diesen ein Freistellungs- oder Erstattungsanspruch zu.[102]

C. Anknüpfung der Haftungsbeschränkungen an das Erfüllungsverhältnis

Die bisherigen Ausführungen haben gezeigt, dass die aus dem vollzogenen Arbeitsverhältnis bekannten Haftungsbeschränkungen auch in Zeiten der stufenweisen Wiedereingliederung zu Gunsten des Rehabilitanden und seines Arbeitgebers gelten. Dieses Ergebnis lässt sich durch einen Ansatzpunkt untermauern, der bereits bei der Frage nach den in der Wiedereingliederungsphase fortbestehenden Nebenpflichten aus dem Arbeitsverhältnis zur Sprache gekommen ist.[103] Dort wurde hervorgehoben, dass zwischen dem arbeitsrechtlichen Grund- und Erfüllungsverhältnis differenziert werden muss. Nur solche Nebenpflichten, die dem arbeitsrechtlichen Erfüllungsverhältnis zuzuordnen sind, können in der Wiedereingliederungsphase fortbestehen.

Diese Überlegung vermag auch die Ausstrahlung der arbeitsrechtlichen Haftungsbeschränkungen auf die Zeiten der stufenweisen Wiedereingliederung zu begründen. Sowohl die Haftungsbeschränkung zu Gunsten des Arbeitgebers als auch jene zu Gunsten des Arbeitnehmers knüpft an das arbeitsrechtliche Erfüllungsverhältnis an. Die Haftungsprivilegierungen setzten eine schädigende Handlung im Zusammenhang mit einer Leistungshandlung des Arbeitgebers oder des Arbeitnehmers voraus.[104] Dagegen vermag die bloße Betriebszugehörigkeit eine eingeschränkte Haftung nicht zu begründen.[105] Die beschränkte Arbeitnehmerhaftung ergibt sich aus der Überlegung der Risikozurechnung bei Handlungen in fremdem Interesse.[106] Den Nutzen, der zur Haftungsbeschränkung führt, erhält der Arbeitgeber nicht aus dem Verpflichtungstatbestand, sondern erst aus dem konkreten Tätigkeitsakt.[107] Somit knüpft die begrenzte Arbeitnehmerhaftung nicht an das arbeitsrechtliche Grund-, sondern an das Erfüllungsverhältnis an.[108] Aber auch die Haftungsprivilegierung des Arbeitgebers setzt eine Leistungshandlung voraus, ist daher also eben-

---

102 Ebenso *Becker*, Wiedereingliederung, S. 141. Demgegenüber geht *Gitter*, ZfA 1995, 123, 146, nur auf den Freistellungsanspruch des Rehabilitanden gegen seinen Arbeitgeber ein, stützt diesen aber gleichfalls auf §§ 257, 670 BGB analog.

103 Siehe oben unter § 5.C.III.

104 *Boemke*, Schuldvertrag, S. 317.

105 *Boemke*, Schuldvertrag, S. 316.

106 *Boemke*, Schuldvertrag, S. 311.

107 *Boemke*, Schuldvertrag, S. 311.

108 *Boemke*, Schuldvertrag, S. 311 und S. 316.

falls dem Erfüllungsverhältnis zuzuordnen.[109] Die Anknüpfung der eingeschränkten Arbeitgeber- und Arbeitnehmerhaftung an das arbeitsrechtliche Erfüllungsverhältnis führt nach den obigen[110] Ausführungen zur Fortgeltung der arbeitsrechtlichen Haftungsprivilegierungen in der Wiedereingliederungsphase und bestätigt damit die vorstehenden[111] Ergebnisse.

D.Zusammenfassung

Die aus dem vollzogenen Arbeitsverhältnis bekannten Haftungsbeschränkungen zu Gunsten des Rehabilitanden und seines Arbeitgebers gelten auch in Zeiten der stufenweisen Wiedereingliederung.

Der Unternehmer kommt während dieser Phase im Falle eines Personenschadens in den Genuss der Haftungsprivilegierung aus § 104 SGB VII. Da der Beschäftigtenbegriff des § 7 Abs. 1 SGB IV auch für § 2 Abs. 1 Nr. 1 SGB VII gilt (vgl. § 1 Abs. 1 SGB IV), ist der Rekonvaleszent während der stufenweisen Wiedereingliederung gemäß § 2 Abs. 1 Nr. 1 SGB VII kraft Gesetzes unfallversichert. Unfälle des Rekonvaleszenten während der Wiedereingliederungsphase stellen darüber hinaus Arbeitsunfälle dar, sofern die Voraussetzungen des § 8 SGB VII erfüllt sind

Allerdings hat der Arbeitgeber sowohl im vollzogenen Arbeitsverhältnis als auch in Zeiten der stufenweisen Wiedereingliederung dem Arbeitnehmer alle arbeitsbeziehungsweise tätigkeitstypischen Sachschäden nach § 670 BGB analog zu ersetzen. Dabei ist ein etwaiges Mitverschulden des wiedereinzugliedernden Rekonvaleszenten gemäß § 254 BGB zu berücksichtigen.

Die im vollzogenen Arbeitsverhältnis bestehende beschränkte Arbeitnehmerhaftung findet auch auf das Wiedereingliederungsverhältnis Anwendung. Diese besondere Haftung hat zur Konsequenz, dass der wiedereinzugliedernde Rekonvaleszent vorsätzlich verursachte Schäden in vollem Umfang zu tragen hat. Dagegen entfällt bei leichtester Fahrlässigkeit die Rehabilitandenhaftung insgesamt. Bei grober Fahrlässigkeit hat der Rekonvaleszent in aller Regel den gesamten Schaden zu tragen, wobei eine Haftungserleichterung von einer Abwägung im Einzelfall abhängig ist, während bei normaler Fahrlässigkeit der Schaden in aller Regel zwischen Arbeitgeber und Rehabilitand quotal zu verteilen ist. Dabei verlangt die Beurteilung der Haftung eines Rekonvaleszenten stets nach einer Gesamtabwägung unter besonderer Berücksichtigung von Schadensanlass und Schadensfolgen.

---

[109] *Boemke*, Schuldvertrag, S. 316.
[110] Siehe oben unter § 5.C.III.
[111] Siehe oben unter § 8.A. und § 8.B.

Wird ein Versicherungsfall durch eine betriebliche Handlung des Rehabilitanden gegenüber einem Versicherten desselben Betriebes ausgelöst, so greift die Privilegierung des § 105 Abs. 1 S. 1 SGB VII.
Schließlich bestehen unter gewissen Voraussetzungen auch in Zeiten der stufenweisen Wiedereingliederung Freistellungs- und Erstattungsansprüche des wiedereinzugliedernden Arbeitnehmers gegen seinen Arbeitgeber für den Fall, dass der Rehabilitand Dritte geschädigt hat.
Die genannten Haftungsbeschränkungen sind nicht allein durch einen Vergleich der Wiedereingliederungsphase mit der Situation im vollzogenen Arbeitsverhältnis begründbar. Sie lassen sich darüber hinaus aufgrund eines weiteren Ansatzpunktes untermauern, der bereits bei der Frage nach den in der Wiedereingliederungsphase fortbestehenden Nebenpflichten aus dem Arbeitsverhältnis zur Sprache gekommen ist. Die Anknüpfung der eingeschränkten Arbeitgeber- und Arbeitnehmerhaftung an das arbeitsrechtliche Erfüllungsverhältnis führt zur Fortgeltung der arbeitsrechtlichen Haftungsprivilegierungen in der Wiedereingliederungsphase und bestätigt damit die vorstehenden Ergebnisse.

§ 9 Rechtsfolgen und mögliche Maßnahmen bei fehlender Wiedereingliederung

In den vorstehenden Abschnitten wurde die Rechtsnatur einer Wiedereingliederungsmaßnahme bestimmt, das Zustandekommen eines solchen Rechtsverhältnisses untersucht sowie erörtert, welche Pflichten während der stufenweisen Wiedereingliederung bestehen und wie etwaige Pflichtverletzungen rechtlich zu würdigen sind. Bei diesen Ausführungen ist allerdings ein wichtiger Problemkomplex unberücksichtigt geblieben, nämlich die Frage nach den rechtlichen Folgen und möglichen Maßnahmen in den Fällen, in denen ein Arbeitgeber die Durchführung einer medizinisch notwendigen Wiedereingliederungsmaßnahme von vornherein verweigert.

A.Individualrechtliche Ebene

Die Beurteilung dieser Fragestellung verlangt nach einer getrennten Betrachtung der individualrechtlichen Ebene einerseits und der kollektivrechtlichen Ebene andererseits.

I. Kündigungsrechtliche Auswirkungen bei unterbliebener Wiedereingliederung

Auf der individualrechtlichen Ebene kommt den möglichen kündigungsrechtlichen Auswirkungen im Falle einer unterbliebenen Wiedereingliederung besondere Bedeutung zu. Dieses Thema ist für beide Arbeitsvertragsparteien von erheblichem Interesse. Zum einen für den Arbeitgeber, der, sofern er eine notwendige Wiedereingliederung ohne jegliche Konsequenzen einfach unterlassen könnte, nicht selten geneigt wäre, von dieser Maßnahme gänzlich Abstand zu nehmen und einem Langzeiterkranken stattdessen lieber sofort (krankheitsbedingt) zu kündigen. Aber auch für den Arbeitnehmer ist die Frage nach den kündigungsrechtlichen Auswirkungen unterbliebener Wiedereingliederungen von gesteigertem Interess, da er bei kündigungsrechtlichen Konsequenzen für den Arbeitgeber eher mit dessen Bereitschaft zur Wiedereingliederung rechnen könnte und so wesentlich bessere Chancen hätte, dauerhaft in das Erwerbsleben zurück zu finden.

1. Kündigungen im Anwendungsbereich des Kündigungsschutzgesetzes

Im Zusammenhang mit dieser Fragestellung will man im Schrifttum den Arbeitgeber bei einer in den Anwendungsbereich des Kündigungsschutzgesetzes fallenden krankheitsbedingten Kündigung unter „ultima-ratio-Gesichtspunkten" generell verpflichtet sehen, darzulegen, dass er sich um eine stufenweise Wiedereingliederung bemüht habe.[1] Eine solche Forderung, ohne nähere dogmatische Begründung, geht zu weit. Dies schließt allerdings nicht aus, eine dementsprechende Sichtweise möglicherweise im Zusammenspiel mit einzelnen Vorschriften der Sozialgesetzbücher untermauern zu können.

a) Unterlassen eines Präventionsverfahrens nach § 84 Abs. 1 und Abs. 2 SGB IX

Zu denken wäre diesbezüglich zunächst einmal an § 84 Abs. 1 und Abs. 2 SGB IX. Beide Absätze stellen Regelungen zur Durchführung eines betrieblichen Präventionsverfahrens dar.

aa) Verhältnis von § 84 Abs. 1 zu § 84 Abs. 2 SGB IX

Während § 84 Abs. 1 SGB IX sowohl personen-, verhaltens- als auch betriebsbedingte Schwierigkeiten im Arbeitsverhältnis anspricht, beschränkt sich Abs. 2 dieser Vorschrift allein auf personenbedingte Gründe, die ein betriebliches Verfahren erforderlich machen. Dabei engt § 84 Abs. 2 SGB IX seinen Regelungsbereich sogar noch weiter ein, indem das mit dieser Norm implementierte betriebliche Eingliederungsmanagement allein solchen Beschäftigten zu Gute kommen soll, die innerhalb eines Jahres länger als sechs Wochen ununterbrochen oder wiederholt arbeitsunfähig erkrankt sind. § 84 Abs. 2 SGB IX enthält also alle Merkmale der generellen Regelung in Abs. 1 sowie zusätzlich noch die strengere Beschränkung auf Personen, die länger als sechs Wochen innerhalb eines Jahres arbeitsunfähig sind.[2] Beide Absätze stehen mithin in einem Spezialitätsverhältnis, so dass § 84 Abs. 2 in seinem Anwendungsbereich Abs. 1 SGB IX verdrängt.[3] Bei länger als sechs Wochen andauernder Arbeitsunfähigkeit und damit einhergehenden krankheitsbedingten Schwierigkeiten kommt demnach allein § 84 Abs. 2 SGB IX zum Tragen. Folglich ist für die im Rahmen dieses Abschnittes zu behandelnden kündigungsrechtlichen Auswirkungen unterbliebener Wiedereingliederungen allein § 84 Abs. 2 SGB IX von Interesse. Denn bei der stufenweisen Wiedereingliederung handelt es sich um eine Maßnahme, die helfen soll, Menschen mit länger andau-

[1] Kittner/Däubler/Zwanziger-*Kittner*, KSchR, § 1 KSchG Rn. 83 a.
[2] Vgl. *Brose*, RdA 2006, 149, 152.
[3] Vgl. *Brose*, RdA 2006, 149, 152 sowie allgemein zu Fragen der Spezialität *Larenz/Wolf*, AT, § 18 Rn. 20 f.

ernder Arbeitsunfähigkeit schrittweise in das Arbeitsleben zurück zu führen. Diese Personen sind regelmäßig, wie es § 84 Abs. 2 SGB IX verlangt, länger als sechs Wochen innerhalb eines Jahres arbeitsunfähig erkrankt.

bb) Wiedereingliederung als Ergebnis einer Maßnahme gemäß § 84 Abs. 2 SGB IX

Die Einordnung von § 84 Abs. 2 SGB IX als „lex specialis" zu Abs. 1 in Fällen von krankheitsbedingten Schwierigkeiten führt zurück zu der Ausgangsfrage, ob mit Hilfe dieser Vorschrift Aussagen über kündigungsrechtliche Auswirkungen einer unterlassenen stufenweisen Wiedereingliederung getroffen werden können.
Die stufenweise Wiedereingliederung und das betriebliche Eingliederungsmanagement in § 84 Abs. 2 SGB IX stehen insoweit miteinander in Beziehung, als dass eine stufenweise Wiedereingliederung richtigerweise ein mögliches Ergebnis eines betrieblichen Eingliederungsmanagements darstellt.[4] Insoweit kann dem Einwand *Namendorfs/Natzels* nicht beigepflichtet werden, eine Wiedereingliederung komme im Rahmen des betrieblichen Eingliederungsmanagements nicht in Betracht, da die stufenweise Wiedereingliederung der Rehabilitation diene, wohingegen das betriebliche Eingliederungsmanagement präventive Ziele verfolge.[5]
Vielmehr umfasst ein betriebliches Eingliederungsmanagement im Sinne des § 84 Abs. 2 SGB IX drei Zielsetzungen, die mit unterschiedlichen Maßnahmen erreicht werden sollen.[6] Nach § 84 Abs. 2 S. 1 SGB IX hat der Arbeitgeber zum einen zu klären, wie Arbeitsunfähigkeit vorgebeugt werden kann. Hierfür bedarf es präventiver Maßnahmen. Daneben verfolgt das betriebliche Eingliederungsmanagement aber noch zwei weitere Ziele, indem es auch dazu dient, eine bestehende Arbeitsunfähigkeit zu überwinden und den Arbeitsplatz zu erhalten. Hierzu sind Maßnahmen der Rehabilitation sowie der Integration erforderlich. Eine mögliche Rehabilitationsmaßnahme stellt dabei die stufenweise Wiedereingliederung dar, die demzufolge sehr wohl von dem Regelungsgehalt des § 84 Abs. 2 S. 1 SGB IX erfasst wird und daher das Resultat eines betrieblichen Eingliederungsmanagements sein kann.[7]

---

[4] Ebenso *Balders/Lepping*, NZA 2005, 854, 855.
[5] *Namendorf/Natzel*, DB 2005, 1794, 1796.
[6] Vgl. die Abbildung bei *Britschgi*, AiB 2005, 284, 285 sowie die Übersicht bei *Feldes*, SozSich 2004, 270, 277.
[7] So auch *Balders/Lepping*, NZA 2005, 854, 855; *Britschgi*, AiB 2005, 284, 285; *Feldes*, SozSich 2004, 270, 277; *Gagel*, NZA 2004, 1359, 1359.

cc) Persönlicher Anwendungsbereich von § 84 Abs. 2 SGB IX

Bevor allerdings in einem nächsten Schritt auf das Verhältnis des § 84 Abs. 2 SGB IX zum Ausspruch einer krankheitsbedingten Kündigung näher eingegangen werden kann, stellt sich die Frage, welcher Personenkreis überhaupt von dieser Vorschrift erfasst wird. Der persönliche Anwendungsbereich des § 84 Abs. 2 SGB IX ist umstritten.

Überwiegend[8] wird das Erfordernis eines betrieblichen Eingliederungsmanagements für alle Arbeitnehmer des Betriebes befürwortet. Dagegen wollen andere[9] den Anwendungsbereich dieser Maßnahme auf schwerbehinderte und diesen gleichgestellte Arbeitnehmer im Sinne des § 68 SGB IX beschränken.

Letzterem Verständnis steht jedoch der eindeutige Wortlaut des § 84 Abs. 2 S. 1 SGB IX entgegen. Die Vorschrift spricht ausdrücklich von „Beschäftigten". Voraussetzung für die Durchführung eines betrieblichen Eingliederungsmanagements ist lediglich, dass die Beschäftigten innerhalb eines Jahres länger als sechs Wochen ununterbrochen oder wiederholt arbeitsunfähig sind. Weitere Einschränkungen des persönlichen Anwendungsbereiches sind dem Gesetzestext nicht zu entnehmen. Der Gesetzgeber hat sich bei § 84 Abs. 2 S. 1 SGB IX nicht – wie etwa in § 85 SGB IX ausdrücklich geschehen – für eine Beschränkung des Geltungsbereiches auf schwerbehinderte Arbeitnehmer entschieden. Ebenso wenig wie die Formulierung „schwerbehinderte Menschen" einer Auslegung zugänglich ist, an deren Ende der Begriff „Beschäftigte" steht, ist der umgekehrte Fall zulässig.

Der Wortlaut einer Norm hat nämlich eine doppelte Aufgabe.[10] Zum einen ist er Ausgangspunkt für die Sinnermittlung einer Vorschrift.[11] Daneben stellt er auch die

---

[8] BAG v. 12.07.2007, 2 AZR 716/06, NZA 2008, 173, 175; LAG Hamm v. 24.01.2007, 2 Sa 991/06, zitiert nach juris, Rn. 26; LAG Niedersachsen v. 25.10.2006, 6 Sa 974/05, BB 2007, 719, 721 f.; LAG Niedersachsen v. 29.03.2005, 1 Sa 1429/04, LAG-E Nr. 36 zu § 1 KSchG Krankheit, unter 2.a).; ArbG Lübeck v. 24.11.2005, 1 Ca 1738/05, zitiert nach juris Rn. 32; Bader/Bram/Dörner/Wenzel-*Bram*, § 1 KSchG Rn. 116 a; *Braun*, ZTR 2005, 630, 630 f.; *Britschgi*, AiB 2005, 284, 284; *Cramer*, NZA 2004, 698, 703; *Feldes*, SozSich 2004, 270, 272; *Gagel/Schian*, Forum B, Beitrag 15/2007, S. 4; *Gaul/Süßbrich/Kulejewski*, ArbRB 2004, 308, 310; Hauck/Noftz-*Schröder*, § 84 SGB IX Rn. 9; *Klaesberg*, PersR 2005, 427, 427; KR-*Griebeling*, § 1 KSchG Rn. 324 b; *Löw*, MDR 2005, 608, 609; *Rehwald/Kossack*, AiB 2004, 604, 608; *Schlewing*, ZfA 2005, 488, 490; Stahlhacke-*Vossen*, Kündigung Rn. 1457; *von Hoyningen-Huene/Linck*, KSchG, § 1 KSchG Rn. 341; *von Steinau-Steinrück/Hagemeister*, NJW-Spezial 2005, 129, 129; Weyand/Düwell-*Düwell*, Arbeitsrecht, S. 217, Kapitel 6, unter VI.3.c).bb).; *Zorn*, Behindertenrecht 2006, 42, 42.

[9] *Balders/Lepping*, NZA 2005, 854, 854; *Berger-Delhey*, ZTR 2004, 347, 347; *Brose*, DB 2005, 390, 391; *Brose*, RdA 2006, 149, 151; HK-*Trenk-Hinterberger*, SGB IX, § 84 Rn. 19; *Namendorf/Natzel*, DB 2005, 1794, 1794 f.; *Namendorf/Natzel*, FA 2005, 162, 162 f.; Stahlhacke-*Preis*, Kündigung Rn. 1230 a, Fußnote 1221.

[10] *Bydlinski*, Methodenlehre, S. 417 ff.; *Fikentscher*, Methoden, Band IV, S. 288 f.; *Larenz*, Methodenlehre, S. 322; *Meier-Hayoz*, Gesetzgeber, S. 42.

Grenze möglicher Auslegungstätigkeit dar.[12] Somit wird durch den Wortlaut der Korridor definiert, in dem eine Auslegung erfolgen darf.[13] Diese begrenzende Funktion des Wortsinns ergibt sich aus der Erkenntnis, dass all das, was außerhalb des möglichen Wortsinns liegt, nicht mehr als Inhalt des Gesetzes angesehen werden kann.[14] Etwas anderes gilt nur, wenn der Sinn und Zweck des Gesetzes eine vom eindeutigen Wortlaut abweichende Auslegung nicht nur nahe legt, sondern diese gebietet.[15]

Der persönliche Anwendungsbereich des § 84 Abs. 2 SGB IX ist sprachlich klar umrissen. Der Sinn und Zweck dieser Norm gebietet auch keine vom eindeutigen Wortlaut abweichende Auslegung.[16] Vielmehr ist die Terminologie des § 84 Abs. 2 S. 1 SGB IX ernst zu nehmen. Die Vorschrift gilt nach dem Gesetzestext für alle „Beschäftigten". Der Wortlaut des § 84 Abs. 2 ist eindeutig und daher nicht in einem anderen Sinne auslegbar.[17] „Beschäftigt" ist eine Person, der in einem Betrieb von einem anderen Arbeit gegeben worden ist beziehungsweise die bei jemandem tätig ist.[18] Der Beschäftigtenbegriff umfasst daher sämtliche in einem Betrieb tätigen Personen, unabhängig davon, ob sie eine Behinderung aufweisen oder nicht. Darüber hinaus erfordert weder die Entstehungsgeschichte noch der Sinn und Zweck des § 84 Abs. 2 S. 1 SGB IX, den persönlichen Anwendungsbereich der Vorschrift auf schwerbehinderte Menschen zu beschränken.[19] § 84 Abs. 2 SGB IX begrenzt, im Gegensatz zu seiner Vorgängerregelung, seinen persönlichen Anwendungsbereich nicht mehr ausdrücklich, sondern verwendet den weiten Begriff der Beschäftigten.[20] Außerdem sieht die Gesetzesbegründung zu § 84 Abs. 2 SGB IX in der gegenwärtig gültigen Fassung vor, die Zahl krankheitsbedingter Kündigungen bei allen Arbeitnehmern durch das Eingliederungsmanagement zu reduzieren.[21] Der Gesetzgeber wollte mit der Einführung des betrieblichen Eingliederungsmanagements die betriebliche Prävention im Sinne von

---

[11] *Meier-Hayoz*, Gesetzgeber, S. 42.

[12] *Meier-Hayoz*, Gesetzgeber, S. 42.

[13] Vgl. BGH v. 30.06.1966, KZR 5/65, BGHZ 46, 74, 76; *Larenz*, Methodenlehre, S. 322; *Meier-Hayoz*, Gesetzgeber, S. 42.

[14] *Larenz*, Methodenlehre, S. 343.

[15] BGH v. 23.05.1951, II ZR 71/50, BGHZ 2, 176, 184 f.; *Braun*, ZTR 2005, 630, 631, Fußnote 15.

[16] In diesem Sinne auch *Braun*, ZTR 2005, 630, 631, Fußnote 15.

[17] So überzeugend ArbG Lübeck v. 24.11.2005, 1 Ca 1738/05, zitiert nach juris Rn. 32.

[18] Duden, Band 2, S. 545.

[19] LAG Hamm v. 24.01.2007, 2 Sa 991/06, zitiert nach juris Rn. 26.

[20] *Schlewing*, ZfA 2005, 485, 491.

[21] Vgl. BT-Drucksache 15/1783, S. 15 f.; in diesem Sinne auch LAG Hamm v. 24.01.2007, 2 Sa 991/06, zitiert nach juris Rn. 26; *Schlewing*, ZfA 2005, 485, 490 ff.; *von Hoyningen-Huene/Linck*, KSchG, § 1 KSchG Rn. 341.

„Rehabilitation statt Entlassung" nicht allein für Schwerbehinderte oder diesen Gleichgestellte verbessern.[22]
Schließlich spricht auch ein Vergleich von § 84 Abs. 2 SGB IX mit Abs. 1 der Vorschrift für ein extensives Verständnis bezüglich des erfassten Personenkreises. § 84 Abs. 2 SGB IX sieht die Zuständigkeit der Schwerbehindertenvertretung nur dann als erfüllt an („außerdem"), wenn ein in Frage stehender arbeitsunfähiger Arbeitnehmer schwerbehindert ist.[23] Demgegenüber sollen nach § 84 Abs. 1 SGB IX, der nur für Schwerbehinderte und diesen Gleichgestellte gilt, die Interessenvertretung sowie die Schwerbehindertenvertretung stets nebeneinander und gleichermaßen zuständig sein.[24] Mag es auch überzeugendere Standorte für die Reglementierung eines für alle Arbeitnehmer gültigen betrieblichen Eingliederungsmanagements geben als das 3. Kapitel im SGB IX („Sonstige Pflichten der Arbeitgeber, Rechte der schwerbehinderten Menschen"), so sprechen doch die gewichtigeren Argumente für die Einbeziehung sämtlicher Arbeitnehmer eines Betriebes in den Geltungsbereich des § 84 Abs. 2 SGB IX.

dd) § 84 Abs. 2 SGB IX und krankheitsbedingte Kündigung

Ist nunmehr ein Arbeitnehmer – gleichgültig ob schwerbehindert oder nicht[25] – länger als sechs Wochen ununterbrochen oder wiederholt arbeitsunfähig erkrankt und dauert diese krankheitsbedingte Arbeitsunfähigkeit auch gegenwärtig noch an, so hat der Arbeitgeber nach § 84 Abs. 2 S. 1 SGB IX zu klären, wie die Arbeitsunfähigkeit überwunden werden kann. Um den Arbeitsplatz des erkrankten Arbeitnehmers dauerhaft zu erhalten, wäre mithin eine Rehabilitationsmaßnahme erforderlich. Hier kommt, in Folge ihrer bisherigen Erfolge in anderen Unternehmen,[26] regelmäßig eine stufenweise Wiedereingliederung des arbeitsunfähigen Rekonvaleszenten als Ergebnis eines betrieblichen Eingliederungsmanagements in Betracht.
Was aber, wenn sich der Arbeitgeber weigert, dieses an sich erforderliche betriebliche Eingliederungsmanagement durchzuführen und dem arbeitsunfähigen Arbeitnehmer statt eines Wiedereingliederungsplanes die krankheitsbedingte Kündigung überreicht? Wäre diese Kündigung unwirksam, weil der Arbeitgeber kein betriebliches Eingliederungsmanagement nach § 84 Abs. 2 SGB IX durchgeführt hat? Die hiermit einhergehende Frage, ob das Vorschalten eines betrieblichen Eingliede-

[22] Vgl. BT-Drucksache 15/1783, S. 1.
[23] LAG Niedersachsen v. 25.10.2006, 6 Sa 974/05, BB 2007, 719, 721; *von Hoyningen-Huene/ Linck, KSchG*, § 1 KSchG Rn. 341.
[24] LAG Niedersachsen v. 25.10.2006, 6 Sa 974/05, BB 2007, 719, 721.
[25] Vgl. oben unter § 9.A.I.1.a).cc).
[26] Vgl. beispielsweise die Ausführungen oben unter § 1.B.

rungsmanagements Wirksamkeitsvoraussetzung für den Ausspruch einer krankheitsbedingten Kündigung ist, wird von Rechtsprechung und Schrifttum ganz unterschiedlich beantwortet.
Während einige[27] § 84 Abs. 2 SGB IX als Vorschrift mit rein appellativem Charakter ohne jegliche kündigungsrechtliche Auswirkung verstanden wissen wollen, stufen andere[28] die Durchführung des betrieblichen Eingliederungsmanagements als formelle Wirksamkeitsvoraussetzung einer krankheitsbedingten Kündigung ein. Vermittelnd zwischen diesen Positionen stehen schließlich jene[29] Vertreter, die § 84 Abs. 2 SGB IX zumindest als Konkretisierung des kündigungsrechtlichen Verhältnismäßigkeitsgrundsatzes betrachten. Eine Bewertung dieser unterschiedlichen Ansichten setzt zunächst voraus, sich über die Prüfungsschritte einer krankheitsbedingten Kündigung allgemein Gedanken zu machen und in diesem Zusammenhang einen möglichen dogmatischen Anknüpfungspunkt des betrieblichen Eingliederungsmanagements zu ermitteln.[30]

(1) Prüfungskriterien einer krankheitsbedingten Kündigung

Die krankheitsbedingte Kündigung stellt den Hauptanwendungsfall einer personenbedingten Kündigung dar.[31] Demzufolge hat die Überprüfung einer solchen Kündigung, ebenso wie die Prüfung jeder anderen personenbedingten Kündigung, grundsätzlich in drei Stufen zu erfolgen.[32]

---

[27] LAG Nürnberg v. 21.06.2006, 4 (9) Sa 933/05, NZA-RR 2007, 75, 77; ArbG Halberstadt v. 11.05.2005, 3 Ca 114/05, AuA 2005, 567, 568; *Balders/Lepping*, NZA 2005, 854, 857; *Namendorf/Natzel*, DB 2005, 1794, 1798; *dieselben*, FA 2005, 162, 164; *Schlewing*, ZfA 2005, 485, 493 ff.; Stahlhacke-*Preis*, Kündigung Rn. 1230 a; *von Hoyningen-Huene/Linck*, KSchG, § 1 KSchG Rn. 344.

[28] LAG Niedersachsen v. 29.03.2005, 1 Sa 1429/04, LAG-E Nr. 36 zu § 1 KSchG Krankheit, Umkehrschluss zu Leitsatz 2 sowie zu den Ausführungen unter 2.a).; Bader/Bram/Dörner/Wenzel-*Bram*, § 1 KSchG Rn. 116 a; *Braun*, ZTR 2005, 630, 632; *Britschgi*, AiB 2005, 284, 287; *Brose*, DB 2005, 390, 393; *Gaul/Süßbrich/Kulejewski*, ArbRB 2004, 308, 311 f.; *Klaesberg*, PersR 2005, 427, 428 f.; *Löw*, MDR 2005, 608, 609; *Rehwald/Kossack*, AiB 2004, 604, 609; *von Steinau-Steinrück/Hagemeister*, NJW-Spezial 2005, 129, 130.

[29] BAG v. 28.06.2007, 6 AZR 750/06, NZA 2007, 1049, 1053; BAG v. 12.07.2007, 2 AZR 716/06, NZA 2008, 173, 176; LAG Berlin v. 27.10.2005, 10 Sa 783/05, LAG-E Nr. 37 zu § 1 KSchG Krankheit, Leitsatz 2 und unter 2.2; LAG Hamm v. 29.03.2006, 18 Sa 2104/05, LAG-E Nr. 39 zu § 1 KSchG Krankheit, unter A.II.3.c).bb).; LAG Niedersachsen v. 25.10.2006, 6 Sa 974/05, BB 2007, 719, 722; GK-*Lampe*, SGB IX, § 85 Rn. 7 und Rn. 47; KR-*Griebeling*, § 1 KSchG Rn. 215 a; *Oppolzer*, AiB 2007, 37, 37 f.; in diese Richtung wohl auch Neumann/Pahlen/Majerski-Pahlen-*Neumann*, SGB IX, § 84 Rn. 17.

[30] Vgl. auch die Ausführungen zur Ermittlung des dogmatischen Anknüpfungspunktes von *Schlewing*, ZfA 2005, 485, 493 ff. sowie von *Brose*, DB 2005, 390, 392 f.

[31] APS-*Dörner*, § 1 KSchG Rn. 134; Kittner/Däubler/Zwanziger-*Kittner*, KSchR, § 1 KSchG Rn. 72; Stahlhacke-*Preis*, Kündigung Rn. 1214.

[32] Vgl. BAG v. 29.07.1993, 2 AZR 155/93, NZA 1994, 67, 68; BAG v. 14.01.1993, 2 AZR 343/92, NZA 1994, 309, 310; APS-*Dörner*, § 1 KSchG Rn. 138; *Lieb/Jacobs*, Arbeitsrecht, § 4 Rn. 354.

Zunächst bedarf es einer negativen Gesundheitsprognose.[33] Hiernach müssen im Kündigungszeitpunkt objektive Tatsachen vorliegen, die den Schluss auf weitere Erkrankungen rechtfertigen.[34] Im Anschluss daran ist zu prüfen, ob die prognostizierten Fehlzeiten zu einer erheblichen Beeinträchtigung der betrieblichen Interessen führen.[35] Darunter fallen sowohl Störungen des Betriebsablaufes als auch erhebliche wirtschaftliche Belastungen des Arbeitgebers, wie beispielsweise außergewöhnlich hohe Entgeltfortzahlungskosten.[36] Sofern eine erhebliche Beeinträchtigung betrieblicher Interessen festgestellt wurde, ist auf der dritten Stufe im Rahmen einer Interessenabwägung zu untersuchen, ob diese Beeinträchtigungen von dem Arbeitgeber billigerweise nicht mehr hingenommen werden müssen.[37]
Diese dreistufige Überprüfung einer krankheitsbedingten Kündigung darf aber lediglich als grobes Raster eingestuft werden.[38] Bei genauerer Betrachtung fasst das *Bundesarbeitsgericht* nämlich auf der dritten Stufe zwei unterschiedliche Punkte in einer Gesamtabwägung zusammen.[39] Im Anschluss an die Feststellung erheblicher Beeinträchtigungen betrieblicher Interessen ist demnach zu prüfen, ob diese Störungen nicht durch mildere Mittel, wie beispielsweise Überbrückungsmaßnahmen, behebbar sind.[40] Erst hiernach erfolgt eine konkrete Interessenabwägung. Da diese beiden Punkte (Vorliegen milderer Mittel sowie die konkrete Interessenabwägung) aufeinander aufbauen, prüft das *Bundesarbeitsgericht* beide Aspekte auf der dritten Stufe gemeinsam.[41]
Im Gegensatz zu einer solch pauschalen Gesamtabwägung macht die vorliegend in Frage stehende präzise Zuordnung des betrieblichen Eingliederungsmanagements zu einem der benannten Prüfungspunkte eine genaue Differenzierung notwendig. Denn während die Prüfung der konkreten Interessenabwägung nur klärt, ob eine krankheitsbedingte Beendigungskündigung angemessen ist, muss vorab die Frage beantwortet werden, ob diese Kündigung zur Beseitigung der betrieblichen Beeinträchtigungen überhaupt geeignet und erforderlich ist, also ob dem Arbeitgeber

[33] BAG v. 29.07.1993, 2 AZR 155/93, NZA 1994, 67, 68; BAG v. 20.01.2000, 2 AZR 378/99, NZA 2000, 768, 770.
[34] BAG v. 29.07.1993, 2 AZR 155/93, NZA 1994, 67, 68.
[35] BAG v. 29.07.1993, 2 AZR 155/93, NZA 1994, 67, 68; BAG v. 20.01.2000, 2 AZR 378/99, NZA 2000, 768, 770.
[36] BAG v. 16.02.1989, 2 AZR 299/88, AP Nr. 20 zu § 1 KSchG 1969 Krankheit, unter B.I.2.
[37] BAG v. 29.07.1993, 2 AZR 155/93, NZA 1994, 67, 68; BAG v. 20.01.2000, 2 AZR 378/99, NZA 2000, 768, 770.
[38] Vgl. *Schlewing*, ZfA 2005, 485, 493.
[39] Vgl. Stahlhacke-*Preis*, Kündigung Rn. 1221.
[40] Vgl. Stahlhacke-*Preis*, Kündigung Rn. 1219.
[41] Vgl. beispielsweise BAG v. 16.12.1989, 2 AZR 299/88, AP Nr. 20 zu § 1 KSchG 1969 Krankheit, unter B.I.3.a). und B.I.3.b).

mildere Mittel als der Ausspruch einer Beendigungskündigung zur Verfügung standen.[42]

(2) Verhältnismäßigkeitsprinzip als Anknüpfungspunkt des Eingliederungsmanagements

Diese Prüfungsschritte einer krankheitsbedingten Kündigung vorangestellt, ist nunmehr zu klären, in welchem der aufgeführten Schritte ein zutreffender dogmatischer Anknüpfungspunkt des betrieblichen Eingliederungsmanagements im Sinne des § 84 Abs. 2 SGB IX gesehen werden könnte.
Dabei scheidet die erste Stufe im Rahmen der krankheitsbedingten Kündigung, also die negative Gesundheitsprognose, als diesbezüglicher Anknüpfungspunkt aus.[43] Diese Sichtweise wird allerdings nicht, wie teilweise vorgetragen, durch die Entbehrlichkeit einer negativen Gesundheitsprognose in Fällen lang andauernder Arbeitsunfähigkeit begründet.[44] Richtigerweise bedarf es auch in diesen Konstellationen einer entsprechenden Negativprognose.[45]
Entscheidend spricht vielmehr ein anderer Gesichtspunkt gegen die Anknüpfung des betrieblichen Eingliederungsmanagements an die erste Stufe einer krankheitsbedingten Kündigung. Im Rahmen der negativen Gesundheitsprognose ist lediglich der Status quo festzustellen.[46] Es werden die in der Vergangenheit aufgetretenen Fehlzeiten betrachtet, um zu beurteilen, ob weitere Erkrankungen zu erwarten sind.[47] Hierbei ist allein die Sachlage im Zeitpunkt des Kündigungszuganges entscheidend.[48] Andere denkbare Kausalverläufe, die bei der Durchführung eines betrieblichen Eingliederungsmanagements denkbar gewesen wären, bleiben bei diesem Prüfungsschritt außen vor.[49] Insofern scheidet die erste Stufe als Anknüpfungspunkt einer Maßnahme nach § 84 Abs. 2 SGB IX aus.
Aus den gleichen Gründen kann auch die zweite Stufe im Rahmen der krankheitsbedingten Kündigungsprüfung kein zutreffender Bezugspunkt für das betriebliche Eingliederungsmanagement sein. Die Überprüfung, ob die prognostizierten Fehlzeiten zu einer erheblichen Beeinträchtigung der betrieblichen Interessen führen,

---

[42] Vgl. KR-*Griebeling*, § 1 KSchG Rn. 215.
[43] Ebenso *Brose*, DB 2005, 390, 392 f.; *Schlewing*, ZfA 2005 ,485, 495.
[44] So aber *Brose*, DB 2005, 390, 393; *Schlewing*, ZfA 2005, 485, 495.
[45] BAG v. 21.05.1992, 2 AZR 399/91, AP Nr. 30 zu § 1 KSchG 1969 Krankheit, unter III.1.a).; BAG v. 29.04.1999, 2 AZR 431/98, DB 1999, 1861, 1861; *Namendorf/Natzel*, DB 2005, 1794, 1797.
[46] *Namendorf/Natzel*, DB 2005, 1794, 1798.
[47] Vgl. BAG v. 16.02.1989, 2 AZR 299/88, DB 1989, 2075, 2075; *Namendorf/Natzel*, DB 2005, 1794, 1798.
[48] BAG v. 16.02.1989, 2 AZR 299/88, AP Nr. 20 zu § 1 KSchG 1969 Krankheit, unter B.I.1.
[49] *Namendorf/Natzel*, DB 2005, 1794, 1798.

bezieht sich gleichfalls auf die gegebene Sachlage im Zeitpunkt des Kündigungszuganges. Hypothetische Sachverhaltskonstellationen, die unter Einbeziehung eines betrieblichen Eingliederungsmanagements erhebliche Betriebsablaufstörungen oder wirtschaftliche Belastungen verhindert hätten, müssen daher auch auf dieser Prüfungsstufe außer Betracht bleiben.

Somit bleibt als mögliches Einfallstor für eine Maßnahme nach § 84 Abs. 2 SGB IX nur noch die dritte Stufe. Wie bereits oben[50] angesprochen, umfasst diese Ebene bei genauerer Analyse zwei Prüfungsschritte, nämlich zum einen die Klärung der Frage, ob mildere Mittel als eine Beendigungskündigung zur Verfügung stehen (Geeignetheit und Erforderlichkeit der Kündigung) und andererseits die Vornahme einer konkreten Interessenabwägung (Angemessenheit der Kündigung). Zusammengenommen beinhalten beide Prüfungsschritte somit eine vollständige Verhältnismäßigkeitsprüfung.[51]

Im Kündigungsschutzrecht unterliegt eine Kündigung, gleichgültig ob sie auf verhaltens-, personen- oder betriebsbedingte Gründe gestützt wird, dem Grundsatz der Verhältnismäßigkeit beziehungsweise – synonym[52] – dem „ultima-ratio-Prinzip".[53] Demnach kommt eine Beendigungskündigung nur als letztes Mittel in Betracht. Sie muss zur Beseitigung betrieblicher Beeinträchtigungen geeignet, erforderlich und angemessen sein. Diese Erkenntnis wird mit dem in § 1 Abs. 2 S. 1 KSchG („bedingt") enthaltenen Kausalitätserfordernis begründet und durch § 1 Abs. 2 S. 2, 3 KSchG konkretisiert.[54]

Daher ist es zwar noch zutreffend zu überlegen, ob das „ultima-ratio-Prinzip", also die Verhältnismäßigkeitsprüfung, Einfallstor für die Pflicht eines betrieblichen Eingliederungsmanagements sein kann.[55] Denn im Gegensatz zu der negativen Gesundheitsprognose und der Feststellung einer erheblichen Beeinträchtigung betrieblicher Interessen geht es bei der Verhältnismäßigkeitsprüfung nicht um die Feststellung des Status quo, sondern um die Frage, ob die erheblichen Störungen unter anderem durch mildere Mittel beseitigt werden können. Dagegen ist die dar-

[50] Siehe oben unter § 9.A.I.1.a).dd).(1).

[51] Vgl. zu den einzelnen Prüfungselementen einer Verhältnismäßigkeitsprüfung BVerfG v. 10.05.1972, 1 BvR 286, 293, 295/65, BVerfGE 33, 171, 187; BVerfG v. 14.10.1975, 1 BvL 35/70, 1 BvR 307/71, 61, 255/73 und 195/75, BVerfGE 40, 196, 222 f.; Maurer, Staatsrecht I, § 8 Rn. 56 f.

[52] *Berkowsky*, Personen- und verhaltensbedingte Kündigung, § 7 Rn. 30.

[53] BAG v. 30.05.1978, 2 AZR 630/76, AP Nr. 70 zu § 626 BGB, unter III.2.b).; BAG v. 22.02.1980, 7 AZR 295/78, AP Nr. 6 zu § 1 KSchG 1969 Krankheit, unter II.2.c).; Kittner/Däubler/Zwanziger-*Kittner*, KSchR, § 1 KSchG Rn. 49; KR-*Griebeling*, § 1 KSchG Rn. 214 f.; *Lieb/Jacobs*, Arbeitsrecht, § 4 Rn. 339; Stahlhacke-*Preis*, Kündigung Rn. 918; *von Hoyningen-Huene/Linck*, KSchG, § 1 KSchG Rn. 203 ff.

[54] APS-*Preis*, Grundlagen H. Rn. 65 ff.; KR-*Griebeling*, § 1 KSchG Rn. 214.

[55] Diesen Ansatz verfolgt *Brose*, DB 2005, 390, 392.

auf aufbauende Aussage, dass es sich bei der Verhältnismäßigkeitsprüfung letztlich um eine Interessenabwägung handele, nach dem bisher Gesagten zu pauschal.[56]
Bei dieser Formulierung bleibt nämlich ungeklärt, ob das betriebliche Eingliederungsmanagement tatsächlich erst auf der Ebene der konkreten Interessenabwägung anzusiedeln ist oder nicht bereits einen Schritt davor, also bei der Frage, ob mildere Mittel ersichtlich sind, die einer Beendigungskündigung entgegen stehen. Der Grundsatz der Verhältnismäßigkeit kommt nämlich, wie dargestellt, nicht erst bei der konkreten Interessenabwägung zur Geltung.[57] Vielmehr wird im Rahmen dieser Interessenabwägung nur der letzte Punkt einer vollständigen Verhältnismäßigkeitsprüfung erörtert, namentlich die „Angemessenheit" der Kündigung.
Einfallstor für das betriebliche Eingliederungsmanagement sind demgegenüber zwei andere Elemente der Verhältnismäßigkeitsprüfung, nämlich die „Geeignetheit" und die „Erforderlichkeit". Ein Mittel ist geeignet, wenn es den gewünschten Erfolg fördert.[58] Ist der gewünschte Erfolg darüber hinaus auch nicht durch ein gleich wirksames, aber weniger belastendes Mittel erreichbar, so ist zusätzlich das Kriterium der Erforderlichkeit erfüllt.[59]
Bezogen auf einen zu würdigenden Kündigungssachverhalt bedeutet dies, dass einer wirksamen Beendigungskündigung als erfolgsförderndes, gleich wirksames, aber weniger belastendes Mittel eine Maßnahme im Sinne des § 84 Abs. 2 SGB IX entgegenstehen könnte. Sollte diese Fragestellung bejaht werden, so wäre die Beendigungskündigung bereits an dieser Stelle als unwirksam einzustufen, da diese beiden Elemente einer Verhältnismäßigkeitsprüfung kein Teil einer konkreten Interessenabwägung sind, sondern der diesem Prüfungsschritt vorgelagerten Frage, ob mildere Mittel als eine Beendigungskündigung durch den Arbeitgeber ergriffen werden müssen.[60] Einer Angemessenheitsprüfung bedürfte es dann nicht mehr. Somit müssen allein die Punkte „Geeignetheit" und „Erforderlichkeit" im Mittelpunkt der Überlegungen stehen, inwieweit einer Maßnahme im Sinne des § 84 Abs. 2 SGB IX kündigungsrechtliche Wirkung zukommen kann. Mithin stellt

[56] So aber *Brose*, DB 2005, 390, 392.
[57] BAG v. 02.11.1989, 2 AZR 366/89, RzK I 5 g Nr. 33, unter IV.3.a). und IV.3.b).; KR-*Griebeling*, § 1 KSchG Rn. 215.
[58] BVerfG v. 10.05.1972, 1 BvR 286, 293, 295/65, BVerfGE 33, 171, 187; BVerfG v. 14.10.1975, 1 BvL 35/70, 1 BvR 307/71, 61, 255/73 und 195/75, BVerfGE 40, 196, 222; *Maurer*, Staatsrecht I, § 8 Rn. 57.
[59] BVerfG v. 10.05.1972, 1 BvR 286, 293, 295/65, BVerfGE 33, 171, 187; BVerfG v. 14.10.1975, 1 BvL 35/70, 1 BvR 307/71, 61, 255/73 und 195/75, BVerfGE 40, 196, 223; *Maurer*, Staatsrecht I, § 8 Rn. 57.
[60] Vgl. auch KR-*Griebeling*, § 1 KSchG Rn. 215; Stahlhacke-*Preis*, Kündigung Rn. 1219 f. Demgegenüber soll nach Bader/Bram/Dörner/Wenzel-*Bram*, § 1 KSchG Rn. 116 und Rn. 116 a, das betriebliche Eingliederungsmanagement im Rahmen der konkreten Interessenabwägung Berücksichtigung finden.

die Überprüfung, ob dem kündigenden Arbeitgeber mildere Mittel als eine Beendigungskündigung zur Verfügung standen, den zutreffenden Anknüpfungspunkt für ein betriebliches Eingliederungsmanagement nach § 84 Abs. 2 SGB IX dar.

(3) Kündigungsrechtliche Folgen eines unterbliebenen Eingliederungsmanagements

Ist somit der Anknüpfungspunkt eines betrieblichen Eingliederungsmanagements im Sinne des § 84 Abs. 2 SGB IX ermittelt, stellt sich die Frage, welche Folgen das Unterlassen einer solchen Maßnahme für eine krankheitsbedingte Kündigung mit sich bringt.

(a) § 84 Abs. 2 SGB IX als Vorschrift ohne jegliche kündigungsrechtliche Folgen

Dabei ist zu überlegen, ob das Unterlassen einer Maßnahme nach § 84 Abs. 2 SGB IX überhaupt mit kündigungsrechtlichen Auswirkungen einhergeht. Nicht wenige Stimmen wollen § 84 Abs. 2 SGB IX als bloße Ordnungsvorschrift mit reinem Appellativcharakter einordnen und demzufolge aus einem Verstoß gegen § 84 Abs. 2 SGB IX keinerlei kündigungsrechtliche Folgen herleiten.[61]
Nach Auffassung dieser Meinungsgruppe diene § 84 Abs. 2 SGB IX nicht der Kündigungsprävention.[62] Hinsichtlich kündigungsrechtlicher Fragen seien allein §§ 85 ff. SGB IX maßgebend.[63] Zuzustimmen ist diesen Vertretern insoweit, als dass kündigungsrechtliche Folgen eines Verstoßes gegen die Verpflichtung zur Durchführung eines betrieblichen Eingliederungsmanagements nicht mit der Aussage begründet werden können, einer Pflicht müsse stets eine Sanktion gegenüberstehen.[64] Auch wird überzeugend darauf hingewiesen, dass allein aus dem Wortlaut des § 84 Abs. 2 S. 1 SGB IX, wonach der Arbeitgeber klärt, wie die Arbeitsunfähigkeit überwunden werden kann, keine Rechtspflicht zwischen den Arbeitsvertragsparteien herzuleiten sei.[65] In Folge dessen lasse der Gesetzgeber auch eine eindeutige Klarstellung der Rechtsfolgen für den Fall des Unterlassens einer Maßnahme nach § 84 Abs. 2 SGB IX vermissen.[66]

---

[61] Jegliche kündigungsrechtlichen Konsequenzen verneinen LAG Nürnberg v. 21.06.2006, 4 (9) Sa 933/05, NZA-RR 2007, 75, 77; ArbG Halberstadt v. 11.05.2005, 3 Ca 114/05, AuA 2005, 567, 568; *Balders/Lepping*, NZA 2005, 854, 857; *Namendorf/ Natzel*, DB 2005, 1794, 1798; *dieselben*, FA 2005, 162, 164; *Schlewing*, ZfA 2005, 485, 493 ff.; Stahlhacke-*Preis*, Kündigung Rn. 1230 a; *von Hoyningen-Huene/Linck*, KSchG, § 1 KSchG Rn. 344.

[62] Vgl. *Balders/Lepping*, NZA 2005, 854, 857.

[63] Vgl. *Balders/Lepping*, NZA 2005, 854, 857.

[64] So überzeugend *von Hoyningen-Huene/Linck*, KSchG, § 1 KSchG Rn. 343, gegen die Ausführungen von *Brose*, RdA 2006, 149, 154.

[65] So überzeugend *Namendorf/Natzel*, DB 2005, 1794, 1796.

[66] Stahlhacke-*Preis*, Kündigung Rn. 1230 a.

Der alleinige Wortlaut einer Norm führt aber nicht zu der zutreffenden Bestimmung ihres Regelungsgehaltes.[67] Insofern kann der von einigen Verfechtern der hier in Frage stehenden Meinungsgruppe getroffenen Aussage nicht gefolgt werden, aus dem Wortlaut des § 84 Abs. 2 S. 1 SGB IX sei die Schlussfolgerung zu ziehen, die Vorschrift beschränke sich auf eine bloße Feststellung ohne unmittelbare Rechtspflicht im Individualarbeitsverhältnis.[68] Bei genauerer Untersuchung des § 84 Abs. 2 SGB IX wird deutlich, dass die Vorschrift nicht lediglich als unverbindlicher Programmsatz für das einzelne Arbeitsverhältnis einzustufen ist.[69] Vielmehr offenbart § 84 Abs. 2 S. 7 SGB IX die auch individualrechtliche Verpflichtungswirkung des § 84 Abs. 2 S. 1 SGB IX.[70] Nach dieser Vorschrift wachen die zuständigen Interessenvertretungen darüber, dass der Arbeitgeber seine Pflichten aus § 84 Abs. 2 SGB IX erfüllt.

Dies bedeutet zum einen, dass sowohl die Interessenvertretung im Sinne des 93 SGB IX als auch die Schwerbehindertenvertretung von dem Arbeitgeber die Einleitung von entsprechenden Maßnahmen nach § 84 Abs. 2 SGB IX verlangen kann.[71] Darüber hinaus lässt diese Formulierung („Verpflichtungen") auch Rückschlüsse auf Rechtspflichten im Individualarbeitsverhältnis zu, die in § 84 Abs. 2 SGB IX ihren Ursprung haben. Unter den sich aus § 84 Abs. 2 S. 1 SGB IX ergebenden Verpflichtungen sind nicht allein öffentlich-rechtliche Arbeitgeberpflichten zu verstehen. Mit der Norm werden vielmehr zugleich auch individualrechtliche Pflichten im Verhältnis Arbeitgeber-Arbeitnehmer begründet. Dies ist keine ungewöhnliche Erkenntnis. Nicht selten werden öffentlich-rechtliche Pflichten zugleich zu privatrechtlichen, sofern sie sich im Rahmen eines Vertragsverhältnisses auswirken.[72] Beispielhaft sei hier neben dem Gebot aus § 84 Abs. 2 S. 1 SGB IX die Verpflichtung des Arbeitgebers genannt, seine Arbeitnehmer bei der Sozialversicherung anzumelden und die Sozialversicherungsbeiträge ordnungsgemäß abzuführen.[73] In diesen Fällen entsteht eine Verpflichtung aus dem Vertrag, in den Fällen des § 84 Abs. 2 SGB IX also regelmäßig aus dem Arbeitsvertrag, die dem Vertragspartner zu Gute kommenden Pflichten wahrzunehmen.[74] Somit beinhaltet § 84 Abs. 2 SGB IX auch einen arbeitsvertraglichen Anspruch zu Gunsten

[67] *Preis*, NZA 1998, 449, 451.
[68] Diese Sichtweise vertreten aber *Namendorf/Natzel*, DB 2005, 1794, 1796.
[69] Vgl. *Brose*, DB 2005, 390, 391 f.
[70] Vgl. *Braun*, ZTR 2005, 630, 631.
[71] *Braun*, ZTR 2005, 630, 631.
[72] *Gagel*, Forum B, Beitrag 4/2004, S. 3.
[73] Vgl. BAG v. 16.03.1965, 1 AZR 398/64, AP Nr. 1 zu § 143 e AVAVG, unter Blatt 958.
[74] Vgl. BAG v. 16.03.1965, 1 AZR 398/64, AP Nr. 1 zu § 143 e AVAVG, unter Blatt 957 f.; *Gagel*, Forum B, Beitrag 4/2004, S. 4.

des Arbeitnehmers auf Durchführung eines betrieblichen Eingliederungsmanagements.[75]
Dieses Verständnis wird untermauert durch den Text der Gesetzesbegründung zu § 84 Abs. 2 SGB IX, wonach die Akteure, also auch die Arbeitsvertragsparteien untereinander, zur Klärung der entsprechenden Maßnahmen verpflichtet werden.[76] Insofern kann § 84 Abs. 2 SGB IX nicht als bloße Ordnungsvorschrift mit reinem Appellativcharakter, die im Individualverhältnis keine Rechtspflicht auszulösen vermag, eingeordnet werden.
Damit ist allerdings noch keine Aussage dahingehend getroffen, ob ein Verstoß gegen § 84 Abs. 2 SGB IX auch mit kündigungsrechtlichen Wirkungen einhergeht oder ob nicht doch den oben genannten Stimmen zumindest insoweit zuzustimmen ist, als dass aus dem Unterlassen eines betrieblichen Eingliederungsmanagements keinerlei kündigungsrechtliche Folgen herzuleiten sind. Die arbeitgeberseitige Verpflichtung aus § 84 Abs. 2 S. 1 SGB IX umfasst zwei Themenkomplexe. Zum einen trifft den Arbeitgeber das rechtliche Gebot, Maßnahmen zu ergreifen, um der Arbeitsunfähigkeit wirksam begegnen zu können. Daneben ist er verpflichtet zu klären, wie der Arbeitsplatz des Arbeitnehmers erhalten werden kann. Die seitens des Gesetzgebers gewählte Formulierung „Sicherung des Arbeitsplatzes" an Stelle von „Sicherung des Arbeitsverhältnisses" nehmen einige zum Anlass, jegliche kündigungsrechtliche Ausstrahlungswirkung des § 84 Abs. 2 SGB IX zu verneinen.[77] Diese Schlussfolgerung vermag nicht zu überzeugen. Der Gesetzgeber hat Absatz 2 des § 84 SGB IX am 23.04.2004 neu gefasst,[78] um ein betriebliches Eingliederungsmanagement zu implementieren. Dieses Eingliederungsmanagement soll nach der gesetzgeberischen Zielsetzung dazu dienen, durch geeignete Gesundheitsprävention das Arbeitsverhältnis möglichst dauerhaft zu sichern.[79] Die Notwendigkeit eines solchen Eingliederungsmanagements resultiert aus der Tatsache, dass viele Menschen auch gegenwärtig noch krankheitsbedingt in die Arbeitslosigkeit geraten.[80] Um dieser Entwicklung entgegenzutreten, wurde mit dem neuen § 84 Abs. 2 SGB IX die betriebliche Prävention ausgebaut. Auf diese Weise sollen krankheitsbedingte Kündigungen möglichst vermieden werden („Rehabilitation statt Entlassung").[81] Diese gesetzgeberische Zielsetzung würde ignoriert, wollte

---

[75] *Gagel*, Forum B, Beitrag 4/2004, S. 4.
[76] BT-Drucksache 15/1783, S. 16.
[77] Diese Schlussfolgerung ziehen *Balders/Lepping*, NZA 2005, 854, 857; *Schlewing*, ZfA 2005, 485, 498 f.
[78] Siehe Gesetz zur Förderung der Ausbildung und Beschäftigung schwerbehinderter Menschen vom 23.04.2004, BGBl. 2004, S. 606 ff.
[79] Vgl. BT-Drucksache 15/1783, S. 16.
[80] Vgl. BT-Drucksache 15/1783, S. 16.
[81] Vgl. BT-Drucksache 15/1783, S. 1.

man tatsächlich im Ergebnis unter der Formulierung „Erhalt des Arbeitsplatzes" nicht auch die „Sicherung des Arbeitsverhältnisses" verstanden wissen.[82]
Darüber hinaus ist zu bedenken, dass Absatz 2 des § 84 SGB IX lediglich im Rahmen von krankheitsbedingten Schwierigkeiten Absatz 1 der Vorschrift verdrängt. § 84 Abs. 2 SGB IX enthält als „lex specialis" also auch alle Merkmale der allgemeinen Regelung, mithin jene des § 84 Abs. 1 SGB IX. § 84 Abs. 1 SGB IX seinerseits verlangt, unter anderem bei personenbedingten Schwierigkeiten, Maßnahmen zu ergreifen, um eine möglichst dauerhafte Fortsetzung des Arbeitsverhältnisses zu gewährleisten. Es wäre schwerlich nachvollziehbar, insbesondere vor dem Hintergrund der oben ausgeführten gesetzgeberischen Zielsetzung („Rehabilitation statt Entlassung"), die später eingefügte „lex specialis" als Norm mit geringerem Schutzgehalt einzustufen als die allgemeine Regelung. Vielmehr ist § 84 Abs. 2 SGB IX so zu verstehen, dass im Fall längerer krankheitsbedingter Arbeitsunfähigkeit zusätzlich zu dem Arbeitsverhältnis auch der konkrete Arbeitsplatz einen besonderen Schutz erfährt. Nur so können krankheitsbedingte Kündigungen vermieden werden und allein bei diesem Verständnis kommt der gesetzgeberische Wille adäquat zur Geltung.
Darüber hinaus werden systematische Gesichtspunkte gegen die Annahme jeglicher kündigungsrechtlicher Folgen im Falle des Verstoßes gegen die Verpflichtung zur Durchführung eines betrieblichen Eingliederungsmanagements ins Feld geführt.[83] § 84 Abs. 2 SGB IX sei bereits im Kapitel 3 „Sonstige Pflichten der Arbeitgeber; Rechte der schwerbehinderten Menschen" zu finden, wohingegen der Kündigungsschutz erst im hierauf folgenden 4. Kapitel (§§ 85 bis 92 SGB IX) geregelt sei.[84] In der Tat können aus diesen systematischen Überlegungen Schlussfolgerungen auf etwaige Auswirkungen des betrieblichen Eingliederungsmanagements im Zusammenhang mit Kündigungssachverhalten gezogen werden. Hieraus allerdings ableiten zu wollen, § 84 Abs. 2 SGB IX habe keinerlei kündigungsrechtliche Ausstrahlungswirkungen, lässt sich dagegen aus diesen Ausführungen nicht herleiten. Gemäß § 85 SGB IX bedarf die Kündigung des mit einem schwerbehinderten Menschen bestehenden Arbeitsverhältnisses der vorherigen Zustimmung des Integrationsamtes. Diese vorherige Zustimmung ist formelle Wirksamkeitsvoraussetzung einer arbeitgeberseitigen Kündigung.[85] Es handelt sich hierbei um ein gesetzliches Verbot, so dass eine ohne Zustimmung ausgesprochene Kündigung

---

[82] So aber *Balders/Lepping*, NZA 2005, 854, 857; *Schlewing*, ZfA 2005. 484, 498.
[83] *Balders/Lepping*, NZA 2005, 854, 857; Stahlhacke-*Preis*, Kündigung Rn. 1230 a; *von Hoyningen-Huene/Linck*, KSchG, § 1 KSchG Rn. 343.
[84] *Balders/Lepping*, NZA 2005, 854, 857; Stahlhacke-*Preis*, Kündigung Rn. 1230 a; *von Hoyningen-Huene/Linck*, KSchG, § 1 KSchG Rn. 343.
[85] HaKo-*Fiebig*, §§ 85-92 SGB IX Rn. 1.

nach § 134 BGB nichtig ist.[86] § 85 SGB IX beinhaltet ein Kündigungsverbot mit Erlaubnisvorbehalt.[87] Gleiches gilt nach § 91 SGB IX für die außerordentliche Kündigung. An die Grundnorm des § 85 SGB IX lehnen sich die übrigen Bestimmungen des 4. Kapitels (§§ 86 bis 92 SGB IX) an.[88]

Demzufolge umfasst dieses Kapitel Regelungen im Zusammenhang mit der Beseitigung der zunächst zu Gunsten schwerbehinderter und diesen gleichgestellten Menschen bestehenden Kündigungssperre. Wäre der Gesetzgeber nunmehr auch bestrebt gewesen, die Durchführung eines betrieblichen Eingliederungsmanagements im Sinne des § 84 Abs. 2 SGB IX gleichfalls als formelle Wirksamkeitsvoraussetzung für den Ausspruch einer Kündigung auszugestalten, so hätte das Eingliederungsmanagement im Rahmen der §§ 85 ff. SGB IX geregelt werden müssen. Die Platzierung dieser Maßnahme außerhalb des 4. Kapitels des SGB IX macht dagegen deutlich, dass eine Verletzung von § 84 Abs. 2 SGB IX nicht in jedem Fall zur Unwirksamkeit einer Kündigung führen soll. Insofern spricht der Standort der Vorschrift, auf einer Linie mit den oben genannten Stimmen, gegen die Einordnung des betrieblichen Eingliederungsmanagements als formelle Wirksamkeitsvoraussetzung einer arbeitgeberseitigen Kündigung.

Dabei ist dieser Auffassung aber insofern zu widersprechen, als dass ihre Befürworter aus der systematischen Stellung den Schluss ziehen wollen, jegliche kündigungsrechtliche Wirkung des § 84 Abs. 2 SGB IX zu verneinen. Wie bereits ausgeführt, umfassen die §§ 85 ff. SGB IX Regelungen rund um das Kündigungsverbot mit Erlaubnisvorbehalt. Der systematische Standort des betrieblichen Eingliederungsmanagements außerhalb des 4. Kapitels des SGB IX verdeutlicht somit lediglich, dass mit der Verletzung dieser Vorschrift, im Gegensatz zu § 85 SGB IX oder § 91 SGB IX, keine generelle Kündigungssperre einhergeht. Daraus lässt sich aber nicht herleiten, dass eine Verletzung des § 84 Abs. 2 SGB IX nicht in anderer Form auf Kündigungssachverhalte ausstrahlt. Mithin steht auch die systematische Stellung des § 84 Abs. 2 SGB IX einer kündigungsrechtlichen Wirkung der Norm nicht entgegen. Demzufolge vermag die Einordnung des § 84 Abs. 2 SGB IX als reine Ordnungsvorschrift mit bloßem Appellativcharakter, deren Verletzung kündigungsrechtlich ohne jegliche Konsequenzen bleiben soll, nicht zu überzeugen. Nachdem somit die Frage, ob § 84 Abs. 2 SGB IX auf Kündigungssachverhalte einwirkt, zu bejahen ist, muss nunmehr geklärt werden, wie sich diese Wirkung im Einzelfall darstellt.

---

[86] HaKo-*Fiebig*, §§ 85-92 SGB IX Rn. 1.
[87] APS-*Vossen*, § 85 SGB IX Rn. 3.
[88] Kittner/Däubler/Zwanziger-*Zwanziger*, KSchR, § 85 SGB IX Rn. 1.

(b) Eingliederungsmanagement als formelle Wirksamkeitsvoraussetzung

Für einige erscheint es nahe liegend, die Durchführung eines betrieblichen Eingliederungsmanagements stets als milderes Mittel einzustufen und somit eine Maßnahme nach § 84 Abs. 2 SGB IX in jedem Fall als formelle Wirksamkeitsvoraussetzung einer krankheitsbedingten Kündigung anzusehen.[89] Hiernach wäre eine solche Kündigung grundsätzlich unwirksam, wenn der Arbeitgeber kein betriebliches Eingliederungsmanagement vor Ausspruch der Kündigungserklärung angeboten hätte.[90] Diese Sichtweise greift allerdings an entscheidender Stelle zu kurz.
Neben dem bereits oben[91] ausgeführten systematischen Argument stehen auch der Wortlaut des § 84 Abs. 2 SGB IX sowie die Gesetzesbegründung einem solchen Verständnis entgegen. Im Gegensatz zu § 85 SGB IX, der ein Kündigungsverbot mit Erlaubnisvorbehalt enthält und die Wirksamkeit der Kündigung ausdrücklich an die vorherige Zustimmung des Integrationsamtes knüpft, ist dem Normtext des § 84 Abs. 2 SGB IX keine vergleichbare Formulierung zu entnehmen, wonach die Kündigung des Arbeitsverhältnisses der vorherigen Durchführung eines betrieblichen Eingliederungsmanagements bedarf.
Darüber hinaus spricht auch die Gesetzesbegründung zu § 84 Abs. 2 SGB IX gegen die Annahme, die Durchführung eines betrieblichen Eingliederungsmanagements sei stets formelle Wirksamkeitsvoraussetzung einer arbeitgeberseitigen Kündigung. Nach der Gesetzesbegründung soll mit Hilfe eines betrieblichen Eingliederungsmanagements das Arbeitsverhältnis möglichst dauerhaft gesichert werden.[92] Daneben wird in der Gesetzesbegründung beklagt, dass die Integrationsämter vor Beantragung einer Kündigung noch zu wenig eingeschaltet werden würden, damit rechtzeitig präventive Maßnahmen ergriffen werden können.[93] Hätte der Gesetzgeber diese Feststellung zum Anlass nehmen wollen, die kündigungsrechtlichen Voraussetzungen durch § 84 Abs. 2 SGB IX derart zu verschärfen, dass die Verletzung dieser Vorschrift stets mit der Unwirksamkeit einer Kündigung einhergehen sollte, so wäre dies in der Gesetzesbegründung zum Ausdruck gekommen. Indem die Kündigungsthematik und das Zusammenspiel mit den Integrationsämtern zwar angesprochen worden ist, dabei aber keine Äußerungen in Bezug auf neue, formel-

[89] So LAG Niedersachsen v. 29.03.2005, 1 Sa 1429/04, LAG-E Nr. 36 zu § 1 KSchG Krankheit, Umkehrschluss zu Leitsatz 2 sowie zu den Ausführungen unter 2.a).; Bader/Bram/Dörner/Wenzel-*Bram*, § 1 KSchG Rn. 116 a; *Braun*, ZTR 2005, 630, 632; *Britschgi*, AiB 2005, 284, 287; *Brose*, DB 2005, 390, 393; *Gaul/Süßbrich/Kulejewski*, ArbRB 2004, 308, 311 f.; *Klaesberg*, PersR 2005, 427, 428 f.; *Löw*, MDR 2005, 608, 609; *Rehwald/Kossack*, AiB 2004, 604, 609; *von Steinau-Steinrück/Hagemeister*, NJW-Spezial 2005, 129, 130.
[90] So beispielsweise *Gaul/Süßbrich/Kulejewski*, ArbRB 2004, 308, 311 f.
[91] Siehe oben unter § 9.A.I.1.a).dd).(3).(a).
[92] BT-Drucksache 15/1783, S. 16.
[93] BT-Drucksache 15/1783, S. 16.

le Wirksamkeitsvoraussetzungen im Zusammenhang mit § 84 Abs. 2 SGB IX artikuliert worden sind, kann auch nicht davon ausgegangen werden, der Gesetzgeber habe sich diesbezüglich keine Gedanken gemacht beziehungsweise diese Problematik übersehen. Der Text der Gesetzesbegründung zeigt vielmehr, dass sich das Parlament bewusst gegen eine solch hohe Hürde entschieden hat. Folglich ist der Überlegung, die Durchführung eines betrieblichen Eingliederungsmanagements nach § 84 Abs. 2 SGB IX als formelle Wirksamkeitsvoraussetzung für den Ausspruch einer Kündigung anzusehen, eine Absage zu erteilen.

(c) § 84 Abs. 2 SGB IX als Konkretisierung des Verhältnismäßigkeitsgrundsatzes

§ 84 Abs. 2 SGB IX könnte allerdings eine Konkretisierung des dem gesamten Kündigungsschutzrecht innewohnenden Verhältnismäßigkeitsgrundsatzes beziehungsweise – synonym – des „ultima-ratio-Prinzips" darstellen.[94] Demnach wäre der Ausspruch einer krankheitsbedingten Kündigung wegen Verstoßes gegen das „ultima-ratio-Prinzip" als sozial ungerechtfertigt einzustufen, sofern bei der Durchführung eines betrieblichen Eingliederungsmanagements die Möglichkeit bestanden hätte, die Kündigung abzuwenden. Stünde demgegenüber fest, dass auch eine Maßnahme nach § 84 Abs. 2 SGB IX die Kündigung nicht verhindert hätte, so wäre die erklärte krankheitsbedingte Kündigung trotz unterbliebenem Eingliederungsmanagements wirksam. Demzufolge würde das Unterlassen eines betrieblichen Eingliederungsmanagements – im Gegensatz zu der oben[95] aufgeführten Meinungsgruppe – nicht in jedem Fall zur Unwirksamkeit einer Kündigung führen. Entscheidend wäre vielmehr stets die Betrachtung des Einzelfalles.
Bei jeder Beendigungskündigung hat der Arbeitgeber den Vorrang milderer Mittel zu beachten.[96] Er ist daher beispielsweise verpflichtet zu prüfen, ob der Rekonvaleszent zur Vermeidung einer Kündigung auf einem anderen, leidensgerechten Arbeitsplatz weiterbeschäftigt werden kann.[97] Gegebenenfalls hat der Arbeitgeber einen entsprechenden Arbeitsplatz im Wege seines Direktionsrechtes frei zu

---

[94] Diesen Ansatz befürworten BAG v. 28.06.2007, 6 AZR 750/06, NZA 2007, 1049, 1053; BAG v. 12.07.2007, 2 AZR 716/06, NZA 2008, 173, 176; LAG Berlin v. 27.10.2005, 10 Sa 783/05, LAG-E Nr. 37 zu § 1 KSchG Krankheit, Leitsatz 2 und unter 2.2.; LAG Hamm v. 29.03.2006, 18 Sa 2104/05, LAG-E Nr. 39 zu § 1 KSchG Krankheit, unter A.II.3.c).bb).; LAG Hamm v. 24.01.2007, 2 Sa 991/06, zitiert nach juris Rn. 28; LAG Niedersachsen v. 25.10.2006, 6 Sa 974/05, BB 2007, 719, 722; *Gagel*, Forum B, Beitrag 4/2004, S. 7 ff.; *Gagel/Schian*, Forum B, Beitrag 13/2007, S. 3; GK-*Lampe*, SGB IX, § 85 Rn. 7 und Rn. 47; HK-*Trenk-Hinterberger*, SGB IX, § 84 Rn. 38; KR-*Griebeling*, § 1 KSchG Rn. 215 a; *Oppolzer*, AiB 2007, 37, 37 f.; *Schian*, Forum B, Beitrag 5/2006, S. 3 f.; in diese Richtung wohl auch Neumann/Pahlen/Majerski-Pahlen-*Neumann*, SGB IX, § 84 Rn. 17.
[95] Siehe oben unter § 9.A.I.1.a).dd).(3).(b).
[96] Stahlhacke-*Preis*, Kündigung Rn. 1229.
[97] Vgl. LAG Hamm v. 24.01.2007, 2 Sa 991/06, zitiert nach juris Rn. 28.

machen.[98] Diese Grundsätze werden durch das Erfordernis eines betrieblichen Eingliederungsmanagements im Sinne des § 84 Abs. 2 SGB IX verstärkt.[99] Richtigerweise konkretisiert daher die arbeitgeberseitige Verpflichtung zur Durchführung eines solchen Eingliederungsmanagements den kündigungsschutzrechtlichen Grundsatz der Verhältnismäßigkeit. Eine Beendigungskündigung ist demnach zwar auch ohne Durchführung einer Maßnahme im Sinne des § 84 Abs. 2 SGB IX ein geeignetes Mittel, die krankheitsbedingten betrieblichen Beeinträchtigungen zu beseitigen. Die Beendigungskündigung ist aber nicht erforderlich und daher unverhältnismäßig. Im Vergleich zu einer Kündigungserklärung stellt die Durchführung eines betrieblichen Eingliederungsmanagements regelmäßig ein gleich geeignetes, dabei aber milderes Mittel dar. Dem Ausspruch einer Beendigungskündigung gehen daher grundsätzlich mildere Mittel vor. Die in § 84 Abs. 2 SGB IX genannten Maßnahmen zeigen somit das Prüfungsmaß auf, welches ein Arbeitgeber zur Verhinderung einer krankheitsbedingten Beendigungskündigung beachten muss.[100] Voraussetzung ist allerdings, dass bei ordnungsgemäßer Durchführung des betrieblichen Eingliederungsmanagements die Möglichkeit bestanden hätte, die Kündigung zu vermeiden. Den Nachweis der Entbehrlichkeit einer Maßnahme im Sinne des § 84 Abs. 2 SGB IX muss nach dem Rechtsgedanken des § 1 Abs. 2 S. 4 KSchG der Arbeitgeber erbringen.[101]

Zu denken wäre hier beispielsweise an den Fall eines Busfahrers, dem in Folge einer irreparablen Sehschwäche auf Lebenszeit die Fahr- und Beförderungserlaubnis entzogen worden ist. Mit dieser Einordnung des § 84 Abs. 2 SGB IX als Konkretisierung des dem gesamten Kündigungsschutzrecht innewohnenden „ultima-ratio-Prinzips“ wird der gesetzgeberischen Zielsetzung entsprochen, die betriebliche Prävention im Sinne von „Rehabilitation statt Entlassung“ auszubauen,[102] ohne dabei den Regelungsgehalt der Vorschrift zu überdehnen. Die dem Arbeitgeber mit § 84 Abs. 2 SGB IX auferlegte in- und externe Prüfungspflicht soll das Arbeitsverhältnis möglichst dauerhaft sichern helfen.[103] Das betriebliche Eingliederungsmanagement wäre ohne jegliche kündigungsrechtliche Auswirkungen nicht mehr als ein zahnloser Tiger. Bissfestigkeit – um im Bilde zu bleiben – und damit die gewünschte Erhaltung des Arbeitsplatzes kann nur erreicht werden, sofern die Norm zumindest als Verstärkung des Grundsatzes der Verhältnismäßig-

[98] BAG v. 29.01.1997, 2 AZR 9/96, AP Nr. 32 zu § 1 KSchG 1969 Krankheit, unter II.1.d).
[99] Vgl. LAG Hamm v. 24.01.2007, 2 Sa 991/06, zitiert nach juris Rn. 28.
[100] LAG Berlin v. 27.10.2005, 10 Sa 783/05, LAG-E Nr. 37 zu § 1 KSchG Krankheit, unter 2.2.
[101] *Schian*, Forum B, Beitrag 5/2006, S. 4.
[102] Vgl. BT-Drucksache, 15/1783, S. 1.
[103] Vgl. BT-Drucksache, 15/1783, S. 16.

keit angesehen wird. Nur so kann die gewünschte[104] Reduzierung der krankheitsbedingten Kündigungen wirksam erreicht werden.

(d) Beweisvereitelung bei unterlassener Wiedereingliederung

Damit ist noch nicht entschieden, welche kündigungsrechtlichen Konsequenzen mit dem Unterlassen einer stufenweisen Wiedereingliederung als eine mögliche Maßnahme des betrieblichen Eingliederungsmanagements einhergehen. § 84 Abs. 2 SGB IX beinhaltet lediglich die Verpflichtung zur Durchführung eines Verfahrens.[105] Hierbei lässt das Gesetz allerdings offen, wie die arbeitgeberseitige Klärung im Sinne des § 84 Abs. 2 S. 1 SGB IX im Einzelnen auszusehen hat.[106] Wie bereits oben festgestellt, steht die Mannigfaltigkeit aller denkbarer Maßnahmen des Arbeitgebers, um den Erfordernissen aus § 84 Abs. 2 S. 1 SGB IX gerecht zu werden, der Annahme einer Verpflichtung zur Durchführung einer stufenweisen Wiedereingliederung im Rahmen eines betrieblichen Eingliederungsmanagements entgegen.[107]

Allerdings ist zu bedenken, dass ein Arbeitgeber, der eine medizinisch angezeigte stufenweise Wiedereingliederung unter Verstoß gegen § 84 Abs. 2 S. 1 SGB IX nicht durchführt, nach dem Rechtsgedanken der Beweisvereitelung im Prozess das Feststellungsrisiko trägt.[108] Unter Beweisvereitelung ist ein vorsätzliches oder fahrlässiges Verhalten des Prozessgegners der beweisbelasteten Partei zu verstehen, das dazu führen kann, einen an sich möglichen Beweis zu verhindern oder zu erschweren und dadurch die Beweisführung des Gegners scheitern zu lassen.[109] Voraussetzung einer Beweisvereitelung ist in objektiver Hinsicht ein Tun oder Unterlassen des Gegners der beweisbelasteten Partei, ohne welches die Klärung des Sachverhaltes möglich gewesen wäre.[110] Dabei ist unerheblich, ob ein solch beweisvereitelndes Verhalten vor oder während des Prozesses erfolgt.[111] Der subjektive Tatbestand der Beweisvereitelung verlangt einen doppelten Schuldvorwuf: Das Verschulden muss sich sowohl auf die Zerstörung oder Entziehung des Beweisobjektes als auch auf die Beseitigung seiner Beweisfunktion beziehen, also

---

[104] Vgl. BT-Drucksache, 15/1783, S. 16.

[105] *Gagel/Schian*, Behindertenrecht 2006, 53, 55.

[106] *Gaul/Süßbrich/Kulejewski*, ArbRB 2004, 308, 310.

[107] Siehe oben unter § 2.D.II.2.a).

[108] Vgl. KR-*Griebeling*, § 1 KSchG Rn. 215 a.

[109] BAG v. 24.06.1999, 8 AZR 339/98, EzA Nr. 1 zu § 326 BGB, unter III.3.c).aa).; BGH v. 23.09.2003, XI ZR 380/00, NJW 2004, 222, 222; MünchKommZPO-*Prütting*, § 286 Rn. 80.

[110] BGH v. 23.09.2003, XI ZR 380/00, NJW 2004, 222, 222; MünchKommZPO-*Prütting*, § 286 Rn. 82.

[111] BGH v. 23.09.2003, XI ZR 380/00, NJW 2004, 222, 222; MünchKommZPO-*Prütting*, § 286 Rn. 82.

darauf, die Beweislage des Gegners in einem gegenwärtigen oder künftigen Prozess zu vereiteln.[112] Dabei muss jeweils vorsätzliches oder fahrlässiges Verhalten festgestellt werden.[113]
Die Rechtsfolge einer Beweiservereitelung ist sehr umstritten.[114] Im Gegensatz zu seiner früheren Rechtsprechung, nach welcher Beweisvereitelungen zu Beweiserleichterungen bis hin zur Umkehr der Beweislast führen sollten,[115] hat der *Bundesgerichtshof* nunmehr klargestellt, dass eine Beweisvereitelung zu einer Umkehr der objektiven Beweislast führt.[116] Diese neuere Rechtsprechung ist zu begrüßen, da die frühere Ansicht des *Bundesgerichtshofes* einer klaren Abgrenzung zwischen dem Bereich der Beweislast und der Beweiswürdigung entgegenstand.[117]
Die Voraussetzungen einer Beweisvereitelung sind im Falle einer notwendigen, aber durch den Arbeitgeber verweigerten stufenweisen Wiedereingliederung erfüllt. Die stufenweise Wiedereingliederung dient ebenso wie alle anderen denkbaren Verfahren im Sinne des § 84 Abs. 2 SGB IX der Feststellung, ob eine länger andauernde Arbeitsunfähigkeit durch eine betriebliche Rehabilitationsmaßnahme überwunden werden kann. Sie dient also als einer Tatsachenfeststellung zu Gunsten des Rehabilitanden. Für diese Feststellung trägt grundsätzlich der Rekonvaleszent die Beweislast. Unterlässt nunmehr ein Arbeitgeber die Durchführung der medizinisch notwendigen Wiedereingliederung, wird dem Arbeitnehmer diese Tatsachenfeststellung in objektiver Hinsicht durch ein Unterlassen des Arbeitgebers unmöglich gemacht. Dabei ist unerheblich, dass dieses beweisvereitelnde Verhalten vor dem Kündigungsschutzprozess erfolgt. Auch die subjektiven Voraussetzungen der Beweisvereitelung sind in diesen Konstellationen regelmäßig erfüllt. Der Arbeitgeber verhält sich in dem Fall einer notwendigen, aber verweigerten Wiedereingliederung sowohl hinsichtlich der Entziehung des Beweismittels als auch bezüglich einer Verschlechterung der Beweislage seines Rekonvaleszenten in einem künftigen Prozess zumindest fahrlässig.
Die damit in diesen Sachverhalten zu bejahende Beweisvereitelung hat bedeutsame Auswirkungen auf einen Kündigungsschutzprozess. Stellt sich in einem solchen Prozess heraus, dass die Voraussetzungen des § 84 Abs. 2 SGB IX im Zeitpunkt der Kündigungserklärung erfüllt waren, muss der Arbeitgeber substantiiert darle-

---

112 BGH v. 23.09.2003, XI ZR 380/00, NJW 2004, 222, 222.
113 MünchKommZPO-*Prütting*, § 286 Rn. 83.
114 Vgl. MünchKommZPO-*Prütting*, § 286 Rn. 84 ff. mit zahlreichen Nachweisen zum Meinungsstand.
115 BGH v. 27.06.1978, VI ZR 183/76, BGHZ 72, 132, 133 f.; BGH v. 21.09.1982, VI ZR 302/80, BGHZ 85, 212, 215 f.
116 BGH v. 27.04.2004, VI ZR 34/03, NJW 2004, 2011, 2012 f.
117 Vgl. hierzu auch die überzeugende Kritik an der alten Rechtsprechung von *Laumen*, NJW 2002, 3739, 3739 ff. und MünchKommZPO-*Prütting*, § 286 Rn. 88.

gen, dass die Beendigungskündigung auch nicht bei Durchführung einer Maßnahme nach § 84 Abs. 2 SGB IX vermeidbar gewesen wäre.[118] Bestreitet der Arbeitnehmer daraufhin erheblich, indem er beispielsweise vorträgt, eine stufenweise Wiedereingliederung hätte als Maßnahme im Sinne des § 84 Abs. 2 SGB IX eine Genesung herbeigebracht und somit die krankheitsbedingte Kündigung verhindert, trifft den Arbeitgeber nunmehr die Beweislast.[119] Vermag letzterer den Beweis nicht zu erbringen, alle zumutbaren Möglichkeiten zur Vermeidung einer krankheitsbedingten Beendigungskündigung ausgeschöpft, also regelmäßig auch die Durchführung einer stufenweisen Wiedereingliederung versucht zu haben, ist die erklärte Kündigung unverhältnismäßig und folglich unwirksam.
Somit lässt sich zusammenfassend feststellen, dass der Arbeitgeber bei einer krankheitsbedingten Kündigung unter „ultima-ratio-Gesichtspunkten" nicht generell verpflichtet ist, darzulegen, dass er sich um eine stufenweise Wiedereingliederung bemüht habe. Etwas anderes ergibt sich auch nicht durch die arbeitgeberseitige Verpflichtung zur Durchführung eines betrieblichen Eingliederungsmanagements im Sinne des § 84 Abs. 2 SGB IX. Allerdings geht ein Arbeitgeber, der seit dem Inkrafttreten des § 84 Abs. 2 SGB IX auf eine stufenweise Wiedereingliederung verzichtet und der, ohne andere Maßnahmen im Sinne dieser Vorschrift angeboten zu haben, eine krankheitsbedingte Beendigungskündigung ausspricht, das Risiko ein, im Kündigungsschutzprozess zu unterliegen. Nicht selten wird nämlich der Arbeitnehmer vortragen können, eine stufenweise Wiedereingliederung hätte als mildere Maßnahme die Beendigungskündigung verhindert. Gelingt dem nunmehr beweisbelasteten Arbeitgeber nicht der Beweis, dass eine Wiedereingliederung erfolglos verlaufen wäre, ist die Kündigung nicht „ultima-ratio" und daher unwirksam.

b) § 2 Abs. 2 S. 2 Nr. 2 SGB III als Bestätigung des Verhältnismäßigkeitsprinzips

Aus den gleichen Gründen wie bei § 84 Abs. 2 S. 1 SGB IX kann auch aus § 2 Abs. 2 S. 2 Nr. 2 SBG III keine arbeitgeberseitige Verpflichtung hergeleitet werden, eine stufenweise Wiedereingliederung durchzuführen.[120] Ebenso wie bei dem betrieblichen Eingliederungsmanagement steht auch bei § 2 Abs. 2 S. 2 Nr. 2 SGB III die Vielfältigkeit der möglichen Maßnahmen der Herleitung einer Wiedereingliederungspflicht aus dieser Vorschrift entgegen.

---

[118] KR-*Griebeling*, § 1 KSchG Rn. 215 a.
[119] Vgl. KR-*Griebeling*, § 1 KSchG Rn. 215 a.
[120] Siehe oben unter § 2.D.II.1.c).

aa) § 2 Abs. 2 S. 2 Nr. 2 SGB III und Kündigungsfälle ohne Wiedereingliederungsversuch

Nichtsdestotrotz bleibt allerdings, im Einklang mit § 84 Abs. 2 SGB IX, auch § 2 Abs. 2 S. 2 Nr. 2 SGB III für Kündigungs- und Wiedereingliederungssachverhalte nicht gänzlich bedeutungslos.

Die obigen[121] Ausführungen haben gezeigt, dass sowohl Satz 1 als auch Satz 2 des § 2 Abs. 2 SGB III Verpflichtungselemente enthalten und nicht durch einen bloßen Appellcharakter gekennzeichnet sind. Außerdem ist, sofern man in zutreffender Weise davon ausgeht, dass der Gesetzgeber die Vorschrift ernst gemeint hat,[122] dem gesamten Absatz 2 des § 2 SGB III eine Ausstrahlungswirkung in das Arbeitsvertragsrecht zuzuschreiben. Allerdings ist auch herausgearbeitet worden, dass der allgemein gehaltene Absatz 2 des § 2 SGB III keine konkrete Arbeitgeberpflicht begründet, eine stufenweise Wiedereingliederung zu ermöglichen.

Diese Feststellung führt aber nicht dazu, § 2 Abs. 2 S. 2 Nr. 2 SGB III für Kündigungs- und Wiedereingliederungssachverhalte als vollkommen unbedeutend einzustufen. Die allgemeinen Verhaltenspflichten des § 2 Abs. 2 SGB III begründen zwar keine unmittelbaren Gebote oder Verbote. § 2 Abs. 2 S. 2 Nr. 2 SGB III schafft aber in Folge seines verpflichtenden Charakters einen zusätzlichen Bezugspunkt für die Anwendung des das Kündigungsschutzrecht beherrschende „ultima-ratio-Prinzip“.[123]

Durch § 2 SGB III werden Privatrechtssubjekte verpflichtet, die Inanspruchnahme von sozialen Leistungsansprüchen soweit wie möglich zu vermeiden.[124] Dieser Verpflichtung, die insbesondere in § 2 Abs. 2 S. 2 Nr. 2 SGB III zum Ausdruck kommt, kann der Arbeitgeber nur im Verhältnis zu seinem Arbeitnehmer nachkommen, namentlich im Falle einer angestrebten Kündigung. Insofern hat der Gesetzgeber den bereits im Kündigungsrecht verankerten „ultima-ratio-Grundsatz“ bestätigt und um eine arbeitsförderungsrechtliche Komponente erweitert.[125]

Das „ultima-ratio-Prinzip“ soll das Interesse der Arbeitnehmer an ihrem Arbeitsverhältnis vor der einseitigen Gestaltungsmacht des Arbeigebers schützen.[126] Nunmehr ergänzt § 2 SGB III dieses Prinzip, um die Inanspruchnahme von Leistungen der Arbeitsförderung möglichst zu vermeiden.[127] Die vorzunehmende Abwägung der Arbeitgeber- und Arbeitnehmerinteressen muss daher seit Inkrafttreten des § 2 SGB III und dabei insbesondere durch die Einführung des § 2 Abs. 2 S. 2 Nr. 2

---

121 Siehe oben § 2.D.II.1.
122 Vgl. *Bepler*, ArbuR 1999, 219, 221.
123 So überzeugend *Bepler*, ArbuR 1999, 219, 221.
124 *Preis*, NZA 1998, 449, 454.
125 *Bepler*, ArbuR 1999, 219, 221; *Bieback*, ArbuR 1999, 209, 211; *Preis*, NZA 1998, 449, 454.
126 *Bieback*, ArbuR 1999, 209, 211.
127 *Bieback*, ArbuR 1999, 209, 211.

SGB III auch durch das Ziel getragen werden, Arbeitslosigkeit und die mit ihr einhergehenden Belastungen der Sozialkassen entgegenzuwirken.[128]
Die Einordnung des § 2 Abs. 2 S. 2 Nr. 2 SGB III als Bestätigung des dem gesamten Kündigungsschutzrecht innewohnenden „ultima-ratio-Prinzips“ entspricht dem Ergebnis zu § 84 Abs. 2 SGB IX.[129] Insofern sind auch die kündigungsrechtlichen Folgen im Falle des Unterlassens einer medizinisch angezeigten stufenweisen Wiedereingliederung durch den Arbeitgeber die gleichen wie bei § 84 Abs. 2 SGB IX. Die stufenweise Wiedereingliederung ist eine geeignete Maßnahme, Kosten verursachende Arbeitslosigkeit zu vermeiden. Durch sie kann die Inanspruchnahme der Arbeitslosenversicherung verhindert werden, indem der Rehabilitand während der Wiedereingliederung seine Arbeitsfähigkeit wieder erlangt und dadurch der Ausspruch einer krankheitsbedingten Kündigung entgegengewirkt wird.

bb) Beweisvereitelung bei Verstoß gegen § 2 Abs. 2 S. 2 Nr. 2 SGB III

Die stufenweise Wiedereingliederung ist daher eine Maßnahme im Sinne des § 2 Abs. 2 S. 2 Nr. 2 SGB III. Ein Arbeitgeber, der eine stufenweise Wiedereingliederung unter Verstoß gegen § 2 Abs. 2 S. 2 Nr. 2 SGB III nicht durchführt, trägt nach dem Rechtsgedanken der Beweisvereitelung im Prozess das Feststellungsrisiko.[130] Insofern gelten die diesbezüglichen Ausführungen zu § 84 Abs. 2 S. 1 SGB IX entsprechend.[131] Der Arbeitgeber muss folglich in einem Kündigungsschutzprozess substantiiert darlegen, dass die Beendigungskündigung auch bei Durchführung einer stufenweisen Wiedereingliederung nicht vermeidbar gewesen wäre. Bestreitet der Arbeitnehmer dagegen erheblich, trifft den Arbeitgeber nunmehr die Beweislast, dass auch eine Wiedereingliederung nicht zu einer Wiedererlangung der Arbeitsfähigkeit geführt hätte. Sofern der Arbeitgeber diesen Beweis nicht erbringt, ist die erklärte Kündigung unverhältnismäßig und folglich unwirksam.
Die kontrovers[132] diskutierte Frage, ob § 2 Abs. 2 SGB III[133] kündigungsrechtliche Wirkung zugesprochen werden kann, ist demnach richtigerweise zu bejahen.

---

[128] *Bepler*, ArbuR 1999, 219, 221.
[129] Siehe oben unter § 9.A.I.1.a).dd).(3).(d).
[130] Vgl. KR-*Griebeling*, § 1 KSchG Rn. 215 a.
[131] Siehe oben unter § 9.A.I.1.a).dd).(3).(d).
[132] *Bauer/Haußmann*, NZA 1997, 1100, 1101 f.; *Beckschulze*, BB 1998, 791, 793; *Bepler*, ArbuR 1999, 219, 220 ff.; *Bieback*, ArbuR 1999, 209, 211 f.; *Clever*, ZFSH/SGB 1998, 3, 6; *Ettwig*, NZA 1997, 1152, 1152 f.; *Fischermeier*, NZA 1997, 1089, 1091; *Gagel*, FS Dieterich, S. 169, 171 ff.; *Gagel*, FS ArbG Rheinland-Pfalz, S. 521,526 ff.; *Gagel*, BB 2001, 358, 358 ff.; *Gagel*, NZA 2001, 988, 991 f.; *Hanau/Peters-Lange*, NZA 1998, 785, 790; *Preis*, NZA 1998, 449, 449 ff.; *Heinze*, NZA 2000, 5, 7; *Rolfs*, NZA 1998, 17, 18 f.; *Rüthers*, NJW 1998, 283, 283 f.; *Schaub*, NZA 1997, 810, 810 f.; *Wolf*, AuA 1998, 7, 7 f.

§ 2 Abs. 2 SGB III beinhaltet keinen unverbindlichen Programmsatz, sondern die arbeitgeberseitige Verpflichtung, Arbeitslosigkeit zu vermeiden. Der gesamte Absatz 2 des § 2 SGB III strahlt in das Arbeitsvertragsrecht und folglich auch in das Kündigungsrecht ein. Diese Ausstrahlungswirkung ist aber, wie gezeigt, nicht grenzenlos. Die in § 2 Abs. 2 SGB III zum Ausdruck kommende Harmonisierung von Unternehmerfreiheit und Berufsfreiheit würde zerstört, wenn aus den allgemeinen Arbeitgeberpflichten des § 2 Abs. 2 SGB III konkrete Einzelpflichten hergeleitet werden würden.[134] Somit führen die allgemeinen Pflichten aus § 2 Abs. 2 SGB III zu einer Konkretisierung arbeitsrechtlicher Normen und Prinzipien – nicht mehr und nicht weniger. Für Kündigungssachverhalte hat dies zur Folge, dass § 2 Abs. 2 SGB III das dem gesamten Kündigungsschutzrecht zu Grunde liegende „ultima-ratio-Prinzip" konkretisiert.[135]

Nach den vorstehenden Ausführungen, insbesondere zu dem Aspekt der Beweisvereitelung, vermag es daher nicht zu überzeugen, in § 2 SGB III einen bloßen Appellcharakter erblicken zu wollen oder die Vorschrift als unverbindlichen Programmsatz ohne arbeitsrechtliche und somit auch ohne kündigungsrechtliche Relevanz einzustufen.[136] § 2 Abs. 2 SGB III kommt kündigungsgestaltende Wirkung im Rahmen der Verhältnismäßigkeitsprüfung zu. Eine Beendigungskündigung darf nur das letzte Mittel zur Bewältigung persönlicher oder betrieblicher Probleme im Arbeitsverhältnis sein. Nunmehr verpflichtet auch § 2 Abs. 2 S. 2 Nr. 2 SGB III den Arbeitgeber auf ein Stufenmodell und bestätigt damit das kündigungsrechtliche „ultima-ratio-Prinzip".[137] Ein solches Verständnis wird durch die Gesetzesbegründung zu dieser Vorschrift untermauert. Hiernach sollen die Arbeitgeber durch betriebliche Maßnahmen die Inanspruchnahme von Leistungen der Arbeitsförderung sowie Entlassungen von Mitarbeitern verhindern.[138]

§ 2 SGB III verfolgt also das Ziel, den Subsidiaritätsgedanken zu verwirklichen, wonach Leistungen der Bundesagentur für Arbeit nur für den Fall erbracht werden

---

133 Dieser Absatz 2 entspricht dem bis zum 31.12.2001 gültigen inhaltsgleichen Absatz 1 alter Fassung, vgl. Niesel-*Niesel*, SGB III, § 2 Rn. 4.

134 Siehe oben unter § 2.D.II.1.c).

135 *Bepler*, ArbuR 1999, 219, 221; *Bieback*, ArbuR 1999, 209, 211; *Gagel*, NZA 2001, 988, 991; *Hanau/Peters-Lange*, NZA 1998, 785, 790; Kittner/Däubler/Zwanziger-*Kittner*, KSchR, § 1 KSchG, Rn. 256 d; *Löwisch*, NZA 1998, 729, 729; *Preis*, NZA 1998, 449, 454 ff.; *Rolfs*, NZA 1998, 17, 19; *Schmitt*, Sozialauswahl, S. 26.

136 Diese Sichtweise befürworten aber *Bauer/Haußmann*, NZA 1997, 1100, 1101 f.; *Beckschulze*, BB 1998, 791, 791 ff.; *Bitter*, DB 1999, 1214, 1218; *Clever*, ZFSH/SGB 1998, 3, 6; *Ettwig*, NZA 1997, 1152, 1152 f.; *Feudner*, NZA 2000, 1136, 1140; *Heinze*, NZA 2000, 5, 7; *Niesel*, NZA 1997, 580, 584; *Rüthers*, NJW 1998, 283, 283 f. Siehe auch die ausführliche Darstellung zum Verpflichtungscharakter dieser Norm oben unter § 2.D.II.1.b).

137 *Bieback*, ArbuR 1999, 209, 211 zu dem inhaltsgleichen Vorgänger (§ 2 Abs. 1 S. 2 Nr. 2 SGB III a. F.) des jetzigen § 2 Abs. 2 S. 2 Nr. 2 SGB III.

138 BT-Drucksache 13/4941, S. 152.

sollen, dass die Arbeitslosigkeit nicht zu verhindern gewesen ist.[139] Diese Subsidiarität des Arbeitsförderungsrechtes geht einher mit der Konkretisierung arbeitsrechtlicher Vorschriften und Prinzipien.[140] Die in § 2 Abs. 2 SGB III angesprochenen Maßnahmen sollen das Kündigungsrecht mit arbeitsförderungsrechtlichen Wertungen ergänzen und so helfen, Entlassungen zu vermeiden.[141] Stehen dem Arbeitgeber geeignete Maßnahmen im Sinne des § 2 Abs. 2 S. 2 Nr. 2 SGB III zur Verfügung (beispielsweise Kurzarbeit, Überstundenabbau oder aber auch die stufenweise Wiedereingliederung), so hat er diese Möglichkeiten zu ergreifen und von dem Ausspruch einer Kündigung abzusehen. Somit wird durch § 2 Abs. 2 S. 2 Nr. 2 SGB III überzeugenderweise das kündigungsrechtliche „ultima-ratio-Prinzip" konkretisiert und durch eine arbeitsförderungsrechtliche Komponente verstärkt. Überlegungen im Sinne des § 2 Abs. 2 SGB III müssen allerdings nicht nur – wie vielfach allein besprochen – vor dem Ausspruch einer betriebsbedingten, sondern auch vor der Erklärung einer personenbedingten Kündigung angestellt werden.[142] Der Arbeitgeber wird daher verpflichtet, Maßnahmen zur Verhinderung von Entlassungen im Sinne des § 2 Abs. 2 SGB III sowohl vor betriebsbedingten als auch vor personen- und verhaltensbedingten ordentlichen Kündigungen im Anwendungsbereich des Kündigungsschutzgesetzes vorzunehmen. Eine mögliche Maßnahme, die gemäß § 2 Abs. 2 S. 2 Nr. 2 SGB III vor Ausspruch einer krankheitsbedingten (personenbedingten) Kündigung zu ergreifen ist, stellt die stufenweise Wiedereingliederung dar. Hat sich ein Arbeitgeber vor Ausspruch einer krankheitsbedingten Kündigung nicht um eine Wiedereingliederung bemüht, so läuft er Gefahr, dass die Verhältnismäßigkeitsprüfung zu seinen Lasten ausfällt und er in einem Kündigungsprozess unterliegt.

2. Kündigungen außerhalb des Geltungsbereiches des Kündigungsschutzgesetzes

Demgegenüber kann außerhalb des Geltungsbereiches des Kündigungsschutzgesetzes weder in § 2 Abs. 2 Nr. 2 SGB III noch in § 84 Abs. 2 SGB IX eine Konkretisierung des Verhältnismäßigkeitsgrundsatzes beziehungsweise des „ultima-ratio-Prinzips" gesehen werden.[143] Der Verhältnismäßigkeitsgrundsatz findet nur bei der Überprüfung solcher Kündigungen Anwendung, die in den Geltungsbereich des

---

[139] *Löwisch*, NZA 1998, 729, 729.

[140] *Bieback*, ArbuR 1999, 209, 211.

[141] *Bepler*, ArbuR 1999, 219, 221.

[142] Gagel-*Bepler*, SGB III, § 2 Rn. 49. Diese Kommentierung bezieht sich auf § 2 Abs. 1 S. 1 SGB III. Diese Vorgängerregelung ist inhaltsgleich mit dem jetzigen Abs. 2 S. 1 der Norm, so dass die Kommentierung nichts an Aktualität eingebüßt hat.

[143] Hierauf weist BAG v. 28.06.2007, 6 AZR 750/06, NZA 2007, 1049, 1053, bezüglich § 84 Abs. 2 SGB IX überzeugend hin.

Kündigungsschutzgesetzes fallen, so dass die genannten Normen in Fällen außerhalb des Kündigungsschutzgesetzes den Verhältnismäßigkeitsgrundsatz nicht zu konkretisieren vermögen.[144] Bei Arbeitgeberkündigungen außerhalb des Geltungsbereiches des Kündigungsschutzgesetzes ist der Grundsatz der Kündigungsfreiheit nur in Ausnahmefällen über die Generalklauseln der §§ 138, 242 BGB eingeschränkt. Allein den Umgang mit diesen Sachverhalten hat das *Bundesverfassungsgericht* durch seinen Beschluss aus dem Jahre 1998 konkretisiert, indem es betonte, dass die zivilrechtlichen Generalklauseln den durch Art. 12 Abs. 1 GG gebotenen Mindestschutz der Arbeitnehmer gewährleisten.[145] Hierbei geht es darum, Arbeitnehmer vor willkürlichen oder auf sachfremden Motiven basierenden Kündigungen zu schützen.[146] Die durch den Gesetzgeber ermöglichte Erleichterung der ordentlichen Kündigung in Kleinbetrieben wurde dadurch nicht in Frage gestellt. Im Übrigen wäre es auch unzulässig und mit dem gesetzgeberischen Willen unvereinbar, über §§ 138, 242 BGB einen Kündigungsschutz „zweiter Klasse" einzuführen.[147]

II. Erfüllungs-/Schadensersatzansprüche des Arbeitnehmers bei verweigerter Wiedereingliederung

Die soeben ausführlich besprochenen kündigungsrechtlichen Auswirkungen einer unterbliebenen Wiedereingliederung sind nicht die einzig denkbaren Rechtsfolgen und möglichen Maßnahmen in den Fällen, in denen ein Arbeitgeber die Durchführung einer medizinisch notwendigen stufenweisen Wiedereingliederung unterlässt. Es fragt sich daher, ob der arbeitsunfähig erkrankte Arbeitnehmer bei einem solchen Arbeitgeberverhalten Erfüllungs- und/oder Schadensersatzsprüche geltend machen kann und wie diese Ansprüche gegebenenfalls durchzusetzen sind.

1. Erfüllungsanspruch aus § 81 Abs. 4 S. 1 Nr. 1 SGB IX und Durchsetzbarkeit

Wie bereits oben[148] ausführlich erörtert, normiert § 81 Abs. 4 S. 1 Nr. 1 SGB IX einen individuellen Anspruch des Schwerbehinderten gegenüber seinem Arbeitge-

---

144 BAG v. 28.08.2003, 2 AZR 333/02, AP Nr. 17 zu § 242 BGB Kündigung, unter B.III.3.e).; BAG v. 28.06.2007, 6 AZR 750/06, NZA 2007, 1049, 1053.

145 Vgl. BVerfG v. 27.01.1998, 1 BvL 15/87, NZA 1998, 470, 472.

146 BAG v. 21.02.2001, 2 AZR 579/99, NZA 2001, 951, 954.

147 So auch überzeugend *Preis*, NZA 1997, 1256, 1256 ff.

148 Vgl. oben § 2.D.II.2.b).

ber auf tatsächliche Beschäftigung.[149] Dieser Anspruch geht nach zutreffendem Verständnis so weit, dass der schwerbehinderte Arbeitnehmer nach § 81 Abs. 4 S. 1 Nr. 1 SGB IX die Beschäftigung zur stufenweisen Wiedereingliederung verlangen kann.[150] Allerdings schließt die Unfähigkeit zur Erbringung der vertraglich geschuldeten Arbeitsleistung nur bei Schwerbehinderten einen Anspruch auf Beschäftigung und damit auch auf die Durchführung einer stufenweisen Wiedereingliederung nicht aus. Mithin kann für nicht schwerbehinderte Arbeitnehmer aus § 81 Abs. 4 S. 1 Nr. 1 SGB IX kein Anspruch auf eine Wiedereingliederungsmaßnahme hergeleitet werden. Alle weiteren denkbaren Vorschriften (§§ 2 SGB III, 84 Abs. 2 SGB IX) scheiden als Anspruchsgrundlage für die Durchführung einer Maßnahme im Sinne der § 28 SGB IX/§ 74 SGB V – sowohl für Schwerbehinderte als auch für die übrigen Arbeitnehmer – aus. Somit existiert im Rahmen von Fragen rund um die stufenweise Wiedereingliederung, neben dem bereits oben[151] angesprochenen Anspruch des Rehabilitanden auf Aufwendungsersatz, mit § 81 Abs. 4 S. 1 Nr. 1 SGB IX lediglich ein weiterer Erfüllungsanspruch, der im Folgenden mit Blick auf seine Durchsetzbarkeit betrachtet werden soll. Die dabei gewonnenen Erkenntnisse gelten für den (Erfüllungs-)Anspruch des Rekonvaleszenten auf Aufwendungsersatz entsprechend.

a) Erkenntnisverfahren

Der zu Gunsten schwerbehinderter Arbeitnehmer bestehende Beschäftigungsanspruch aus § 81 Abs. 4 S. 1 Nr. 1 SGB IX ist, ebenso wie seine Vorgängerregelungen, einklagbar.[152] Weigert sich der Arbeitgeber, eine notwendige Wiedereingliederung bei einem seiner schwerbehinderten Arbeitnehmer durchzuführen, so ist es dem betroffenen Rekonvaleszenten nicht allein materiellrechtlich möglich, eine solche Maßnahme von seinem Arbeitgeber einzufordern. Ihm steht auch der Kla-

---

[149] So auch BAG v. 10.05.2005, 9 AZR 230/04, AP Nr. 8 zu § 81 SGB IX, unter B.II.1.; BAG v. 14.03.2006, 9 AZR 411/05, NZA 2006, 1214, 1216; *Bleistein*, DB 1974, 1480, 1482 f.; *Düwell*, BB 2000, 2570, 2574; GK-*Großmann*, SGB IX, § 81 Rn. 303 ff.; Hauck/Noftz-*Schröder*, § 81 SGB IX Rn. 33; HK-*Trenk-Hinterberger*, SGB IX § 81, Rn. 37; Kittner/Zwanziger-*Bantle*, ArbR, § 129, Rn. 58; *Leßmann*, RdA 1988, 149, 150; MünchArbR-*Bloymeyer*, § 95 Rn. 4; MünchKommBGB-*Müller-Glöge*, Bd. 4, § 611 Rn. 974; Pahlen, AR-Blattei SD 1440.1 Rn. 152; *Pallasch*, Beschäftigungsanspruch, S. 81; Schaub-*Koch*, ArbR-Hdb., § 178 Rn. 45; *Welti*, ArbuR 2003, 445, 447.

[150] Siehe oben unter § 2.D.II.2.b).bb). sowie zutreffend BAG v. 13.06.2006, 9 AZR 229/05, NZA 2007, 91, 93.

[151] Siehe oben unter § 7.B.I.

[152] Vgl. BAG v. 04.05.1962, 1 AZR 128/61, AP Nr. 1 zu § 12 SchBeschG, unter II.1.; BAG v. 07.08.1964, 1 AZR 27/64, AP Nr. 3 zu § 12 SchwBeschG, unter II.1.; Kossens/von der Heide/Maaß-*Kossens*, SGB IX, § 81 Rn. 39; MünchArbR-*Cramer*, § 236 Rn. 31.

geweg offen. Der Schwerbehinderte kann durch Erhebung einer Leistungsklage[153] seinen auf § 81 Abs. 4 S. 1 Nr. 1 SGB IX gestützten Anspruch auf Durchführung einer stufenweisen Wiedereingliederung geltend machen. Die Leistungsklage führt im Erfolgsfall zu einem Leistungsurteil, das auf die beanspruchte Leistung selbst lautet,[154] hier also auf die Verpflichtung des Arbeitgebers, eine stufenweise Wiedereingliederung vorzunehmen.

b) Vollstreckungsverfahren

Bietet der Arbeitgeber seinem schwerbehinderten Arbeitnehmer trotz des Leistungsurteils noch immer keine Wiedereingliederungsmaßnahme an, so kann der Rekonvaleszenten im Wege der Zwangsvollstreckung gegen seinen Arbeitgeber vorgehen. Da der Arbeitnehmer in diesem Fall die Zwangsvollstreckung zur Erwirkung unvertretbarer Handlungen (Durchführung einer Wiedereingliederung und damit einhergehend die Zuweisung eines [neuen] Arbeitsplatzes sowie die Übertragung [geänderter] Aufgaben) erstrebt, die ausschließlich vom arbeitgeberseitigen Willen abhängen,[155] ist § 888 Abs. 1 ZPO einschlägig.[156] Nach dieser Vorschrift kann der Wiedereingliederungsanspruch aus § 81 Abs. 4 S. 1 Nr. 1 SGB IX vollstreckt werden,[157] so dass der Arbeitgeber zur Durchführung der stufenweisen Wiedereingliederung mittels Zwangsgeld oder Zwangshaft anzuhalten ist. Der Anwendbarkeit des § 888 Abs. 1 ZPO in diesen Fällen steht auch nicht § 888 Abs. 3 ZPO entgegen. Die Beschäftigungspflicht fällt nicht unter den in der Norm genannten Begriff der Leistung von Diensten.[158] Aus dem Zusammenhang mit § 611 BGB ergibt sich, dass damit allein die Arbeitsleistung des Diensverpflichteten gemeint ist.[159] Denkbar wäre mithin lediglich eine entsprechende

---

[153] Ebenso wie für den allgemeinen Beschäftigungsanspruch ist auch für den Beschäftigungsanspruch aus § 81 Abs. 4 S. 1 Nr. 4 SGB IX die Leistungsklage die zutreffende Klageart. Siehe zur Leistungsklage beim allgemeinen Beschäftigungsanspruch *Buchner*, Beschäftigungspflicht, S. 31 sowie *Griesam*, Beschäftigungsanspruch, S. 146.

[154] *Medicus*, Schuldrecht I Rn. 18.

[155] Zu dieser Voraussetzung bei § 888 ZPO siehe Baumbach/Lauterbach/Albers/Hartmann-*Hartmann*, ZPO, § 888 Rn. 3.

[156] So auch für den vergleichbaren Fall der Durchsetzung des (Weiter-) Beschäftigungs-anspruches LAG Berlin v. 05.07.1985, 4 Ta 4/85, NZA 1986, 36, 36; LAG München v. 11.09.1993, 2 Ta 214/93, BB 1994, 1083, 1083; *Buchner*, Beschäftigungspflicht, S. 32; *Lepke*, Beschäftigung, S. 202; *Molitor*, Landesreferate, S. 279, 289; Stein/Jonas-*Wolfgang Brehm*, ZPO, § 888 Rn. 5; *Wilke*, Beschäftigung, S. 45; Zöller-*Stöber*, ZPO, § 888 Rn. 3.

[157] GK-*Großmann*, SGB IX, § 81 Rn. 305.

[158] Vgl. zum allgemeinen Beschäftigungsanspuch *Lepke*, Beschäftigung, S. 203, der sich zwar auf die Regelung in § 888 Abs. 2 ZPO a. F. bezieht, diese ist jedoch inhaltsgleich mit § 888 Abs. 3 ZPO n. F.

[159] *Lepke*, Beschäftigung, S. 203, der sich auf die inhaltsgleiche Regelung in § 888 Abs. 2 ZPO a. F. bezieht, die inhaltsgleich mit § 888 Abs. 3 ZPO n. F. ist.

Anwendung des § 888 Abs. 3 ZPO auf die hier in Frage stehenden Wiedereingliederungsansprüche Schwerbehinderter. Teilweise wurde dies für die Fälle des allgemeinen Beschäftigungsanspruches vertreten.[160] Die von diesen Vertretern herangezogene Gleichsetzung von Arbeits- und Beschäftigungsleistung ist allerdings abzulehnen. Die Erbringung der Arbeitsleistung erfasst die gesamte Persönlichkeit des Arbeitnehmers.[161] Dies hat den Gesetzgeber dazu bewogen, § 888 Abs. 3 ZPO ins Leben zu rufen.[162] Die Situation bei der Durchsetzung der Beschäftigungspflicht ist demgegenüber eine andere. Die mit der Beschäftigungspflicht einhergehenden Mitwirkungshandlungen berühren die höchstpersönliche Rechtsstellung des Arbeitgebers nicht in einem vergleichbaren Maße.[163] Dies gilt besonders für Großunternehmen, bei denen der Arbeitgeber häufig an den Mitwirkungshandlungen nicht einmal persönlich beteiligt ist. Somit kommt § 888 Abs. 3 ZPO – weder in direkter noch in analoger Anwendung – bei der Durchsetzung des Wiedereingliederungsanspruches aus § 81 Abs. 4 S. 1 Nr. 1 SGB IX nicht zum Tragen. Indem die Durchführung einer Wiedereingliederung, wie soeben gezeigt, verschiedene positive Handlungen erfordert, scheidet dagegen eine Vollstreckung gemäß § 894 ZPO aus.[164] Die Unvertretbarkeit dieser Handlungen verbietet auch den Rückgriff auf § 887 ZPO.[165]

c) Einstweilige Verfügung

Ein Hauptsacheverfahren ist häufig gekennzeichnet durch eine längere Prozessdauer. Hierdurch kann die Realisierung eines Anspruches beeinträchtigt oder gar vereitelt werden.[166] Um dieser Gefahr entgegenzutreten, beinhaltet die Zivilprozessordnung mit dem Arrest (§§ 916-934 ZPO) und der einstweiligen Verfügung (§§ 935 ff. ZPO) zwei Mittel, mit denen ein einstweiliger Rechtsschutz ermöglicht wird. Der hierdurch gewährte Rechtsschutz bezweckt die Sicherung des Gläubigers vor Nachteilen durch Zeitablauf.[167] Solche Nachteile drohen regelmäßig auch ei-

---

[160] *Hedderich*, Beschäftigung, S. 91; *Kutzer*, Bühnenmitglieder, S. 287.

[161] *Lepke*, Beschäftigung, S. 205, der sich zwar auf die Regelung in § 888 Abs. 2 ZPO a. F. bezieht, diese ist jedoch inhaltsgleich mit § 888 Abs. 3 ZPO n. F.

[162] *Lepke*, Beschäftigung, S. 204, der sich zwar auf die Regelung in § 888 Abs. 2 ZPO a. F. bezieht, diese ist jedoch inhaltsgleich mit § 888 Abs. 3 ZPO n. F.

[163] *Lepke*, Beschäftiung, S. 205, der sich zwar auf die Regelung in § 888 Abs. 2 ZPO a. F. bezieht, diese ist jedoch inhaltsgleich mit § 888 Abs. 3 ZPO n. F.

[164] Zu der Anwendung des § 894 ZPO tendieren aber *Daubitz*, Beschäftigung, S. 94, bei der Durchsetzung der allgemeinen Beschäftigungspflicht sowie *Egerer*, NZA-Beilage 2/1985, 22, 23, beim Weiterbeschäftigungsanspruch.

[165] Dagegen will *Daubitz*, Beschäftigung, S. 93, die Mitwirkungshandlungen beim allgemeinen Beschäftigungsanspruch als vertretbar einstufen.

[166] *Musielak*, ZPO Rn. 747.

[167] Schuschke/Walker-*Walker*, ZPO, Vor § 916 Rn. 2.

nem arbeitsunfähig erkrankten schwerbehinderten Arbeitnehmer, der den auf § 81 Abs. 4 S. 1 Nr. 1 SGB IX gestützten Wiedereingliederungsanspruch gegenüber seinem Arbeitgeber möglichst zügig durchsetzen will. Die Zeit krankheitsbedingter Arbeitsunfähigkeit ist ein entscheidender Faktor für den Erfolg einer Rehabilitation.[168] Je länger die Arbeitsunfähigkeit andauert, desto stärker sinken die Integrationschancen.[169] Demnach ist es einem schwerbehinderten Rekonvaleszenten regelmäßig nicht zuzumuten, das Hauptsacheverfahren abzuwarten. Somit kann sein auf stufenweise Wiedereingliederung gerichteter Beschäftigungsanspruch aus § 81 Abs. 4 S. 1 Nr. 1 SGB IX auch durch eine einstweilige Verfügung durchgesetzt werden (§ 62 Abs. 2 ArbGG i. V. m. §§ 935 ff. ZPO). Dieses Verständnis entspricht der allgemeinen Meinung in Bezug auf die Durchsetzung des allgemeinen (Weiter-)Beschäftigungsanspruches eines Arbeitnehmers.[170]

aa) Zutreffende Verfügungsart und ihre Rechtsgrundlage

Sowohl bei der einstweiligen Verfügung zur Durchsetzung des allgemeinen (Weiter-)Beschäftigungsanspruches als auch bei jener, die den Wiedereingliederungsanspruch betrifft, stellt sich aber die Frage, ob es sich hierbei um eine Sicherungsverfügung nach § 935 ZPO oder um eine Regelungsverfügung im Sinne des § 940 ZPO handelt. Darüber hinaus könnte auch die gesetzlich nicht ausdrücklich normierte Leistungsverfügung[171] einschlägig sein.[172] Die letztgenannte Verfügungsart weist eine entscheidende Besonderheit auf. Sie zielt nicht nur darauf ab, die spätere Befriedigung des Antragstellers zu sichern, sondern bewirkt darüber hinaus, dass der Schuldner zur sofortigen Erfüllung verurteilt wird.[173] Mit dieser Möglichkeit, die Erfüllung des vom Antragsteller (Gläubiger) geltend gemachten Anspruches herbeizuführen, geht die Leistungsverfügung über den Sicherungszweck der einstweiligen Verfügung hinaus.[174]

---

[168] Vgl. *Badura/Schellschmidt/Vetter*, Fehlzeiten-Report 2006, S. 166.

[169] Vgl. *Badura/Schellschmidt/Vetter*, Fehlzeiten-Report 2006, S. 166.

[170] LAG Düsseldorf v. 20.01.1976, 11 Sa 1555/75, DB 1976, 587, 587; LAG Berlin v. 24.09.1979, 9 Sa 73/79, LAG-E Nr. 4 zu § 611 BGB Beschäftigungspflicht, unter I.; LAG Hamburg v. 06.08.1985, 1 Sa 24/85, DB 1985, 2463, 2463; LAG Hamm v. 12.12.2001, 10 Sa 1741/01, NZA-RR 2003, 311, 312; Germelmann/Matthies/Müller-Glöge/Prütting-*Germelmann*, ArbGG, § 62 Rn. 83; GK-*Großmann*, SGB IX, § 81 Rn. 305; Schuschke/Walker-*Schuschke*, ZPO, Vorbemerkung zu § 935 Rn. 119; Schwab/Weth-*Walker*, ArbGG, § 62 Rn. 121; Stein/Jonas-*Grunsky*, ZPO, Vor 935 Rn. 56.

[171] Diese Verfügungsart wird auch als Befriedigungs- oder Angriffsverfügung bezeichnet. In dieser Arbeit wird der verbreitete Terminus Leistungsverfügung verwendet; vgl. zu den unterschiedlichen Begriffen *Walker*, Rechtsschutz Rn. 84.

[172] Vgl. zu dieser Stein/Jonas-*Grunsky*, ZPO, Vor 935 Rn. 29.

[173] Stein/Jonas-*Grunsky*, ZPO, vor 935 Rn. 29 und Rn. 31.

[174] Vgl. *Vossen*, RdA 1991, 216, 217.

Sowohl im Falle der arbeitgeberseitig verweigerten Beschäftigung eines Arbeitnehmers als auch bei der Unterlassung einer Wiedereingliederung Schwerbehinderter durch den Arbeitgeber sind bloße Sicherungsmaßnahmen oder Regelungen unterhalb der sofortigen Erfüllung ungeeignet, da die Erfüllung dieser beiden Ansprüche mit Zeitablauf nicht mehr nachholbar ist.[175] Die dem Beschäftigungsanspruch des Arbeitnehmers entsprechende Beschäftigungspflicht des Arbeitgebers ist eine Fixschuld.[176] Gleiches gilt für den Anspruch aus § 81 Abs. 4 S. 1 Nr. 4 SGB IX. Beide Beschäftigungsansprüche werden im Moment der Nichterfüllung unmöglich und erlöschen.[177] In beiden Fällen kann der Arbeitnehmer demnach nur durch eine die sofortige Erfüllung herbeiführende Leistungsverfügung wirksam vor der Vereitelung seines Beschäftigungsanspruches geschützt werden, so dass in diesen Konstellationen eine Leistungsverfügung die zutreffende Verfügungsart darstellt.
An diese Erkenntnis schließt sich die Frage nach der Rechtsgrundlage einer solchen Leistungsverfügung an. Diesbezüglich herrscht Uneinigkeit. In der arbeitsgerichtlichen Praxis werden einstweilige Verfügungen nicht selten undifferenziert auf die §§ 935, 940 ZPO gestützt.[178] Demgegenüber zieht das Schrifttum vereinzelt allein § 935 ZPO als Rechtsgrundlage heran,[179] während andere die Auffassung vertreten, die Leistungsverfügung beruhe auf richterlicher Rechtsfortbildung.[180] Richtigerweise ist die Leistungsverfügung aber als Sonderfall der Regelungsverfügung nach § 940 ZPO anzusehen und daher auf diese Norm zu stützen.[181] Hierfür spricht der Bedeutungswandel, den diese Vorschrift erfahren hat.[182] Allerdings bedarf der Streit an dieser Stelle keiner vertiefenden Erörterung, da die Leistungsverfügung heute im Ergebnis allgemein anerkannt ist und aus der Festlegung auf eine Rechts-

---

[175] Vgl. *Buchner*, Beschäftigungspflicht, S. 33, zum allgemeinen Beschäftigungsanspruch.

[176] BAG v. 12.09.1985, 2 AZR 324/84, AP Nr. 7 zu § 102 BetrVG 1972 Weiterbeschäftigung, unter B.III.; LAG München v. 19.08.1992, 5 Ta 185/92, NZA 1993, 1130, 1132.

[177] So zum allgemeinen Beschäftigungsanspruch zutreffend LAG München v. 19.08.1992, 5 Ta 185/92, NZA 1993, 1130, 1132.

[178] Schwab/Weth-*Walker* , ArbGG, § 62 Rn. 93.

[179] MünchKommZPO-*Heinze*, § 935, Rn.4 f., wonach für alle einstweiligen Verfügungen, also auch für Befriedigungsverfügungen, allein § 935 ZPO als Rechtsgrundlage in Betracht komme.

[180] Stein/Jonas-*Grunsky* ZPO, Vor § 935 Rn. 31.

[181] KG v. 20.06.1969, 12 U 793/69, OLGZ 1970, 53, 55; OLG Hamm v. 29.05.1991, 30 U 105/91, NJW-RR 1991, 1526, 1526; OLG Düsseldorf v. 26.04.1989, 8 UF 286/88, FamRZ 1989, 881, 881; LAG Hamburg v. 24.03.1987, 8 Sa 25/87, NZA-Beilage Nr. 2/1988, 27, 27 f.; *Baur*, BB 1964, 607, 608; *Blomeyer*, ZZP 65, 52, 65; *Kohler*, ZZP 103, 184, 189; *Leipold*, Grundlagen, S. 119 ff.; *Löwisch*, DB Beilage Nr. 7/1987, 1, 7; *Schilken* Befriedigungsverfügung, S. 68 ff.; *Thieme*, NZA Beilage Nr. 3/1986, 20, 23.

[182] Rosenberg/Gaul/Schilken-*Schilken*, Zwangsvollstreckungsrecht, § 76, unter II.2., S. 1013.

grundlage keine Konsequenzen in Bezug auf die Voraussetzungen einer solchen Leistungsverfügung gezogen werden können.[183]

bb) Voraussetzungen einer Leistungsverfügung

Voraussetzung für den Erlass einer Leistungsverfügung ist, unabhängig davon, auf welche Rechtsgrundlage diese Verfügungsart gestützt wird, das Vorliegen eines Verfügungsanspruches und eines Verfügungsgrundes.[184] Unter dem Verfügungsanspruch ist der materiell-rechtliche Anspruch zu verstehen, der durch eine Leistungsverfügung gemäß § 940 ZPO vorab befriedigt werden soll.[185] Dies kann jeder materiell-rechtliche Anspruch sein.[186] Durch das Erfordernis des Verfügungsgrundes wird darüber hinaus verlangt, dass diesem Anspruch eine Gefahr drohen muss, die eine vorzeitige Befriedigung rechtfertigt.[187]

(1) Verfügungsanspruch

Materiell-rechtlicher Anspruch für eine stufenweise Wiedereingliederung des schwerbehinderten Arbeitnehmers ist § 81 Abs. 4 S. 1 Nr. 1 SGB IX. Dieser Anspruch wird auch regelmäßig als Verfügungsanspruch erfolgreich geltend gemacht werden können. Es sind jedoch Fälle denkbar, in denen, obwohl die Voraussetzungen des § 81 Abs. 4 S. 1 Nr. 1 SGB IX erfüllt sind, keine Leistungsverfügung ergehen wird. Dies sind all jene Konstellationen, in denen die arbeitgeberseitige Beschäftigungspflicht aus § 81 Abs. 4 S. 1 Nr. 1 SGB IX ausnahmsweise entfällt, weil dem Arbeitgeber eine Beschäftigung zur stufenweisen Wiedereingliederung nicht zumutbar ist oder diese Maßnahme mit unverhältnismäßigen Aufwendungen verbunden wäre (vgl. § 81 Abs. 4 S. 3 SGB IX).
Es bedarf also vor dem Erlass einer Leistungsverfügung in jedem Einzelfall einer konkreten Abwägung der Interessen des Arbeitgebers mit jenen seines schwerbehinderten Arbeitnehmers.[188] Auch wenn diese Interessenabwägung im Regelfall zu Gunsten des Arbeitnehmers ausfallen wird, ist sie notwendig, um einem Rekonvaleszenten einen Anspruch aus § 81 Abs. 4 S. 1 Nr. 1 SGB IX auf stufenweise Wiedereingliederung zuzusprechen und damit den Verfügungsanspruch für eine Leistungsverfügung bejahen zu können.

---

183 *Brox/Walker*, Zwangsvollstreckungsrecht Rn. 1614; Stein/Jonas-*Grunsky*, ZPO, vor 935 Rn. 31; HdBVR-*Dunkl*, A, Rn. 469; *Walker*, Rechtsschutz Rn. 98.
184 Stein/Jonas-*Grunsky* ZPO, vor 935 Rn. 2; *Vossen*, RdA 1991, 216, 217.
185 *Vossen*, RdA 1991, 216, 217.
186 *Lackmann*, Zwangsvollstreckungsrecht, § 50 Rn. 697.
187 Stein/Jonas-*Grunsky*, Vor 935 Rn. 2; *Vossen*, RdA 1991, 216, 217.
188 GK-*Großmann*, SGB IX, § 81 Rn. 411.

Das Erfordernis einer Interessenabwägung bereits im Rahmen des Verfügungsanspruches ist für die Prüfung einer einstweiligen Verfügung ungewöhnlich, aber nicht einzigartig. Auch bei dem einstweiligen Rechtsschutz zur Durchsetzung des allgemeinen Beschäftigungsanspruches im ungekündigten Arbeitsverhältnis ist bereits der Verfügungsanspruch von einer Interessenabwägung abhängig.[189]
Dieser Beschäftigungsanspruch des Arbeitnehmers im ungekündigten Arbeitsverhältnis ist heute allgemein grundsätzlich anerkannt.[190] Dabei darf aber nicht außer Acht gelassen werden, dass ein solcher Anspruch, ebenso wie jener aus § 81 Abs. 4 S. 1 Nr. 1 SGB IX, stets unter dem Vorbehalt überwiegender schutzwürdiger Arbeitgeberinteressen steht.[191] Das Vorliegen dieser Interessen ist daher bei der Beurteilung eines Sachverhaltes sorgfältig zu prüfen und im Wege einer Abwägung der beiderseitigen Parteibelange zu berücksichtigen.[192] Der Verfügungsanspruch kann mithin sowohl von seinen Voraussetzungen her als auch hinsichtlich seiner rechtlichen Bewertung zweifelhaft sein.[193] Somit ist auch bei dem allgemeinen (Weiter-) Beschäftigungsanspruch schon im Rahmen der Prüfung des Verfügungsanspruches eine Interessenabwägung notwendig, die ansonsten regelmäßig erst bei der Untersuchung des Verfügungsgrundes zum Tragen kommt.[194] Diese vom Regelfall abweichende Prüfungsidentität des Anspruches auf stufenweise Wiedereingliederung aus § 81 Abs. 4 S. 1 Nr. 1 SGB IX auf der einen Seite und des allgemeinen (Weiter-)Beschäftigungsanspruches im ungekündigten Arbeitsverhältnis andererseits setzt sich über den Verfügungsanspruch hinaus beim Verfügungsgrund fort.

(2) Verfügungsgrund

Die Voraussetzungen des Verfügungsgrundes beurteilen sich gemäß §§ 935, 940, 940 a ZPO nach der beantragten Verfügungsart.[195] Da in dieser Arbeit die Leistungsverfügung als Sonderfall der Regelungsverfügung nach § 940 ZPO eingestuft worden ist, müssten sich die Voraussetzungen des Verfügungsgrundes eigentlich

---

[189] *Walker*, Rechtsschutz Rn. 677.
[190] Siehe nur BAG v. 10.11.1955, 2 AZR 591/54, BAG AP Nr. 2 zu § 611 BGB Beschäftigungspflicht, unter II.; BAG v. 27.02.1985, GS 1/84, AP Nr. 14 zu § 611 BGB Beschäftigungspflicht unter C.I.2. [mit zahlreichen zustimmenden Literaturnachweisen bezüglich der Annahme eines allgemeinen Beschäftigungsanspruches unter C.I.1.c).].
[191] BAG v. 10.11.1955, 2 AZR 591/54, AP Nr. 2 zu § 611 BGB Beschäftigungspflicht, unter II.; *Dütz*, DB Beilage Nr. 13/1978, 1, 10; *Löwisch*, DB Beilage Nr. 7/1978, 1, 4.
[192] BAG v. 10.11.1955, 2 AZR 591/54, AP Nr. 2 zu § 611 BGB Beschäftigungspflicht, unter II.; *Dütz*, DB Beilage Nr. 13/1978, 1, 10; *Walker*, Rechtsschutz Rn. 676.
[193] *Buchner*, Beschäftigungspflicht, S. 33.
[194] *Walker*, Rechtsschutz Rn. 677.
[195] *Walker*, Rechtsschutz Rn. 242.

auch nach dieser Vorschrift richten. Der Erlass einer Leistungsverfügung ist aber an strengere Anforderungen in Bezug auf den Verfügungsgrund gebunden.[196] Diese gesteigerten Voraussetzungen finden ihre Rechtfertigung in der über eine Sicherungswirkung hinausgehenden Befriedigungswirkung einer Leistungsverfügung.[197] Mithin reicht die in § 940 ZPO erwähnte Notwendigkeit für die Annahme eines Verfügungsgrundes im Falle einer Leistungsverfügung nicht aus.[198] Diese Verfügungsart setzt vielmehr zusätzlich voraus, dass eine Leistungsverfügung für einen effektiven Rechtsschutz nicht nur notwendig ist, sondern verlangt darüber hinaus, dass eine Interessenabwägung im Einzelfall zu Gunsten des Antragstellers ausfällt.[199] Sowohl bei einer erstrebten Leistungsverfügung zur Durchsetzung des allgemeinen (Weiter-)Beschäftigungsanspruches als auch bei jener, die einem schwerbehinderten Arbeitnehmer die stufenweise Wiedereingliederung ermöglichen soll, wird das Kriterium der Notwendigkeit im Sinne des § 940 ZPO bereits dadurch erfüllt, dass, in Folge des Fixschuldcharakters der Beschäftigungspflicht, ein endgültiger Rechtsverlust durch Zeitablauf droht.[200]
Auch der zweite Prüfungsschritt im Rahmen des Verfügungsgrundes, die Interessenabwägung, fällt bei einer Leistungsverfügung, die den stufenweisen Wiedereingliederungsanspruch eines schwerbehinderten Arbeitnehmers durchsetzen soll, wesentlich kürzer aus als in anderen Fällen bei dieser Verfügungsart üblich. Im Gegensatz zu dem sonstigen Prüfungsprogramm einer Leistungsverfügung hängt – wie oben[201] ausgeführt – der Erfolg des einstweiligen Rechtsschutzes zur Durchsetzung des Anspruches aus § 81 Abs. 4 S. 1 Nr. 1 SGB IX, ebenso wie beim allgemeinen Beschäftigungsanspruch, schon die Bejahung des Verfügungsanspruches von einer Interessenabwägung ab.[202] Eine zusätzliche Interessenabwägung im Rahmen des Verfügungsgrundes ist daher nicht notwendig.[203] Somit spielt nach

---

[196] OLG Bamberg v. 29.01.1971, 3 U 121/70, OLGZ 1971, 438, 439; OLG Düsseldorf v. 13.06.1995, U15/95, NJW-RR 1996, 123, 124; *Baur*, BB 1964, 607, 609; *Brox/Walker*, Zwangsvollstreckungsrecht Rn. 1616; *Jauernig/Berger*, Zwangsvollstreckungsrecht, § 37 Rn. 22 f.; *Lackmann*, Zwangsvollstreckungsrecht, § 50 Rn. 697; *Walker*, Rechtsschutz Rn. 246; *Vossen*, RdA 1991, 216, 220.

[197] OLG Bamberg v. 29.01.1971, 3 U 121/70, OLGZ 1971, 438, 439; vgl. *Brox/Walker*, Zwangsvollstreckungsrecht Rn. 1616.

[198] OLG Düsseldorf v. 13.06.1995, U15/95, NJW-RR 1996, 123, 124.

[199] *Brox/Walker*, Zwangsvollstreckungsrecht Rn. 1616; *Walker*, Rechtsschutz Rn. 257 ff.

[200] So zutreffend zur Durchsetzung des allgemeinen (Weiter-)Beschäftigungsanspruches LAG München v. 19.08.1992, 5 Ta 185/92, NZA 1993, 1130, 1132; LAG Hamm v. 12.12.2001, 10 Sa 1741/01, NZA-RR 2003, 311, 314; *Buchner*, Beschäftigungspflicht, S. 33; *Walker*, Rechtsschutz Rn. 685. Ablehnend dagegen LAG Hamm v. 18.02.1998, 3 Sa 297/98, NZA-RR 1998, 422, 422; *Baur*, ZTR 1989, 375, 379 f., die strengere Voraus-setzungen befürworten.

[201] Siehe oben unter § 9.A.II.1.c).bb).(1).

[202] Vgl. *Walker*, Rechtsschutz Rn. 677.

[203] LAG Chemnitz v. 08.03.1996, 3 Sa 77/96, NZA-RR 1997, 4, 6.

richtigem Verständnis die im Rahmen des Verfügungsgrundes an sich zusätzlich erforderliche Interessenabwägung bei diesen beiden Ansprüchen praktisch keine Rolle.[204] Sind die Voraussetzungen des Verfügungsanspruches sowie des Verfügungsgrundes bei einem schwerbehinderten Arbeitnehmer erfüllt, steht ihm die Möglichkeit offen, seinen Anspruch auf stufenweise Wiedereingliederung im Wege der einstweiligen Verfügung durchzusetzen.

2. Schadensersatzansprüche

Das Unterlassen einer notwendigen Wiedereingliederung könnte neben den gezeigten kündigungsrechtlichen Auswirkungen sowie der, auf schwerbehinderte Arbeitnehmer begrenzten Möglichkeit zur Durchsetzung des Wiedereingliederungsanspruches aus § 81 Abs. 4 S. 1 Nr. 1 SGB IX im Wege der einstweiligen Verfügung, auch mögliche Schadensersatzansprüche mit sich bringen. Hier kämen sowohl vertragsrechtliche als auch deliktische Schadensersatzansprüche in Betracht.

a) Vertragsrechtlich begründeter Schadensersatz

Vertragsrechtlich begründete Schadensersatzansprüche bei notwendiger, aber unterbliebener Wiedereingliederung lassen sich nicht für sämtliche Arbeitnehmer eines Betriebes herleiten. Weder aus § 84 Abs. 2 SGB IX noch aus § 2 Abs. 2 SGB III ergeben sich arbeitsvertragliche Nebenpflichten. Beide Vorschriften beinhalten keinen Anspruch des Arbeitnehmers auf Durchführung einer Wiedereingliederungsmaßnahme,[205] so dass in diesem Zusammenhang auch die Konstruktion korrespondierender Arbeitgeberpflichten ausscheidet. Letztere wären aber für einen Schadensersatzanspruch nach §§ 280 ff. BGB erforderlich. Demgegenüber kann die Nichtdurchführung einer medizinisch erforderlichen Wiedereingliederungsmaßnahme zu Gunsten eines schwerbehinderten Rekonvaleszenten eine vertragsrechtlich begründete Schadensersatzpflicht des Arbeitgebers mit sich bringen. Die in dieser Arbeit favorisierte Einordnung der (allgemeinen) Beschäftigungspflicht als arbeitgeberseitige Nebenpflicht[206] hatte in der Zeit vor Inkrafttreten des Schuldrechtsmodernisierungsgesetzes zur Konsequenz, im Falle einer durch den Arbeitgeber verschuldeten Nichtbeschäftigung des Mitarbeiters, einen Scha-

---

[204] So richtigerweise zum allgemeinen (Weiter-)Beschäftigungsanspruch LAG Chemnitz v. 08.03.1996, 3 Sa 77/96, NZA-RR 1997, 4, 6; LAG Hamm v. 12.12.2001, 10 Sa 1741/01, NZA-RR 2003, 311, 314; *Reidel*, NZA 2000, 454, 461; *Schäfer*, NZA 1985, 691, 694 f.; *Walker*, Rechtsschutz Rn. 686. Dieses Verständnis lehnt *Dütz*, DB Beilage Nr. 13/1978, 1, 13, mit der Begründung ab, dass hierin eine unzulässige Vereinfachung liege.

[205] Siehe oben unter § 2.D.II.1. und § 2.D.II.2.a).

[206] Siehe zum allgemeinen Beschäftigungsanspruch aus dem Arbeitsverhältnis oben unter § 5.D.II.1.

densersatzanspruch des Arbeitnehmers aus positiver Forderungsverletzung zu bejahen.[207] Seit Inkrafttreten des Schuldrechtsmodernisierungsgesetzes wird § 280 Abs. 1 BGB n. F.[208] als Kodifikation der positiven Forderungsverletzung eingestuft.[209] Somit liege es nahe, einen Schadensersatzanspruch bei verschuldeter Nichtbeschäftigung auf § 280 Abs. 1 BGB zu stützen. Einem solchen Verständnis könnte allerdings entgegenstehen, dass nach neuer Rechtslage für die Fälle, in denen der Schuldner von seiner Leistungspflicht nach § 275 BGB frei geworden ist, nicht § 280 Abs. 1 BGB, sondern §§ 280 Abs. 1 und 3, 283 BGB (Schadensersatz statt der Leistung) die zutreffende Anspruchsgrundlage für einen Schadensersatzanspruch ist.[210] Aus diesen Ausführungen ergeben sich in Bezug auf die Herleitung eines vertragsrechtlich begründeten Schadensersatzanspruches zu Gunsten wiedereingliederungswilliger Schwerbehinderter zwei Fragestellungen. Zum einem ist klärungsbedürftig, ob die Verletzung der Wiedereingliederungspflicht überhaupt unter den Anwendungsbereich des §§ 280 Abs. 1 und 3, 283 BGB gefasst werden kann. Sollte dies bejaht werden, müsste in einem weiteren Schritt erörtert werden, wie der Schadensersatz statt der Leistung (§ 280 Abs. 3 BGB) von dem einfachen Schadensersatz (§ 280 Abs. 1 BGB) abzugrenzen ist.

aa) Wiedereingliederungsanspruch als Leistungspflicht gemäß § 275 BGB

Ein auf §§ 280 Abs. 1 und 3, 283 BGB gestützter Schadensersatzanspruch erfordert die Befreiung des Schuldners von einer Hauptleistungs- oder leistungsbezogenen Nebenpflicht.[211] Für die Charakterisierung der Wiedereingliederungspflicht aus § 81 Abs. 4 S. 1 Nr. 1 SGB IX gelten die obigen Ausführungen bezüglich der Pflicht eines Arbeitgebers, seine arbeitsfähigen Arbeitsnehmer im ungekündigten Arbeitsverhältnis beschäftigen zu müssen,[212] entsprechend. Auch die Wiedereingliederungspflicht ist für ein Arbeitsverhältnis nicht wesentlich, so dass eine Einstufung als Hauptleistungspflicht ausscheidet. Nichtsdestotrotz handelt es sich bei dieser Wiedereingliederungspflicht um eine Nebenpflicht des Schuldners (Arbeitgebers), der ein Forderungsrecht des Gläubigers (schwerbehinderter Arbeitnehmer)

---

[207] So überzeugend *Dütz*, 25 Jahre BAG, S. 71, 82; MünchArbR-*Blomeyer*, § 95 Rn. 24; demgegenüber wollte *Sommer*, Arbeitspflicht, S. 262, Fußnote 1062, in diesen Fällen § 280 BGB a. F. heranziehen.

[208] Sofern nachfolgend in diesem Abschnitt § 280 BGB ohne Zusatz genannt wird, handelt es sich um die Fassung des Schuldrechtsmodernisierungsgesetzes.

[209] AnwKom-BGB-*Dauner-Lieb*, § 280 Rn. 14.

[210] Vgl. Bamberger/Roth-*Unberath*, BGB, § 283 Rn. 1.

[211] Bamberger/Roth-*Unberath*, BGB, § 283 Rn. 2.; die leistungsbezogene Nebenpflicht wird vielfach auch als Nebenleistungspflicht bezeichnet, vgl. zu den unterschiedlichen Terminologien *Madaus*, Jura 2004, 289, 290.

[212] Siehe oben unter § 5.D.II.1.

entspricht und mithin um eine Leistungspflicht im Sinne des § 241 Abs. 1 S. 1 BGB.[213] Eine solche Pflicht ist selbstständig einklagbar.[214] Mit der Wiedereingliederungspflicht soll nicht das Integritätsinteresse des Arbeitnehmers geschützt werden. Vielmehr dient diese leistungsbezogene Nebenpflicht der Zweckerreichung des Wiedereingliederungsvertrages, also dem Leistungs- beziehungsweise Äquivalenzinteresse.[215] Eine Einordnung dieser Nebenpflicht als Schutzpflicht gemäß § 241 Abs. 2 BGB scheidet demzufolge aus.[216] Indem die Verpflichtung zur Wiedereingliederung die Teilhabe schwerbehinderter Rehabilitanden am Arbeitsleben sichern soll, wird mit ihr vielmehr ein selbstständiger Zweck verfolgt, so dass die Wiedereingliederungspflicht eine leistungsbezogene Nebenpflicht im Sinne des § 241 Abs. 1 BGB darstellt.[217] Somit wäre es grundsätzlich möglich, im Falle der schuldhaften Verletzung dieser leistungsbezogenen Nebenpflicht (Nebenleistungspflicht) einen Schadensersatzanspruch sowohl auf § 280 Abs. 1 BGB als auch auf §§ 280 Abs. 1 und 3, 283 BGB zu stützen.

bb) Schadensersatzes statt der Leistung versus einfacher Schadensersatz

Es drängt sich also die Frage nach der zutreffenden Abgrenzung des Schadensersatzes statt der Leistung (§ 280 Abs. 3 BGB) von dem einfachen Schadensersatz (§ 280 Abs. 1 BGB) auf. Eine solche Abgrenzung ist aus zwei Gründen notwendig. Zum einen ist bei einer Verletzung von Leistungspflichten im Sinne des § 241 Abs. 1 BGB vorrangig zu prüfen, ob die Voraussetzungen des § 280 Abs. 2 oder Abs. 3 BGB vorliegen.[218] Darüber hinaus gelten aufgrund der Verweisung des § 283 S. 2 BGB auch im Falle der Unmöglichkeit für die Voraussetzungen (§ 281 Abs. 1 S. 2 und S. 3 BGB) und Folgen (§ 281 Abs. 5 BGB) des Schadensan-

---

213 Vgl. die ausführliche Auseinandersetzung mit der Leistungspflicht im Sinne des § 241 Abs. 1 BGB bei MünchKommBGB-*Kramer*, Bd. 2, § 241 Rn. 7 ff. und die Definitionen der Leistung und Leistungspflicht bei *Brox/Walker*, Schuldrecht, § 2 Rn. 5 sowie bei Bamberger/Roth-*Grüneberg/Sutscher*, BGB, § 241 Rn. 33 ff.

214 Zur Klagbarkeit von Leistungspflichten allgemein siehe *Brox/Walker*, Schuldrecht, § 2 Rn. 5 sowie zur Klagbarkeit des Wiedereingliederungsanspruches siehe oben unter § 9.A.II.1.a).

215 Dass die leistungsbezogenen Nebenpflichten dem Leistungsinteresse, also der Erreichung des Vertragszweckes, dienen und nicht, wie die nicht leistungsbezogenen Nebenpflichten, dem Integritätsinteresse, darauf weisen auch Bamberger/Roth-*Grüneberg/Sutschet*, BGB, § 241 Rn. 42, zutreffend hin.

216 Zur Abgrenzung der leistungsbezogenen (Nebenleistungspflicht) gemäß § 241 Abs. 1 BGB von der nicht leistungsbezogenen Nebenpflicht im Sinne des § 241 Abs. 2 BGB siehe oben unter § 5.B.

217 Vgl. die Definition der Nebenleistungspflicht bei *Brox/Walker*, Schuldrecht, § 2 Rn. 7.

218 Bamberger/Roth-*Unberatz*, BGB, § 280 Rn. 46.

spruches statt der ganzen Leistung – abweichend von dem einfachen Schadensersatz – besondere Voraussetzungen.[219]
Bei der Frage nach den Kriterien für diese Abgrenzung gehen die Meinungen auseinander.[220] Einige wollen danach differenzieren, ob es sich um die Verletzung von leistungs- oder nichtleistungsbezogene Pflichten handelt.[221]
Überzeugender ist dagegen ein anderer Ansatz. Dabei wird von der Überlegung ausgegangen, dass es sich bei dem Schadensersatz statt der Leistung um den Schaden handelt, der sich aus dem endgültigen Ausbleiben der Leistung ergibt.[222] Umfasst sind alle Schäden, deren Entstehung durch eine (gedachte) (Nach-)Erfüllung zum letztmöglichen Zeitpunkt (also bei Unmöglichkeitsfällen bis zu dem Moment, in dem die Unmöglichkeit eintritt) noch verhindert worden wären.[223] Demgegenüber erfasst der einfache Schadensersatz (§ 280 Abs. 1 BGB) all jene Schäden, die auch bei ordnungsgemäßer (Nach-)Erfüllung im letztmöglichen Zeitpunkt bestehen geblieben wären,[224] so dass eine Fristsetzung nicht sinnvoll wäre.[225] Entscheidend für die Abgrenzung des Schadensersatzes statt der Leistung von jener des einfachen Schadensersatzes ist also das Fristsetzungserfordernis.[226] Die Verletzung der auf § 81 Abs. 4 S. 1 Nr. 1 SGB IX gestützten Wiedereingliederungspflicht verursacht einen Schaden, der sich aus dem endgültigen Ausbleiben der Leistung ergibt. Dieser Schaden ist vermeidbar, wenn unmittelbar vor Eintritt der Unmöglichkeit, also zum letztmöglichen Zeitpunkt, die erstrebte Wiedereingliederungsmaßnahme durchgeführt wird.
Es handelt sich also bei dem Schadensersatzanspruch, den ein Schwerbehinderter aufgrund des Unterlassens einer Wiedereingliederungsmaßnahme geltend macht, um einen Schadensersatz statt der Leistung im Sinne des § 280 Abs. 3 BGB und nicht um einen einfachen Schadensersatz gemäß § 280 Abs. 1 BGB. In Folge des Fixschuldcharakters[227] des Beschäftigungs- und damit auch des Wiedereingliederungsanspruches richtet sich der Schadensersatzanspruch eines Schwerbehinderten

---

[219] *Lorenz*, NJW 2002, 2497, 2500.
[220] Siehe zum Ganzen ausführlich *Hellwege*, §§ 280 ff. BGB, S. 56 ff.
[221] *Recker*, NJW 2002, 1247, 1247.
[222] Bamberger/Roth-*Faust*, BGB, § 437 Rn. 56 ff.; *Lorenz*, NJW 2002, 2497, 2500.
[223] *Ady*, ZGS 2003, 13, 15; Bamberger/Roth-*Faust*, BGB, § 437 Rn. 57; *Canaris*, ZIP 2003, 321, 322; Jauernig-*Stadler*, BGB, § 280 Rn. 4; *Knoche/Höller*, ZGS 2003, 26, 28; MünchKommBGB-*Ernst*, Bd. 2, § 280 Rn. 66; *Schulze/Ebers*, JuS 2004, 265, 268; Staudinger-*Otto*, § 280 Rn. E 13.
[224] *Ady*, ZGS 2003, 13, 15; Bamberger/Roth-*Faust*, BGB, § 437 Rn. 57; *Canaris*, ZIP 2003, 321, 322; Jauernig-*Stadler*, BGB, § 280 Rn. 4; *Knoche/Höller*, ZGS 2003, 26, 28; MünchKommBGB-*Ernst*, Bd. 2, § 280 Rn. 66; *Schulze/Ebers*, JuS 2004, 265, 268; Staudinger-*Otto*, § 280 Rn. E 13.
[225] Bamberger/Roth-*Faust*, BGB, § 437 Rn. 66; *Tiedtke/Schmitt*, BB 2005, 615, 616 f.
[226] AnwKom-BGB-*Dauner-Lieb*, § 280 Rn.45; *Schubel*, JuS 2002, 313, 319.
[227] Siehe dazu oben unter § 9.A.II.1.c).aa).

gegen seinen Arbeitgeber in diesen Fällen nach §§ 280 Abs. 1 und 3, 283 BGB und nicht allein nach § 280 Abs. 1 BGB.
Diese Einordnung deckt sich mit jener eines anderen Beschäftigungsanspruches. Auch im Falle der Nichterfüllung des allgemeinen Weiterbeschäftigungsanspruches soll sich der Anspruch auf Schadensersatz nach Inkrafttreten des Schuldrechtsmodernisierungsgesetzes aus §§ 280 Abs. 1 und 3, 283 BGB – und nicht aus § 280 Abs. 1 BGB – ergeben.[228]

cc) Voraussetzungen eines Anspruches aus §§ 280 Abs. 1 und 3, 283 BGB

Im Anschluss an die Bestimmung der zutreffenden Anspruchsgrundlage sind nunmehr die Voraussetzungen eines dementsprechenden Schadensersatzanspruches zu klären. Ein Anspruch aus §§ 280 Abs. 1 und 3, 283 BGB verlangt zunächst einmal ein bestehendes Schuldverhältnis. Ein solches liegt auch im Falle der unterlassenen Wiedereingliederung in Form des (ruhenden) Arbeitsverhältnisses zwischen dem Arbeitgeber und seinem schwerbehinderten Arbeitnehmer regelmäßig vor. Die Arbeitsunfähigkeit des Arbeitnehmers ändert nichts an dem Fortbestand dieses Rechtsverhältnisses. Des Weiteren erfordert der Schadensersatzanspruch gemäß §§ 280 Abs. 1 und Abs. 3, 283 BGB, dass der Schuldner nach § 275 BGB von einer Haupt- oder Nebenleistungspflicht frei geworden ist.[229] Dabei liegt bereits in der Nichterfüllung der Leistungspflicht die von diesem Schadensersatzanspruch vorausgesetzte objektive Pflichtverletzung, welche bei Vertretenmüssen zu einem Schadensersatzanspruch führt.[230]
Die arbeitgeberseitige Nebenleistungspflicht zur stufenweisen Wiedereingliederung aus § 81 Abs. 4 S. 1 Nr. 1 SGB IX ist für zurückliegende Zeiträume aufgrund ihres Fixschuldcharakters[231] nicht nachholbar. Der Arbeitgeber wird somit durch Unterlassen einer medizinisch notwendigen Wiedereingliederung von dieser Pflicht für die Vergangenheit nach § 275 Abs. 1 BGB befreit. Allein durch die Nichterfüllung seiner Wiedereingliederungspflicht begeht er eine Pflichtverletzung im Sinne der §§ 280 Abs. 1 und 3, 283 BGB.
Schließlich muss der Arbeitgeber die Pflichtverletzung zu vertreten haben (§§ 280 Abs. 1 S. 2, 283 S. 1 BGB). Bezugspunkt des Vertretenmüssens sind die Umstände, die dazu geführt haben, dass die Leistung nach § 275 Abs. 1 BGB

[228] ErfK-*Preis*, § 619 a BGB Rn. 49.
[229] Bamberger/Roth-*Unberath*, BGB, § 283 Rn. 2.
[230] So überzeugend Bamberger/Roth-*Unberath*, BGB, § 283 Rn. 2. Dagegen will beispielsweise *Harke*, ZGS 2006, 9, 10 f., die Leistungspflicht erst durch das Herbeiführen der Unmöglichkeit verletzt sehen.
[231] Siehe dazu oben unter § 9.A.II.1.c).aa).

unmöglich ist.[232] Verweigert der Arbeitgeber eine medizinisch notwendige Wiedereingliederungsmaßnahme, so lässt er die im Verkehr erforderliche Sorgfalt außer Acht und handelt damit (zumindest) fahrlässig (vgl. § 276 Abs. 2 BGB). Er hat in diesem Fall die Umstände, die zur Leistungsbefreiung nach § 275 Abs. 1 BGB geführt haben, zu vertreten

dd) Umfang der Haftung und Naturalherstellung bei Schadensersatz statt der Leistung

Sind die Voraussetzungen eines Schadensersatzanspruches aus §§ 280 Abs. 1 und 3, 283 BGB erfüllt, so bestimmt sich der Inhalt und Umfang einer Arbeitgeberhaftung nach den allgemeinen Vorschriften der §§ 249 ff. BGB.[233] Mit Hilfe des Schadensersatzanspruches statt der Leistung soll der Gläubiger im Ergebnis so gestellt werden, wie er bei ordnungsgemäßer Leistung im Augenblick der Geltendmachung des Anspruches bei wirtschaftlicher Betrachtungsweise stünde (vgl. §§ 249, 252 BGB).[234]
Aus der Tatsache, dass § 281 Abs. 4 BGB den Anspruch auf die Leistung ausschließt sowie aus der Terminologie „Schadensersatz statt der Leistung", wird teilweise der Schluss gezogen, § 249 Abs. 1 sei auf den Anspruch auf Schadensersatz statt der Leistung generell nicht anwendbar.[235] Die Haftung solle sich in diesen Fällen vielmehr ausschließlich nach § 251 Abs. 1 BGB richten, der Gläubiger könne also lediglich Wertersatz verlangen.[236]
Diesem Verständnis ist grundsätzlich zuzustimmen. Allerdings sind Ausnahmen von diesem Grundsatz anzuerkennen.[237] Der Gesetzgeber wollte mit der sprachlichen Neuregelung („Schadensersatz statt der Leistung" an Stelle der früheren Terminologie „Schadensersatz wegen Nichterfüllung") keine grundlegende materielle Änderung bewirken,[238] so dass die bereits in früherer Zeit anerkannten Ausnahmen hinsichtlich einer Anwendbarkeit des § 249 Abs. 1 BGB in diesen Fällen weiterhin gültig sind. Hat der Gläubiger an der Naturalrestitution nach Treu und Glauben ein berechtigtes Interesse und wird der Schuldner dadurch nicht überfor-

---

232 Bamberger/Roth-*Unberath*, BGB, § 283 Rn. 3.
233 ErfK-*Preis*, § 619 a BGB Rn. 69.
234 BGH v. 27. 5. 1998, VIII ZR 362/96, NJW 1998, 2901, 2902; MünchKommBGB-*Emmerich*, Bd. 2, Vor § 281 Rn. 7.
235 Bamberger/Roth-*Unberath*, BGB, § 281 Rn. 34; *Hirsch*, Jura 2003, 289, 289.
236 Bamberger/Roth-*Unberath*, BGB, § 281 Rn. 34.
237 So auch BGH v. 27.09.1971, II ZR 43/70, WM 1971, 1412, 1414; MünchKommBGB-*Emmerich*, Bd. 2, vor § 281 Rn. 8 f.; Staudinger-*Otto*, § 280 Rn. E 80 f.
238 Staudinger-*Otto*, § 280 Rn. E 6 und Rn. E 81.

dert, so findet § 249 Abs. 1 BGB auch auf einen Schadensersatzanspruch statt der Leistung Anwendung.[239]
Einen dementsprechenden Ausnahmefall stellt auch der Schadensersatzanspruch statt der Leistung gemäß §§ 280 Abs. 1 und 3, 283 BGB dar, den ein Schwerbehinderter geltend machen kann, wenn sein Arbeitgeber die notwendige Wiedereingliederung schuldhaft unterlässt. Für den Zeitraum zwischen dem ersten ernsthaften Wiedereingliederungsverlangen durch den Arbeitnehmer gegenüber seinem Arbeitgeber bis spätestens zum Tag der letzten mündlichen Verhandlung vor der letzten Tatsacheninstanz wird die Erfüllung des Anspruches aus § 81 Abs. 4 S. 1 Nr. 1 SGB IX in Folge seines Fixschuldcharakters zwar unmöglich. Aus dieser Unmöglichkeit aber den Schluss ziehen zu wollen, eine Naturalrestitution wäre schon deshalb nicht denkbar, da mit ihr eine begrifflich ausgeschlossene Erfüllung einherginge, vermag nicht zu überzeugen.[240]
Dabei wird nämlich übersehen, dass die nachträglich bewirkte Leistung durch den Schuldner nicht die Erfüllung der ursprünglichen Verpflichtung darstellt.[241] Die Erfüllung dieser Verpflichtung ist endgültig unmöglich geworden.[242] Wird nunmehr aber der Anspruch auf Schadensersatz statt der Leistung geltend gemacht, so tritt dieser an die Stelle des ursprünglichen Leistungsanspruches.[243] Mit dem ausgewechselten Anspruch und der hiermit korrespondierenden Pflicht wird das weiterhin bestehende Schuldverhältnis fortgesetzt.[244] Der Schadensersatz statt der Leistung kann daher gerade wegen seiner Möglichkeit zur Naturalrestitution das passende Mittel zur Durchführung des Vertrages nach Wunsch des geschädigten Partners sein.[245] Mithin ist eine Naturalrestitution auch bei einem Schadensersatz statt der Leistung gemäß §§ 280 Abs. 1 und 3, 283 BGB sehr wohl denkbar. Etwas anderes gilt nur für die Fälle, in denen Wertentscheidungen einer Ersatzleistung in Natur entgegenstehen. Beispielsweise führen Schutzzweckgesichtspunkte dazu, den Arbeitnehmer vor Nacharbeit zu bewahren.[246]
Ein solcher Schutzzweck steht demgegenüber einer Naturalrestitution im Falle der unterlassenen Wiedereingliederung nicht entgegen. Vielmehr soll durch die unmöglich gewordene Pflicht zur Wiedereingliederung nicht der zur Nachleistung

[239] MünchKommBGB-*Emmerich*, Bd. 2, vor § 281 Rn. 8 f.; Staudinger-*Otto*, § 280 Rn. E 80.
[240] So aber Staudinger-*Werner*, 10./11. Auflage, § 251 Rn. 4, zum Schadensersatz wegen Nichterfüllung, der nach dem gesetzgeberischen Willen dem heutigen Schadensersatz statt der Leistung entspricht (vgl. zu dieser Entsprechung Staudinger-*Otto*, § 280 Rn. E 5).
[241] *Motzer*, Vertragsverletzung, S. 228.
[242] *Motzer*, Vertragsverletzung, S. 228.
[243] *Larenz*, Schuldrecht, Band 1, S. 333.
[244] *Larenz*, Schuldrecht, Band 1, S. 333; Pieper, JuS 1962, 409, 414.
[245] *Pieper*, JuS 1962, 409, 414.
[246] *Beuthien*, RdA 1972, 20, 23.

verpflichtete Arbeitgeber geschützt werden, sondern sein übergangener schwerbehinderter Arbeitnehmer. Wer die Möglichkeit einer Naturalrestitution in dieser Konstellation ablehnt, käme zu dem merkwürdigen Ergebnis, dass ein Arbeitgeber für seine Weigerung, eine angezeigte Wiedereingliederung anzubieten, am Ende noch belohnt werden würde. Der Arbeitgeber wäre bei diesem Verständnis auch im Rahmen des Schadensersatzes von der Durchführung einer Wiedereingliederungsmaßnahme befreit. Dieses Ergebnis ist insbesondere mit den gesetzgeberischen Wertungsgesichtspunkten, die Arbeitsplätze schwerbehinderter Arbeitnehmer besonders zu schützen und die „Rehabilitation vor Entlassung" zu stärken, nicht zu vereinen. Da ein schwerbehinderter Arbeitnehmer häufig ohne Vornahme einer Wiedereingliederung der erhöhten Gefahr eines dauerhaften Verlustes seiner Arbeitskraft ausgesetzt ist, kann der angerichtete Schaden auch nicht anders als durch Naturalherstellung, also Durchführung einer Wiedereingliederungsmaßnahme, behoben werden.[247]

Darüber hinaus ist ein solcher Schaden auch nicht durch eine bloße Geldleistung in adäquater Weise ausgleichbar, weil der Rekonvaleszent als Gläubiger des Schadensersatzanspruches mit einer reinen Geldleistung nicht in die Lage versetzt wird, sich auf dem Markt Ersatz für die gewünschte Wiedereingliederung bei seinem Arbeitgeber zu beschaffen.[248] Nicht zuletzt untermauert die Tatsache, dass der Schuldner (Arbeitgeber) durch die Verpflichtung zur Naturalherstellung regelmäßig auch nicht überfordert wird, wohingegen bei reiner Geldleistung und Unterbleiben der Wiedereingliederung die wirtschaftliche Existenzgrundlage des Arbeitnehmers in Form seines Arbeitsverhältnisses konkret gefährdet ist, die Notwendigkeit, in diesen Fällen die Naturalrestitution ausnahmsweise zuzulassen.

Mithin ist ein Arbeitgeber, der schuldhaft die Durchführung einer Wiedereingliederung zu Gunsten seines schwerbehinderten Arbeitnehmers unterlässt, diesem gegenüber nach §§ 280 Abs. 1 und 3, 283, 249 Abs. 1 BGB zum Schadensersatz verpflichtet. Eine solche Naturalherstellung ist dem Arbeitgeber auch möglich, da eine Wiedereingliederungsmaßnahme regelmäßig auf Grundlage eines ärztlichen Wiedereingliederungsplanes erfolgt. Dieser Plan kann, wenn auch an anderen Tagen, inhaltlich mit dem ursprünglichen Regelungsgehalt umgesetzt werden.

Die Möglichkeit, in den Genuss einer stufenweisen Wiedereingliederung zu kommen, ist einem schwerbehinderten Arbeitnehmer daher auch kraft vertragsrechtlich begründetem Schadensersatz nach §§ 280 Abs. 1 und 3, 283, 249 Abs. 1 BGB eröffnet.

---

[247] Für Naturalherstellung in den Fällen, in denen der Schaden nicht anders als durch Naturalrestitution behebbar ist, spricht sich zutreffend auch Staudinger-*Otto*, § 280 Rn. E 80, aus.

[248] Auf dieses Kriterium weisen überzeugend MünchKommBGB-*Emmerich*, Bd. 2, Vor § 281 Rn. 9 und Staudinger-*Otto*, § 280 Rn. E 80, hin.

b) Deliktischer Schadensersatz

Neben diesem arbeitsvertragsrechtlich begründetem Schadensersatz zu Gunsten schwerbehinderter Arbeitnehmer wären des Weiteren deliktische Schadensersatzsansprüche für sätmtliche Arbeitnehmer eines Betriebes im Fall des Unterbleibens einer medizinisch notwendigen stufenweisen Wiedereingliederungsmaßnahme denkbar.

aa) Schadensersatzanspruch aus § 823 Abs. 1 BGB

Allerdings scheidet ein Schadensersatzanspruch nach § 823 Abs. 1 BGB aus. Die einzig denkbaren Rechtsgüter, welche bei einer unterbliebenen Wiedereingliederung betroffen sein könnten, namentlich die Gesundheit sowie das allgemeine Persönlichkeitsrecht, werden in diesen Konstellationen durch den Arbeitgeber regelmäßig nicht verletzt.[249]

bb) Schadensersatzanspruch aus § 823 Abs. 2 BGB

Möglich wäre es dagegen, einen deliktischen Schadensersatzanspruch bei schuldhaft verweigerter Wiedereingliederung auf § 823 Abs. 2 BGB zu stützen. Diese Norm verpflichtet denjenigen zum Schadensersatz, der schuldhaft gegen ein Schutzgesetz verstößt.[250]

Gesetz ist nach Art. 2 EGBGB jede Rechtsnorm. Ein Schutzgesetz im Sinne des § 823 Abs. 2 BGB verlangt darüber hinaus, dass das Gesetz den Verletzten schützt und der durch die Verletzung hervorgerufene Schaden dem Schutzbereich der Vorschrift unterfällt.[251] Entscheidend ist, dass das Gesetz dem Anspruchsteller einen Individualschutz einräumt.[252]

Ein Schutzgesetz nach § 823 Abs. 2 BGB liegt vor, wenn die Rechtsnorm – und sei es auch neben dem Schutz der Allgemeinheit – gerade dazu dienen soll, den einzelnen oder einzelne Personenkreise vor einer Rechtsgutverletzung zu bewahren.[253] Die Schaffung eines individuellen Schadensersatzanspruches muss sinnvoll sein und darüber hinaus im Lichte des haftungsrechtlichen Gesamtsystems tragbar erscheinen.[254] Im Zusammenhang mit einer unterbliebenen Wiedereingliederungsmaßnahme kämen drei Gesetze mit etwaiger Schutznormqualität in Betracht.

---

[249] So auch für das allgemeine Persönlichkeitsrecht im Falle einer Verletzung der Beschäftigungspflicht MünchArbR-*Blomeyer*, § 95 Rn. 25.

[250] *Fuchs*, Deliktsrecht, S. 135.

[251] *Deutsch/Ahrens*, Deliktsrecht, § 15, Rn. 211.

[252] BGH v. 08.05.1973, VI ZR 164/71, VersR 1973, 921, 921; BGH v. 08.06.1976, VI ZR 50/75, BGHZ 66, 388, 390; *Fuchs*, Deliktsrecht, S. 137.

[253] BGH v. 08.05.1973, VI ZR 164/71, VersR 1973, 921, 921.

[254] BGH v. 08.06.1976, VI ZR 50/75, BGHZ 66, 388, 390.

(1) § 81 Abs. 4 S. 1 Nr. 1 SGB IX als Schutzgesetz nach § 823 Abs. 2 BGB

Zunächst ist an den bereits mehrfach in dieser Arbeit angesprochenen § 81 Abs. 4 S. 1 Nr. 1 SGB IX zu denken. Sinn und Zweck der Norm stimmen mit dem ihrer Vorgängerregelungen überein, so dass die Ausführungen zu jenen Vorschriften uneingeschränkt auf § 81 Abs. 4 S. 1 Nr. 1 SGB IX übertragbar sind. § 81 Abs. 4 S. 1 Nr. 1 SGB IX dient nicht in erster Linie dazu, eine allgemeine sozialstaatliche beziehungsweise sozialpolitische Funktion zu erfüllen.[255] Vielmehr soll diese Norm sowohl die einzelnen Schwerbehinderten als auch die gesamte Gruppe der Schwerbehinderten gegen die Verletzung ihrer stark gefährdeten Rechtsposition im Arbeitsleben schützen.[256] Die Vorschrift beinhaltet vor allem eine privatrechtlich gesteigerte Fürsorgepflicht gegenüber einem Schwerbehinderten.[257] Mithin ist § 81 Abs. 4 S. 1 Nr. 1 SGB IX, im Einklang mit ihren Vorläuferregelungen, als Schutzgesetz im Sinne von § 823 Abs. 2 BGB zu qualifizieren.[258] Dem schwerbehinderten Arbeitnehmer steht somit bei schuldhafter Nichterfüllung seines Anspruches aus § 81 Abs. 4 S. 1 Nr. 1 SGB IX auf Wiedereingliederung neben dem vertragsrechtlich begründeten Schadensersatzanspruch auch ein Anspruch auf Schadensersatz aus § 823 Abs. 2 BGB i. V. m. § 81 Abs. 4 S. 1 Nr. 1 SGB IX zu. Auch dieser deliktische Schadensersatzanspruch ist gemäß § 249 Abs. 1 BGB auf Naturalrestitution, also Durchführung einer Wiedereingliederung, gerichtet.[259]

(2) Schadensersatz nach § 823 Abs. 2 BGB in Verbindung mit § 84 Abs. 2 SGB IX

Dagegen scheidet im Falle einer medizinisch notwendigen, aber unterbliebenen Wiedereingliederung eines arbeitsunfähigen Arbeitnehmers ein Schadensersatzanspruch gemäß § 823 Abs. 2 BGB i. V. m. § 84 Abs. 2 SGB IX aus. Zwar schützt § 84 Abs. 2 SGB IX nicht allein die Interessen der Allgemeinheit, sondern hat auch die Belange des einzelnen Rekonvaleszenten im Auge.[260] Allerdings reicht diese Feststellung allein nicht aus, um in jedem Fall eine Haftung aus § 823 Abs. 2 BGB

---

[255] Vgl. zur alten Rechtslage BAG v. 12.11.1980, 4 AZR 779/78, AP Nr. 3 zu § 11 SchwbG.

[256] Vgl. zur alten Rechtslage BAG v. 12.11.1980, 4 AZR 779, 78, AP Nr. 3 zu § 11 SchwbG.

[257] Vgl. zur alten Rechtslage BAG v. 10.07.1991, 5 AZR 383/90, AP Nr. 1 zu § 14 SchwbG 1986, unter IV.1.

[258] BAG v. 12.11.1980, 4 AZR 779/78, AP Nr. 3 zu § 11 SchwbG; BAG v. 03.12.2002, 9 AZR 462/01, AP Nr. 1 zu § 124 SGB IX, unter II.3.b).; BAG v. 04.10.2005, 9 AZR 632/04, AP Nr. 9 zu § 81 SGB IX, unter II.1.; MünchArbRErgBand-*Cramer*, § 236 Rn. 45; Neumann/Pahlen/Majerski-Pahlen-*Neumann*, SGB IX, § 81 Rn. 30.

[259] Vgl. bzgl. des Anspruchsinhaltes auch die Ausführungen oben unter § 9.A.II.2.a).dd).

[260] In Folge dessen stufen Kossens/von der Heide/Maaß-*Kossens*, SGB IX, § 84 Rn. 14 sowie Pahlen, AR-Blattei SD 1440.1 Rn. 167 k, § 84 Abs. 2 SGB IX als Schutzgesetz im Sinne des § 823 Abs. 2 BGB ein.

zu befürworten.[261] Vielmehr muss der erlittene Schaden auch ein solcher sein, zu dessen Verhinderung die in Frage stehende Vorschrift erlassen worden ist.[262] Durch § 84 Abs. 2 SGB IX soll ausweislich der Gesetzesbegründung die Überwindung der Arbeitsunfähigkeit durch ein betriebliches Eingliederungsmanagement erreicht werden.[263] Wie der einzelne Arbeitgeber dieses Eingliederungsmanagement ausgestaltet, bleibt ihm überlassen. Mithin besteht keine Verpflichtung zur Durchführung einer stufenweisen Wiedereingliederung als eine denkbare Maßnahme eines solchen Eingliederungsmanagements.[264] In Folge dessen will § 84 Abs. 2 SGB IX auch nicht vor solchen Schäden schützen, die durch eine unterbliebene Wiedereingliederung entstanden sind. Diese Schäden sind vom sachlichen Schutzbereich des § 84 Abs. 2 SGB IX nicht umfasst, so dass in solchen Fällen ein auf § 823 Abs. 2 BGB i. V. m. § 84 Abs. 2 SGB IX gestützter Schadensersatzanspruch nicht erfolgreich geltend gemacht werden kann.

(3) § 2 Abs. 2 SGB III als Schutzgesetz im Sinne des § 823 Abs. 2 BGB

Im Falle der unterbliebenen Wiedereingliederung entfällt schließlich auch ein Anspruch auf Schadensersatz gemäß § 823 Abs. 2 BGB i. V. m. § 2 Abs. 2 SGB III. § 2 Abs. 2 SGB III ist kein Schutzgesetz im Sinne des § 823 Abs. 2 BGB.[265] Die Norm trifft ebenso wie § 84 Abs. 2 SGB IX keine Aussage dahingehend, welche Maßnahmen der Arbeitgeber zu ergreifen hat, um dem Regelungsgehalt des § 2 Abs. 2 SGB III zu entsprechen. Insofern ist der Schutz vor Schädigungen in Folge einer unterbliebenen Wiedereingliederungsmaßnahme auch kein Zweck des § 2 Abs. 2 SGB III.[266] Die in diesen Fällen denkbaren Schäden unterfallen daher auch nicht dem sachlichen Schutzbereich dieser Norm.

---

[261] So überzeugend *Kötz/Wagner*, Deliktsrecht Rn. 229.

[262] *Kötz/Wagner*, Deliktsrecht Rn. 229.

[263] Vgl. BT-Drucksache, 15/1783, S. 15.

[264] Siehe dazu bereits oben unter § 2.D.II.2.a).

[265] So auch *Bauer/Krets*, NJW 2003, 537, 542 zum gesamten § 2 SGB III. Den Schutznormcharakter des § 2 Abs. 2 S. 2 Nr. 3 SGB III verneinen BAG v. 29.09.2005, 8 AZR 571/04, NZA 2005, 1406, 1408 f.; ArbG Verden v. 27.11.2003, 3 Ca 1567/03, BB 2004, 1632, 1633; *Gitter*, SAE 2006, 190, 192; *Seel*, MDR 2005, 241, 246 f.; *Wolf*, NZA-RR 2004, 337, 340. Demgegenüber will *Kreutz*, ArbuR 2003, 201, 202 f., § 2 Abs. 2 S. 2 Nr. 3 SGB III als Schutzgesetz einstufen.

[266] Vgl. auch *Gitter*, SAE 2006, 190, 191 f., mit Ausführungen in Bezug auf die fehlende Schutznormqualität des § 2 Abs. 2 Nr. 3 SGB III.

B.Kollektivrechtliche Ebene

Neben den soeben dargestellten individualrechtlichen Folgen und möglichen Maßnahmen im Falle des arbeitgeberseitigen Unterlassens einer medizinisch angezeigten stufenweisen Wiedereingliederung sind in diesem Zusammenhang auch kollektivrechtliche Konsequenzen denkbar.

III. Integrationsteam der Ford Werk als Mittel zur Vermeidung kollektivrechtlicher Probleme

Eine Möglichkeit, kollektivrechtliche Probleme von vornherein möglichst weit auszuschließen, zeigt die bereits einleitend[267] dargestellte Ford Werke GmbH. Das dort freiweillige eingeführte betriebliche Eingliederungsmanagement wird von einem Integrationsteam begleitet.[268] Dieses Team besteht aus einem betrieblich verantwortlichen Koordninator, dem Vorgesetzten, dem Personalverantwortlichen sowie dem Betriebsrat.[269] Ergänzt wird das Integrationsteam durch den Betriebsarzt und den Schwerbehindertenvertreter.[270] Ursache für die Gründung dieser Gruppe war die Überlegung, dass ein Eingliederungsmanagement nur gelingen kann, sofern eine gemeinsame Beschlussfindung aller Beteiligten gewährleistet ist.[271]

IV. Kollektivrechtliche Fragen bei fehlendem Integrationsteam

Kommt es dagegen nicht zu der Bildung eines Integrationsteams oder einer ähnlichen Gruppe wie im Beispiel der Ford Werke GmbH, so können verstärkt kollektivrechtliche Probleme im Zusammenhang mit der Wiedereingliederung als eine Maßnahme eines betrieblichen Eingliederungsmanagements entstehen. Die dabei besonders interessierende Frage nach einem Mitwirkungsrecht der Arbeitnehmervertretungen im Rahmen eines betrieblichen Eingliederungsmanagements ist bisher ungeklärt. Dabei ist sie bei Streitigkeiten über den Abschluss einer Betriebsvereinbarung zum betrieblichen Eingliederungsmanagement – und damit auch für die stufenweise Wiedereingliederung als eine besonders erfolgreiche Maßnahme des Eingliederungsmanagements – sehr bedeutsam. In solchen Fällen könnte der

---

[267] Siehe oben § 1.B.
[268] Vgl. *Badura/Schellschmidt/Vetter*, Fehlzeiten-Report 2006, S. 165.
[269] Vgl. *Badura/Schellschmidt/Vetter*, Fehlzeiten-Report 2006, S. 165.
[270] Vgl. *Badura/Schellschmidt/Vetter*, Fehlzeiten-Report 2006, S. 165.
[271] Vgl. *Badura/Schellschmidt/Vetter*, Fehlzeiten-Report 2006, S. 164.

Betriebsrat die Einigungsstelle erfolgreich anrufen, sofern diese nicht offensichtlich unzuständig ist (vgl. § 98 Abs. 1 S. 2 ArbGG). Die Kosten der Einigungsstelle trägt nach § 76 a Abs. 1 BetrVG der Arbeitgeber. Betriebsrat und Arbeitgeber haben daher ein Bedürfnis an der Klärung ihres Mitbestimmungsrechtes in Bezug auf ein betriebliches Eingliederungsmanagement.
Sollte ein Mitbestimmungsrecht des Betriebsrates in der fraglichen Angelegenheit unter jedem rechtlichen Gesichtspunkt verneint werden müssen und sich die beizulegende Streitigkeit zwischen Arbeitgeber und Betriebsrat erkennbar nicht unter einen mitbestimmungspflichtigen Tatbestand des Betriebsverfassungsgesetzes subsumieren lassen, so müsste der Arbeitgeber aufgrund offensichtlicher Unzuständigkeit der Einigungsstelle keine Kostenlast aus § 76 a Abs. 1 BetrVG befürchten.[272] Dagegen würde er von Beginn an eine gesteigerte Verhandlungsbereitschaft zu Tage legen, sollte ein Mitbestimmungsrecht des Betriebsrates nach § 87 Abs. 1 BetrVG bejaht und damit die Zuständigkeit der Einigungsstelle (vgl. 87 Abs. 2 BetrVG) begründet werden. Das gleiche Klärungsbedürfnis besteht in Bezug auf Mitwirkungsrechte der Schwerbehindertenvertretung.

1. Initiativrecht der Arbeitnehmervertretungen hinsichtlich des Eingliederungsmanagements

Sowohl der Betriebsrat als auch die Schwerbehindertenvertretung können die Einleitung eines betrieblichen Eingliederungsmanagements im Sinne des § 84 Abs. 2 S. 1 SGB IX verlangen. Dieses Initiativrecht zur Einführung eines Eingliederungsmanagements ergibt sich aus § 84 Abs. 2 S. 6 SGB IX und kann im arbeitsgerichtlichen Beschlussverfahren nach § 2 a Abs. 1 Nr. 1 ArbGG (Betriebsrat) beziehungsweise § 2 a Abs. 1 Nr. 3 a ArbGG i. V. m. §§ 95 Abs. 1 S. 2 Nr. 1, 84 Abs. 2 S. 6 SGB IX (Schwerbehindertenvertretung) durchgesetzt werden.[273]

2. Erzwingbares Mitbestimmungsrecht bezüglich der Art des Eingliederungsmanagements

Die Anerkennung eines Initiativrechtes zu Gunsten des Betriebsrates und der Schwerbehindertenvertretung beinhaltet allerdings noch keine Aussage dahingehend, ob die genannten Arbeitnehmervertretungen auch über die Art und Weise des betrieblichen Eingliederungsmanagements mitbestimmen dürfen. Einige wollen

---

[272] Vgl. LAG Hamburg v. 07.03.1985, 1 TaBv 1/84, NZA 1985, 604, 604; LAG Hamm v. 07.07.2003, 10 TaBV 85/03, NZA-RR 2003, 637, 637; LAG Schleswig-Holstein v. 19.12.2006, 6 TaBV 14/06, zitiert nach juris Rn. 26; ArbG Dortmund v. 20.06.2005, 5 BV 48/05 zitiert nach juris Rn. 20; *Wolf*, Forum B, Beitrag 16/2007, S. 2.

[273] *Düwell*, FS Küttner, S. 139, 152; *Gagel*, NZA 2004, 1359, 1359; *Klaesberg*, PersR 2005, 427, 430.

dem Betriebsrat und der Schwerbehindertenvertretung lediglich hinsichtlich der Einleitung des Eingliederungsmanagements, also nur in Bezug auf das „Ob“, ein Mitwirkungsrecht zusprechen, wohingegen das „Wie“, mithin die Ausgestaltung des betrieblichen Eingliederungsmanagements, nicht durch die Arbeitnehmervertretungen erzwingbar sei.[274] § 84 Abs. 2 S. 7 SGB IX räume den Interessenvertretungen lediglich eine Rechtskontrolle ein.[275]

Ein „echtes“ Mitbestimmungsrecht hinsichtlich der Art und Weise des Eingliederungsmanagements ergebe sich weder aus § 84 Abs. 2 SGB IX noch aus § 87 Abs. 1 BetrVG.[276] Zum einen müsse § 84 Abs. 2 SGB IX als gesetzliche Regelung im Sinne des Einleitungssatzes von § 87 Abs. 1 BetrVG angesehen werden, womit die Herleitung möglicher Mitbestimmungsrechte aus § 87 Abs. 1 BetrVG gesperrt sei.[277] Unabhängig von dieser Sperrwirkung sei aber auch kein Mitbestimmungstatbestand des § 87 Abs. 1 BetrVG erfüllt.[278] Im Falle des betrieblichen Eingliederungsmanagements fehle es bereits an dem von § 87 Abs. 1 BetrVG vorausgesetzten kollektiven Bezug.[279] Darüber hinaus sei die Durchführung eines betrieblichen Eingliederungsmanagements nicht dem Ordnungs-, sondern dem Arbeitsverhalten zuzuordnen, so dass auch aus diesem Grund § 87 Abs. 1 Nr. 1 BetrVG ausscheide.[280] Schließlich komme auch § 87 Abs. 1 Nr. 7 BetrVG in diesen Sachverhalten nicht in Betracht, weil es sich bei dem Eingliederungsmanagement um eine Maßnahme mit ausschließlichem Individualbezug handele, § 87 Abs. 1 Nr. 7 BetrVG dagegen „Regelungen“ und somit kollektive Tatbestände voraussetze.[281]

a) Mitbestimmungsrecht des Betriebsrates aus § 87 Abs. 1 Nr. 1 und Nr. 7 BetrVG

Diese Sichtweise vermag nicht zu überzeugen. Formalisierte Regelungen, die das betriebliche Eingliederungsmanagement konkretisieren, unterfallen der zwingenden Mitbestimmung und bedürfen der Zustimmung des Betriebsrates.[282] Dieses

---

274 So beispielsweise *Moderegger*, ArbRB 2005, 347, 349; *Namendorf/Natzel*, DB 2005, 1794, 1795; *Seel*, Behindertenrecht 2006, 30, 33 f.

275 *Seel*, Behindertenrecht 2006, 30, 33.

276 *Balders/Lepping*, NZA 2005, 854, 856; HK-*Trenk-Hinterberger*, SGB IX, § 84 Rn. 30; *Moderegger*, ArbRB 2005, 347, 349 f.; *Namendorf/Natzel*, DB 2005, 1794, 1795.

277 *Namendorf/Natzel*, DB 2005, 1794, 1795; *Seel*, Behindertenrecht 2006, 30, 33 f.

278 *Namendorf/Natzel*, DB 2005, 1794, 1795.

279 *Moderegger*, ArbRB 2005, 347, 349, 350.

280 *Namendorf/Natzel*, DB 2005, 1794, 1795.

281 *Moderegger*, ArbRB 2005, 347, 349 f.; *Namendorf/Natzel*, DB 2005, 1794, 1795; *Seel*, Behindertenrecht 2006, 30, 34.

282 So überzeugend *Gaul/Süßbrich/Kulejewski*, ArbRB 2004, 308, 310 f.

Mitbestimmungsrecht ergibt sich aus § 87 Abs. 1 Nr. 7 BetrVG.[283] Daneben ist regelmäßig auch § 87 Abs. 1 Nr. 1 BetrVG erfüllt.[284]

aa) § 87 Abs. 1 Nr. 7 BetrVG

§ 87 Abs. 1 Nr. 7 BetrVG gewährt dem Betriebsrat ein Recht zum Erlass betrieblicher Arbeits- und Gesundheitsschutzregelungen.[285]
Dabei verlangt die Vorschrift dreierlei.[286] Zunächst einmal müssen gesetzliche Vorschriften über die Verhütung von Arbeitsunfällen und Berufskrankheiten sowie über den Gesundheitsschutz oder Unfallverhütungsvorschriften bestehen.[287] Unerheblich ist, ob der Regelungsspielraum als Ermessens- oder Beurteilungsspielraum einzustufen ist.[288] Diese gesetzlichen Vorschriften oder Unfallverhütungsvorschriften müssen dem Arbeitgeber einen Entscheidungsspielraum belassen.[289] Entscheidend für das Mitbestimmungsrecht gemäß § 87 Abs. 1 Nr. 7 BetrVG ist daher, ob eine gesetzliche Handlungspflicht objektiv besteht und ob mangels vollständiger gesetzlicher Vorgabe eine betriebliche Regelung vonnöten ist, um dem gesetzgeberischen Ziel des Arbeits- und Gesundheitsschutzes gerecht zu werden.[290] Je konkreter die jeweilige Rahmenvorschrift ist, desto enger ist die Gestaltungsfreiheit des Arbeitgebers und somit das Mitbestimmungsrecht des Betriebsrates.[291] Welche Maßnahmen im konkreten Fall in Betracht kommen, hängt von dem Inhalt und der Reichweite der jeweiligen Rahmenvorschrift ab.[292] Darüber hinaus ergibt sich aus der Formulierung „Regelungen", dass allein kollektive Tatbestände mitbestimmungspflichtig im Sinne des § 87 Abs. 1 Nr. 7 BetrVG sind.[293] Personelle Einzelmaßnahmen werden von der Vorschrift nicht erfasst.[294]

---

283 *Britschgi*, AiB 2005, 284, 287; DKK-BetrVG-*Klebe*, § 87 Rn. 204; *Düwell*, FS Küttner, S. 139, 153; *Gaul/Süßbrich/Kulejewski*, ArbRB 2004, 308, 310 f.; HaKo-BetrVG-*Kohte*, § 87 Rn. 91; *von Steinau-Steinrück/Hagemeister*, NJW-Spezial 2005, 129, 129.

284 DKK-BetrVG-*Klebe*, § 87 Rn. 51; *Düwell*, FS Küttner, S. 139, 153; *Gagel*, NZA 2003, 1359, 1361; HaKo-BetrVG-*Kohte*, § 87 Rn. 91, Fußnote 334; *Wolf*, Forum B, Beitrag 16/2007, S. 3.

285 *Fitting*, BetrVG, § 87 Rn. 287; Richardi-*Richardi*, BetrVG, § 87 Rn. 560.

286 Vgl. BAG v. 06.12.1983, 1 ABR 43/81, AP Nr. 7 zu § 87 BetrVG 1972 Überwachung, unter C.I.3.; BAG v. 15.01.2002, 1 ABR 13/01, DB 2002, 2278, 2279; *Faber*, Grundpflichten, S. 469 f.; *Wlotzke*, FS Wissmann, S. 426, 426 ff.

287 Richardi-*Richardi*, BetrVG, § 87 Rn. 543.

288 Richardi-*Richardi*, BetrVG, § 87 Rn. 551.

289 Richardi-*Richardi*, BetrVG, § 87 Rn. 549; *Wlotzke*, FS Wissmann, S. 426, 426.

290 BAG v. 15.01.2002, 1 ABR 13/01, DB 2002, 2278, 2279.

291 *Fitting*, BetrVG, § 87, Rn. 279; Richardi-*Richardi*, BetrVG, § 87 Rn. 551.

292 *Fitting*, BetrVG, § 87 Rn. 279.

293 BAG v. 10.04.1979, 1 ABR 34/77, AP Nr. 1 zu § 87 BetrVG 1972 Arbeitssicherheit, unter II.3.; *Faber*, Grundpflichten, S. 469 f.

294 BAG v. 10.04.1979, 1 ABR 34/77, AP Nr. 1 zu § 87 BetrVG 1972 Arbeitssicherheit, unter II.3.

Schließlich hat die Mitbestimmung im Rahmen der gesetzlichen Vorschriften oder Unfallverhütungsvorschriften zu erfolgen.[295]
Bezogen auf das betriebliche Eingliederungsmanagement nach § 84 Abs. 2 SGB IX haben diese Ausführungen entscheidende Konsequenzen. Durch das in allen Betrieben geltende Eingliederungsmanagement soll präventiv den Gründen, auch betrieblich verursachter, Arbeitsunfähigkeit nachgegangen und Maßnahmen zur Wiedererlangung der Arbeitsfähigkeit innerhalb des Betriebes implementiert werden.[296] Darüber hinaus werden im Rahmen eines betrieblichen Eingliederungsmanagements regelmäßig systematische Erhebungen aktueller Gesundheitsrisiken vorgenommen.[297] Eine solche Maßnahme ist bereits für sich gesehen nach § 87 Abs. 1 Nr. 7 BetrVG mitbestimmungspflichtig.[298] Insofern stellt § 84 Abs. 2 SGB IX eine zwingende Vorschrift des Staates über die Verhütung von Berufskrankheiten und den Gesundheitsschutz dar.
Dabei regelt die Norm die zu treffenden Schutzmaßnahmen nicht detailliert, sondern lässt dem Arbeitgeber in Bezug auf die Umsetzung der zu erreichenden Schutzziele einen weiten Handlungsspielraum. Es handelt sich demnach auch um eine, wie es § 87 Abs. 1 Nr. 7 BetrVG voraussetzt, ausfüllungsbedürftige Rahmenvorschrift. Selbst wer § 84 Abs. 2 SGB IX als bloß organisatorische Norm einstufen wollte, die lediglich mittelbar dem Gesundheitsschutz diene, käme zu keinem anderen Ergebnis, da § 87 Abs. 1 Nr. 7 BetrVG auch solche Rahmenvorschriften erfasst.[299]
Erörterungswürdig ist allerdings, ob das betriebliche Eingliederungsmanagement nach § 84 Abs. 2 SGB IX einen kollektiven Tatbestand darstellt oder ob es sich hierbei nicht vielmehr um eine konkrete Einzelmaßnahme handelt. Die Mitbestimmung nach § 87 Abs. 1 Nr. 7 BetrVG ist nur bei Regelungen gegeben.[300]
Entscheidend für die Beantwortung dieser Frage ist der Gegenstand der Mitbestimmung, also der kollektive oder individuelle Bezug der Angelegenheit.[301] Ein kollektiver Tatbestand ist dann zu bejahen, wenn sich eine Regelungsfrage stellt,

---

[295] *Faber*, Grundpflichten, S. 469.
[296] Vgl. HaKo-BetrVG-*Kohte*, § 87 Rn. 91.
[297] *Kohte*, Forum B, Beitrag 9/2006, S. 3.
[298] Hessisches Landesarbeitsgericht v. 29.08.2002, 5 Ta BV Ga 91/02, RDV 2004, 130, 130 f.; *Kohte*, Forum B, Beitrag 9/2006, S. 3.
[299] Siehe hierzu die zutreffenden Ausführungen bei DKK-BetrVG-*Klebe*, § 87 Rn. 204 sowie BAG v. 08.06.2004, 1 ABR 4/03, NZA 2005, 227, 229, wonach für § 87 Abs. 1 Nr. 7 BetrVG auch eine Rahmenvorschrift ausreicht, die lediglich mittelbar dem betrieblichen Gesundheitsschutz dient.
[300] GK-BetrVG-*Wiese*, § 87 Rn. 607.
[301] Vgl. BAG v. 02.03.1982, 1 ABR 74/79, AP Nr. 6 zu § 87 BetrVG 1972 Arbeitszeit, unter B.II.1.; BAG v. 22.10.1991, 1 ABR 28/91, Nr. 48 zu § 87 BetrVG 1972 Arbeitszeit, unter II.1; GK-BetrVG-*Wiese*, § 87 Rn. 20 und Rn. 607.

die kollektive Interessen der Arbeitnehmer des Betriebes berührt.[302] Es muss sich um eine generelle Regelung handeln, die sich abstrakt auf den ganzen Betrieb oder zumindest eine Gruppe von Arbeitnehmern bezieht.[303]

Die Durchführung eines betrieblichen Eingliederungsmanagements ist keine Maßnahme mit ausschließlichem Individualbezug. Das Eingliederungsmanagement wird nicht allein durch Umstände verursacht, die in der Person eines einzelnen Arbeitnehmers begründet sind, ohne die übrige Belegschaft zu tangieren. Vielmehr verdeutlicht bereits die Art und Weise, wie ein formalisiertes Eingliederungsmanagement durchzuführen ist, den kollektiven Bezug der Maßnahme. So gestalten sich die Rahmenbedingungen eines betriebsweit durchzuführenden Eingliederungsmanagements für alle in Betracht kommenden Arbeitnehmer regelmäßig gleich (Erstgespräch, Fallbesprechung, Überprüfung der Maßnahmen).[304]

Hierdurch wird ersichtlich, dass die Einführung und Ausgestaltung eines betrieblichen Eingliederungsmanagements kollektive Interessen der Arbeitnehmer tangiert. Das Eingliederungsmanagement stellt eine generelle Regelung dar, die sich abstrakt auf den ganzen Betrieb bezieht. Es betrifft alle Arbeitnehmer, da jeder Mitarbeiter als möglicher Langzeiterkrankter in Betracht kommt. Insofern ist bei der Implementierung und Ausgestaltung eines betrieblichen Eingliederungsmanagements auch der erforderliche kollektive Bezug gegeben,[305] so dass es als Maßnahme des Gesundheitsschutzes sowohl hinsichtlich des „Ob" als auch des „Wie" der Mitbestimmung des Betriebsrates nach § 87 Abs. 1 Nr. 7 BetrVG bedarf.

bb) § 87 Abs. 1 Nr. 1 BetrVG

Daneben ergibt sich ein erzwingbares Mitbestimmungsrecht des Betriebsrates in Bezug auf die organisatorische Ausgestaltung des betrieblichen Eingliederungsmanagements aus § 87 Abs. 1 Nr. 1 BetrVG.[306] § 87 Abs. 1 Nr. 1 hat, ebenso wie § 87 Abs. 1 Nr. 7 BetrVG, einen kollektiven Bezug, erfordert also gleichfalls das Vorliegen eines kollektiven Tatbestandes.[307] Dieser ist, wie ausgeführt, bei Fragen rund um das betriebliche Eingliederungsmanagement zu bejahen. Gegenstand des Mitbestimmungsrechtes nach § 87 Abs. 1 Nr. 1 BetrVG ist das betriebliche Zu-

---

302 BAG v. 02.03.1982, 1 ABR 74/79, AP Nr. 6 zu § 87 BetrVG 1972 Arbeitszeit, unter B.II.1.; BAG v. 22.10.1991, 1 ABR 28/91, Nr. 48 zu § 87 BetrVG 1972 Arbeitszeit, unter II.1.

303 *Fitting*, BetrVG, § 87 Rn. 16.

304 Siehe hierzu den Verfahrensablauf der Landschaftsverbände Rheinland und Westfalen-Lippe, abgedruckt bei *Seel*, Behindertenrecht 2006, 30, 32.

305 So auch *Düwell*, FS Küttner, S. 139, 153.

306 So auch DKK-BetrVG-*Klebe*, § 87 Rn. 51; *Gagel*, NZA 2004, 1359, 1361.

307 Vgl. *Fitting*, BetrVG, § 87 Rn. 14.

sammenleben und Zusammenwirken der Arbeitnehmer.[308] Der Zweck dieses Mitbestimmungsrechtes liegt darin, die Arbeitnehmer durch den Betriebsrat gleichberechtigt an der Gestaltung der betrieblichen Ordnung teilhaben zu lassen.[309] Mitbestimmungspflichtig nach § 87 Abs. 1 Nr. 1 BetrVG ist allein das Ordnungsverhalten der Arbeitnehmer.[310] Demgegenüber bezieht sich die Mitbestimmung nach dieser Vorschrift nicht auf die Erfüllung der Arbeitspflicht durch den Arbeitnehmer.[311] Das Arbeitsverhalten ist mitbestimmungsfrei.[312] Allerdings ist es für § 87 Abs. 1 Nr. 1 BetrVG ausreichend, wenn eine Maßnahme darauf gerichtet ist, die vorgegebene Ordnung des Betriebes zu gewährleisten und aufrechtzuerhalten.[313] So hat das *Bundesarbeitsgericht*[314] die Führung formalisierter Krankengespräche zur Aufklärung eines überdurchschnittlichen Krankenstandes mit einer nach abstrakten Kriterien ermittelten Mehrzahl von Arbeitnehmern als nach § 87 Abs. 1 Nr. 1 BetrVG mitbestimmungspflichtig eingestuft. Das betriebliche Eingliederungsmanagement nach § 84 Abs. 2 SGB IX geht über die bloße Führung von Krankengesprächen weit hinaus. Dieses Eingliederungsmanagement ist nicht darauf beschränkt, im Einzelfall Maßnahmen zur Sicherung des Arbeitsverhältnisses zu ergreifen. § 84 Abs. 2 SGB IX beinhaltet vielmehr einen einzelfallübergreifenden Ansatz.[315] Losgelöst von dem individuellen Sachverhalt soll innerhalb eines Betriebes einheitlich ein systematisches Vorgehen mit strukturierten Abläufen implementiert werden.[316] Hierzu gehören neben zu führenden Krankengesprächen zahlreiche weitere Maßnahmen, wie beispielsweise die Einführung von stufenweisen Wiedereingliederungen oder von Leitfäden für Führungskräfte zum Umgang mit erkrankten Mitarbeitern. Diese Maßnahmen gestalten das betriebliche Zusammenleben und sollen allen Arbeitnehmer gleichberechtigt zu Gute kommen. Insofern entspricht das betriebliche Eingliederungsmanagement dem Zweck des Mitbestimmungsrechts nach § 87 Abs. 1 Nr. 1 BetrVG.[317] Mit der Einrichtung eines betrieblichen Eingliе-

---

308 BAG v. 08.11.1994, 1 ABR 22/94, NZA 1995, 857, 857; BAG v. 11.06.2002, 1 ABR 46/01, NZA 2002, 1299, 1299.

309 BAG v. 18.04.2000, 1 ABR 22/99, NZA 2000, 1176, 1177; BAG v. 11.06.2002, 1 ABR 46/01, NZA 2002, 1299, 1299.

310 *Wolf*, Forum B, Beitrag 16/2007, S. 3.

311 BAG v. 11.06.2002, 1 ABR 46/01, AP Nr. 38 zu § 87 Abs. 1 BetrVG 1972 Ordnung des Betriebes , unter B.I.; Fitting, BetrVG, § 87 Rn. 66; Richard-*Richardi*, BetrVG, § 87 Rn. 194.

312 BAG v. 11.06.2002, 1 ABR 46/01, AP Nr. 38 zu § 87 Abs. 1 BetrVG 1972 Ordnung des Betriebes , unter B.I.; Fitting, BetrVG, § 87 Rn. 66; Richard-*Richardi*, BetrVG, § 87 Rn. 194.

313 BAG v. 18.04.2000, 1 ABR 22/99, NZA 2000, 1176, 1177; BAG v. 11.06.2002. 1 ABR 46/01, NZA 2002, 1299, 1299.

314 BAG v. 08.11.1994, 1 ABR 22/94, NZA 1995, 857, 857 f.

315 *Seel*, Behindertenrecht 2006, 30, 31.

316 *Seel*, Behindertenrecht 2006, 30, 31.

317 BAG v. 18.04.2000, 1 ABR 22/99, AP Nr. 33 zu § 87 BetrVG 1972 Überwachung, unter B.II.1.a); *Fitting*, BetrVG, § 87 Rn. 63.

derungsmanagements werden nicht nur schlichte Regeln implementiert, die der Arbeitnehmer bei der Ausführung seiner Tätigkeiten zu beachten hätte und die deshalb dem mitbestimmungsfreien Arbeitsverhalten zugeordnet werden müssten.[318] Vielmehr schafft ein betriebliches Eingliederungsmanagement verbindliche und allgemein gültige Verhaltensregeln im Zusammenhang mit der Überwindung individueller Defizite.[319] Das betriebliche Eingliederungsmanagement ist darauf gerichtet, die vorgegebene Ordnung des Betriebes zu gewährleisten und aufrechtzuerhalten.[320] Der Arbeitgeber greift daher durch die Einführung und Ausgestaltung eines formalisierten betrieblichen Eingliederungsmanagements in das Ordnungsverhalten der Arbeitnehmer ein, wodurch sich die Mitbestimmungspflichtigkeit aus § 87 Abs. 1 Nr. 1 BetrVG ergibt.[321] Die Befürwortung der Mitbestimmungsrechte aus § 87 Abs. 1 Nr. 1 und Nr. 7 BetrVG sowohl in Bezug auf die Implementierung als auch hinsichtlich der Ausgestaltung des betrieblichen Eingliederungsmanagements hat zur Folge, dass dem Betriebsrat die Möglichkeit eröffnet ist, im Zusammenhang mit Streitigkeiten über die Regelung eines betrieblichen Eingliederungsmanagements die Einsetzung der Einigungsstelle erfolgreich verlangen zu können. Außerdem steht dem Betriebsrat ein Anspruch auf Unterlassung zu, wenn ein Arbeitgeber ohne Beachtung des Mitbestimmungsrechtes ein formalisiertes Eingliederungsmanagement einführt.[322] Dieser Unterlassungsanspruch ist auch durch eine einstweilige Verfügung gemäß § 23 Abs. 3 BetrVG durchsetzbar.[323]

b) Mitbestimmungsrecht der Schwerbehindertenvertretung

Entsprechende erzwingbare Mitbestimmungs- bzw. Mitgestaltungsrechte bezüglich der Ausgestaltung des Eingliederungsmanagements werden der Schwerbehindertenvertretung nicht eingeräumt. Weder im SGB IX noch in anderen Gesetzen sind mit § 87 Abs. 1 Nr. 1 und Nr. 7 BetrVG vergleichbare Mitbestimmungsregeln kodifiziert. Auch aus § 84 Abs. 2 S. 6 SGB IX lässt sich ein Anspruch auf Ausgestaltung des Eingliederungsmanagements nicht herleiten. Durch die zuletzt genannte Norm wird nur ein Recht der Schwerbehindertenvertretung hinsichtlich der Einführung eines Eingliederungsmanagements durch den Arbeitgeber begründet.

---

[318] *Wolf*, Forum B, Beitrag 16/2007, S. 3.

[319] Zu diesem Gesichtspunkt für die Anwendbarkeit des § 87 Abs. 1 Nr. 1 BetrVG siehe BAG v. 18.04.2000, 1 ABR 22/99, AP Nr. 33 zu § 87 BetrVG 1972 Überwachung, unter B.II.1.a).

[320] Zu diesem Gesichtspunkt für die Anwendbarkeit des § 87 Abs. 1 Nr. 1 BetrVG siehe BAG v. 18.04.2000, 1 ABR 22/99, AP Nr. 33 zu § 87 BetrVG 1972 Überwachung, unter B.II.1.a).

[321] So auch *Wolf*, Forum B, Beitrag 16/2007, S. 3.

[322] *Britschgi*, AiB 2005, 284, 287; *Gaul/Süßbrich/Kulejewski*, ArbRB 2004, 308, 311.

[323] *Britschgi*, AiB 2005, 284, 287; *Gaul/Süßbrich/Kulejewski*, ArbRB 2004, 308, 311.

Ein Mitbestimmungsrecht in Bezug auf die inhaltliche Ausgestaltung dieses Verfahrens ist hieraus nicht konstruierbar.[324] Mithin bleiben nach der derzeitigen Gesetzeslage die Rechte der Schwerbehindertenvertretung hinter jenen des Betriebsrates zurück.

3. Rechte der Arbeitnehmervertretungen im Zusammenhang mit einer Wiedereingliederung

Die vorstehenden Ausführungen haben sich auf das betriebliche Eingliederungsmanagement im Sinne des § 84 Abs. 2 S. 1 SGB IX und die in diesem Zusammenhang bestehenden Mitwirkungsrechte der Arbeitnehmervertretungen bezogen. Eine mögliche Maßnahme im Rahmen eines solchen Eingliederungsmanagements ist die Durchführung einer stufenweisen Wiedereingliederung.

a) Mitbestimmungsrecht des Betriebsrates

Von daher wäre es nur konsequent, den Arbeitnehmervertretungen im Zusammenhang mit einer stufenweise Wiedereingliederung die gleichen Rechte zuzubilligen, wie bei einem betrieblichen Eingliederungsmanagement. Nichtsdestotrotz müssen nach der Mehrzahl der arbeitsrechtlichen Stimmen dem Betriebsrat jegliche Mitwirkungsrechte bei der Durchführung und Ausgestaltung einer stufenweisen Wiedereingliederung abgesprochen werden, da diese Autoren[325] bereits die Anwendbarkeit des Betriebsverfassungsgesetzes auf das Wiedereingliederungsverhältnis ablehnen wollen. Dieses Verständnis ist problematisch.

---

[324] Dagegen wollen *Gagel/M. Schian/H.-M. Schian*, Forum B, Beitrag 5/2004, S. 4 f., ein solches Ausgestaltungsrecht der Schwerbehindertenvertretung mit dem alleinigen Hinweis begründen, dass ein Recht, das lediglich auf Durchführung des Eingliederungsmanage-ments beschränkt sei, „keinen Sinn" mache.

[325] ErfK-*Preis*, § 611 BGB Rn. 33 sowie ErfK-*Eisemann*, § 5 BetrVG Rn. 28; *Fitting*, BetrVG, § 5 Rn. 297; GK-BetrVG-*Raab*, § 5 Rn. 86; HaKo-BetrVG-*Kloppenburg*, § 5 Rn. 111; *von Hoyningen-Huene*, NZA 1992, 49, 53 f.; *Zwade*, Teilarbeitsfähigkeit, S. 166 ff.; enger dagegen DKK-BetrVG-*Trümmer*, § 5 Rn. 156, wonach dies „in der Regel", also nicht in jedem Fall, gelten solle. Für eine Anwendbarkeit des BetrVG auch in Zeiten der stufenweisen Wiedereingliederung spricht sich dagegen *Becker*, Wiedereingliederung, S. 160, aus, sofern sich diese Anwendbarkeit aus dem fortbestehenden Arbeitsverhältnis rechtfertigen lasse.

aa) Anwendbarkeit des BetrVG auf Wiedereingliederungsverhältnisse

Durch § 5 BetrVG wird der Arbeitnehmerkreis beschrieben, auf den das BetrVG vollständig Anwendung findet.[326] Folglich greift beispielsweise auch die Mitbestimmung des Betriebsrates nach § 87 Abs. 1 BetrVG nur bei Sachverhalten ein, die Arbeitnehmer im Sinne des § 5 Abs. 1 BetrVG betreffen.[327]

(1) Wiedereinzugliedernde als Arbeitnehmer nach § 5 Abs. 1 S. 1 BetrVG

Gemäß § 5 Abs. 1 S. 1 BetrVG zählen zu den Arbeitnehmern im Sinne des BetrVG grundsätzlich (abgesehen von den Ausnahmen nach Abs. 2 und Abs. 3 der Vorschrift) die Arbeiter und Angestellten eines Betriebes.[328]

(a) Ruhende Arbeitsverhältnisse von Wehrdienstleistenden

Betriebszugehörig sind solche Arbeitnehmer, die in einem Arbeitsverhältnis zum Betriebsinhaber stehen und innerhalb der Betriebsorganisation des Arbeitgebers abhängige Arbeitsleistungen erbringen.[329] Die Betriebszugehörigkeit besteht fort, wenn das Arbeitsverhältnis ruht.[330] Somit bleibt der betriebsverfassungsrechtliche Arbeitnehmerstatus im Sinne des § 5 Abs. 1 BetrVG bei einem ruhenden Arbeitsverhältnis erhalten und der Arbeitnehmer ist auch in dieser Zeit berechtigt, bei der Wahl des Betriebsrates durch Stimmabgabe mitzuwirken (vgl. § 7 BetrVG).[331] Dies ist beispielsweise für Wehrdienstleistende weitestgehend anerkannt.[332] Während des Wehrdienstes ruht zwar das Arbeitsverhältnis (vgl. § 1 Abs. 1 ArbPlSchG). Allerdings haben auch diese Arbeitnehmer ein berechtigtes Interesse an der Zusammensetzung des neuen Betriebsrates, da sie je nach den tatsächlichen Umständen vielleicht schon in kurzer Zeit in den Betrieb zurückkehren.[333] Daher besteht die Betriebszugehörigkeit und das aktive Wahlrecht nach § 7 BetrVG während des Wehrdienstes fort.

---

326 *Fitting*, BetrVG, § 5 Rn. 1.

327 HaKo-BetrVG-*Kohte*, § 87 Rn. 4.

328 MünchArbR-*von Hoyningen-Huene*, § 299 Rn. 38.

329 BAG v. 18.01.1989, 7 ABR 21/88, AP Nr. 1 zu § 9 BetrVG 1972, unter B.II.1.b).

330 BAG v. 29.03.1974, 1 ABR 27/73, AP Nr. 2 zu § 19 BetrVG 1972, unter II.4.c).; MünchArbR-*von Hoyningen-Huene*, § 299 Rn. 38.

331 Vgl. *Wenzel*, DB Beilage Nr. 2/1975, 1, 10.

332 So beispielsweise BAG v. 29.03.1974, 1 ABR 27/73, AP Nr. 2 zu § 19 BetrVG 1972, unter II.4.c).; *Dikomey*, Arbeitsverhältnis, S. 188 ff.; *Fitting*, BetrVG, § 7 Rn.30; *Lindemann/Simon*, NZA 2002, 365, 370; Richardi-*Thüsing*, BetrVG, § 7 Rn. 44; *Rüthers/Bakker*, ZfA 1990, 245, 313. Diese Auffassung wird allerdings von GK-BetrVG-*Kreutz*, § 7 Rn. 23, abgelehnt.

333 BAG v. 29.03.1974, 1 ABR 27/73, AP Nr. 2 zu § 19 BetrVG 1972, unter II.4.c).

(b) Ruhende Arbeitsverhältnisse von Rehabilitanden

Auch in Zeiten der stufenweisen Wiedereingliederung ruht das Arbeitsverhältnis. Trotzdem kommt die Mehrzahl der arbeitsrechtlichen Autoren zu dem Ergebnis, stufenweise wiedereinzugliedernde Rekonvaleszenten nicht als Arbeitnehmer im Sinne des § 5 Abs. 1 S. 1 BetrVG anzusehen.[334] Diese Meinungsgruppe begründet ihre Sichtweise mit dem Verweis auf die vom *Bundesarbeitsgericht* verwendete überzeugende Definition, dass betriebsangehörige Arbeitnehmer nur solche Personen seien, die innerhalb der betrieblichen Organisation vom Arbeitgeber beschäftigt werden und die zum Arbeitgeber als Betriebsinhaber in einem Arbeitsverhältnis stehen.[335] Allerdings ist die Schlussfolgerung, die aus dieser Definition gezogen wird, abzulehnen.

Voraussetzung für die Arbeitnehmereigenschaft im Sinne von § 5 Abs. 1 BetrVG und damit die Zugehörigkeit zum persönlichen Geltungsbereich des Betriebsverfassungsgesetzes sei also, daß ein Beschäftigter im Rahmen eines Arbeitsverhältnisses im Betrieb tätig werden würde.[336] Damit seien die zu ihrer Wiedereingliederung nach § 74 SGB V Beschäftigten schon deswegen nicht Arbeitnehmer im Sinne von § 5 Abs. 1 BetrVG, weil ihre Beschäftigung nicht auf Grund eines Arbeitsverhältnisses, sondern auf Grund des Wiedereingliederungsverhältnisses und damit einem Rechtsverhältnis eigener Art erfolge.[337]

Hierbei wird zweierlei übersehen. Zum einen verlangt die zur Begründung herangezogene Definition des *Bundesarbeitsgerichtes* lediglich, dass die fragliche Person innerhalb der betrieblichen Organisation vom Arbeitgeber beschäftigt wird. Darüber hinaus muss sie mit dem Arbeitgeber durch ein Arbeitsverhältnis verbunden sein. Beide Voraussetzungen werden, entgegen der vorstehend genannten Autoren, durch einen wiedereinzugliedernden Rekonvaleszenten erfüllt. Er wird im Rahmen der Betriebsorganisation von dem Arbeitgeber beschäftigt und steht zu diesem auch während der Wiedereingliederungsphase in einem Arbeitsverhältnis. Lediglich die arbeitsvertraglichen Hauptleistungspflichten ruhen in dieser Zeit. Dass der Rehabilitand während der Wiedereingliederung nicht auf Grund eines

---

334 ErfK-*Preis*, § 611 BGB Rn. 33 sowie ErfK-*Eisemann*, § 5 BetrVG Rn. 28; Fitting, BetrVG, § 5 Rn. 297; GK-BetrVG-*Raab*, § 5 Rn. 86; HaKo-BetrVG-*Kloppenburg*, § 5 Rn. 111; *von Hoyningen-Huene*, NZA 1992, 49, 53 f.; *Zwade*, Teilarbeitsfähigkeit, S. 166 ff.; enger dagegen DKK-BetrVG-*Trümmer*, § 5 Rn. 156, wonach dies „in der Regel", also nicht in jedem Fall, gelten solle. Für eine Anwendbarkeit des BetrVG auch in Zeiten der stufenweisen Wiedereingliederung spricht sich dagegen *Becker*, Wiedereingliederung, S. 160, aus, sofern sich diese Anwendbarkeit aus dem fortbestehenden Arbeitsverhältnis rechtfertigen lasse.

335 Diese Definiton verwendet zur Untermauerung seiner Sichtweise beispielsweise *von Hoyningen-Huene*, NZA 1992, 49, 53 mit dem Verweis auf BAG v. 18.01.1989, 7 ABR 21/88, AP Nr. 1 zu § 9 BetrVG 1972, unter B.II.1.b).

336 *Von Hoyningen-Huene*, NZA 1992, 49, 53.

337 *Von Hoyningen-Huene*, NZA 1992, 49, 53.

Arbeitsverhältnisses, sondern auf Grund des Wiedereingliederungsverhältnisses beschäftigt wird, ändert demnach nichts an seiner Stellung als betriebsangehöriger Arbeitnehmer im Sinne von § 5 Abs. 1 BetrVG.
Auch aus einem anderen Grund kann der angeführten Meinungsgruppe nicht beigepflichtet werden. Wieso dieselben Autoren Wehrdienstleistende, die in Folge des Ruhens ihrer Arbeitspflicht für die Dauer von neun Monaten nicht einmal im Betrieb anwesend sind, als betriebsangehörige Arbeitnehmer im Sinne des § 5 Abs. 1 S. 1 BetrVG und damit wahlberechtigt gemäß § 7 BetrVG ansehen wollen, diesen Status dagegen den im Betrieb tätig werdenden wiedereinzugliedernden Rehabilitanden absprechen, vermag nicht einzuleuchten. In beiden Fällen ruht das Arbeitsverhältnis, so dass die diesem Zustand beizumessenden betriebsverfassungsrechtlichen Konsequenzen auch einheitlich behandelt werden müssen. Ein ruhendes Arbeitsverhältnis hat lediglich die vorübergehende Suspendierung der Arbeits- und Vergütungspflicht zur Konsequenz.[338] Nur diese Hauptleistungspflichten und die damit in engstem Zusammenhang stehenden Nebenpflichten ruhen.[339] Sinn und Zweck des ruhenden Arbeitsverhältnisses ist es, den Arbeitnehmer in einem solchen Arbeitsverhältnis, abgesehen von den eben genannten Besonderheiten, mit seinem Kollegen im vollzogenen Arbeitsverhältnis gleichzustellen.[340] Somit wird durch die Arbeitsaussetzung das Arbeitsverhältnis als solches nicht aufgehoben.[341] Auch büßt ein Arbeitnehmer im ruhenden Arbeitsverhältnis weder seine betriebsverfassungsrechtliche Stellung noch seine betriebsverfassungsrechtlichen Mitwirkungsrechte ein.[342] Durch das ruhende Arbeitsverhältnis wird die Arbeitnehmereigenschaft (vgl. § 5 Abs. 1 BetrVG) nicht berührt.[343] Dies gilt für alle ruhenden Arbeitsverhältnisse, gleichgültig ob sich der Arbeitnehmer in Elternzeit befindet, seinen Wehrdienst leistet oder aber stufenweise wiedereingegliedert wird.
Begründen lässt sich diese Sichtweise damit, dass in der Zeit des Ruhens das Arbeitsverhältnis dem rechtlichen Bande nach erhalten bleibt.[344] In dieser Phase können betriebsverfassungsrechtliche Entscheidungen getroffen werden, die sich auf die Rechtsstellung aller Arbeitnehmer auswirken, also auch auf jene Mitarbei-

---

[338] *Hueck/Nipperdey*, Arbeitsrecht, S. 215.
[339] *Hueck/Nipperdey*, Arbeitsrecht, S. 215.
[340] *Kröller*, BB 1972, 228, 228.
[341] *Hueck/Nipperdey*, Arbeitsrecht, S. 215.
[342] *Kaiser*, NZA 1992, 193, 198; *Kröller*, BB 1972, 228, 228.
[343] So überzeugend zum Teilnahmerecht einer Arbeitnehmerin, die sich im (damals geltenden) Erziehungsurlaub befand, an einer Betriebsversammlung BAG v. 31.05.1989, 7 AZR 574/88, AP Nr. 9 zu § 44 BetrVG 1972, unter 1.Teilnahmeberechtigt an einer Betriebsversammlung sind alle Arbeitnehmer des Betriebes, wobei sich die Arbeitnehmer-eigenschaft allein nach § 5 Abs. 1 BetrVG bestimmt (vgl. GK-BetrVG-*Weber*, § 42 Rn. 14 f.).
[344] BAG v. 29.03.1974, 1 ABR 27/73, AP Nr. 2 zu § 19 BetrVG 1972, unter II.4.c).

ter, deren Arbeitsverhältnis ruht.[345] Beispielsweise betrifft eine Betriebsversammlung, in der über eine geplante Umstrukturierung informiert wird, den Arbeitnehmer in einem ruhenden ebenso wie seine Kollegen im vollzogenen Arbeitsverhältnis. Wer dagegen beide Personengruppen unterschiedlich bewertet und nur einer Gruppe den betriebsverfassungsrechtlichen Arbeitnehmerstatus im Sinne des § 5 Abs. 1 BetrVG abspricht, müsste Personen, die sich beispielsweise in Elternzeit oder einer stufenweisen Wiedereingliederungsmaßnahme befinden, den Zutritt zu der Betriebsversammlung verweigern. Ein wenig überzeugendes Ergebnis.
Die Tatsache, dass sowohl Wehrdienstleistende als auch Mitarbeiter, die in Elternzeit sind, in der Regel in den Betrieb zurückkehren, spricht für die Notwendigkeit, diese ebenso am betriebsverfassungsrechtlichen Geschehen partizipieren zu lassen wie Arbeitnehmer im vollzogenen Arbeitsverhältnis.
Entscheidend für das Bedürfnis nach Teilhabe an den betrieblichen Belangen ist also die geplante Rückkehr dieser Personen in den Betrieb.[346] Mithin besteht ein Teilhabebedürfnis erst recht bei wiedereinzugliedernden Arbeitnehmern. Diese kehren nicht nur, wie beispielsweise Wehrdienstleistende, in der Regel in den Betrieb zurück, sondern befinden sich während der Wiedereingliederungsmaßnahme bereits wieder in selbigem. Sie stehen daher den Kollegen im vollzogenen Arbeitsverhältnis, die regelmäßig Arbeitnehmer im Sinne des § 5 Abs. 1 BetrVG sind, näher als alle anderen Personen, deren Arbeitsverhältnis gleichfalls ruht.
Somit besteht für alle genannten Personengruppen auch in Zeiten des ruhenden Arbeitsverhältnisses ein berechtigtes Mitwirkungsinteresse an den betrieblichen Vorgängen und Veränderungen. Dieses Interesse macht es notwendig, die Betriebszugehörigkeit auch in dieser Phase fortbestehen zu lassen und dieser Arbeitnehmergruppe insgesamt und unabhängig von dem Grund des Ruhens das Wahlrecht nach § 7 BetrVG zuzusprechen. Das Wahlrecht setzt die zu bejahende Beibehaltung des Arbeitnehmerstatusses nach § 5 Abs. 1 BetrVG voraus. Folglich sind sowohl Wehrdienstleistende als auch wiedereinzugliedernde Rehabilitanden Arbeitnehmer im Sinne des § 5 Abs. 1 S. 1 BetrVG.

(2) Wiedereinzugliedernde als Personen gemäß § 5 Abs. 2 Nr. 4 BetrVG

Im Gegensatz dazu spricht – wie ausgeführt – das arbeitsrechtliche Schrifttum stufenweise wiedereinzugliedernden Personen die Arbeitnehmereigenschaft nach § 5 Abs. 1 S. 1 BetrVG nahezu einhellig ab, wodurch das Betriebsverfassungsgesetz auf Wiedereingliederungsvorgänge keine Anwendung finde.[347] Begründet wird

[345] Vgl. *Rüthers/Bakker*, ZfA 1990, 245, 313.
[346] Vgl. BAG v. 16.04.2003, 7 ABR 53/02, EzA Nr. 1 zu § 9 BetrVG 2001, unter II.2.b).
[347] ErfK-*Preis*, § 611 BGB Rn. 33 sowie ErfK-*Eisemann*, § 5 BetrVG Rn. 28; *Fitting*, BetrVG, § 5 Rn. 297; GK-BetrVG-*Raab*, § 5 Rn. 86; HaKo-BetrVG-*Kloppenburg*, § 5 Rn. 111; *von Hoynin-*

diese Sichtweise weitestgehend damit, dass die genannten Rehabilitanden unter § 5 Abs. 2 Nr. 4 BetrVG fallen würden, wonach Personen, deren Beschäftigung nicht in erster Linie dem Erwerb dient und die vorwiegend zu ihrer Heilung, Wiedereingewöhnung, sittlichen Besserung oder Erziehung beschäftigt werden, keine Arbeitnehmer im Sinne des Betriebsverfassungsgesetzes sind.[348] Dieses Argument überzeugt vor dem Hintergrund der obigen Darstellungen nicht. Wäre der Arbeitnehmer lediglich arbeitsunfähig und würde keine Wiedereingliederungsmaßnahme einfordern, bliebe sein Arbeitnehmerstatus nach § 5 Abs. 1 S. 1 BetrVG erhalten. Gleiches gilt für andere ruhende Arbeitsverhältnisses, beispielsweise während der Elternzeit oder des Wehrdienstes. Beginnt dagegen der erkrankte Arbeitnehmer eine stufenweise Wiedereingliederung, so soll er nach Vorstellung der oben[349] genannten Meinungsgruppe seinen Arbeitnehmerstatus gemäß § 5 Abs. 2 Nr. 4 BetrVG deshalb verlieren, weil es sich bei dem Wiedereingliederungsverhältnis nicht um ein Arbeitsverhältnis handele.[350]

Eine solche Sichtweise übersieht dreierlei. Zum einen tritt das Wiedereingliederungsverhältnis neben das fortbestehende, wenn auch ruhende, Arbeitsverhältnis. Der Rehabilitand tritt seinem Arbeitgeber nunmehr in zwei Rollen gegenüber: (weiterhin) als arbeitsunfähiger Arbeitnehmer sowie (zusätzlich) als wiedereinzugliedernde Person. Das Wiedereingliederungsverhältnis führt also nicht zu einem Rollentausch vom Arbeitnehmer zum Wiedereinzugliedernden, sondern weist dem Arbeitsunfähigen nunmehr eine weitere Rolle zu, nämlich die des Wiedereinzugliedernden. Beide Rollen werden durch zwei gleichberechtigt nebeneinander stehende Rechtsverhältnisse begründet. Schon aus diesem Grund kann eine Argumentation, die allein das Wiedereingliederungsverhältnis im Auge hat und offen lässt, was aus dem fortbestehenden Arbeitsverhältnis wird, nicht überzeugen.

Darüber hinaus würde ein solches Verständnis den Sinn und Zweck der stufenweisen Wiedereingliederung konterkarieren. Diese Maßnahme soll den Rekonvaleszenten nicht schlechter stellen, sondern ihm eine schonende Rückkehr in das Erwerbsleben ermöglichen. Würde einer wiedereinzugliedernden Person der betriebsverfassungsrechtliche Arbeitnehmerstatus im Sinne des § 5 Abs. 1

---

gen-Huene, NZA 1992, 49, 53 f.; *Zwade*, Teilarbeitsfähigkeit, S. 166 ff.; enger dagegen DKK-BetrVG-*Trümmer*, § 5 Rn. 156, wonach dies „in der Regel", also nicht in jedem Fall, gelten solle. Für eine Anwendbarkeit des BetrVG auch in Zeiten der stufenweisen Wiedereingliederung spricht sich dagegen *Becker*, Wiedereingliederung, S. 160, aus, sofern sich diese Anwendbarkeit aus dem fortbestehenden Arbeitsverhältnis rechtfertigen lasse.

[348] ErfK-*Preis*, § 611 BGB Rn. 33 und ErfK-*Eisemann*, § 5 BetrVG Rn. 28; *Fitting*, BetrVG, § 5 Rn. 297; HaKo-BetrVG-*Kloppenburg*, § 5 Rn. 111; *von Hoyningen-Huene*, NZA 1992, 49, 54; *Zwade*, Teilarbeitsfähigkeit, S. 166 ff.; enger dagegen DKK-BetrVG-*Trümmer*, § 5 Rn. 156, wonach dies „in der Regel", also nicht in jedem Fall, gelten solle.

[349] Siehe die in § 9, Fußnote 347 genannten Autoren.

[350] So GK-BetrVG-*Raab*, § 5 Rn. 86.

S. 1 BetrVG durch die Anwendung des § 5 Abs. 2 Nr. 4 BetrVG aberkannt, würden ihr Rechte, die ihr durch das in der Wiedereingliederung fortbestehende Arbeitsverhältnis weiterhin zugesprochen werden müssen, ohne rechtfertigenden Grund genommen. Sie wäre mangels Arbeitnehmereigenschaft beispielsweise nicht mehr berechtigt, den Betriebsrat zu wählen (vgl. § 7 BetrVG) oder an der Betriebsversammlung teilzunehmen (vgl. § 42 Abs. 1 S. 1 BetrVG). Hätte der Rehabilitand dagegen auf diese ihm zu Gute kommende Wiedereingliederung verzichtet, würde er als betriebsverfassungsrechtlicher (arbeitsunfähiger) Arbeitnehmer im Sinne des § 5 Abs. 1 S. 1 BetrVG weiterhin die genannten Rechte ausüben können – ein nicht zu rechtfertigender Wertungswiderspruch.
Schließlich muss berücksichtigt werden, dass die durch den Wiedereinzugliedernden ausgeübte Tätigkeit auf die Rückkehr in den Beruf abzielt. Er wird daher in erster Linie zum Erwerb tätig, so dass auch der Tatbestand des § 5 Abs. 2 Nr. 4 BetrVG nicht erfüllt ist.[351] Folglich verändert sich der Arbeitnehmerstatus des Wiedereinzugliedernden nicht.[352] Eine Person, die eine stufenweise Wiedereingliederung durchläuft, bleibt auch in dieser Zeit Arbeitnehmer im Sinne des § 5 Abs. 1 S. 1 BetrVG.

bb) Mitbestimmungsrechte bei Durchführung und Ausgestaltung

Da die Vorschriften des BetrVG in vollem Umfang für Arbeitnehmer im Sinne von § 5 Abs. 1 S. 1 BetrVG gelten, mithin also auch für wiedereinzugliedernde Rehabilitanden, könnten bei der Durchführung und Ausgestaltung der stufenweisen Wiedereingliederung Mitbestimmungsrechte des Betriebsrates aus § 87 Abs. 1 BetrVG und § 99 Abs. 1 BetrVG in Betracht kommen. Allerdings scheitert ein aus § 99 Abs. 1 BetrVG resultierendes Mitbestimmungsrecht daran, dass es sich bei der Implementierung und Durchführung einer stufenweisen Wiedereingliederung nicht um eine von § 99 Abs. 1 BetrVG vorausgesetzte Einstellung, Ein- beziehungsweise Umgruppierung oder Versetzung (vgl. § 95 Abs. 3 BetrVG) handelt.[353]
Unter Einstellung im Sinne von § 99 Abs. 1 BetrVG ist allein die tatsächliche Beschäftigung des Arbeitnehmers im Betrieb, nicht aber schon der Abschluß des dieser Beschäftigung zugrunde liegenden Arbeitsvertrages zu verstehen.[354] Nur

---

[351] Küttner-*Reinecke*, Personalbuch 2006, Rehabilitation (berufliche), 351 Rn. 14.
[352] So auch überzeugend Küttner-*Reinecke*, Personalbuch 2006, Rehabilitation (berufliche), 351 Rn. 14.
[353] So auch zutreffend *Becker*, Wiedereingliederung, S. 170 f.; *von Hoyningen-Huene*, NZA 1992, 49, 54 f.
[354] BAG v. 28.04.1992, 1 ABR 73/91, AP Nr. 98 zu § 99 BetrVG 1972, unter B.II.; BAG v. 13.04.1994, 7 AZR 651/93,AP Nr. 9 zu § 72 LPVG NW, unter B.II.2.b).aa); MünchArbR-*Matthes*, § 352 Rn. 8; gegen dieses umstrittene Verständnis wendet sich beispielsweise *Fitting*, BetrVG, § 99 Rn. 31.

durch die tatsächliche Beschäftigung bisher betriebsfremder Personen werden die Interessen der bereits im Betrieb beschäftigten Arbeitnehmer tangiert, nicht dagegen durch den Abschluss von Verträgen.[355] Ein wiedereinzugliedernder Rehabilitand ist keine betriebsfremde Person, sondern, wie festgestellt, betriebsangehöriger Arbeitnehmer. Die Wiedereingliederung ändert nichts an seiner bereits vorher bestehenden Betriebszugehörigkeit Außerdem liegt die für eine Einstellung im Sinne dieser Vorschrift vorausgesetzte erstmalige Zuweisung einer Tätigkeit nicht vor, da der Rehabilitand bereits vor seiner krankheitsbedingten Arbeitsunfähigkeit Tätigkeiten in dem Arbeitgeberbetrieb auszuführen hatte.[356]
Die Wiedereingliederung ist auch keine Versetzung nach § 99 Abs. 1 BetrVG. Was eine Versetzung im Sinne von § 99 Abs. 1 BetrVG ist, legt § 95 Abs. 3 BetrVG abschließend fest.[357] Versetzung ist demnach die Zuweisung eines anderen Arbeitsbereiches, die voraussichtlich die Dauer von einem Monat überschreitet oder die mit einer erheblichen Änderung der Umstände verbunden ist, unter denen die Arbeit zu leisten ist. Nach dieser Definition muss die Einstufung einer Wiedereingliederung als Versetzung regelmäßig daran scheitern, dass dem wiedereinzugliedernden Rekonvaleszenten grundsätzlich nicht eine völlig unbekannte Tätigkeit im Rahmen der stufenweisen Wiedereingliederung angeboten wird.[358]
Im Gegensatz dazu bestehen auch im Zusammenhang mit der Durchführung und Ausgestaltung einer stufenweisen Wiedereingliederung, ebenso wie im Rahmen des betrieblichen Eingliederungsmanagements (§ 84 Abs. 2 SGB IX) allgemein, auf § 87 Abs. 1 Nr. 1 und Nr. 7 BetrVG gestützte Mitbestimmungsrechte des Betriebsrates. Insofern gelten die bezüglich des Eingliederungsmanagements gemachten Ausführungen auch an dieser Stelle.[359] Dies hat unter anderem zur Konsequenz, dass dem Betriebsrat die Möglichkeit eröffnet ist, im Zusammenhang mit Streitigkeiten über die Regelung einer stufenweisen Wiedereingliederung die Einsetzung der Einigungsstelle erfolgreich verlangen zu können.

b) Mitbestimmungsrecht der Schwerbehindertenvertretung

Ebenso wie der Betriebsrat kann auch die Schwerbehindertenvertretung die Einführung einer stufenweisen Wiedereingliederung als mögliche Maßnahme eines betrieblichen Eingliederungsmanagements im Sinne des § 84 Abs. 2 S. 1 SGB IX verlangen. Dieses Initiativrecht zur Einleitung eines Eingliederungsmanagements ergibt sich aus § 84 Abs. 2 S. 6 SGB IX und kann im arbeitsgerichtlichen

355 MünchArbR-*Matthes*, § 352 Rn. 8.
356 Im Ergebnis ebenso *von Hoyningen-Huene*, NZA 1992, 49, 54.
357 MünchArbR-*Matthes*, § 353 Rn. 1.
358 *Von Hoyningen-Huene*, NZA 1992, 49, 54 f.
359 Siehe oben unter § 9.B.II.1.

Beschlussverfahren gemäß § 2 a Abs. 1 Nr. 3 a ArbGG in Verbindung mit §§ 95 Abs. 1 S. 2 Nr. 1, 84 Abs. 2 S. 6 SGB IX durchgesetzt werden.
Dagegen ist ein erzwingbares Mitbestimmungsrecht der Schwerbehindertenvertretung hinsichtlich der Ausgestaltung, also der Art und Weise der stufenweisen Wiedereingliederung, abzulehnen. Hier gelten die in diesem Zusammenhang zum betrieblichen Eingliederungsmanagement gemachten Ausführungen entsprechend.[360]

C. Zusammenfassung

Die stufenweise Wiedereingliederung kann das Resultat eines betrieblichen Eingliederungsmanagements sein und unterfällt daher dem Regelungsgehalt des § 84 Abs. 2 S. 1 SGB IX. Dabei gilt § 84 Abs. 2 SGB IX für sämtliche Arbeitnehmer eines Betriebes.
Bei der Frage, inwieweit einer Maßnahme im Sinne des § 84 Abs. 2 SGB IX kündigungsrechtliche Wirkung zukommt, müssen allein die Punkte „Geeignetheit" und „Erforderlichkeit" im Mittelpunkt der Überlegungen stehen. Diese beiden Aspekte einer Verhältnismäßigkeitsprüfung sind aber kein Teil einer konkreten Interessenabwägung, sondern der diesem Prüfungsschritt vorgelagerten Frage, ob mildere Mittel als eine Beendigungskündigung durch den Arbeitgeber zu ergreifen sind. Mithin stellt die Überprüfung, ob dem kündigenden Arbeitgeber mildere Mittel als eine Beendigungskündigung zur Verfügung standen, im Rahmen der krankheitsbedingten Kündigung den zutreffenden Anknüpfungspunkt für ein betriebliches Eingliederungsmanagement nach § 84 Abs. 2 SGB IX dar.
§ 84 Abs. 2 SGB IX konkretisiert das dem gesamten Kündigungsschutzrecht innewohnende „ultima-ratio-Prinzip".
Der Arbeitgeber ist bei einer krankheitsbedingten Kündigung unter „ultima-ratio-Gesichtspunkten" nicht generell verpflichtet darzulegen, dass er sich um eine stufenweise Wiedereingliederung bemüht habe. Etwas anderes ergibt sich auch nicht aus der arbeitgeberseitigen Verpflichtung zur Durchführung eines betrieblichen Eingliederungsmanagements im Sinne des § 84 Abs. 2 SGB IX. Allerdings geht ein Arbeitgeber, der seit dem Inkrafttreten des § 84 Abs. 2 SGB IX auf eine stufenweise Wiedereingliederung verzichtet und der, ohne andere Maßnahmen im Sinne dieser Vorschrift angeboten zu haben, eine krankheitsbedingte Beendigungskündigung ausspricht, das Risiko ein, im Kündigungsschutzprozess zu unterliegen. Nicht selten wird nämlich der Arbeitnehmer vortragen können, eine stufenweise Wiedereingliederung hätte als mildere Maßnahme der Notwendigkeit einer Beendigungs-

[360] Siehe oben unter § 9.B.II.2.

kündigung entgegengestanden. In einem solchen Fall ist die Kündigung nicht „ultima-ratio“ und daher unwirksam.
Auch § 2 Abs. 2 SGB III bestätigt beziehungsweise konkretisiert das dem gesamten Kündigungsschutzrecht zu Grunde liegende „ultima-ratio-Prinzip“
Ein Arbeitgeber, der eine medizinisch anzgezeigte stufenweise Wiedereingliederung unter Verstoß gegen § 84 Abs. 2 S. 1 SGB IX nicht durchführt, trägt nach dem Rechtsgedanken der Beweisvereitelung im Prozess das Feststellungsrisiko. Gleiches gilt bei einer Verletzung des § 2 Abs. 2 S. 2 Nr. 2 SGB III.
Die vorstehenden kündigungsrechtlichen Ausführungen dieser Zusammenfassung gelten allerdings nur für Sachverhalte, die dem Geltungsbereich des Kündigungsschutzgesetzes unterliegen. Demgegenüber kann außerhalb dieses Anwendungsbereiches weder in § 2 Abs. 2 Nr. 2 SGB III noch in § 84 Abs. 2 SGB IX eine Konkretisierung des Verhältnismäßigkeitsgrundsatzes beziehungsweise des „ultima-ratio-Prinzips“ gesehen werden. Der Verhältnismäßigkeitsgrundsatz findet nur bei der Überprüfung solcher Kündigungen Anwendung, die in den Geltungsbereich des Kündigungsschutzgesetzes fallen.
Der zu Gunsten schwerbehinderter Arbeitnehmer bestehende Beschäftigungsanspruch aus § 81 Abs. 4 S. 1 Nr. 1 SGB IX ist einklagbar. Der Schwerbehinderte kann durch Erhebung einer Leistungsklage seinen auf § 81 Abs. 4 S. 1 Nr. 1 SGB IX gestützten Anspruch auf stufenweise Wiedereingliederung geltend machen.
Bietet der Arbeitgeber seinem schwerbehinderten Arbeitnehmer trotz des Leistungsurteils noch immer keine Wiedereingliederungsmaßnahme an, so ist es dem Rekonvaleszenten möglich, im Wege der Zwangsvollstreckung gegen seinen Arbeitgeber vorzugehen. Der Wiedereingliederungsanspruch aus § 81 Abs. 4 Nr. 1 SGB IX wird nach § 888 Abs. 1 ZPO vollstreckt.
Der auf stufenweise Wiedereingliederung gerichtete Beschäftigungsanspruch aus § 81 Abs. 4 S. 1 Nr. 1 SGB IX kann auch durch eine einstweilige Verfügung durchgesetzt werden (§ 62 Abs. 2 ArbGG i. V. m. §§ 935 ff. ZPO). Dabei stellt eine Leistungsverfügung die zutreffende Verfügungsart dar. Richtigerweise ist die Leistungsverfügung als Sonderfall der Regelungsverfügung nach § 940 ZPO anzusehen und daher auf diese Norm zu stützen. In Fällen einer stufenweisen Wiedereingliederung Schwerbehinderter ist schon im Rahmen der Prüfung des Verfügungsanspruches eine Interessenabwägung notwendig, die ansonsten regelmäßig erst bei der Untersuchung des Verfügungsgrundes zum Tragen kommt. Dagegen spielt die im Rahmen des Verfügungsgrundes an sich zusätzlich erforderliche Interessenabwägung bei der Durchsetzung des Wiedereingliederungsanspruches praktisch keine Rolle.
Vertragsrechtlich begründete Schadensersatzansprüche bei notwendiger, aber unterbliebener Wiedereingliederung, lassen sich nicht für sämtliche Arbeitnehmer

eines Betriebes herleiten. Weder aus § 84 Abs. 2 SGB IX noch aus § 2 Abs. 2 SGB III ergeben sich entsprechende arbeitsvertragliche Nebenpflichten. Demgegenüber kann die Nichtdurchführung einer medizinisch notwendigen Wiedereingliederungsmaßnahme zu Gunsten eines schwerbehinderten Rekonvaleszenten eine vertragsrechtlich begründete Schadensersatzpflicht des Arbeitgebers mit sich bringen. Bei der zu Gunsten Schwerbehinderter bestehenden Wiedereingliederungspflicht handelt es sich um eine Leistungspflicht im Sinne des § 241 Abs. 1 S. 1 BGB.
Der Schadensersatzanspruch eines Schwerbehinderten gegen seinen Arbeitgeber richtet sich in diesen Fällen nach §§ 280 Abs. 1 und 3, 283 BGB und nicht allein nach § 280 Abs. 1 BGB. Unterlässt ein Arbeitgeber die medizinisch notwendige Wiedereingliederung seines schwerbehinderten Arbeitnehmers, so sind die Voraussetzungen eines Schadensersatzanspruches aus §§ 280 Abs. 1 und 3, 283 BGB regelmäßig erfüllt.
Eine Naturalrestitution ist in bestimmten Konstellationen auch beim Schadensersatz statt der Leistung gemäß §§ 280 Abs. 1 und 3, 283 BGB denkbar. Dies gilt auch für den Fall, dass ein Arbeitgeber schuldhaft die Durchführung einer Wiedereingliederung zu Gunsten seines schwerbehinderten Arbeitnehmers unterlässt. Ein solches Verhalten verpflichtet den Arbeitgeber zum Schadensersatz nach §§ 280 Abs. 1 und 3, 283, 249 Abs. 1 BGB. Die Naturalherstellung ist dem Arbeitgeber in diesen Konstellationen auch möglich, da eine Wiedereingliederungsmaßnahme regelmäßig auf Grundlage eines ärztlichen Wiedereingliederungsplanes erfolgt. Dieser Plan kann in gleicher Form, wenn auch an anderen Tagen, inhaltlich aber mit dem ursprünglich geplanten Regelungsgehalt, umgesetzt werden.
Die Einleitung und Durchführung einer stufenweisen Wiedereingliederung ist einem schwerbehinderten Arbeitnehmer daher auch kraft vertragsrechtlich begründetem Schadensersatz nach §§ 280 Abs. 1 und 3, 283, 249 Abs. 1 BGB eröffnet.
Dagegen scheidet ein Schadensersatzanspruch nach § 823 Abs. 1 BGB aus. Für bestimmte Arbeitnehmergruppen kommt aber ein deliktischer Schadensersatzanspruch aus § 823 Abs. 2 BGB in Betracht. Diese Norm verpflichtet denjenigen zum Schadensersatz, der schuldhaft gegen ein Schutzgesetz verstößt. Dabei ist § 81 Abs. 4 S. 1 Nr. 1 SGB IX als Schutzgesetz im Sinne von § 823 Abs. 2 BGB zu qualifizieren. Der schwerbehinderte Arbeitnehmer kann somit bei schuldhafter Nichterfüllung seines Anspruches aus § 81 Abs. 4 S. 1 Nr. 1 SGB IX auf stufenweise Wiedereingliederung neben dem vertragsrechtlich begründeten Schadensersatzanspruch auch einen Anspruch auf Schadensersatz aus § 823 Abs. 2 BGB i. V. m. § 81 Abs. 4 S. 1 Nr. 1 SGB IX geltend machen. Auch dieser deliktische Schadensersatzanspruch ist gemäß § 249 Abs. 1 BGB auf Naturalrestitution, also Durchführung einer Wiedereingliederungsmaßnahme, gerichtet.

Demgegenüber scheidet im Falle der unterbliebenen Wiedereingliederung ein Anspruch auf Schadensersatz gemäß § 823 Abs. 2 BGB i. V. m. § 84 Abs. 2 SGB IX oder § 2 Abs. 2 SGB III aus. Weder § 84 Abs. 2 SGB IX noch § 2 Abs. 2 SGB III sind Schutzgesetze im Sinne des § 823 Abs. 2 BGB.
Sowohl der Betriebsrat als auch die Schwerbehindertenvertretung können die Einleitung eines betrieblichen Eingliederungsmanagements verlangen.
Darüber hinaus stehen dem Betriebsrat Mitbestimmungsrechte aus § 87 Abs. 1 Nr. 1 und Nr. 7 BetrVG hinsichtlich der Art und Weise des Eingliederungsmanagements zu. Bei der Implementierung und Ausgestaltung eines betrieblichen Eingliederungsmanagements nach § 84 Abs. 2 S. 1 SGB IX ist der erforderliche kollektive Bezug gegeben, so dass es als Maßnahme des Gesundheitsschutzes der Mitbestimmung des Betriebsrates nach § 87 Abs. 1 Nr. 7 BetrVG bedarf. Daneben ergibt sich ein erzwingbares Mitbestimmungsrecht zu Gunsten des Betriebsrates hinsichtlich der organisatorischen Ausgestaltung des betrieblichen Eingliederungsmanagements auch aus § 87 Abs. 1 Nr. 1 BetrVG.
Die Befürwortung der Mitbestimmungsrechte aus § 87 Abs. 1 Nr. 1 und Nr. 7 BetrVG hat zur Folge, dass dem Betriebsrat die Möglichkeit eröffnet ist, im Zusammenhang mit Streitigkeiten über die Regelung eines betrieblichen Eingliederungsmanagements erfolgreich die Einsetzung der Einigungsstelle verlangen zu können. Außerdem steht es dem Betriebsrat offen, einen Anspruch auf Unterlassung geltend zu machen, wenn ein Arbeitgeber ohne Beachtung des Mitbestimmungsrechtes ein formalisiertes Eingliederungsmanagement einführt. Dieser Unterlassungsanspruch ist auch durch eine einstweilige Verfügung gemäß § 23 Abs. 3 BetrVG durchsetzbar.
Entsprechende erzwingbare Mitbestimmungs- bzw. Mitgestaltungsrechte werden dagegen der Schwerbehindertenvertretung bezüglich der Ausgestaltung des Eingliederungsmanagements nicht eingeräumt.
Für wiedereinzugliedernde Arbeitnehmer besteht trotz des ruhenden Arbeitsverhältnisses ein berechtigtes Mitwirkungsinteresse an den betrieblichen Vorgängen und Veränderungen. Dieses Interesse macht es notwendig, die Betriebszugehörigkeit während der Wiedereingliederung fortbestehen zu lassen und dieser Arbeitnehmergruppe das Wahlrecht nach § 7 BetrVG zuzusprechen. Dieses Wahlrecht setzt die Beibehaltung der Arbeitnehmereigenschaft nach § 5 Abs. 1 BetrVG voraus. Auch dieses Erfordernis ist erfüllt, da wiedereinzugliedernde Rehabilitanden Arbeitnehmer im Sinne des § 5 Abs. 1 S. 1 BetrVG sind. Demgegenüber unterfallen diese Personen nicht dem Tatbestand des § 5 Abs. 2 Nr. 4 BetrVG.
Daher besteht auch im Zusammenhang mit der Einführung und Ausgestaltung einer stufenweisen Wiedereingliederung, ebenso wie im Rahmen des betrieblichen Eingliederungsmanagements allgemein, ein auf § 87 Abs. 1 Nr. 1 und Nr. 7 BetrVG gestütztes Mitbestimmungsrecht des Betriebsrates. Dagegen scheidet ein aus

§ 99 Abs. 1 BetrVG resultierendes Mitbestimmungsrecht im Zusammenhang mit der Wiedereingliederung aus.
Ebenso wie der Betriebsrat kann auch die Schwerbehindertenvertretung die Einleitung einer stufenweisen Wiedereingliederung als mögliche Maßnahme eines betrieblichen Eingliederungsmanagements im Sinne des § 84 Abs. 2 S. 1 SGB IX verlangen. Dagegen ist ein erzwingbares Mitbestimmungsrecht der Schwerbehindertenvertretung hinsichtlich der Ausgestaltung der stufenweisen Wiedereingliederung abzulehnen.

§ 10 Tarifverträge, Betriebsvereinbarungen, § 102 BetrVG und Wiedereingliederung

Mit den im vorherigen Abschnitt behandelten kollektivrechtlichen Folgen und möglichen Maßnahmen im Falle des arbeitgeberseitigen Unterlassens einer medizinisch notwendigen Wiedereingliederung sind noch nicht sämtliche im Zusammenhang mit einer stufenweisen Wiedereingliederung auftretenden kollektivrechtlichen Problemkreise behandelt worden. Die insoweit noch offenen kollektivrechtlichen Punkte sollen daher im Folgenden dargestellt werden.

A. Schicksal tarifvertraglicher Regelungen während der Wiedereingliederung

Zum einen drängt sich die Frage nach dem Schicksal tarifvertraglicher Regelungen während einer stufenweisen Wiedereingliederungsmaßnahme auf.

I. Anwendbarkeit von Tarifverträgen auf Wiedereingliederungsverhältnisse

Es ist also zunächst zu klären, ob Tarifverträge auf Wiedereingliederungsverhältnisse anwendbar sind.

1. Direkte Anwendung von Tarifverträgen

Das *Bundesarbeitsgericht* hat im Jahre 1999 entschieden, dass Tarifverträge auf Wiedereingliederungsverhältnisse nicht anzuwenden seien, da es sich nicht um Arbeitsverhältnisse handele.[1] Dem ist hinsichtlich einer direkten Anwendung von Tarifverträgen zuzustimmen.[2]

2. Fortbildung von Tarifverträgen

Es fragt sich jedoch, ob es sich bei der auf Arbeitsverhältnisse beschränkten Anwendbarkeit von Tarifverträgen nicht um eine planwidrige Unvollständigkeit,

[1] BAG v. 28.07.1999, 4 AZR 192/98, AP Nr. 3 zu § 74 SGB V, unter 1.a).aa).
[2] So auch *Gagel*, NZA 2001, 988, 989, Fußnote 7.

also eine Tarifvertragslücke, handelt, die durch ergänzende Tarifvertragsauslegung geschlossen werden muss.[3]
Nach der Rechtsprechung sind die Gerichte grundsätzlich befugt, Tarifnormen fortzubilden. Als Begründung werden die für Gesetze entwickelten Grundsätze sowie § 157 BGB ins Feld geführt.[4] So hat das *Bundesarbeitsgericht* in einer Entscheidung betont, dass einer tariflichen Norm ebenso wie einer Gesetzesvorschrift ein vom Wortlaut abweichender Inhalt gegeben werden müsse, wenn sich ihre tatsächlichen und rechtlichen Grundlagen nachträglich ändern und ihr Sinn und ihr Zweck eine vom Wortlaut abweichende Auslegung erfordern würden.[5] Dagegen führte es in einem anderen Urteil aus, dass ein Tarifvertrag, wie jeder andere Vertrag auch, der ergänzenden Vertragsauslegung gemäß § 157 BGB und wie alle Rechtsnormen ebenfalls der ausdehnenden Rechtsanwendung zugänglich sei.[6]
Entscheidend für die im Rahmen der vorliegenden Untersuchung zu klärende Frage, ob Tarifverträge auch auf Wiedereingliederungsverhältnisse anwendbar sind, ist allerdings, dass ein Tarifvertrag nicht nach Zweckmäßigkeitspunkten durch den Richter abgeändert werden kann.[7] In den Tarifvertrag darf nichts hineingelegt werden, was der einen oder anderen Seite erwünscht, aber im Tarifvertrag nicht zum Ausdruck gekommen ist.[8] Ein Tarifvertrag darf nicht allein aufgrund bloßer Zweckmäßigkeitserwägungen fortgebildet werden.[9] Maßgeblich ist stets der Wortlaut.[10] Mithin ist für den Richter Zurückhaltung angezeigt, wenn er auf eine in einem Tarifvertrag nicht geregelte Frage stößt.[11] Eine Lückenschließung ist daher nur zulässig, sofern die Tarifvertragsparteien, sofern sie sich der Lücke bewusst gewesen wären, mit Sicherheit eine Bestimmung in dem einen oder anderen Sinn getroffen hätten.[12]
Die Erstreckung von Tarifverträgen auf Wiedereingliederungsverhältnisse ließe sich allerdings allein damit begründen, dass es für den wiedereinzugliedernden Rehabilitanden wünschenswert wäre, aufgrund seines Wiedereingliederungsver-

---

[3] An Stelle von ergänzender Auslegung wird vielfach auch von Fortbildung von Tarifverträgen gesprochen, vgl. dazu *Liedmeier*, Auslegung, S. 15, Fußnote 1.
[4] BAG v. 09.10.1956, 3 AZR 643/54, AP Nr. 2 zu § 1 TVG Auslegung, unter II.; BAG v. 22.07.1959, 2 AZR 102/57, AP Nr. 68 zu § 1 TVG Auslegung, unter IV.; vgl. auch zu diesem Thema *Liedmeier*, Auslegung, S. 111 ff. sowie *Mayer-Maly*, RdA 1986, 136, 136 f.; *Neumann*, ArbuR 1985, 320, 320 ff.
[5] BAG v. 09.10.1956, 3 AZR 643/54, AP Nr. 2 zu § 1 TVG Auslegung, Leitsatz.
[6] BAG v. 22.07.1959, 2 AZR 102/57, AP Nr. 68 zu § 1 TVG Auslegung, unter IV.
[7] BAG v. 22.07.1959, 2 AZR 102/57, AP Nr. 68 zu § 1 TVG Auslegung, unter IV.
[8] BAG v. 22.07.1959, 2 AZR 102/57, AP Nr. 68 zu § 1 TVG Auslegung, unter IV.
[9] *Neumann*, ArbuR 1985, 320, 322.
[10] *Neumann*, ArbuR 1985, 320, 322.
[11] BAG v. 22.07.1959, 2 AZR 102/57, AP Nr. 68 zu § 1 TVG Auslegung, unter IV.
[12] BAG v. 22.07.1959, 2 AZR 102/57, AP Nr. 68 zu § 1 TVG Auslegung, unter IV.

hältnisses in den Genuss der Tarifnormen zu gelangen. Es ist nicht mit Sicherheit feststellbar, dass die Beschränkung der Tarifregelungen auf Arbeitsverhältnisse von den Tarifvertragsparteien eine nicht bedachte Lücke darstellt, diese also eigentlich auch Wiedereingliederungsverhältnisse tariflich normieren wollten. Vielmehr ist von dem eindeutigen Wortlaut der Tarifverträge auszugehen, also die Beschränkung auf Arbeitsverhältnisse als bewusste Beschränkung zu akzeptieren. Dies insbesondere deshalb, weil sich bei den Tarifverhandlungen rechtskundige Parteien gegenübersitzen, die regelmäßig darüber informiert sind, dass Schuldverhältnisse, die keine Arbeitsverhältnisse sind, tariflich nicht normiert werden können.[13] Insofern scheidet eine Anwendung von Tarifverträgen auf Wiedereingliederungsverhältnisse, sei es in direkter Anwendung, sei es im Wege der Fortbildung, aus.

II. Bestimmung fortgeltender Tarifnormen durch Zuordnung zum Grund- oder Erfüllungsverhältnis

Dagegen ist, soweit ersichtlich, bisher ungeklärt, ob dies auch bedeutet, dass sämtliche Tarifnormen für einen stufenweise wiedereinzugliedernden Rekonvaleszenten als unbeachtlich einzustufen sind. Für die Fortgeltung, zumindest bestimmter Tarifnormen, spricht die gesetzliche Differenzierung in § 1 Abs. 1 TVG. Das TVG unterscheidet an dieser Stelle zwischen tarifvertraglichen Normen, die den Inhalt, Abschluss und Beendigung von Arbeitsverhältnissen betreffen. Darüber hinaus existieren Tarifnormen, die betriebliche und betriebsverfassungsrechtliche Fragen ordnen. Bei den beiden letztgenannten Tarifvorschriften handelt es sich um Betriebsnormen, also tarifliche Regelungen, die aus dem Betrieb als organisatorische Einheit resultieren.[14] Anknüpfungspunkt der betrieblichen Normen ist die Organisation des Unternehmens, also die Realisierung der betrieblichen Planung.[15] Regelungsgegenstand der betriebsorganisatorischen Normen ist somit die Organisationsgewalt des Arbeitgebers.[16] Die Aufgabe des Tarifvertrages liegt darin, die

---

[13] Vgl. zu der Ablehnung einer tariflichen Normierbarkeit BAG v. 28.11.1990, 4 AZR 198/90, AP nr. 137 zu § 1 TVG Tarfiverträge: Bau, unter II.; 10.04.1991, 4 AZR 467/90, AP Nr. 54 zu § 611 BGB Abhängigkeit, unter I.; *Löwisch/Rieble*, TVG, § 1 Rn. 25.

[14] Vgl. BAG v. 03.04.1990, 1 AZR 123/89, AP Nr. 56 zu Art. 9 GG, unter B.I.6.; BAG v. 17.06.1999, 2 AZR 456/98, AP Nr. 103 zu § 1 KSchG 1969 Betriebsbedingte Kündigung, unter II.1; Däubler-*Hensche*, TVG, § 1 Rn. 780; *Löwisch/Rieble*, TVG, § 1 Rn. 106. Siehe zum Ganzen auch die Darstellung bei Wiedemann-*Thüsing*, TVG, § 1 Rn. 712 ff.

[15] BAG v. 03.04.1990, 1 AZR 123/89, AP Nr. 56 zu Art. 9 GG, unter B.I.6.

[16] BAG v. 03.04.1990, 1 AZR 123/89, AP Nr. 56 zu Art. 9 GG, unter B.I.6.; Däubler-*Hensche*, TVG, § 1 Rn. 780; verfassungsrechtliche Bedenken gegen dieses Verständnis im Hinblick auf die negative Koalitionsfreiheit und die Berufsausübungsfreiheit äußern dagegen beispielsweise *Giesen*, Rechtsgestalung, S. 381 ff. sowie *Zöllner*, RdA 1962, 453, 453 ff.

unternehmerische Gestaltungsfreiheit im Interesse der Arbeitnehmer einzuschränken oder zu kanalisieren.[17] Rechtsnormen über betriebliche Fragen sind solche Tarifvorschriften, die nur einheitlich für Organisierte und Nichtorganisierte gelten können.[18]

Warum diese Aussagen nicht auch für den wiedereinzugliedernden Rehabilitanden, der Teil der organisatorischen Einheit bleibt, gelten sollen, erscheint wenig einleuchtend. Zum einen besteht das betriebliche Band zu seinem Arbeitgeber durch das zwar ruhende, aber dennoch weiterhin existente Arbeitsverhältnis fort. Darüber hinaus tangieren beispielsweise Arbeitsschutzregelungen den Rekonvaleszenten, der während seiner Wiedereingliederung im Betrieb tätig ist, ebenso wie Torkontrollen, Rauchverbote und Kleiderordnungen.[19] Insofern können sehr wohl einige tarifvertragliche Normen auch in Zeiten der stufenweisen Wiedereingliederung Wirksamkeit entfalten. Um zutreffend zu ermitteln, welche Tarifnormen während dieser Phase fortbestehen und welche nicht, ist erneut auf die Unterscheidung zwischen dem Grund- und dem Erfüllungsverhältnis zurückzugreifen.[20] Nur jene Tarifnormen, die an das arbeitsrechtliche Erfüllungsverhältnis anknüpfen, bestehen in Zeiten der stufenweisen Wiedereingliederung fort. Erfüllungsmodalitäten existieren unabhängig von arbeitsvertraglichen Hauptleistungspflichten und sind daher auch für den wiedereinzugliedernden Rehabilitanden beachtlich. Die während der Wiedereingliederung ruhenden arbeitsvertraglichen Hauptleistungspflichten bringen es demgegenüber mit sich, dass solche Tarifnormen, die eine arbeitsrechtliche Leistungsverpflichtung erfordern oder gestalten und somit dem arbeitsrechtlichen Grundverhältnis zuzuordnen sind, in Zeiten stufenweiser Wiedereingliederung keine Rechtswirkungen entfalten.

1. Abschluss- und Beendigungsnormen

Tarifvertragliche Abschluss- und Beendigungsnormen im Sinne des § 1 Abs. 1 TVG regeln das Zustandekommen und die Auflösung eines Arbeitsverhältnisses. Während Abschlussnormen dazu führen, arbeitsrechtliche Leistungsverpflichtungen zu begründen, bewirken Beendigungsnormen die Aufhebung der Hauptleistungspflichten. Somit betreffen sowohl tarifvertragliche Abschluss- als auch Beendigungsnormen die arbeitsvertraglichen Leistungsverpflichtungen und knüpfen dem-

[17] BAG v. 03.04.1990, 1 AZR 123/89, AP Nr. 56 zu Art. 9 GG, unter B.I.6.

[18] BAG v. 17.06.1999, 2 AZR 456/98, AP Nr. 103 zu § 1 KSchG 1969 Betriebsbedingten Kündigung, unter II.1.

[19] Siehe zu diesen und weiteren Beispielen für betriebliche Fragen *Löwisch/Rieble*, TVG, § 1 Rn. 108.

[20] Vgl. zu diesem Ansatz oben unter § 5.C.III. sowie *Boemke*, Schuldvertrag, S. 409 ff.

nach an das arbeitsrechtliche Grundverhältnis an.[21] Eine Fortgeltung dieser Tarifnormen in Zeiten der stufenweisen Wiedereingliederung scheidet mithin aus.

2. Betriebliche und betriebsverfassungsrechtliche Tarifnormen

Eine hiervon abweichende Bewertung erfahren dagegen solche tarifvertraglichen Vorschriften, die betriebliche und betriebsverfassungs-rechtliche Fragen regeln. Bei den beiden letztgenannten Tarifvorschriften handelt es sich um Betriebsnormen, also tarifliche Regelungen, die aus dem Betrieb als organisatorische Einheit resultieren.[22] Anknüpfungspunkt der betrieblichen Normen ist die Organisation des Unternehmens, also die Realisierung der betrieblichen Planung.[23] Regelungsgegenstand der betriebsorganisatorischen Normen ist somit die Organisationsgewalt des Arbeitgebers.[24] Die Aufgabe des Tarifvertrages liegt darin, die unternehmerische Gestaltungsfreiheit im Interesse der Arbeitnehmer einzuschränken oder zu kanalisieren.[25] Rechtsnormen über betriebliche Fragen sind solche Tarifvorschriften, die nur einheitlich für Organisierte und Nichtorganisierte gelten können.[26] Betriebliche Normen betreffen den Betrieb als organisatorische Einheit.[27] Sie beziehen sich auf den Betrieb als Ganzes.[28] Anknüpfungspunkt dieser Normen ist daher die Betriebszugehörigkeit des Arbeitnehmers,[29] so dass betriebliche Tarifnormen unabhängig von einer Leistungsverpflichtung bestehen. Es geht hierbei um Erfüllungsmodalitäten. Demnach sind betriebliche Vorschriften auch nicht dem arbeitsrechtlichen Grund-, sondern dem Erfüllungsverhältnis zuzuordnen.[30]

---

[21] Vgl. *Boemke*, Schuldvertrag, S. 411 f.

[22] Vgl. BAG v. 03.04.1990, 1 AZR 123/89, AP Nr. 56 zu Art. 9 GG, unter B.I.6.; BAG v. 17.06.1999, 2 AZR 456/98, AP Nr. 103 zu § 1 KSchG 1969 Betriebsbedingten Kündigung, unter II.1. Siehe zum Ganzen auch die umfangreiche Darstellung bei Wiedemann-*Thüsing*, TVG, § 1 Rn. 712 ff.; Däubler-*Hensche*, TVG, § 1 Rn. 780; *Löwisch/Rieble*, TVG, § 1 Rn. 106.

[23] BAG v. 03.04.1990, 1 AZR 123/89, AP Nr. 56 zu Art. 9 GG, unter B.I.6.

[24] BAG v. 03.04.1990, 1 AZR 123/89, AP Nr. 56 zu Art. 9 GG, unter B.I.6.; Däubler-*Hensche*, TVG, § 1 Rn. 780; verfassungsrechtliche Bedenken gegen dieses Verständnis im Hinblick auf die negative Koalitionsfreiheit und die Berufsausübungsfreiheit äußern dagegen beispielsweise *Giesen*, Rechtsgestalung, S. 381 ff. sowie *Zöllner*, RdA 1962, 453, 453 ff.

[25] BAG v. 03.04.1990, 1 AZR 123/89, AP Nr. 56 zu Art. 9 GG, unter B.I.6.

[26] BAG v. 17.06.1999, 2 AZR 456/98, AP Nr. 103 zu § 1 KSchG 1969 Betriebsbedingten Kündigung, unter II.1.

[27] Vgl. BAG v. 03.04.1990, 1 AZR 123/89, AP Nr. 56 zu Art. 9 GG, unter B.I.6.; BAG v. 17.06.1999, 2 AZR 456/98, AP Nr. 103 zu § 1 KSchG 1969 Betriebsbedingten Kündigung, unter II.1; *Löwisch/Rieble*, TVG, § 1, Rn. 106. Siehe zum Ganzen auch die umfangreiche Darstellung bei Wiedemann-*Thüsing*, TVG, § 1 Rn. 712 ff.

[28] Vgl. BAG v. 03.04.1990, 1 AZR 123/89, AP Nr. 56 zu Art. 9 GG, unter B.I.6.; BAG v. 17.06.1999, 2 AZR 456/98, AP Nr. 103 zu § 1 KSchG 1969 Betriebsbedingten Kündigung, unter II.1; *Hueck*, BB 1949, 530, 532.2 ff. *Löwisch/Rieble*, TVG, § 1 Rn. 106.

[29] Vgl. MünchArbR-*Löwisch/Rieble*, § 261 Rn. 6.

[30] *Boemke*, Schuldvertrag, S. 417.

Nichts anderes gilt für betriebsverfassungsrechtliche Vorschriften im Sinne des § 1 Abs. 1 TVG. Indem diese Tarifnormen die gesetzlichen Regelungen der Betriebsverfassung ergänzen, stimmt der Anknüpfungspunkt dieser Vorschriften mit jenem des Betriebsverfassungsrechtes überein.[31] Das Betriebsverfassungsrecht knüpft an die tatsächliche Betriebszugehörigkeit und somit an das arbeitsrechtliche Erfüllungsverhältnis an.[32] Gleiches gilt demnach auch für betriebsverfassungsrechtliche Tarifnormen. Diese gelten somit für alle Arbeitnehmer im Sinne des § 5 Abs. 1 BetrVG, unabhängig davon, ob ein wirksames Grundverhältnis zwischen dem Arbeitgeber und seinem Arbeitnehmer besteht. Bereits oben[33] wurde herausgearbeitet, dass sich der Arbeitnehmerstatus des Wiedereinzugliedernden nicht ändert. Eine Person, die eine stufenweise Wiedereingliederung durchläuft, bleibt auch in dieser Zeit Arbeitnehmer im Sinne des § 5 Abs. 1 S. 1 BetrVG und damit betriebszugehörig. Indem die Betriebsverfassung darüber hinaus an das arbeitsrechtliche Erfüllungsverhältnis anknüpft, bestehen die betriebsverfassungsrechtlichen Tarifnormen auch in Zeiten der stufenweisen Wiedereingliederung fort.

3. Inhaltsnormen

Keine eindeutige allgemeine Zuordnung zum Grund- oder Erfüllungsverhältnis ist dagegen bei den tariflichen Inhaltsnormen gemäß § 1 Abs. 1 TVG möglich. Hierunter fallen alle Bestimmungen, die nach dem Willen der Tarifvertragsparteien den Inhalt von Arbeitsverhältnissen regeln sollen.[34] Bei diesen Normen muss stets eine Einzelfallentscheidung erfolgen, auf welches Verhältnis sich die in Frage stehende Inhaltsnorm bezieht und ob die untersuchte Tarifnorm mithin auch in der Wiedereingliederungsphase gilt. So existieren tarifliche Inhaltsnormen, die ausschließlich Regelungen in Bezug auf die arbeitsvertraglichen Hauptleistungspflichten treffen und somit dem Grundverhältnis zuzuordnen sind.[35] Beispielsweise genannt seien an dieser Stelle die praktisch bedeutsamen tariflichen Regelungen über die Höhe des Arbeitsentgeltes oder die Entgeltbestandteile (Geldzahlung, Sachleistungen und geldwerte Vorteile).[36] Andere Inhaltsnormen (beispielsweise Schutzpflichten) regeln allein die Art und Weise der Leistungsmodalitäten, beziehen sich also auf

[31] *Boemke*, Schuldvertrag, S. 417 f.
[32] *Boemke*, Schuldvertrag, S. 417 f. und S. 428 f.
[33] Siehe oben unter § 9.B.II.3.a).
[34] *Kempen/Zachert*, TVG, § 1 Rn. 27; Wiedemann-*Thüsing*, TVG, § 1 Rn. 409.
[35] Vgl. BAG v. 03.04.1974, 4 AZR 273/73, AP Nr. 2 zu § 1 TVG Tarifverträge: Metallindustrie; Däubler-*Reim*, TVG, § 1 Rn. 312; *Löwisch/Rieble*, TVG, § 1 Rn. 42.
[36] BAG v. 03.04.1974, 4 AZR 273/73, AP Nr. 2 zu § 1 TVG Tarifverträge: Metallindustrie; Däubler-*Reim*, TVG, § 1 Rn. 312; Däubler-*Winter*, TVG, § 1 Rn. 356 ff.; *Löwisch/Rieble*, TVG, § 1 Rn. 49; Wiedemann-*Thüsing*, TVG, § 1 Rn. 469 ff.

das Erfüllungsverhältnis.[37] Die Tarivertragsparteien können zum Beispiel den durch oder aufgrund eines Gesetzes geschaffenen Arbeitsschutz erweitern oder konkretisieren.[38] Denkbar sind in diesem Zusammenhang Unfallverhütungsschutzvorschriften für die betriebliche Sicherheit in Form von Regelungen bezüglich zu tragender Arbeitskleidung sowie der Ausgestaltung von Arbeits-, Wasch- oder Kantinenräumen.[39] Schließlich sind auch tarifvertragliche Inhaltsnormen vorstellbar, die sowohl das Grund- als auch das Erfüllungsverhältnis betreffen, wie beispielsweise Ausschlussfristen für tarifliche Ansprüche oder Gerichtsstandsvereinbarungen.[40]

B.Geltung von Betriebsvereinbarungen in Zeiten der Wiedereingliederung

Die Betriebsvereinbarung ist das Gesetz des Betriebes.[41] Ihr Zweck ist es, die betriebliche und betriebsverfassungsrechtliche Ordnung generell zu regeln sowie die individuellen Rechtsbeziehungen zwischen Arbeitgeber und Arbeitnehmer zu gestalten.[42] Aus diesen Überlegungen ergibt sich der persönliche Geltungsbereich einer Betriebsvereinbarung. Dieser umfasst grundsätzlich alle Arbeitnehmer im Sinne von § 5 Abs. 1 S. 1 BetrVG.[43] Dabei ist nicht entscheidend, ob das Arbeitsverhältnis ruht oder vollzogen ist.[44] Dagegen gilt eine Betriebsvereinbarung nicht für den in § 5 Abs. 2 BetrVG genannten Personenkreis.[45]
Durch die Einordnung stufenweise wiedereinzugliedernder Personen als Arbeitnehmer im Sinne des § 5 Abs. 1 S. 1 BetrVG[46] finden die Betriebsvereinbarungen auch während der Wiedereingliederungsphase auf das (ruhende) Arbeitsverhältnis Anwendung. Dies gilt gleichfalls für solche Betriebsvereinbarungen, die während der stufenweisen Wiedereingliederung abgeschlossen werden. Hierbei ist es gleichgültig, ob sich die Rechtsstellung des wiedereinzugliedernden Arbeitnehmers durch die neue Betriebsvereinbarung verbessert oder verschlechtert. Sinn und Zweck eines ruhenden Arbeitsverhältnisses ist es lediglich, den Arbeitnehmer vor

---

[37] *Boemke*, Schuldvertrag, S. 413.
[38] Wiedemann-*Thüsing*, TVG, § 1 Rn. 572.
[39] *Löwisch/Rieble*, TVG, § 1 Rn. 51; Wiedemann-*Thüsing*, TVG, § 1 Rn. 572.
[40] *Boemke*, Schuldvertrag. S. 413; Däubler-*Reim*, § 1 Rn. 312.
[41] *Fitting*, BetrVG, § 77 Rn. 12.
[42] *Fitting*, BetrVG, § 77 Rn. 12.
[43] BAG v. 16.03.1956, GS 1/55, Vorlagebeschluss des 2. Senats, 2 AZR 211/54 u. 2 AZR 1/55, BAGE 3, 1, 8; DKK-BetrVG-*Berg*, § 77 Rn. 35; *Kreutz*, ZfA 2003, 361, 362.
[44] Vgl. *Dikomey*, Arbeitsverhältnis, S. 194 ff.
[45] GK-BetrVG-*Kreutz*, § 77 Rn. 174.
[46] Siehe zu dieser Einordnung oben unter § 9.B.II.3.a).

jenen Nachteilen zu bewahren, die eine Beendigung des Arbeitsverhältnisses mit sich bringen würde.[47]
Andererseits soll er durch die Suspendierung der Hauptleistungspflichten auch nicht besser gestellt werden als jene Arbeitnehmer im vollzogenen Arbeitsverhältnis.[48] Diese Aussagen gelten unabhängig von der Frage, ob sich der persönliche Geltungsbereich von Betriebsvereinbarungen nur auf die Aktivbelegschaft erstreckt oder ob die Betriebsvereinbarung auch Ruheständler normativ treffen kann.[49] Im Unterschied zu den Ruhestandsverhältnissen zielt das ruhende Arbeitsverhältnis auf Reaktivierung ab, so dass es bei letzterem gerechtfertigt ist, die Entwicklung zu berücksichtigen, welche die vollzogenen Arbeitsverhältnisse durchlaufen haben.[50]
Indem Betriebsvereinbarungen nur die betrieblichen Arbeitsverhältnisse normativ gestalten,[51] finden sie nur auf das ruhende Arbeitsverhältnis des wiedereinzugliedernden Rehabilitanden Anwendung, nicht dagegen auf das Wiedereingliederungsverhältnis, das als Rechtsverhältnis eigener Art kein Arbeitsverhältnis darstellt.

C.Anhörungsrecht des Betriebsrates aus § 102 BetrVG

Nach der Erörterung der echten Mitbestimmungsrechte aus § 87 Abs. 1 BetrVG im Rahmen einer stufenweisen Wiedereingliederung ist schließlich noch zu klären, inwieweit während dieser Phase zu Gunsten des Betriebsrates ein Anhörungsrecht gemäß § 102 BetrVG besteht. Vor Ausspruch einer jeden Kündigung ist der Betriebsrat zu hören (§ 102 Abs. 1 S. 1 BetrVG). Gemäß § 102 Abs. 1 S. 2 BetrVG hat ihm der Arbeitgeber die Gründe für die Kündigung mitzuteilen. Hierdurch soll dem Betriebsrat die Möglichkeit eröffnet werden, auf den Kündigungsentschluss des Arbeitgebers Einfluss zu nehmen.[52] Eine ohne Anhörung des Betriebsrates ausgesprochene Kündigung ist unwirksam (§ 102 Abs. 1 S. 3 BetrVG).
Dabei steht ein fehlerhaftes Beteiligungsverfahren einem gänzlich unterbliebenen gleich.[53] Dies ergibt sich aus einer analogen Anwendung von § 102 Abs. 1 S. 3 BetrVG.[54] Die Anhörung soll nämlich in geeigneten Fällen dazu beitragen,

---

[47] Vgl. *Dikomey*, Arbeitsverhältnis, S. 194 f.
[48] Vgl. *Dikomey*, Arbeitsverhältnis, S. 195.
[49] Siehe zu diesem Streitstand die ausführliche Stellungnahme sowie die zahlreichen Nachweise bei GK-BetrVG-*Kreutz*, § 77 Rn. 178 ff.
[50] Vgl. *Adler*, Werksbeurlaubung, S. 46; *Dikomey*, Arbeitsverhältnis, S. 195.
[51] *Fitting*, BetrVG, § 77 Rn. 13; GK-BetrVG-*Kreutz*, § 77 Rn. 30.
[52] BAG v. 15.12.1994, 2 AZR 327/94, NZA 1995, 521, 522; Stahlhacke-*Preis*, Kündigung Rn. 348.
[53] BAG v. 16.09.1993, 2 AZR 267/93, NZA 1994, 311, 313; BAG v. 22.09.1994, 2 AZR 31/94, NZA 1995, 363, 364; *Bader*, NZA-RR 2000, 57, 62; APS-*Koch*, § 102 BetrVG Rn. 3.
[54] BAG v. 16.09.1993, 2 AZR 267/93, NZA 1994, 311, 313; BAG v. 22.09.1994, 2 AZR 31/94, NZA 1995, 363, 364; *Bader*, NZA-RR 2000, 57, 62.

dass der Ausspruch einer Kündigung vermieden werden kann.[55] Diese Möglichkeit besteht bei einer fehlerhaften Unterrichtung ebenso wenig wie bei einer gänzlich unterbliebenen.[56]
Hat ein Arbeitgeber vor Ausspruch einer krankheitsbedingten Kündigung die Durchführung einer stufenweisen Wiedereingliederung beziehungsweise eines betrieblichen Eingliederungsmanagements unterlassen, kann der Betriebsrat diese Tatsache zum Anlass nehmen, seine hierauf gestützten Bedenken gegen die Kündigung dem Arbeitgeber mitzuteilen (vgl. § 102 Abs. 2 BetrVG).[57] Allerdings handelt es sich bei dem Recht aus § 102 BetrVG nicht um ein echtes Mitbestimmungsrecht, sondern lediglich um ein Anhörungsrecht des Betriebsrates.[58] Sofern der Arbeitgeber das Anhörungsverfahren nach § 102 BetrVG ordnungsgemäß durchgeführt hat, ist er anschließend frei darin, die beabsichtigte Kündigung auch auszusprechen.[59] Somit kann der Betriebsrat im Rahmen des Anhörungsverfahrens lediglich auf Abhilfe drängen,[60] nicht aber beispielsweise auf Grundlage des § 102 BetrVG die Durchführung einer stufenweisen Wiedereingliederung durchsetzen. Das Anhörungsrecht gemäß § 102 BetrVG besteht nur vor Ausspruch einer Kündigung des Arbeitsverhältnisses. Die Kündigung soll die Beendigung der arbeitsrechtlichen Hauptleistungspflichten herbeiführen und knüpft somit an das arbeitsrechtliche Grundverhältnis an.[61] Allein die Beendigung des Grundverhältnisses, nicht aber die des Erfüllungsverhältnisses bedarf der vorherigen Anhörung des Betriebsrates nach § 102 BetrVG.[62] Demgegenüber beinhaltet das Wiedereingliederungsverhältnis keinerlei arbeitsrechtliche Hauptleistungspflichten, die für die Zukunft beendet werden könnten. Daher ist das Wiedereingliederungsverhältnis als Rechtsverhältnis eigener Art auch hinsichtlich des Mitbestimmungsrechtes aus § 102 BetrVG nicht mit dem Arbeitsverhältnis vergleichbar. Ein Recht des Betriebsrates, vor Beendigung des Wiedereingliederungsverhältnisses angehört zu werden, muss demzufolge entfallen.

---

[55] BAG v. 16.09.1993, 2 AZR 267/93, NZA 1994, 311, 313; BAG v. 22.09.1994, 2 AZR 31/94, NZA 1995, 363, 364.
[56] BAG v. 22.09.1994, 2 AZR 31/94, NZA 1995, 363, 364.
[57] Vgl. *Britschgi*, AiB 2005, 284, 287; *Gagel/Dalitz/M. Schian/H.-M. Schian*, Forum B, Beitrag 4/2004, S. 6 f.
[58] APS-*Koch*, § 102 BetrVG, Rn. 1; Stahlhacke-*Preis*, Kündigung Rn. 347.
[59] *Bader*, NZA-RR 2000, 57, 57; Stahlhacke-*Preis*, Kündigung Rn. 347.
[60] *Gagel/Dalitz/M. Schian/H.-M. Schian*, Forum B, Beitrag 4/2004, S. 7.
[61] *Boemke*, Schuldvertrag, S. 460.
[62] *Boemke*, Schuldvertrag, S. 460 f.

D.Zusammenfassung

Tarifverträge sind weder direkt noch analog auf Wiedereingliederungsverhältnisse anzuwenden.

Allerdings gelten bestimmte Tarifnormen aufgrund des fortbestehenden Arbeitsverhältnisses auch während der Wiedereingliederung. Um zutreffend zu ermitteln, welche Tarifnormen während der stufenweisen Wiedereingliederung weiterhin bestehen und welche nicht, ist auf die Unterscheidung zwischen Grund- und Erfüllungsverhältnis zurückzugreifen. Nur jene Tarifnormen, die an das arbeitsrechtliche Erfüllungsverhältnis anknüpfen, bestehen in Zeiten der stufenweisen Wiedereingliederung fort. Dagegen entfalten in dieser Phase solche Tarifnormen, die eine arbeitsrechtliche Leistungsverpflichtung erfordern oder gestalten und somit an das arbeitsrechtliche Grundverhältnis anknüpfen, keine Rechtswirkungen.

Tarifvertragliche Abschluss- und Beendigungsnormen knüpfen an das arbeitsrechtliche Grundverhältnis an, so dass eine Fortgeltung dieser Tarifnormen in Zeiten der stufenweisen Wiedereingliederung ausscheidet.

Dagegen sind betriebliche und betriebsverfassungsrechtliche Vorschriften im Sinne des § 1 Abs. 1 TVG nicht dem arbeitsrechtlichen Grund-, sondern dem Erfüllungsverhältnis zuzuordnen. Diese Normen müssen daher auch während der Wiedereingliederung beachtet werden.

Eine allgemeine Zuordnung zum Grund- oder Erfüllungsverhältnis ist dagegen bei den tariflichen Inhaltsnormen gemäß § 1 Abs. 1 TVG nicht möglich. Hier ist stets eine Einzelfallentscheidung vonnöten.

Durch die Einordnung stufenweise wiedereinzugliedernder Personen als Arbeitnehmer im Sinne des § 5 Abs. 1 S. 1 BetrVG finden die Betriebsvereinbarungen auch während der Wiedereingliederungsphase auf das (ruhende) Arbeitsverhältnis Anwendung. Dies gilt ebenfalls für solche Betriebsvereinbarungen, die während der stufenweisen Wiedereingliederung abgeschlossen werden. Dagegen gelten Betriebsvereinbarungen nicht für das Wiedereingliederungsverhältnis, das als Rechtsverhältnis eigener Art kein Arbeitsverhältnis darstellt.

Das Anhörungsrecht gemäß § 102 BetrVG besteht nur vor Ausspruch einer Kündigung des Arbeitsverhältnisses. Dagegen entfällt dieses Recht des Betriebsrates vor Beendigung des Wiedereingliederungsverhältnisses.

§ 11 Schlussbetrachtung und Ergebnisse

Zutreffende arbeitsrechtliche Bewertungen von Wiedereingliederungsvorgängen können bei bestimmten Fragen nur gelingen, wenn zwischen schwerbehinderten Arbeitnehmern einerseits und der übrigen Belegschaft andererseits unterschieden wird. Jüngere Sozialrechtsnormen führen sowohl bezüglich der Begründung einer Wiedereingliederung als auch hinsichtlich bestimmter Rechtsfolgen im Zusammenhang mit dieser Maßnahme zu Besonderheiten bei der Gruppe der schwerbehinderten Arbeitnehmer. Aber auch in Bezug auf die Gesamtbelegschaft sind zum einen neue, wiedereingliederungsrechtliche Problembereiche entstanden und müssen zum anderen bereits länger bekannte, vermeintlich geklärte Sachverhaltskonstellationen eine neue Bewertung erfahren. Die stufenweise Wiedereingliederung umfasst also ein weites Feld aktueller arbeitsrechtlicher Fragen. Ziel der vorliegenden Arbeit war es, diese Handlungsfelder aus arbeitsrechtlicher Sicht zu beleuchten und entsprechende Lösungsmöglichkeiten aufzuzeigen. Als wesentliche Ergebnisse lassen sich dabei folgende Aussagen festhalten:

1.a) Unter dem Begriff der stufenweisen Wiedereingliederung im Sinne der § 28 SGB IX/§ 74 SGB V ist die schrittweise Rückführung arbeitsunfähiger Arbeitnehmer in den Arbeitsprozess zu verstehen. Wird ein arbeitsunfähiger Arbeitnehmer wiedereingegliedert, entsteht zwischen ihm und seinem Arbeitgeber ein Rechtsverhältnis. Bei diesem Wiedereingliederungsverhältnis handelt es sich um ein Rechtsverhältnis eigener Art im Sinne des § 311 BGB, das neben den fortbestehenden Arbeitsvertrag tritt.

b) Der Abschluss eines solchen Rechtsverhältnisses eigener Art steht nur bei nicht schwerbehinderten Arbeitsunfähigen im Belieben der Parteien. Demgegenüber ist der Arbeitgeber gegenüber seinen schwerbehinderten Rekonvaleszenten gemäß § 81 Abs. 4 S. 1 Nr. 1 SGB IX zum Abschluss eines Wiedereingliederungsverhältnisses verpflichtet. Dieser Anspruch findet seine Grenzen in der Regelung des 81 Abs. 4 S. 3 SGB IX. Dagegen können weder Absatz 2 des § 2 SGB III noch § 84 Abs. 2 SGB IX eine konkrete arbeitgeberseitige Wiedereingliederungspflicht begründen.

2.a) Die Phase der stufenweisen Wiedereingliederung ist gekennzeichnet durch die Suspendierung der auf dem Arbeitsvertrag beruhenden Hauptleistungspflichten. Durch den Abschluss eines Wiedereingliederungsverhältnisses werden regelmäßig keine originären Hauptleistungspflichten begründet. Etwas anderes gilt nur für die Fälle, in denen der Arbeitgeber und sein Arbeitnehmer entsprechende Verpflichtungen vereinbaren.

b) Der Arbeitsunfähigkeitsbegriff ist einheitlich zu bestimmen. Daher liegt eine Arbeitsunfähigkeit sowohl im arbeits- als auch krankenversicherungsrechtlichen Sinne immer dann vor, wenn jemand durch ein Krankheitsgeschehen außer Stande gesetzt wird, die vertraglich geschuldete Arbeit zu verrichten, oder wenn er die Arbeit nur unter der Gefahr fortsetzen könnte, in absehbarer Zeit seinen Zustand zu verschlimmern.

c) Der krankheitsbedingt arbeitsunfähige Arbeitnehmer wird von seiner arbeitsvertraglichen Leistungspflicht gemäß § 275 Abs. 1 BGB vollständig befreit. Dies hat zur Folge, dass auch den Arbeitgeber nach § 326 Abs. 1 S. 1 BGB keine arbeitsvertragliche Hauptleistungspflicht gegenüber seinem arbeitsunfähigen Arbeitnehmer mehr trifft.

d) Ein Arbeitnehmer kann nur entweder vollständig arbeitsunfähig oder aber gänzlich arbeitsfähig sein. Eine Teilarbeitsunfähigkeit ist abzulehnen. Dieses Verständnis macht eine Abgrenzung der Wiedereingliederung von der Teilarbeitsunfähigkeit entbehrlich.

e) Vor Annahme einer qualitativen Leistungsbeschränkung ist stets die Möglichkeit zu prüfen, ob der Arbeitnehmer nicht mittels des arbeitgeberseitigen Direktionsrechtes auf eine andere Tätigkeit verwiesen werden kann. Ist dies der Fall, so liegt keine Arbeitsunfähigkeit vor. Eine solche Verweisungsmöglichkeit im Rahmen des Direktionsrechtes scheidet in den Fällen rein quantitativer Leistungsbeschränkung aus. Gleiches gilt, wenn ein Arbeitnehmer sowohl qualitativ als auch quantitativ in seinem Leistungsvermögen eingeschränkt ist.

3. Die Besonderheit, dass in der Wiedereingliederungsphase das Zusammenspiel zweier Rechtsverhältnisse zu berücksichtigen ist, macht eine besondere Begutachtung der Wiedereingliederungsverhältnisse notwendig und verbietet eine pauschale Übertragung der für andere ruhende Arbeitsverhältnisse entwickelten Grundsätze auf Wiedereingliederungsfälle.

4.a) Das Arbeitsverhältnis besteht aus zwei Elementen, einem Grund- und einem Erfüllungsverhältnis. Einige Nebenpflichten setzen die Existenz arbeitsrechtlicher Hauptleistungspflichten voraus, wohingegen andere auf ein solches Erfordernis verzichten. Somit kommt für bestimmte Nebenpflichten bereits die Leistungsverpflichtung, mithin das Grundverhältnis, als Entstehungsgrund in Betracht. Andere Nebenpflichten knüpfen dagegen an das Erfüllungsverhältnis an und entstehen somit erst durch Vollzug des Arbeitsverhältnisses.

b) Durch diese Erkenntnis können fortwirkende Nebenpflichten aus dem Arbeitsverhältnis in Zeiten der stufenweisen Wiedereingliederung bestimmt werden. Während der stufenweisen Wiedereingliederung bestehen nur jene Nebenpflichten aus dem Arbeitsverhältnis fort, die dem Erfüllungsverhältnis zuzuordnen sind. Dagegen entfalten die an das Grundverhältnis anknüpfenden Nebenpflichten aus dem Arbeitsverhältnis in dieser Phase keine Wirkung.

c) Neben diesen aus dem Arbeitsverhältnis fortwirkenden Nebenpflichten in Zeiten der stufenweisen Wiedereingliederung existieren auch originäre Nebenpflichten aus dem Wiedereingliederungsverhältnis.

5. Dem Arbeitgeber steht auch während der stufenweisen Wiedereingliederung ein Direktionsrecht zu. Dieses beruht allerdings nicht auf dem Arbeits-, sondern auf dem Wiedereingliederungsverhältnis.

6.a) Die in § 1 Abs. 1 KSchG zum Ausdruck kommende Beschränkung des Kündigungsschutzgesetzes auf Arbeitsverhältnisse ist nicht als planwidrige Unvollständigkeit dieses Gesetzes einzustufen, so dass eine analoge Anwendung des § 1 KSchG auf jene Fälle ausscheidet, in denen ein Arbeitgeber das Wiedereingliederungsverhältnis mit einem schwerbehinderten Arbeitnehmer durch einseitige Erklärung beendet. Gleiches gilt für eine analoge Anwendung des § 85 SGB IX auf Wiedereingliederungsverhältnisse.

b) Das ruhende Arbeitsverhältnis kann nicht durch eine einfache Willenserklärung des Arbeitgebers beendet werden. Für dieses Rechtsverhältnis bedarf es einer Kündigung im Sinne der §§ 620 ff. BGB.

c) Dagegen reicht in Bezug auf das mit nicht schwerbehinderten Rehabilitanden geschlossene Wiedereingliederungsverhältnis eine einfache Beendigungserklärung seitens des Arbeitgebers aus. Dies gilt allerdings nicht für die Wiedereingliederung Schwerbehinderter. Hinsichtlich dieser Arbeitnehmergruppe ist eine einfache arbeitgeberseitige Beendigungserklärung nur wirksam, wenn die Fortführung der stufenweisen Wiedereingliederung für den Arbeitgeber nicht zumutbar oder mit unverhältnismäßigen Aufwendungen verbunden wäre. Demgegenüber bedarf es in all den soeben benannten Beendigungssachverhalten im Falle einer vorzeitigen

Beendigung der Wiedereingliederungsmaßnahme durch einfache Willenserklärung keiner aus § 242 BGB herzuleitenden Auslauffrist.

d) Die stufenweise Wiedereingliederung ist kündigungsrechtlich als ein rein außerdienstlicher Vorgang einzustufen, so dass in Bezug auf die Kündigung des Arbeitsverhältnisses in dieser Zeit die Kündigungsvoraussetzungen bei außerbetrieblichem Verhalten anzuwenden sind. Dabei kann allein die Verletzung einer arbeitsvertraglichen Nebenpflicht den Ausspruch einer verhaltensbedingten ordentlichen Kündigung des Arbeitsverhältnisses durch den Arbeitgeber rechtfertigen.

e) Eine ordentliche verhaltensbedingte Kündigung des Arbeitsverhältnisses in Zeiten einer stufenweisen Wiedereingliederung erfährt sowohl in Bezug auf die negative Zukunftsprognose als auch hinsichtlich der Interessenabwägung Besonderheiten. Einer Pflichtverletzung, die während des Ruhens eines Arbeitsverhältnisses begangen wurde, ist im Zusammenhang mit einer außerordentlichen Kündigung unter Umständen ein geringeres Gewicht beizumessen als in Zeiten eines vollzogenen Arbeitsverhältnisses.

f) Das Wiedereingliederungsverhältnis ist als Dauerschuldverhältnis nach § 314 BGB kündbar. Im Gegensatz zu einem Arbeitgeber, der zumindest in Bezug auf schwerbehinderte Mitarbeiter gewisse Beendigungshürden zu beachten hat, ist für einen Arbeitnehmer jederzeit die freiwillige Beendigung des Wiedereingliederungsverhältnisses möglich.

g) Die Klagbarkeit von Schutzpflichten ist zu bejahen, Werden Schutzpflichten verletzt und will eine Partei in diesem Fall aus einem obsiegenden Urteil vollstrecken, so richtet sich Zwangsvollstreckung nach § 890 ZPO, da ein Unterlassungstitel vorliegt. Auch eine mögliche einstweilige Verfügung gemäß § 935 ZPO kommt in Betracht.

h) Nebenpflichtverletzungen während der Wiedereingliederung können mit vertraglichen Schadensersatzansprüchen zu Gunsten der geschädigten Partei gemäß § 280 Abs. 1 BGB einhergehen. Daneben ist die Geltendmachung deliktischer Ansprüche aus §§ 823 ff. BGB möglich.

7.a) Die aus dem vollzogenen Arbeitsverhältnis bekannten Haftungsbeschränkungen zu Gunsten des Rehabilitanden und seines Arbeitgebers gelten auch in Zeiten der stufenweisen Wiedereingliederung.

b) Der Unternehmer kommt während dieser Phase im Falle eines Personenschadens in den Genuss der Haftungsprivilegierung aus § 104 SGB VII.

c) Allerdings hat der Arbeitgeber sowohl im vollzogenen Arbeitsverhältnis als auch in Zeiten der stufenweisen Wiedereingliederung dem Arbeitnehmer alle arbeitsbeziehungsweise tätigkeitstypischen Sachschäden nach § 670 BGB analog zu ersetzen. Dabei ist ein etwaiges Mitverschulden des wiedereinzugliedernden Rekonvaleszenten gemäß § 254 BGB zu berücksichtigen.

d) Die im vollzogenen Arbeitsverhältnis bestehende beschränkte Arbeitnehmerhaftung findet auch auf das Wiedereingliederungsverhältnis Anwendung. Wird ein Versicherungsfall durch eine betriebliche Handlung des Rehabilitanden gegenüber einem Versicherten desselben Betriebes ausgelöst, so greift die Privilegierung des § 105 Abs. 1 S. 1 SGB VII. Schließlich bestehen unter gewissen Voraussetzungen auch in Zeiten der stufenweisen Wiederingliederung Freistellungs- und Erstattungsansprüche des wiedereinzugliedernden Arbeitnehmers gegen seinen Arbeitgeber für den Fall, dass der Rehabilitand Dritte geschädigt hat.

e) Die genannten Haftungsbeschränkungen lassen sich damit begründen, dass die eingeschränkte Arbeitgeber- und Arbeitnehmerhaftung an das arbeitsrechtliche Erfüllungsverhältnis anknüpft. Dies führt zur Fortgeltung der arbeitsrechtlichen Haftungsprivilegierungen in der Wiedereingliederungsphase.

8.a) Die stufenweise Wiedereingliederung kann das Resultat eines betrieblichen Eingliederungsmanagements sein und unterfällt daher dem Regelungsgehalt des § 84 Abs. 2 S. 1 SGB IX. Diese Norm gilt für sämtliche Arbeitnehmer eines Betriebes.

b) Bei der Frage, inwieweit einer Maßnahme im Sinne des § 84 Abs. 2 SGB IX kündigungsrechtliche Wirkung zukommt, müssen allein die Punkte „Geeignetheit" und „Erforderlichkeit" im Mittelpunkt der Überlegungen stehen. Mithin stellt die Überprüfung, ob dem kündigenden Arbeitgeber mildere Mittel als eine Beendigungskündigung zur Verfügung standen, im Rahmen der krankheitsbedingten Kündigung den zutreffenden Anknüpfungspunkt für ein betriebliches Eingliederungsmanagement nach § 84 Abs. 2 SGB IX dar.

c) Ein Arbeitgeber, der seit dem Inkrafttreten des § 84 Abs. 2 SGB IX auf eine stufenweise Wiedereingliederung verzichtet und der, ohne andere Maßnahmen im Sinne dieser Vorschrift angeboten zu haben, eine krankheitsbedingte Beendigungskündigung ausspricht, geht das Risiko ein, im Kündigungsschutzprozess zu unter-

liegen. Nicht selten wird nämlich der Arbeitnehmer vortragen können, eine stufenweise Wiedereingliederung hätte als mildere Maßnahme der Notwendigkeit einer Beendigungskündigung entgegengestanden. In einem solchen Fall ist die Kündigung nicht „ultima-ratio“ und daher unwirksam. § 84 Abs. 2 SGB IX konkretisiert ebenso wie § 2 Abs. 2 SGB III das dem gesamten Kündigungsschutzrecht innewohnende „ultima-ratio-Prinzip“. Dies gilt allerdings nur für Sachverhalte, die dem Geltungsbereich des Kündigungsschutzgesetzes unterliegen.
Sofern eine medizinisch anzgezeigte stufenweise Wiedereingliederung unter Verstoß gegen § 84 Abs. 2 S. 1 SGB IX nicht durchgeführt wird, trägt nach dem Rechtsgedanken der Beweisvereitelung der Arbeitgeber im Prozess das Feststellungsrisiko. Gleiches gilt bei einer Verletzung des § 2 Abs. 2 S. 2 Nr. 2 SGB III.

d) Der zu Gunsten schwerbehinderter Arbeitnehmer bestehende Beschäftigungsanspruch aus § 81 Abs. 4 S. 1 Nr. 1 SGB IX ist einklagbar. Dieser Wiedereingliederungsanspruch wird nach § 888 Abs. 1 ZPO vollstreckt. Der auf stufenweise Wiedereingliederung gerichtete Beschäftigungsanspruch aus § 81 Abs. 4 S. 1 Nr. 1 SGB IX kann auch durch eine einstweilige Verfügung durchgesetzt werden (§ 62 Abs. 2 ArbGG i. V. m. §§ 935 ff. ZPO). Dabei stellt eine Leistungsverfügung (§ 940 ZPO) die zutreffende Verfügungsart dar.

e) Vertragsrechtlich begründete Schadensersatzansprüche bei notwendiger, aber unterbliebener Wiedereingliederung lassen sich nur zu Gunsten eines schwerbehinderten Rekonvaleszenten herleiten. Bei der zu Gunsten Schwerbehinderter bestehenden Wiedereingliederungspflicht handelt es sich um eine Leistungspflicht im Sinne des § 241 Abs. 1 S. 1 BGB. Der Schadensersatzanspruch eines Schwerbehinderten gegen seinen Arbeitgeber bei Verletzung dieser Pflicht richtet sich nach §§ 280 Abs. 1 und 3, 283 BGB und nicht allein nach § 280 Abs. 1 BGB. Ein solches Verhalten verpflichtet den Arbeitgeber zum Schadensersatz nach §§ 280 Abs. 1 und 3, 283, 249 Abs. 1 BGB. Die Naturalherstellung ist dem Arbeitgeber in diesen Konstellationen auch möglich, da eine Wiedereingliederungsmaßnahme regelmäßig auf Grundlage eines ärztlichen Wiedereingliederungsplanes erfolgt. Dieser Plan kann in gleicher Form, wenn auch an anderen Tagen, inhaltlich aber mit dem ursprünglich geplanten Regelungsgehalt, umgesetzt werden.

f) Dagegen scheidet ein Schadensersatzanspruch nach § 823 Abs. 1 BGB aus. Allerdings kann der schwerbehinderte Arbeitnehmer bei schuldhafter Nichterfüllung seines Anspruches aus § 81 Abs. 4 S. 1 Nr. 1 SGB IX auf stufenweise Wiedereingliederung neben dem vertragsrechtlich begründeten Schadensersatzanspruch auch einen Anspruch auf Schadensersatz aus § 823 Abs. 2 BGB i. V. m. § 81 Abs. 4 S. 1 Nr. 1 SGB IX geltend machen. Auch dieser deliktische Schadensersatzanspruch ist gemäß § 249 Abs. 1 BGB auf Naturalrestitution, also Durchführung einer Wiedereingliederungsmaßnahme, gerichtet. Demgegenüber scheidet im Falle der unterbliebenen Wiedereingliederung ein Anspruch auf Schadensersatz gemäß § 823 Abs. 2 BGB i. V. m. § 84 Abs. 2 SGB IX oder § 2 Abs. 2 SGB III aus. Weder § 84 Abs. 2 SGB IX noch § 2 Abs. 2 SGB III sind Schutzgesetze im Sinne des § 823 Abs. 2 BGB.

g) Sowohl der Betriebsrat als auch die Schwerbehindertenvertretung können die Einleitung eines betrieblichen Eingliederungsmanagements verlangen. Darüber hinaus steht dem Betriebsrat ein Mitbestimmungsrecht aus § 87 Abs. 1 Nr. 7 BetrVG hinsichtlich der Art und Weise des Eingliederungsmanagements zu. Daneben ergibt sich ein erzwingbares Mitbestimmungsrecht zu Gunsten des Betriebsrates hinsichtlich der organisatorischen Ausgestaltung des betrieblichen Eingliederungsmanagements auch aus § 87 Abs. 1 Nr. 1 BetrVG. Die Befürwortung der Mitbestimmungsrechte aus § 87 Abs. 1 Nr. 1 und Nr. 7 BetrVG hat zur Folge, dass dem Betriebsrat die Möglichkeit eröffnet ist, im Zusammenhang mit Streitigkeiten über die Regelung eines betrieblichen Eingliederungsmanagements erfolgreich die Einsetzung der Einigungsstelle verlangen zu können. Außerdem steht es dem Betriebsrat offen, einen Anspruch auf Unterlassung geltend zu machen, wenn ein Arbeitgeber ohne Beachtung des Mitbestimmungsrechtes ein formalisiertes Eingliederungsmanagement einführt. Dieser Unterlassungsanspruch ist auch durch eine einstweilige Verfügung gemäß § 23 Abs. 3 BetrVG durchsetzbar.
Entsprechende erzwingbare Mitbestimmungs- bzw. Mitgestaltungsrechte werden dagegen der Schwerbehindertenvertretung bezüglich der Ausgestaltung des Eingliederungsmanagements nicht eingeräumt.

h) Wiedereinzugliedernde Rehabilitanden sind Arbeitnehmer im Sinne des § 5 Abs. 1 S. 1 BetrVG und wahlberechtigt gemäß § 7 BetrVG. Daher besteht auch im Zusammenhang mit der Einführung und Ausgestaltung einer stufenweisen Wiedereingliederung, ebenso wie im Rahmen des betrieblichen Eingliederungsmanagements allgemein, ein auf § 87 Abs. 1 Nr. 1 und Nr. 7 BetrVG gestütztes Mitbestimmungsrecht des Betriebsrates. Ebenso wie der Betriebsrat kann auch die Schwerbehindertenvertretung die Einleitung einer stufenweisen Wiedereingliederung als mögliche Maßnahme eines betrieblichen Eingliederungsmanagements im Sinne des § 84 Abs. 2 S. 1 SGB IX verlangen. Dagegen ist ein erzwingbares Mitbestimmungsrecht der Schwerbehindertenvertretung hinsichtlich der Ausgestaltung der stufenweisen Wiedereingliederung abzulehnen.

9.a) Tarifverträge sind auf Wiedereingliederungsverhältnisse weder direkt noch analog anzuwenden. Allerdings gelten bestimmte Tarifnormen aufgrund des fortbestehenden Arbeitsverhältnisses auch während der Wiedereingliederung. Jene Tarifnormen, die an das arbeitsrechtliche Erfüllungsverhältnis anknüpfen, bestehen in Zeiten der stufenweisen Wiedereingliederung fort. Dagegen entfalten in dieser Phase solche Tarifnormen, die eine arbeitsrechtliche Leistungsverpflichtung erfordern oder gestalten und somit an das arbeitsrechtliche Grundverhältnis anknüpfen, keine Rechtswirkungen.

b) Betriebsvereinbarungen finden grundsätzlich auch während der Wiedereingliederungsphase auf das (ruhende) Arbeitsverhältnis Anwendung.

c) Das Anhörungsrecht gemäß § 102 BetrVG besteht nur vor Ausspruch einer Kündigung des Arbeitsverhältnisses. Dagegen entfällt dieses Recht vor Beendigung des Wiedereingliederungsverhältnisses.

All die vorstehenden Ergebnisse sind insbesondere geprägt durch neuere gerichtliche Entscheidungen, die in den Jahren 2006/2007 zu den Themen Wiedereingliederung und Eingliederungsmanagement ergangen sind. Gerade diese Entscheidungen untermauern sowohl die Bedeutung dieser Maßnahmen für Arbeitsunfähige als auch die Aktualität und Dynamik einer zutreffenden arbeitsrechtlichen Bewertung stufenweiser Wiedereingliederungsvorgänge. Somit muss nicht nur der im Eingangszitat aufgeführten Frage Fausts nach dem „wie fangen wir das an" erwidert werden: „Idealerweise mit einer Wiedereingliederung". Vielmehr ist in Bezug auf Wiedereingliederungsfragen generell festzustellen: Es bleibt spannend!

Literaturverzeichnis

Adler, Waldemar — Die Werksbeurlaubung, Dissertation, Göttingen 1928, (zit.: *Adler*, Werksbeurlaubung, S.)

Ady, Johannes — Schadensersatz statt der Leistung bei Vermögens- und Nichtvermögensschaden, ZGS 2003, S. 13-17, (zit.: *Ady*, ZGS 2003, 13, …)

Anders, Monika/ Ascheid, Reiner/ Dörner, Hans-Jürgen/ Gehle, Burkhard/ Hilger, Marie-Luise/ Matthes, Hans-Christoph/ Michels-Holl, Gisel / Schick, Gerd/ Schliemann, Harald/ Weller, Bernhard — Das Bürgerliche Gesetzbuch mit besonderer Berücksichtigung der Rechtsprechung des Reichsgerichts und des Bundesgerichtshofes, Kommentar, Band II, Teil 3/1, §§ 611-620, 12. Auflage, Berlin und New York 1997, (zit.: RGRK-*Bearbeiter*, § Rn.)

Angel, Erik — Probleme der Arbeitsunfähigkeitsbescheinigung, Dissertation, Frankfurt am Main 2000, (zit.: *Angel*, Arbeitsunfähigkeitsbescheinigung, S.)

Ascheid, Reiner/ Preis, Ulrich/ Schmidt, Ingrid — Kündigungsrecht, Großkommentar zum gesamten Recht der Beendigung von Arbeitsverhältnissen, 3. Auflage, München 2007 (zit.: APS-*Bearbeiter*, Ordnungsbezeichnung Rn.)

Bader, Peter — Die Anhörung des Betriebsrats – eine Darstellung anhand der neueren Rechtsprechung, NZA-RR 2000, S. 57-63, (zit.: *Bader*, NZA-RR 2000, 57, …)

Bader, Peter/ Bram, Rainer/ Dörner, Hans-Jürgen/ Kriebel, Volkhart/ Wenzel, Leonhard — Kommentar zum Kündigungsschutzgesetz und zu den §§ 620 bis 628 BGB, Köln 2007, (zit.: Bader/Bram/ Dörner/Wenzel-*Bearbeiter*, §...Gesetz Rn.)

Badura, Bernhard/ Schellschmidt, Henner/ Vetter, Christian — Fehlzeiten-Report 2006, Zahlen, Daten, Analysen aus allen Branchen der Wirtschaft, Chronische Krankheiten, Betriebliche Strategien zur Gesundheitsförderung, Prävention und Wiedereingliederung, Heidelberg 2007, (zit.: *Badura/Schellschmidt/Vetter*, Fehlzeiten-Report 2006, S.)

Balders, Sven-Frederik/ Lepping, Christian — Das betriebliche Eingliederungsmanagement nach dem SGB IX, Arbeits- und schwerbehindertenrechtliche Fragen, NZA 2005, S. 854-857, (zit.: *Balders/Lepping*, NZA 2005, 854, …)

Bamberger, Heinz Georg/ Roth, Herbert — Kommentar zum Bürgerlichen Gesetzbuch, Band 1, Gesamtverzeichnis, §§ 1-610, CISG, 2. Auflage, München 2007, (zit.: Bamberger/Roth-*Bearbeiter*, BGB, § Rn.)

Barwasser, Franz H. — Regelwidriges Verhalten des Arbeitnehmers vor und während der Arbeitsunfähigkeit als Konfliktgegenstand, DB 1976, S. 1332-1335, (zit.: *Barwasser*, DB 1976, 1332, …)

Bauer, Jobst-Hubertus/ Haußmann, Katrin — Die Verantwortung des Arbeitgebers für den Arbeitsmarkt, NZA 1997, S. 1100-1102, (zit.: *Bauer/Haußmann*, NZA 1997, 1100, …)

Bauer, Jobst-Hubertus/ Krets, Jerome — Gesetz für moderne Dienstleistungen am Arbeitsmarkt, NJW 2003, S. 537-545, (zit.: *Bauer/Krets*, NJW 2003, 537, …)

Baumbach, Adolf/ Lauterbach, Wolfgang/ Albers, Jan/ Hartmann, Peter — Zivilprozessordnung mit Gerichtsverfassungsgesetz und anderen Nebengesetzen, 64. Auflage, München 2006, (zit.: Baumbach/Lauterbach/Albers/Hartmann-*Bearbeiter*, ZPO, § Rn.)

Baumbach Wolfgang/ Baumbach, Adolf — Wettbewerbsrecht, Gesetz gegen den unlauteren Wettbewerb, Zugabeverordnung, Rabattgesetz und Nebengesetze, 20. Auflage, München 1998, (zit.: *Baumbach/ Hefermehl*, §…Gesetz Rn.)

Baur, Fritz Arrest und einstweilige Verfügung in ihrem heutigen Anwendungsbereich, BB 1964, S. 607-615, (zit.: *Baur*, BB 1964, 607, ...)

Baur, Hansjörg Der (Weiter-)Beschäftigungsanspruch außerhalb §§ 102 BetrVG, 79 BPersVG – Durchsetzung und Abwehr im Eilverfahren (I), ZTR 1989, S. 375-384, (zit.: *Baur*, ZTR 1989, 375, ...)

Becker, Friedrich/ Hillebrecht, Wilfried Gemeinschaftskommentar zum Kündigungsschutz und zu sonstigen kündigungsschutzrechtlichen Vorschriften, 8. Auflage, Neuwied 2007, (zit.: KR-*Bearbeiter*, §... Gesetz Rn.)

Becker, Isabell Arbeits- und sozialrechtliche Beurteilung der stufenweisen Wiedereingliederung in das Erwerbsleben gem. § 74 SGB V, Dissertation, Pfaffenweiler 1995, (zit.: *Becker*, Wiedereingliederung, S.)

Becker-Schaffner, R. Die Haftung des Arbeitgebers bei schuldlos erlittenen Eigenschäden des Arbeitnehmers, VersR 1970, S. 100-103, (zit.: *Becker-Schaffner*, VersR 1970, 100, ...)

Beckschulze, Martin Auswirkung des § 2 SGB III auf das Arbeitsrecht, BB 1998, S. 791-794, (zit.: *Beckschulze*, BB 1998, 791, ...)

Bepler, Klaus Sozialrechtliche Gestaltung des laufenden Arbeitsverhältnisses durch das neue SGB III, Kündigungsschutz, Sozialplanförderung, Eingliederungsvertrag, ArbuR 1999, S. 219-229, (zit.: *Bepler*, ArbuR 1999, 219, ...)

Bepler, Klaus Anmerkung zu ArbG Verden, Urteil vom 27.11.2003 – 3 Ca 1567/03, jurisPR-ArbR 35/2004 Anm. 3, (zit.: *Bepler*, jurisPR-ArbR 35/2004, Anm. 3)

Berenz, Claus Nochmals: Wiedereingliederung arbeitsunfähiger Arbeitnehmer nach § 74 SGB V, NZA 1992, S. 1019-1019, (zit.: *Berenz*, NZA 1992, 1019, ...)

Berger-Delhey, Ulf „Gesetz ist mächtig, mächtiger ist die Not“, Anmerkungen zum reformierten Schwerbehindertenrecht, ZTR 2004, S. 347-348, (zit.: *Berger-Delhey*, ZTR 2004, 347, …)

Berkowsky, Wilfried Die personen- und verhaltensbedingte Kündigung, Eine umfassende Darstellung unter Berücksichtigung des Betriebsverfassungsrechts und des Arbeitsgerichtsverfahrens, 3. Auflage, München 1997, (zit.: *Berkowsky*, Personen- und verhaltensbedingte Kündigung, § Rn.)

Berkowsky, Wilfried Die verhaltensbedingte Kündigung – Teil 2, NZA-RR 2001, S. 57-77, (zit.: *Berkowsky*, NZA-RR 2001, 57, …)

Berkowsky, Wilfried Was ändert die Reform im Arbeitsrecht?, AuA 2002, S. 11-16, (zit.: Berkowsky, AuA 2002, 11, …)

Beuthien, Volker Das Nachleisten versäumter Arbeit, Zum Fixschuldcharakter der Arbeitspflicht, RdA 1972, S. 20-23, (zit.: *Beuthien*, RdA 1972, 20, …)

Bieback, Karl-Jürgen Sozialrechtliche Gestaltung des laufenden Arbeitsverhältnisses durch das SGB III, Allgemeine Grundsätze und Pflichten, Kurzarbeitergeld und subventionierte Beschäftigung, ArbuR 1999, S. 209-219, (zit.: *Bieback*, ArbuR 1999, 209, …)

Binder, Julius Philosophie des Rechts, Berlin 1925, (zit.: *Binder*, Philosophie, S.)

Birk, Rolf Die arbeitsgerichtliche Leitungsmacht, Habilitationsschrift, Köln 1973, (zit.: *Birk*, Leitungsmacht, S.)

Bitter, Walter Der kündigungsrechtliche Dauerbrenner: Unternehmerfreiheit ohne Ende?, Darlegungs- und Beweislast bei der sog. freien Unternehmerentscheidung im Rahmen der betriebsbedingten Kündigung, DB 1999, S. 1214-1219, (zit.: *Bitter*, DB 1999, 1214, …)

Bleistein, F.-J. Die Pflichten des Arbeitgebers nach dem Schwerbehindertengesetz, DB 1974, S. 1480-1483, (zit.: *Bleistein*, DB 1974, 1480, ...)

Blomeyer, Karl Arrest und einstweilige Verfügung, ZZP 65, S. 52-66, (zit.: *Blomeyer*, ZZP 65, 52, ...)

Boecken, Winfried Probleme der Entgeltfortzahlung im Krankheitsfall, NZA 1999, S. 673-683, (zit.: *Boecken*, NZA 1999, 673, ...)

Boemke, Burkhard Anmerkung zu BAG, Urteil vom 29.01.1992 – 5 AZR 37/91, AR-Blattei ES 1000 Nr. 186, S. 4-10, (zit.: *Boemke*, AR-Blattei ES 1000 Nr. 186, S.)

Boemke, Burkhard Buchbesprechung, Arbeits- und sozialrechtliche Beurteilung der stufenweisen Wiedereingliederung in das Erwerbsleben gem. § 74 SGB V, Von Isabell Becker, NZA 1997, S. 190-190, (zit.: *Boemke*, NZA 1997, 190, ...)

Boemke, Burkhard Anmerkung zu BAG, Urteil vom 28.07.1999 – 4 AZR 192/98, AP Nr. 3 zu § 74 SGB V, (zit.: *Boemke*, Anm. zu BAG, Urteil vom 28.07.1999 – 4 AZR 192/98, AP Nr. 3 zu § 74 SGB V)

Boemke, Burkhard Schuldvertrag und Arbeitsverhältnis, Habilitationsschrift, München 1999, (zit.: *Boemke*, Schuldvertrag, S.)

Boemke, Burkhard Nebenpflichten des Arbeitnehmers, AR-Blattei SD 1228, (zit.: *Boemke*, AR-Blattei SD 1228 Rn.)

Bork, Reinhard Allgemeiner Teil des Bürgerlichen Gesetzbuchs, 2. Auflage, Tübingen 2006, (zit.: *Bork*, AT, § Rn.)

Brackmann, Kurt/ Krasney, Ernst/ Burchardt, Klaus/ Becker, Peter/ Kruschinsky, Michael — Handbuch der Sozialversicherung, Band 3, Gesetzliche Unfallversicherung, SGB VII, 12. Auflage, Sankt Augustin 2007, (zit.: Brackmann-*Bearbeiter*, § … SGB VII Rn.)

Braun, Stefan — Betriebliches Eingliederungsmanagement gem. § 84 Abs. 2 SGB IX, ZTR 2005, S. 630-633, (zit.: *Braun*, ZTR 2005, 630, …)

Breuer, Joachim — Die Teilarbeitsfähigkeit – Lösungsmodell oder Problemfaktor?, RdA 1984, S. 332-339, (zit.: *Breuer*, RdA 1984, 332, …)

Britschgi, Siggy — Betriebliches Eingliederungsmanagement, Das geht alle Arbeitnehmer an!, AiB 2005, S. 284-288, (zit.: *Britschgi*, AiB 2005, 284, …)

Brocke, Erwin — Die stufenweise Wiedereingliederung in den Arbeitsprozess, SGb 1990, S. 45-49, (zit.: *Brocke*, SGb 1990, 45, …)

Brose, Wiebke — Das betriebliche Eingliederungsmanagement nach § 84 Abs. 2 SGB IX als eine neue Wirksamkeitsvoraussetzung für die krankheitsbedingte Kündigung?, DB 2005, S. 390-394, (zit.: *Brose*, DB 2005, 390, …)

Brose, Wiebke — Die Auswirkungen des § 84 Abs. 1 SGB IX auf den Kündigungsschutz bei verhaltensbedingten, betriebsbedingten und personenbedingten Kündigungen, RdA 2006, S. 149-156, (zit.: *Brose*, RdA 2006, 149, …)

Brox, Hans — Anmerkung zu BAG, Urteil vom 23.03.1983 – 7 AZR 391/79, AP Nr. 82 zu § 611 BGB Haftung des Arbeitnehmers, (zit.: *Brox*, Anm. zu BAG, Urteil vom 23.03.1983 – 7 AZR 391/79, AP Nr. 82 zu § 611 BGB Haftung des Arbeitnehmers)

Brox, Hans/ Rüthers, Bernd/ Henssler, Martin — Arbeitsrecht, 16. Auflage, Stuttgart 2004, (zit.: *Brox/ Rüthers/Henssler*, Arbeitsrecht Rn.)

Brox, Hans/ Walker, Wolf-Dietrich — Zwangsvollstreckungsrecht, 7. Auflage, Köln 2003, (zit.: Brox/Walker, Zwangsvollstreckungsrecht Rn.)

Brox, Hans/ Walker, Wolf-Dietrich — Allgemeiner Teil des BGB, 30. Auflage, Köln 2006, (zit.: *Brox/Walker*, AT, § Rn.)

Brox, Hans/ Walker, Wolf-Dietrich — Allgemeines Schuldrecht, 31. Auflage, München 2006, (zit.: *Brox/Walker*, Schuldrecht, § Rn.)

Bryde, Brun-Otto — Artikel 12 Grundgesetz – Freiheit des Berufs und Grundrecht der Arbeit, NJW 1984, S. 2177-2184, (zit.: *Bryde*, NJW 1984, 2177, …)

Buchner, Herbert — Berufshaftpflichtversicherung oder gesetzliche Beschränkung der Arbeitnehmerhaftung? – Zu den Möglichkeiten einer versicherungsmäßigen Lösung und zum Entwurf des 2. Arbeitsrechtsbereinigungsgesetz –, RdA 1972, S. 153-171, (zit.: *Buchner*, RdA 1972, 153, …)

Buchner, Herbert — Beschäftigungspflicht, Schriftenreihe zur Arbeitsrecht-Blattei, Band 18, Wiesbaden 1989, (zit.: *Buchner*, Beschäftigungspflicht, S.)

Bundesarbeitsgemeinschaft für Rehabilitation — Arbeitshilfe für die stufenweise Wiedereingliederung in den Arbeitsprozess, Schriftenreihe der Bundesarbeitsgemeinschaft für Rehabilitation, Heft 8, Frankfurt am Main 2004, (zit.: BAR, Schriftenreihe, Heft 8, S.)

Bydlinski, Franz — Juristische Methodenlehre und Rechtsbegriff, Wien 1982, (zit.: *Bydlinski*, Methodenlehre, S.)

Canaris, Claus-Wilhelm — Ansprüche wegen „positiver Vertragsverletzung“ und „Schutzwirkung für Dritte“ bei nichtigen Verträgen, Zugleich ein Beitrag zur Vereinheitlichung der Regeln über die Schutzpflichtverletzungen, JZ 1965, S. 475-482, (zit.: *Canaris*, JZ 1965, 475, …)

Canaris, Claus-Wilhelm Risikohaftung bei schadensgeneigter Tätigkeit in fremdem Interesse, RdA 1966, S. 41-51, (zit.: *Canaris*, RdA 1966, 41, ...)

Canaris, Claus-Wilhelm Anmerkung zu BAG, Beschluss vom 17.10.1969 – 3 AZR 442/68, AP Nr. 7 zu § 611 BGB Treuepflicht, (zit.: *Canaris*, Anm. zu BAG, Beschluss vom 17.10.1969 – 3 AZR 442/68, AP Nr. 7 zu § 611 BGB Treuepflicht)

Canaris, Claus-Wilhelm Die Feststellung von Lücken im Gesetz, Eine methodologische Studie über Voraussetzungen und Grenzen der richterlichen Rechtsfortbildung praeter legem, 2. Auflage, Berlin 1983, (zit.: *Canaris*, Feststellung, §, S.)

Canaris, Claus-Wilhelm Die Reform des Rechts der Leistungsstörungen, JZ 2001, S. 499-524, (zit.: *Canaris*, JZ 2001, 499, ...)

Canaris, Claus-Wilhelm Begriff und Tatbestand des Verzögerungsschadens im neuen Leistungsstörungsrecht, ZIP 2003, S. 321-327, (zit.: *Canaris*, ZIP 2003, 321, ...)

Centrale für GmbH Dr. Otto Schmidt GmbH-Handbuch, Gesellschaftsrecht, Rechnungswesen, Steuerrecht, Arbeits- und Sozialversicherungsrecht, Verträge und Formulare, Köln 2005, (zit.: GmbH-Handbuch-*Bearbeiter*, Teil Rn.)

Clever, Peter Sozialgesetzbuch III – Das neue Recht der Arbeitsförderung, ZFSH/SGB 1998, S. 3-21, (zit.: *Clever*, ZFSH/SGB 1998, 3, ...)

Compensis, Ulrike Sozialrechtliche Auswirkungen der stufenweisen Wiedereingliederung arbeitsunfähiger Arbeitnehmer nach § 74 SGB V, NZA 1992, S. 631-637, (zit.: *Compensis*, NZA 1992, 631, ...)

Cramer, Horst H. Die Neuerungen im Schwerbehindertenrecht des SGB IX, Gesetz zur Förderung der Ausbildung und Beschäftigung schwerbehinderter Menschen, NZA 2004, S. 698-714, (zit.: *Cramer*, NZA 2004, 698, ...)

Däubler, Wolfgang — Ein Arbeitsvertragsgesetz?, ArbuR 1992, S. 129-137, (zit.: *Däubler*, ArbuR 1992, 129, ...)

Däubler, Wolfgang — Die Auswirkungen der Schuldrechtsmodernisierung auf das Arbeitsrecht, NZA 2001, S. 1329-1337, (zit.: *Däubler*, NZA 2001, 1329, ...)

Däubler, Wolfgang — Tarifvertragsgesetz mit Arbetnehmer-Entsendegesetz, 2. Auflage, Baden-Baden 2006, (zit.: Däubler-*Bearbeiter*, TVG, § Rn.)

Däubler, Wolfgang/ Kittner, Michael/ Klebe, Thomas — BetrVG, Betriebsverfassungsgesetz, mit Wahlordnung und EBR-Gesetz, 10. Auflage, Frankfurt am Main 2006, (zit.: DKK-BetrVG-*Bearbeiter*, § Rn.)

Dannecker, Franz J. — Der Krankheitsbegriff im Arbeits- und Sozialversicherungsrecht, Dissertation, München 1968, (zit.: *Dannecker*, Krankheitsbegriff, S.)

Dauner-Lieb, Barbara/ Heidel, Thomas/ Lepa, Manfred/ Ring, Gerhard — Anwaltkommentar, DeutscherAnwaltVerein, Schuldrecht, Erläuterungen der Neuregelungen zum Verjährungsrecht, Schuldrecht, Schadensersatzrecht und Mietrecht, Bonn 2002, (zit.: AnwKom-BGB-*Bearbeiter*, § Rn.)

Daubitz, Ulrich — Das Recht des Schauspielers auf Beschäftigung (unter besonderer Berücksichtigung der juristischen Konstruktion des Bühnenvertrages), Dissertation, Berlin 1914, (zit.: *Daubitz*, Beschäftigung, S.)

Daum, Ulrich — Außerdienstliche Verhaltenspflichten des Arbeitnehmers, Dissertation, München 1969, (zit.: *Daum*, Verhaltenspflichten, S.)

Deutsch, Erwin/ Ahrens, Hans-Jürgen — Deliktsrecht, Unerlaubte Handlungen, Schadensersatz, Schmerzensgeld, 4. Auflage, Köln 2002, (zit.: *Deutsch/Ahrens*, Deliktsrecht, § Rn.)

Diekhoff, L. — Krankengeldzuschuss bei Verletzung ärztlicher Anordnungen, BB 1966, S. 1145-1146, (zit.: *Diekhoff*, BB 1966, 1145, ...)

Dikomey, Christa Das ruhende Arbeitsverhältnis, Dissertation, Saarbrücken 1990, (zit.: *Dikomey*, Arbeitsverhältnis, S.)

Dorndorf, Eberhard/ Weller, Bernhard/ Hauck, Friedrich/ Höland, Armin/ Kriebel, Volkhart/ Neef, Klaus Heidelberger Kommentar zum Kündigungsschutzgesetz, 3. Auflage, Heidelberg 1999, (zit.: HK-KSchG-*Bearbeiter*, § Rn.)

Dosch, Hilmar Die rechtliche Beurteilung der Teil-Arbeitsunfähigkeit, in : Dietrich Boewer (Hrsg.), Aktuelle Aspekte des Arbeitsrechts, Fest- und Jubiläumsschrift zum 65. Geburtstag und zum 30jährigen Bestehen des Arbeitsrechtlichen Arbeitskreises Dieter Gaul, S. 245-255, Berlin und Heidelberg 1987, (zit.: *Dosch*, FS Arbeitsrechtlicher Arbeitskreis Gaul, S. 245, …)

Dütz, Wilhelm Effektiver Bestandsschutz im Arbeitsverhältnis. Zum einstweiligen Rechtsschutz bei der Kündigung und Suspendierung von Arbeitnehmern und Betriebsratsmitgliedern, DB Beilage Nr. 13/1978, S. 1-23, (zit.: *Dütz*, DB Beilage Nr. 13/1978, 1, …)

Dütz, Wilhelm Der Beschäftigungsanspruch in der Rechtsprechung des Bundesarbeitsgerichts, in: Franz Gamillscheg, Götz Hueck, Herbert Wiedemann (Hrsg.), 25 Jahre Bundesarbeitsgericht, S. 71-90, München 1979, (zit.: *Dütz*, 25 Jahre BAG, S. 71, …)

Dütz, Wilhelm „Krankfeiern", in: Wolfgang Hromadka (Hrsg.), Krankheit im Arbeitsverhältnis, S. 75-91, Stuttgart 1993, (zit.: *Dütz*, Krankheit, S. 75, …)

Dütz, Wilhelm Arbeitsrecht, 11. Auflage, München 2006, (zit.: *Dütz*, ArbR, § Rn.)

Düwell, Franz Josef Mehr Rechte für Schwerbehinderte und ihre Vertretungen durch das SchwbBAG, BB 2000, S. 2570-2574, (zit.: *Düwell*, BB 2000, 2570, …)

Düwell, Franz Josef Betriebsverfassungsgesetz, Handkommentar, 2. Auflage, Baden-Baden 2006, (zit.: HaKo-BetrVG-*Bearbeiter*, § Rn.)

Düwell, Franz Josef Prävention und betriebliches Eingliederungsmanagement – Neue Aufgaben für Arbeitgeber und Arbeitnehmervertretungen, in: Peter Hanau, Jürgen Röller, Ludwig Macher, Rainer Schlegel (Hrsg.), Personalrecht im Wandel, Arbeitsrecht, Lohnsteuerrecht, Sozialversicherungsrecht, Festschrift für Wolfdieter Küttner zum 70. Geburtstag, S. 139-153, München 2006, (zit.: *Düwell*, FS Küttner, S. 139, …)

Dunkl, Hans/ Moeller, Dieter/ Baur, Hansjörg/ Feldmeier, Georg Handbuch des vorläufigen Rechtsschutzes, Einstweiliger Rechtsschutz in allen wichtigen Verfahrensarten, 3. Auflage, München 1999, (zit.: HdBVR-*Bearbeiter*, Ordnungsbuchstabe Rn.)

Egerer, Jürgen Vollstreckung und Vollstreckungsschutzanträge im Arbeitsrecht – Verfahren I. Instanz –, NZA-Beilage 2/1985, S. 22-23, (zit.: *Egerer*, NZA-Beilage 2/1985, 22, …)

Eich, Rolf-Achim Rechtsfragen bei Krankheit des Arbeitnehmers, BB 1988, S. 197-206, (zit.: *Eich*, BB 1988, 197, …)

Eicher, Wolfgang/ Schlegel, Rainer SGB III, Sozialgesetzbuch Drittes Buch, Arbeitsförderung, Kommentar mit Nebenrecht, Neuwied 2006, (zit.: Eicher/Schlegel-*Bearbeiter*, SGB III, § Rn.)

Elze, Hans Lücken im Gesetz, Begriff und Ausfüllung, Ein Beitrag zur Methodologie des Rechts, München und Leipzig 1916, (zit.: *Elze*, Lücken, S.)

Ettwig, Volker Keine Änderung im Kündigungsschutz durch das neue SGB III, Zum Beitrag von Schaub in NZA 1997, 810 ff., NZA 1997, S. 1152-1153, (zit.: *Ettwig*, NZA 1997, 1152, …)

Faber, Ulrich	Die arbeitsschutzrechtlichen Grundpflichten des § 3 ArbSchG, Organisations- und Verfahrenspflichten, materiellrechtliche Maßstäbe und die rechtlichen Instrumente ihrer Durchsetzung, Dissertation, Berlin 2004, (zit.: *Faber*, Grundpflichten, S.)
Feichtinger, Peter	Krankheit des Arbeitnehmers, AR-Blattei SD 1000.1, (zit.: *Feichtinger*, AR-Blattei SD 1000.1 Rn.)
Feichtinger, Peter/ Malkmus, Hans	Entgeltfortzahlungsgesetz, Kommentar, Köln 2003, (zit.: Feichtinger/Malkmus-*Bearbeiter*, § Rn.)
Feichtinger, Peter/ Pohl, Wolfgang	Verminderter Beweiswert der Arbeitsunfähigkeitsbescheinigung – Entgeltfortzahlungs- und kündigungsrechtliche Konsequenzen –, DB 1984, Beilage Nr. 4, S. 1-12, (zit.: *Feichtinger/Pohl*, DB 1984, Beilage Nr. 4, S.)
Feldes, Werner	Rehabilitation vor Entlassung, Geänderte Kündigungsprävention und neues betriebliches Eingliederungsmanagement im SGB IX – nicht nur für behinderte Beschäftigte, auch für längerfristig Kranke, SozSich 2004, S. 270-278, (zit.: *Feldes*, SozSich 2004, 270 ff.)
Feudner, Bernd W.	Betriebsbedingte Kündigung quo vadis?, NZA 2000, S. 1136-1143, (zit.: *Feudner*, NZA 2000, 1136, …)
Fiebig, Stefan/ Gallner, Inken/ Griebeling, Jürgen/ Mestwerdt, Wilhelm/ Nägele, Stefan/ Pfeiffer, Gerhard	Kündigungsschutzgesetz, Handkommentar, 2. Auflage, Baden-Baden 2004, (zit.: HaKo-*Bearbeiter*, §…Gesetz Rn.)
Figge, Gustav	Sozialversicherungs-Handbuch Beitragsrecht, 9. Auflage, Köln 1998, (zit.: Figge-*Bearbeiter*, Sozialversicherung, Kapitel, S.)

Fikentscher, Wolfgang Methoden des Rechts in vergleichender Darstellung, Band IV, Dogmatischer Teil, Tübingen 1977, (zit.: *Fikentscher*, Methoden, Band IV, S.)

Fischermeier, Ernst Die betriebsbedingte Kündigung nach den Änderungen durch das Arbeitsrechtliche Beschäftigungsförderungsgesetz, NZA 1997, S. 1089-1100, (zit.: *Fischermeier*, NZA 1997, 1089, ...)

Fitting, Karl Betriebsverfassungsgesetz, Handkommentar, 24. Auflage, München 2008, (zit.: *Fitting*, BetrVG, § Rn.)

Flume, Werner Allgemeiner Teil des Bürgerlichen Rechts, Zweiter Band, Das Rechtsgeschäft, 4. Auflage, Berlin und Heidelberg 1992, (zit.: *Flume*, AT II, §, S.)

Franke, Edgar/ Molkentin, Thomas Sozialgesetzbuch VII, Gesetzliche Unfallversicherung, Lehr- und Praxiskommentar, 2. Auflage, Baden-Baden 2007, (zit.: Franke/Molkentin-*Bearbeiter*, SGB VII, § Rn.)

Franzen, Martin Aufwendungsersatzansprüche der kommunalen Dienstkräfte gegenüber ihrem Arbeitgeber/Dienstherrn, ZTR 1996, S. 305-311, (zit.: *Franzen*, ZTR 1996, 305, ...)

Frost, Marina „Vorvertragliche“ und „vertragliche“ Schutzpflichten, Berlin 1981, (zit.: *Frost*, Schutzpflichten, S.)

Fuchs, Maximilian Deliktsrecht, 6. Auflage, Berlin 2006, (zit.: *Fuchs*, Deliktsrecht, S.)

Gagel, Alexander Die Umsetzung sozialrechtlicher Ziele über Betriebsvereinbarungen und Tarifverträge – Eine Untersuchung zur Verantwortung von Arbeitgebern nach § 2 Abs. 1 SGB III –, in: Peter Hanau, Friedrich Heither, Jürgen Kühling (Hrsg.), Festschrift für Thomas Dieterich zum 65. Geburtstag, S. 169-183, München 1999, (zit.: *Gagel*, FS Dieterich, S. 169, ...)

Gagel, Alexander Die Veränderung der Kündigungssituation durch das SGB III, in: Klaus Schmidt (Hrsg.), Arbeitsrecht und Arbeitsgerichtsbarkeit, Bilanz und Perspektiven an der Schwelle zum Jahr 2000, Festschrift zum 50-jährigen Bestehen der Arbeitsgerichtsbarkeit in Rheinland-Pfalz, S. 521-532, Neuwied und Kriftel 1999, (zit.: *Gagel*, FS ArbG Rheinland-Pfalz, S. 521, ...)

Gagel, Alexander § 2 SGB III: Schlüssel zum eingliederungsorientierten Kündigungsrecht und zu Transfer-Sozialplänen, BB 2001, S. 358-363, (zit.: *Gagel*, BB 2001, 358, ...)

Gagel, Alexander Rehabilitation im Betrieb unter Berücksichtigung des neuen SGB IX – ihre Bedeutung und das Verhältnis von Arbeitgebern und Sozialleistungsträgern, NZA 2001, S. 988-993, (zit.: *Gagel*, NZA 2001, 988, ...)

Gagel, Alexander Betriebliches Eingliederungsmanagement. Rechtspflicht und Chance, NZA 2004, S. 1359-1362, (zit.: *Gagel*, NZA 2004, 1359, ...)

Gagel, Alexander Bedeutung des Eingliederungsmanagements (§ 84 Abs. 2 SGB IX) für den Kündigungsschutz, Teil 1, Diskussionsforum B, Beitrag 4/2004 auf www.iqpr.de, S. 1-9, (zit.: *Gagel*, Forum B, Beitrag 4/2004, S.)

Gagel, Alexander Die Rolle der Krankenkassen und des Kassenarztes bei stufenweiser Wiedereingliederung, Diskussionsforum B, Beitrag 16/2006 auf www.iqpr.de, S. 1-6, (zit.: *Gagel*, Forum B, Beitrag 16/2006, S.)

Gagel, Alexander Betriebliches Eingliederungsmanagement und Stufenweise Wiedereingliederung für Beamte, Diskussionsforum B, Beitrag 4/2007 auf www.iqpr.de, S. 1-7, (zit.: *Gagel*, Forum B, Beitrag 4/2007, S.)

Gagel, Alexander Sozialgesetzbuch III, Arbeitsförderung, mit SGB II – Grundsicherung für Arbeitsuchende, Kommentar, Band 1, München 2007, (zit.: *Gagel-Bearbeiter*, SGB III, § Rn.)

Gagel, Alexander/ Schian, Marcus	Stufenweise Wiedereingliederung in das Erwerbsleben (§ 74 SGB V / § 28 SGB IX), Behindertenrecht 2006, S. 53-56, (zit.: *Gagel/Schian*, Behindertenrecht 2006, 53, …)
Gagel, Alexander/ Schian, Marcus	Betriebliches Eingliederungsmanagement (BEM) nach § 84 Abs. 2 SGB IX und Kündigungsschutz – insbesondere: Nachweis der Aussichtslosigkeit eines BEM, Diskussionsforum B, Beitrag 13/2007 auf www.iqpr.de, S. 1-6, (zit.: *Gagel/Schian*, Forum B, Beitrag 13/2007, S.)
Gagel, Alexander/ Schian, Marcus	Aktuelle Rechtsprechung zur Bedeutung des Betrieblichen Eingliederungsmanagements für den Kündigungsschutz, Diskussionsforum B, Beitrag 15/2007 auf www.iqpr.de, S. 1-5, (zit: *Gagel/Schian*, Forum B, Beitrag 15/2007, S.)
Gagel, Alexander/ Schian, Marcus/ Schian, Hans-Martin	Bedeutung des Eingliederungsmanagements (§ 84 Abs. 2 SGB IX) für den Kündigungsschutz, Teil II (Fortsetzung des Diskussionsbeitrags Nr. 4/2004), Diskussionsforum B, Beitrag 5/2004 auf www.iqpr.de, S. 1-7, (zit: *Gagel/M. Schian/H.-M. Schian*, Forum B, Beitrag 5/2004, S.)
Gagel, Alexander/ Schian, Marcus/ Schian, Hans-Martin	Die Rolle der Krankenkassen und des Kassenarztes bei stufenweiser Wiedereingliederung, Diskussionsforum B, Beitrag 16/2006 auf www.iqpr.de, S. 1-6, (zit: *Gagel/M. Schian/H.-M. Schian*, Forum B, Beitrag 16/2006, S.)
Gagel, Alexander/ Dalitz, Sabine/ Schian, Marcus/ Schian, Hans-Martin	Bedeutung des Eingliederungsmanagements (§ 84 Abs. 2 SGB IX) für den Kündigungsschutz, Teil I, Diskussionsforum B, Beitrag 4/2004 auf www.iqpr.de, S. 1-9, (zit.: *Gagel/Dalitz/M. Schian/H.-M. Schian*, Forum B, Beitrag 4/2004, S.)
Galperin, Hans	Grundgedanken und Struktur des Kündigungsschutzgesetzes – Eine dogmatische Studie, RdA 1966, S. 361-366, (zit.: *Galperin*, RdA 1966, 361, …)

Gamillscheg, Franz Die Grundrechte im Arbeitsrecht, AcP 164 (1964), S. 385-445, (zit.: *Gamillscheg*, AcP 164 (1964), 385, …)

Gamillscheg, Franz/ Hanau, Peter Die Haftung des Arbeitnehmers, 2. Auflage, Karlsruhe 1974, (zit.: *Gamillscheg/Hanau*, Haftung, S.)

Gaul, Dieter Aspekte der krankheitsbedingten Arbeitsunfähigkeit, DB 1992, S. 2189-2194, (zit.: *Gaul*, DB 1992, 2189, …)

Gaul, Björn/ Süßbrich, Katrin/ Kulejewski, Darius Keine krankheitsbedingte Kündigung ohne „betriebliches Eingliederungsmanagement", ArbRB 2004, S. 308-312, (zit.: *Gaul/Süßbrich/Kulejewski*, ArbRB 2004, 308, …)

Germelmann, Claas-H./ Matthies, Hans-Christoph/ Müller-Glöge, Rudi/ Prütting, Hans Arbeitsgerichtsgesetz, Kommentar, 5. Auflage, München 2004, (zit.: Germelmann/Matthies/Müller-Glöge/ Prütting-*Bearbeiter*, ArbGG, § Rn.)

Geyer, Heinrich/ Knorr, Gerhard/ Krasney, Otto Ernst Entgeltfortzahlung – Krankengeld – Mutterschaftsgeld, 7. Auflage, Berlin 2004, (zit.: *Geyer/Knorr/ Krasney*, Entgeltfortzahlung, Kennbuchstabe, Seitenzahl Rn.)

Giesen, Richard Tarifvertragliche Rechtsgestaltung für den Betrieb, Habilitationsschrift, Tübingen 2002, (zit.: *Giesen*, Rechtsgestaltung, S.)

Gitter, Wolfgang Arbeitsrechtliche Probleme sozialrechtlicher Normen, SGb 1995, S. 5-9, (zit.: *Gitter*, SGb 1995, 5, …)

Gitter, Wolfgang Arbeitsrechtliche Probleme der stufenweisen Wiedereingliederung arbeitsunfähiger Arbeitnehmer – Zugleich ein Beitrag zum Rechtsbegriff der Teilarbeitsfähigkeit – ZfA 1995, S. 123-179, (zit.: *Gitter*, ZfA 1995, 123, …)

Gitter, Wolfgang/ Schmitt, Jochem — Sozialrecht, 5. Auflage, München 2001, (zit.: *Gitter/ Schmitt*, Sozialrecht, § Rn.)

Gitter, Wolfgang — Kein Schadensersatzanspruch des Arbeitnehmers gegen den Arbeitgeber wegen unterlassener Information gem. § 2 Abs. 2 Satz 2 Nr. 3 SGB III, SAE 2006, S. 190-192, (zit.: *Gitter*, SAE 2006, 190, …)

Glaubitz, Werner — Nochmals: Das Rechtsverhältnis zur stufenweisen Wiedereingliederung arbeitsunfähiger Arbeitnehmer, NZA 1992, S. 402-402, (zit.: *Glaubitz*, NZA 1992, 402, …)

Glaubitz, Werner — Sollte das Recht der Lohnfortzahlung geändert werden?, Podiumsdiskussion, in: Wolfgang Hromadka (Hrsg.), Krankheit im Arbeitsverhältnis, S. 136-142, Stuttgart 1993, (zit.: *Glaubitz*, Krankheit, S. 136, …)

Goethe, Johann Wolfgang von — Faust, Der Tragödie erster und zweiter Teil, Urfaust, Kommentiert von Erich Trunz, 347.-376. Tausend. 1994, München 1986, (zit.: *Goethe*, Faust, Der Tragödie erster Teil, S., Vers)

Gotthardt, Michael — Arbeitsrecht nach der Schuldrechtsreform. Neue Rechtslage für bestehende Arbeitsverträge ab 1.1.2003, 2. Auflage, München 2003, (zit.: *Gotthardt*, Schuldrechtsreform Rn.)

Gottwald, Stefan — Verhaltensbedingte Kündigung bei krankhaftem Alkoholismus, NZA 1997, S. 635-638, (zit.: *Gottwald*, NZA 1997, 635, …)

Griesam, Rudolf — Der Beschäftigungsanspruch des Arbeitnehmers unter besonderer Berücksichtigung des § 102 Abs. 5 S. 1 BetrVG 1972, Dissertation, München 1978, (zit.: *Griesam*, Beschäftigungsanspruch, S.)

Großmann, Ruprecht/ Schimanski, Werner — GK-SGB IX, Gemeinschaftskommentar zum Sozialgesetzbuch, Rehabilitation und Teilhabe behinderter Menschen, Köln 2007, (zit.: GK-*Bearbeiter*, SGB IX, § Rn.)

Gunder, Klaus	Stufenweise Wiedereingliederung bei Arbeitsunfähigkeit – Anspruch auf Arbeitsentgelt, ErsK 1992, S. 136-143, (zit.: *Gunder*, ErsK 1992, 136, …)
Gussone, Max	Krankheit im Arbeitsverhältnis, Der schwierige Übergang vom Arbeitsverhältnis in die Erwerbsunfähigkeit, AiB 1996, S. 5-15, (zit.: *Gussone*, AiB 1996, 5, …)
Haas, Lothar/ Medicus, Dieter/ Rolland, Walter/ Schäfer, Carsten/ Wendtland, Holger	Das neue Schuldrecht, München 2002, (zit.: Haas/ Medicus/Rolland/Schäfer/Wendtland-*Bearbeiter*, Schuldrecht, Kapitel Rn.)
Hager, Michael	Das ruhende Arbeitsverhältnis, Dissertation, Heidelberg 2006, (zit.: *Hager*, Arbeitsverhältnis, S.)
Hanau, Peter	Einzelfragen und -antworten zu den beiden ersten Gesetzen für moderne Dienstleistungen am Arbeitsmarkt, ZIP 2003, S. 1573-1583, (zit.: *Hanau*, ZIP 2003, 1573, …)
Hanau, Peter/ Adomeit, Klaus	Arbeitsrecht, 14. Auflage, Neuwied 2007, (zit.: *Hanau/Adomeit*, ArbR Rn.)
Hanau, Peter/ Peters-Lange, Susanne	Schnittstellen von Arbeits- und Sozialrecht, NZA 1998, S. 785-791, (zit.: *Hanau/Peters-Lange*, NZA 1998, 785, …)
Harke, Jan Dirk	Schadensersatz und Nacherfüllung, ZGS 2006, S. 9-11, (zit.: *Harke*, ZGS 2006, 9, …)
Hauck, Karl/ Noftz, Wolfgang	Sozialgesetzbuch, Gesamtkommentar, SGB IX – Rehabilitation und Teilhabe behinderter Menschen, 2. Band, Berlin 2006, (zit.: Hauck/Noftz-*Bearbeiter*, §…Gesetz Rn.)
Hedderich, Günther	Der Anspruch auf Beschäftigung, Dissertation, Mannheim 1958, (zit.: *Hedderich*, Beschäftigung, S.)

Heinrichs, Helmut Die Pflichtverletzung, ein Zentralbegriff des neuen Leistungsstörungsrechts, in: Ingeborg Schwenzer, Günter Hager (Hrsg.), Festschrift für Peter Schlechtriem zum 70. Geburtstag, S. 503-519, Tübingen 2003, (zit.: *Heinrichs*, FS Schlechtriem, S. 503, …)

Heinze, Helmut Die neue Krankenversicherung, – Fünftes Buch SGB –, Kommentar, Wiesbaden 1989, (zit.: Heinze-*Bearbeiter*, NKV, SGB V, § Rn.)

Heinze, Meinhard Einwirkung des Sozialrechts ins Arbeitsrecht?, NZA 2000, S. 5-7, (zit.: Heinze, NZA 2000, 5, …)

Hellwege, Phillip Die §§ 280 ff. BGB – Versuch einer Auslegung und Systematisierung, Dissertation, Berlin 2005, (zit.: *Hellwege*, §§ 280 ff. BGB, S.)

Henssler, Martin/ Muthers, Christof Arbeitsrecht und Schuldrechtsmodernisierung, Das neue Leistungsstörungsrecht, ZGS 2002, S. 219-225, (zit.: *Henssler/Muthers*, ZGS 2002, 219, …)

Henssler, Martin/ Willemsen, Heinz Josef/ Kalb, Heinz-Jürgen Arbeitsrecht Kommentar, 2. Auflage, Köln 2006, (zit.: HWK-*Bearbeiter*, § … Gesetz Rn.)

Hessel, Philipp Krankheit im Arbeitsrecht, 3. Auflage, Heidelberg 1961, (zit.: *Hessel*, Krankheit, S.)

Hirsch, Christoph Schadensersatz statt der Leistung, Jura 2003, S. 289-298, (zit.: *Hirsch*, Jura 2003, 289, …)

Hitzfeld, Ulrike Wiedereingliederung und Teilarbeitsfähigkeit, in: Martin Gutzeit, Markus Reimann (Hrsg.), Liber Discipulorum, Dankschrift für Professor Dr. Günther Wiese, S. 55-63, Weinheim 1996, (zit.: *Hitzfeld*, DS Wiese, S. 55, …)

Hofmann, Paul Zum Problem des Verschuldens bei krankheitsbedingter Arbeitsunfähigkeit, ZfA 1979. S. 275-334, (zit.: *Hofmann*, ZfA 1979, 275, …)

Hoyningen-Huene, Gerrick von — Anmerkung zu BAG, Urteil vom 08.05.1980 – 3 AZR 82/79, SAE 1982, S. 51-53, (zit.: *Von Hoyningen-Huene*, Anm. zu BAG, Urteil vom 08.05.1980 – 3 AZR 82/79, SAE 1982, 51, …)

Hoyningen-Huene, Gerrick von — Das Rechtsverhältnis zur stufenweisen Wiedereingliederung arbeitsunfähiger Arbeitnehmer (§ 74 SGB V), NZA 1992, S. 49-55, (zit.: *Von Hoyningen-Huene*, NZA 1992, 49, …)

Hoyningen-Huene, Gerrick von/ Linck, Rüdiger — Kündigungsschutzgesetz, Kommentar, 14. Auflage, München 2007, (zit.: *Von Hoyningen-Huene/Linck*, KSchG, Ordnungsbezeichnung Rn.)

Hromadka, Wolfgang — Änderung von Arbeitsbedingungen, RdA 1992, S. 234-265, (zit.: *Hromadka*, RdA 1992, 234, …)

Hromadka, Wolfgang/ Maschmann, Frank — Arbeitsrecht, Band 1, Individualarbeitsrecht, 2. Auflage, Berlin und Heidelberg 2002, (zit.: *Hromadka/ Maschmann*, Arbeitsrecht 1, § Rn.)

Huber, Peter/ Faust, Florian — Schuldrechtsmodernisierung, Einführung in das neue Recht, München 2002, (zit.: Huber/Faust-*Bearbeiter*, Schuldrechtsmodernisierung, Kapitel Rn.)

Hueck, Alfred — Normen des Tarifvertrags über betriebliche und betriebsverfassungsrechtliche Fragen, BB 1949, S. 530-532, (zit.: *Hueck*, BB 1949, 530, …)

Hueck, Alfred — Vertragstheorie und Eingliederungstheorie, RdA 1955, S. 323-328, (zit.: *Hueck*, RdA 1955, 323, …)

Hueck, Alfred/ Nipperdey, Hans Carl: — Lehrbuch des Arbeitsrechts, Erster Band, 7. Auflage, Berlin 1963, (zit.: *Hueck/Nipperdey*, Arbeitsrecht, S.)

Isele, Georg — Anmerkung zu BAG, Urteil vom 14.07.1961 – 1 AZR 288/60, AP Nr. 1 zu § 687 BGB, (zit.: *Isele*, Anm. zu BAG, Urteil vom 14.07.1961 – 1 AZR 288/60, AP Nr. 1 zu § 687 BGB)

Isensee, Josef — Kirchliche Loyalität im Rahmen des staatlichen Arbeitsrechts, Verfassungsrechtliche Aspekte des kirchlichen Arbeitsverhältnisses, in: Richard Bartlsperger, Dirk Ehlers, Werner Hofmann, Dietrich Pirson (Hrsg.), Festschrift für Klaus Obermayer zum 70. Geburtstag, S. 203-216, München 1986, (zit.: *Isensee*, FS Obermayer, S. 203, ...)

Jakobs, Horst Heinrich — Unmöglichkeit und Nichterfüllung, Bonn 1969, (zit.: *Jakobs*, Unmöglichkeit, S.)

Jarass, Hans/ Pieroth, Bodo — Grundgesetz für die Bundesrepublik Deutschland, Kommentar, 9. Auflage, München 2007, (zit.: Jarass/ Pieroth-*Bearbeiter*, GG, Art. Rn.)

Jauernig, Othmar — Bürgerliches Gesetzbuch, Kommentar, 11. Auflage, München 2004, (zit. Jauernig-*Bearbeiter*, BGB, § Rn.)

Jauernig, Othmar/ Berger, Christian — Zwangsvollstreckungs- und Insolvenzrecht, Ein Studienbuch, 22. Auflage, München 2007, (zit: *Jauernig/ Berger*, Zwangsvollstreckungsrecht, § Rn.)

Joussen, Jacob — Arbeitsrecht und Schuldrechtsreform, NZA 2001, S. 745-751, (zit.: *Joussen*, NZA 2001, 745, ...)

Junker, Abbo — Grundkurs Arbeitsrecht, 6. Auflage, München 2007, (zit.: *Junker*, Arbeitsrecht, § Rn.)

Käßer, Petra — Der fehlerhafte Arbeitsvertrag, Dissertation, Berlin 1979, (zit.: *Käßer*, Arbeitsvertrag, S.)

Kaiser, Dagmar — Arbeitsrechtliche Probleme der Beschäftigungsgesellschaften in den neuen Bundesländern, NZA 1992, S. 193-201, (zit.: *Kaiser*, NZA 1992, 193, ...)

Kaiser, Heinrich/ Dunkl, Hans/ Hold, Dieter/ Kleinsorge, Georg — Entgeltfortzahlungsgesetz, Kommentar, 5. Auflage, Köln 2000, (zit.: Kaiser/Dunkl/Hold/Kleinsorge-*Bearbeiter*, §...Gesetz Rn.)

Karlsfeld, Stephan Probleme bei der Wiedereingliederung, ArbRB 2002, S. 278-280, (zit.: *Karlsfeld*, ArbRB 2002, 278, ...)

Kempen, Ernst Otto/ Zacher, Ulrich Tarifvertragsgesetz – Kommentar für die Praxis, 3. Auflage, Köln 1997, (zit.: *Kempen/Zachert*, TVG, § Rn.)

Kippenberger, Alexander Die Arbeitsunfähigkeit im Sozial- und Arbeitsrecht, Dissertation, Kassel 1993, (zit.: *Kippenberger*, Arbeitsunfähigkeit, S.)

Kittner, Michael/ Däubler, Wolfgang/ Zwanziger, Bertram KSchR, Kündigungsschutzrecht – Kommentar für die Praxis zu Kündigungen und anderen Formen der Beendigung des Arbeitsverhältnisses, 6. Auflage, Frankfurt am Main 2004, (zit.: Kittner/Däubler/Zwanziger-*Bearbeiter*, KSchR, §...Gesetz Rn.)

Kittner, Michael /Zwanziger, Bertram Arbeitsrecht, Handbuch für die Praxis, 3. Auflage, Frankfurt am Main 2005, (zit.: Kittner/Zwanziger-*Bearbeiter*, ArbR, § Rn.)

Klaesberg, Sabrina Das Betriebliche Eingliederungsmanagement gem. § 84 Abs. 2 SGB IX, PersR 2005, S. 427-431, (zit.: *Klaesberg*, PersR 2005, 427, ...)

Knoche, Joachim P./ Höller, Sina Schadensersatz statt der Leistung nach Bewirkung der Hauptleistung, ZGS 2003, 26-33, (zit.: *Knoche/Höller*, ZGS 2003, 26, ...)

Koenigs, Folkmar Anspruch des Arbeitgebers auf Unterlassung anderweiter Tätigkeit bei Vertragsbruch des Arbeitnehmers?, DB 1955, S. 1064-1065, (zit.: *Koenigs*, DB 1955, 1064, ...)

Kötz, Hein/ Wagner, Gerhard Deliktsrecht, 10. Auflage, München 2006, (zit.: *Kötz/Wagner*, Deliktsrecht Rn.)

Kohler , Jürgen Feststellende einstweilige Verfügungen?, ZZP 103, S. 184-208, (zit.: *Kohler*, ZZP 103, 184, ...)

Kohte, Wolfhard — Abschied von der dreigeteilten Fahrlässigkeit im Recht der Arbeitnehmerhaftung, BB 1983, S. 1603-1610, (zit.: *Kohte*, BB 1983, 1603, …)

Kohte, Wolfhard — Anmerkung zu LArbG Mainz, Urteil vom 04.03.2005 – 12 Sa 566/04, jurisPR-ArbR 21/2006 Anm. 4, (zit.: *Kohte*, Anm. zu LArbG Mainz, Urteil vom 04.03.2005 – 12 Sa 566/04, jurisPR-ArbR, 21/2006, Anm. 4, Gliederungspunkt)

Kohte, Wolfhard — Rechtsdurchsetzung im betrieblichen Eingliederungsmanagement, Diskussionsforum B, Beitrag 9/2006 auf www.iqpr.de, S. 1-6, (zit: *Kohte*, Forum B, Beitrag 9/2006, S.)

Koller, Ingo — Die Risikozurechnung bei Vertragsstörungen in Austauschverträgen, Eine Untersuchung zur Rechtsfortbildung auf dem Gebiet der materiellen Leistungserschwerung, Zweckstörung sowie Schadensersatzhaftung bei Sach- und Dienstleistungen, Habilitationsschrift, München 1979, (zit.: *Koller*, Risikozurechnung, S.)

Kort, Michael — Inhalt und Grenzen der arbeitsrechtlichen Personenfürsorgepflicht, NZA 1996, S. 854-858, (zit.: *Kort*, NZA 1996, 854, …)

Kossens, Michael/ von der Heide, Dirk/ Maaß, Michael — SGB IX, Rehabilitation und Teilhabe behinderter Menschen mit Behindertengleichstellungsgesetz, Kommentar, 2. Auflage, München 2006, (zit.: Kossens/von der Heide/Maaß-*Bearbeiter*, SGB IX, § Rn.)

Kostorz, Peter — Die Verweisung im Recht der Sozialversicherung, Eine Untersuchung zum „Recht auf Faulheit“ in der gesetzlichen Kranken-, Renten- und Unfallversicherung, 1. Auflage, Baden-Baden 2002, (zit.: *Kostorz*, Verweisung, S.)

Krauskopf, Dieter — Soziale Krankenversicherung, Pflegeversicherung, Kommentar, Band 1 – SGB I, SGB IV, SGB V §§ 1 bis 142, München 2005, (zit.: SKP-*Bearbeiter*, § … Gesetz Rn.)

Krebber, Sebastian — Der nicht zufällige Kontakt ohne Vertragsnähe auf der Grenze zwischen vertraglicher und deliktischer Haftung, – Eine Untersuchung zu § 311 Abs. 2 und 3 BGB, VersR 2004, S. 150-157, (zit.: *Krebber*, VersR 2004, 150, …)

Kreßel, Eckhard — Lastenverteilung im Arbeitsrecht – Dargestellt am Beispiel der Entgeltfortzahlung –, in: Meinhard Heinze, Jochem Schmitt (Hrsg.), Festschrift für Wolfgang Gitter zum 65. Geburtstag am 30.Mai 1995, S. 491-507, Wiesbaden 1995, (zit.: *Kreßel*, FS Gitter, S. 491, …)

Kreutz, Peter — Grundsätzliches zum persönlichen Geltungsbereich der Betriebsvereinbarung, ZfA 2003. S. 361-387, (zit.: *Kreutz*, ZfA 2003, 361, …)

Kreutz, Marcus — Rechtsfolgen für den Arbeitgeber bei der Verletzung der Informationspflicht nach § 2 Abs. 2 Nr. 3 SGB III, ArbuR 2003, S. 201-203, (zit.: *Kreutz*, ArbuR 2003, 201, …)

Kröller, Hans-Rainer — Betriebsratswahlen und das Wahlrecht Wehrpflichtiger, BB 1972, S. 228-228, (zit.: *Kröller*, BB 1972, 228, …)

Künze, Reinhard/ Weinmann, Ralf — Arbeitsrechtliche Maßnahmen (Kündigung und Verweigerung der Entgeltfortzahlung) bei Vortäuschen einer Krankheit und wegen des Verhaltens des Arbeitnehmers während krankheitsbedingter Arbeitsunfähigkeit (I), ArbuR 1996, S. 256-263, (zit.: *Künze/ Weinmann*, ArbuR 1996, 306, …)

Künzl, Reinhard/ Weinmann, Ralf — Arbeitsrechtliche Maßnahmen (Kündigung und Verweigerung der Entgeltfortzahlung) bei Vortäuschen einer Krankheit und wegen des Verhaltens des Arbeitnehmers während krankheitsbedingter Arbeitsunfähigkeit (II), ArbuR 1996, S. 306-311, (zit.: *Künzl/ Weinmann*, ArbuR 1996, 256, ...)

Küttner, Wolfdieter — Personalbuch 2006, Arbeitsrecht – Lohnsteuerrecht – Sozialversicherungsrecht, 13. Auflage, München 2006, (Küttner-*Bearbeiter*, Personalbuch 2006, Stichwort, Ordnungsnummer Rn.)

Kutzer, Theodor — Das Dienstrecht der Bühnenmitglieder, Mannheim 1931, (zit.: *Kutzer*, Bühnenmitglieder, S.)

Lachwitz, Klaus/ Schellhorn, Walter/ Welti, Felix — HK-SGB IX, Handkommentar zum Sozialgesetzbuch IX, Rehabilitation und Teilhabe behinderter Menschen, 2. Auflage, München 2006, (zit.: HK-*Bearbeiter*, SGB IX, § Rn.)

Lackmann, Rolf — Zwangsvollstreckungsrecht mit Grundzügen des Insolvenzrechts, Eine Einführung in Recht und Praxis, 7. Auflage, München 2005, (zit.: *Lackmann*, Zwangsvollstreckungsrecht, § Rn.)

Lambeck, Rainer — Zum Beweiswert ärztlicher Arbeitsunfähigkeitsbescheinigungen im Entgeltfortzahlungsprozess, NZA 1990, S. 88-91, (zit.: *Lambeck*, NZA 1990, 88, ...)

Langenbucher, Katja — Risikohaftung und Schutzpflichten im innerbetrieblichen Schadensausgleich, ZfA 1997, S. 523-556, (zit.: *Langenbucher*, ZfA 1997, 523, ...)

Lansnicker, Frank/ Schwirtzek, Thomas — Außerdienstliches fremdenfeindliches Verhalten des Arbeitnehmers als Kündigungsgrund?, DB 2001, S. 865-869, (zit.: *Lansnicker/Schwirtzek*, DB 2001, 865, ...)

Larenz, Karl — Lehrbuch des Schuldrechts, Erster Band, Allgemeiner Teil, 14. Auflage, München 1987, (zit.: *Larenz*, Schuldrecht, Band 1, S.)

Larenz, Karl — Methodenlehre der Rechtswissenschaft, 6. Auflage, Berlin 1991, (zit.: *Larenz*, Methodenlehre, S.)

Larenz, Karl/ Wolf, Manfred — Allgemeiner Teil des Bürgerlichen Rechts, 9. Auflage, München 2004, (zit.: *Larenz/Wolf*, AT, § Rn.)

Laumen, Hans-W. — Die „Beweiserleichterung bis hin zur Beweislastumkehr" – Ein beweisrechtliches Phänomen, NJW 2002, S. 3739-3746, (zit.: *Laumen*, NJW 2002, 3739, ...)

Leinemann, Wolfgang/ Wagner, Volker/ Worzalla, Michael — Handbuch des Fachanwalts Arbeitsrecht, 4. Auflage, München 2005, (zit.: Fachanwalt ArbR-*Bearbeiter*, Kapitel Rn.)

Leipold, Dieter — Grundlagen des einstweiligen Rechtsschutzes im zivil-, verfassungs- und verwaltungsgerichtlichen Verfahren, Habilitationsschrift, München 1971, (zit.: *Leipold*, Grundlagen, S.)

Leßmann, Jochen — Die Abdingbarkeit des Beschäftigungsanspruchs im unstreitigen und im streitigen Arbeitsverhältnis, RdA 1988, S. 149-158, (zit.: *Leßmann*, RdA 1988, 149, ...)

Lepke, Achim — Der Anspruch auf Beschäftigung, Dissertation, Berlin 1966, (zit.: *Lepke*, Beschäftigung, S.)

Lepke, Achim — Kündigung bei Krankheit, Handbuch für die betriebliche, anwaltliche und gerichtliche Praxis, 12. Auflage, Berlin 2006, (zit.: *Lepke*, Kündigung Rn.)

Lieb, Manfred/ Jacobs, Matthias — Arbeitsrecht, 9. Auflage, Heidelberg 2006, (zit.: *Lieb/ Jacobs*, Arbeitsrecht, § Rn.)

Liedmeier, Norbert — Die Auslegung und Fortbildung arbeitsrechtlicher Kollektivverträge, Dissertation, Berlin 1991, (zit.: *Liedmeier*, Auslegung, S.)

Lindemann, Achim/ Simon, Oliver — Wahlberechtigung und Ermittlung der Betriebsratsgröße, NZA 2002, S. 365-372, (zit.: *Lindemann/Simon*, NZA 2002, 365, ...)

Löwisch, Manfred — Die Weiterbeschäftigung des Arbeitnehmers während des Kündigungs-rechtsstreits, DB Beilage Nr. 7/1978, S. 1-8, (zit.: *Löwisch*, DB Beilage Nr. 7/1978, 1, …)

Löwisch, Manfred — Die besondere Verantwortung der „Arbeitnehmer" für die Vermeidung von Arbeitslosigkeit, NZA 1998, S. 729-730, (zit.: *Löwisch*, NZA 1998, 729, …)

Löwisch, Manfred — Zweifelhafte Folgen des geplanten Leistungsstörungsrechts für das Arbeitsvertragsrecht, NZA 2001, S. 465-467, (zit.: *Löwisch*, NZA 2001, 465, …)

Löwisch, Manfred — Arbeitsrecht, 7. Auflage, Düsseldorf 2004, (zit.: *Löwisch*, Arbeitsrecht Rn.)

Löw, Stefan — Betriebliches Eingliederungsmanagement – Die Auswirkungen auf krankheitsbedingte Kündigungen, MDR 2005, S. 608-609, (zit.: *Löw*, MDR 2005, 608, …)

Löwisch, Manfred/ Rieble, Volker — Tarifvertragsgesetz, Kommentar, 2. Auflage, München 2004, (zit.: *Löwisch/Rieble*, TVG, § Rn.)

Lorenz, Stephan/ Riehm, Thomas — Lehrbuch zum neuen Schuldrecht, München 2002, (zit.: *Lorenz/Riehm*, Schuldrecht Rn.)

Lorenz, Stephan — Rücktritt, Minderung und Schadensersatz wegen Sachmängeln im neuen Kaufrecht: Was hat der Verkäufer zu vertreten? NJW 2002, S. 2497-2505, (zit.: *Lorenz*, NJW 2002, 2497, …)

Lüke, Gerhard/ Walchshöfer, Alfred — Münchener Kommentar zur Zivilprozessordnung, mit Gerichtsverfassungsgesetz und Nebengesetzen, Band 3, §§ 808-1048, EGZPO, GVG, EGGVG, Internationales Zivilprozessrecht, München 1992, (zit.: MünchKommZPO-*Bearbeiter*, § Rn.)

Madaus, Stephan — Die Abgrenzung der leistungsbezogenen von den nicht leistungsbezogenen Nebenpflichten im neuen Schuldrecht, Jura 2004, S. 289-292, (zit.: *Madaus*, Jura 2004, 289, …)

Marienhagen, Rolf/ Künzl, Reinhard — Entgeltfortzahlungsgesetz, Kommentar, einschließlich 8. Ergänzungslieferung, Neuwied 2004, (zit.: *Marienhagen/Künzl*, Entgeltfortzahlung, § … Gesetz Rn.)

Mattheus, Daniela — Schuldrechtsmodernisierung 2001/2002 – Die Neuordnung des allgemeinen Leistungsstörungsrechts, JuS 2002, S. 209-219, (zit.: *Mattheus*, JuS 2002, 209, …)

Maunz, Theodor/ Dürig, Günter — Grundgesetz, Kommentar, Band I, Art. 1-5, München 2006, (zit.: Maunz/Dürig-*Bearbeiter*, GG, Art. Rn.)

Maurer, Hartmut — Staatsrecht I, Grundlagen, Verfassungsorgane, Staatsfunktionen, 5. Auflage, München 2007, (zit.: *Maurer*, Staatsrecht I, § Rn.)

May, Artur — Die krankheitsbedingte Arbeitsunfähigkeit – Feststellung und Rechtsbegriff –, SGb 1988, S. 477-481, (zit.: *May*, SGb 1988, 477, …)

Maydell, Bernd von — Die arbeitsrechtliche Lohnsicherung im Krankheitsfall, DB 1973, Beilage Nr. 15, S. 1-10, (zit.: Von Maydell, DB 1973, Beilage Nr. 15, S.)

Maydell, Bernd von — Gemeinschaftskommentar zum Sozialgesetzbuch – Gesetzliche Krankenversicherung, Neuwied 1992, (zit.: GK-*Bearbeiter*, SGB V, § Rn.)

Maydell, Bernd von — Zum Verhältnis von Arbeitsrecht und Sozialrecht – Plädoyer für eine Neubesinnung –, in: Meinhard Heinze, Alfred Söllner (Hrsg.), Arbeitsrecht in der Bewährung, Festschrift für Otto Rudolf Kissel zum 65. Geburtstag, S. 761-772, München 1994, (zit.: *Von Maydell*, FS Kissel, S. 761, …)

Mayer-Maly, Theo — Arbeitsverhältnis und Privatsphäre, ArbuR 1968, S. 1-13, (zit.: *Mayer-Maly*, ArbuR 1968, 1, …)

Mayer-Maly, Theo	Plädoyer für einen Abschied von der Gefahrgeneigtheit, in: Thomas Dieterich, Franz Gamillscheg, Herbert Wiedemann (Hrsg.), Festschrift für Marie Luise Hilger und Hermann Stumpf, S. 467-475, München 1983, (zit.: *Mayer-Maly*, FS Hilger/Stumpf, S. 467, ...)
Mayer-Maly, Theo	Ergänzende Tarifvertragsauslegung und Tarifautonomie, RdA 1986, S. 136-137, (zit.: *Mayer-Maly*, RdA 1986, 136, ...)
Medicus, Dieter	Probleme um das Schuldverhältnis, Vortrag gehalten vor der Juristischen Gesellschaft zu Berlin am 20. Mai 1987, Berlin 1987, (zit.: *Medicus*, Schuldverhältnis, S.)
Medicus, Dieter	Schuldrecht I, Allgemeiner Teil, 17. Auflage, München 2006, (zit.: *Medicus*, Schuldrecht I Rn.)
Meier-Hayoz, Arthur	Der Richter als Gesetzgeber, Eine Besinnung auf die von den Gerichten befolgten Verfahrensgrundsätze im Bereiche der freien richterlichen Rechtsfindung gemäß Art. 1 Abs. 2 des schweizerischen Zivilgesetzbuches, Zürich 1951, (zit.: *Meier-Hayoz*, Gesetzgeber, S.)
Misera, Karlheinz	Anmerkung zu BAG, Urteil vom 29.01.1992 – 5 AZR 37/91, SAE 1992, S. 355-358, (zit.: *Misera*, Anm. zu BAG, Urteil vom 29.01.1992 – 5 AZR 37/91, SAE 1992, 355, ...)
Moderegger, Christian	Betriebliches Eingliederungsmanagement, Handlungsleitfaden, ArbRB 2005, S. 347-350, (zit.: *Moderegger*, ArbRB 2005, 347, ...)
Molitor, Erich	Die rechtliche Sicherung des Anspruchs auf Beschäftigung, in: Hans Dölle (Hrsg.), Deutsche Landesreferate zum VI. Internationalen Kongress für Rechtsvergleichung in Hamburg 1962, S. 279-292, Berlin 1962, (zit.: *Molitor*, Landesreferate, S. 279, ...)

Moll, Wilhelm Münchener AnwaltsHandbuch, Arbeitsrecht, München 2005, (zit.: Moll-*Bearbeiter*, MAH Arbeitsrecht, § Rn.)

Moos, Peter Nachwirkende Vertragspflichten aus Arbeitsverhältnissen, RdA 1962, S. 301-307, (zit.: *Moos*, RdA 1962, 301, ...)

Motzer, Stefan Die „positive Vertragsverletzung" des Arbeitnehmers, Zugleich ein Beitrag zur Bestimmung von Inhalt und Rechtsnatur der Arbeitnehmerpflichten, Dissertation, Köln 1982, (zit.: *Motzer*, Vertragsverletzung, S.)

Muckel, Stefan Sozialrecht, 2. Auflage, München 2007, (zit.: *Muckel*, Sozialrecht, § Rn.)

Müller, Gernot Der Leistungsbegriff im Arbeitsverhältnis, Zugleich ein Beitrag zur Bestimmung von Begriff und Rechtsnatur des Arbeitsverhältnisses, Frankfurt am Main 1974, (zit.: *Müller*, Leistungsbegriff, S.)

Müller-Glöge, Rudi „Die Gefährdung des Arbeitgebers", Entwicklung und Stand der Rechtsprechung, in: Peter Hanau, Friedrich Heither, Jürgen Kühling (Hrsg.), Richterliches Arbeitsrecht, Festschrift für Thomas Dieterich zum 65. Geburtstag, S. 387-413, München 1999, (zit.: *Müller-Glöge*, FS Dieterich, S. 387, ...)

Müller-Glöge, Rudi/ Preis, Ulrich/ Schmidt Ingrid Erfurter Kommentar zum Arbeitsrecht, 8. Auflage, München 2008, (zit.: ErfK-*Bearbeiter*, §...Gesetz Rn.)

Münch, Ingo von/ Kunig, Philip Grundgesetz-Kommentar, Band 1 (Präambel bis Art. 19), 5. Auflage, München 2000, (zit.: Von Münch/ Kunig-*Bearbeiter*, Art. Rn.)

Musielak, Hans-Joachim Grundkurs ZPO, Eine Darstellung zur Vermittlung von Grundlagenwissen im Zivilprozessrecht (Erkenntnisverfahren und Zwangsvollstreckung) mit Fällen und Fragen zur Lern- und Verständniskontrolle sowie mit Übungsklausuren, 8 Auflage, München 2005, (zit.: *Musielak*, ZPO Rn.)

Naendrup, Peter-Hubert Rechtliche und tatsächliche Probleme um Krankenstand und Lohnfortzahlung, ZfA 1984, S. 383-408, (zit.: *Naendrup*, ZfA 1984, 383, ...)

Namendorf, Annett/ Natzel, Ivo Betriebliches Eingliederungsmanagement nach § 84 Abs. 2 SGB IX und seine arbeitsrechtlichen Implikationen, DB 2005, S. 1794-1798, (zit.: *Namendorf/ Natzel*, DB 2005, 1794, ...)

Namendorf, Annette/ Natzel, Ivo Betriebliches Eingliederungsmanagement – neue Wunderwaffe im Kündigungsrechtsstreit?, FA 2005, S. 162-164, (zit.: *Namendorf/Natzel*, FA 2005, 162, ...)

Neumann, Dirk Zur Auslegung von Tarifverträgen, ArbuR 1985, S. 320-323, (zit.: *Neumann*, ArbuR 1985, 320, ...)

Neumann, Dirk/ Pahlen, Ronald/ Majerski-Pahlen, Monika Sozialgesetzbuch IX, Rehabilitation und Teilhabe behinderter Menschen, Kommentar, 11. Auflage, München 2005, (zit.: Neumann/Pahlen/Majerski-Pahlen-*Bearbeiter*, SGB IX, § Rn.)

Niesel, Klaus Die wichtigsten Änderungen des Arbeitsförderungsrechts durch das Arbeitsförderungs-Reformgesetz (AFRG), NZA 1997, S. 580-588, (zit.: *Niesel*, NZA 1997, 580, ...)

Niesel, Klaus Sozialgesetzbuch, Arbeitsförderung – SGB III –, Kommentar, 3. Auflage, München 2005, (zit.: Niesel-*Bearbeiter*, SGB III, § Rn.)

Niesel, Klaus Kasseler Kommentar, Sozialversicherungsrecht, Band 1 und Band 2, München 2007, (zit.: KassKomm-*Bearbeiter*, § ... Gesetz Rn.)

Nikisch, Arthur Arbeitsrecht: Erster Band, Allgemeine Lehren und Arbeitsvertragsrecht, 3. Auflage, Tübingen 1961, (zit.: *Nikisch*, Arbeitsrecht I, S.)

Notthoff, Karsten Das ruhende Arbeitsverhältnis als Schutz des Arbeitsplatzes wehrpflichtiger Arbeitnehmer, Dissertation, Bad Lauterberg im Harz 1972, (zit.: *Notthoff*, Arbeitsverhältnis, S.)

Olderog, Hans-Hermann Rechtsfragen bei Krankheit im Arbeitsverhältnis, BB 1989, S. 1684-1692, (zit.: *Olderog*, BB 1989, 1684, ...)

Olzen, Dirk/Wank, Rolf Die Schuldrechtsreform, Köln 2002, (zit.: *Olzen/Wank*, Schuldrechtsreform Rn.)

Oppolzer, Alfred Zum Management-Charakter des BEM, Qualitätskriterien für das betriebliche Eingliederungsmanagement, AiB 2007, S. 37-43, (zit.: *Oppolzer*, AiB 2007, 37, ...)

Otto, Hansjörg Personale Freiheit und soziale Bindung. Zur Kontrolle und Gewährleistung personal motivierten Verhaltens im Privatrecht, Habilitationsschrift, München 1978, (zit.: *Otto*, Freiheit, S.)

Otto, Hansjörg/ Schwarze, Roland Die Haftung des Arbeitnehmers, 3. Auflage, Karlsruhe 1998, (zit.: *Otto/Schwarze*, Haftung Rn., S.)

Pahlen, Ronald Das Recht der schwerbehinderten Menschen, AR-Blattei SD 1440.1, (zit.: *Pahlen*, AR-Blattei SD 1440.1 Rn.)

Palandt, Otto Bürgerliches Gesetzbuch, 67. Auflage, München 2008, (zit.: Palandt-*Bearbeiter*, § Rn.)

Pallasch, Ulrich Der Beschäftigungsanspruch des Arbeitnehmers, Eine kritische Analyse, Dissertation, Regensburg 1992, (zit.: *Pallasch*, Beschäftigungsanspruch, S.)

Peine, Franz-Joseph — Allgemeines Verwaltungsrecht, 8. Auflage, Heidelberg, München, Landsberg und Berlin 2006, (zit.: *Peine*, Verwaltungsrecht Rn.)

Peters, Horst — Handbuch der Krankenversicherung, Teil II – Sozialgesetzbuch V, Band 2, 19. Auflage, Stuttgart 2006, (zit.: Peters-*Bearbeiter*, SGB V, § Rn.)

Pieper, Helmut — Der Anspruch auf Schadensersatz wegen Nichterfüllung, JuS 1962, S. 409-417, (zit.: *Pieper*, JuS 1962, 409, ...)

Preis, Ulrich — Prinzipien des Kündigungsrechts bei Arbeitsverhältnissen, Eine Untersuchung zum Recht des materiellen Kündigungsschutzes, insbesondere zur Theorie der Kündigungsgründe, München 1987, (zit.: *Preis*, Prinzipien, Kapitel, §, Ordnungsnummer).

Preis, Ulrich — Die verhaltensbedingte Kündigung (1), DB 1990, S. 630-634, (zit.: *Preis*, DB 1990, 630, ...)

Preis, Ulrich — Der Kündigungsschutz des Kündigungsschutzgesetzes, NZA 1997, S. 1256-1270, (zit.: *Preis*, NZA 1997, 1256, ...)

Preis, Ulrich — Die Verantwortung des Arbeitgebers und der Vorrang betrieblicher Maßnahmen vor Entlassungen (§ 2 I Nr. 2 SGB III), Programmsatz oder verbindlicher Rechtssatz?, NZA 1998, S. 449-458, (zit.: *Preis*, NZA 1998, 449, ...)

Preis, Ulrich — Koordinationskonflikte zwischen Arbeits- und Sozialrecht, NZA 2000, S. 914-925, (zit.: *Preis*, NZA 2000, 914, ...)

Preis, Ulrich — Arbeitsrecht, Praxis-Lehrbuch zum Individualarbeitsrecht, 2. Auflage, Köln 2003, (zit.: *Preis*, Arbeitsrecht, S.)

Preis, Ulrich — Der Arbeitsvertrag, Handbuch der Vertragspraxis und -gestaltung, 2. Auflage, Köln 2005, (zit.: Preis-*Bearbeiter*, Arbeitsvertrag, Teil, Ordnungsbuchstabe Rn.)

Raatz, Günther — Entgeltfortzahlung im Krankheitsfalle, Die objektiven Anspruchsvoraussetzungen, Dissertation, Köln 1963, (zit.: *Raatz*, Entgeltfortzahlung, S.)

Rauscher, Thomas/ Wax, Peter/ Wenzel, Joachim — Münchener Kommentar zur Zivilprozessordnung, Band 1, §§ 1-510 c, 3.Auflage, München 2008 (zit.: MünchKommZPO-*Bearbeiter*, § Rn.)

Rebmann, Kurt/ Säcker, Franz Jürgen/ Rixecker, Roland — Münchener Kommentar zum Bürgerlichen Gesetzbuch, Band 4 – Schuldrecht Besonderer Teil II, §§ 611-704, EFZG, TzBfG, KSchG, 4. Auflage, München 2005, (zit.: MünchKommBGB-*Bearbeiter*, Bd. 4, § Rn.)

Recker, Wilfried — Schadensersatz statt der Leistung – oder: Mangelschaden und Mangelfolgeschaden, NJW 2002, S. 1247-1248, (zit.: *Recker*, NJW 2002, 1247, …)

Rehwald, Rainer/ Kossack, Dagmar — Neue Kündigungsbestimmungen im SGB IX zum 1.5.2004, AiB 2004, S. 604-609, (zit.: *Rehwald/ Kossack*, AiB 2004, 604, …)

Reichold, Hermann — Geschäftsbesorgung im Arbeitsverhältnis, NZA 1994, S. 488-493, (zit.: *Reichold*, NZA 1994, 488, …)

Reichold, Hermann — Anmerkungen zum Arbeitsrecht im neuen BGB, ZTR 2002, S. 202-209, (zit.: *Reichold*, ZTR 2002, 202, …)

Reidel, Katharina — Die einstweilige Verfügung auf (Weiter-)Beschäftigung – eine vom Verschwinden bedrohte Rechtsschutzform?, NZA 2000, S. 454-463, (zit.: *Reidel*, NZA 2000, 454, …)

Reinecke, Gerhard — Krankheit und Arbeitsunfähigkeit – die zentralen Begriffe des Rechts der Entgeltfortzahlung, DB 1998, S. 130-133, (zit.: *Reinecke*, DB 1998, 130, …)

Reuter, Dieter — Grundlagen des Kündigungsschutzes – Bestandsaufnahme und Kritik, in: Franz Gamillscheg, Götz Hueck, Herbert Wiedemann (Hrsg.), 25 Jahre Bundesarbeitsgericht, S. 405-427, München 1979, (zit.: *Reuter*, FS 25 Jahre BAG, S. 405, …)

Richardi, Reinhard — Betriebsverfassungsgesetz mit Wahlordnung, Kommentar, 11. Auflage, München 2008, (zit.: Richardi-*Bearbeiter*, BetrVG, § Rn.)

Richardi, Reinhard/ Wlotzke, Otfried — Münchener Handbuch zum Arbeitsrecht, Band 1 und Band 2, Individualarbeitsrecht I und Individualarbeitsrecht II, 2. Auflage, München 2000, (zit.: MünchArbR-*Bearbeiter*, § Rn.)

Richardi, Reinhard/ Wlotzke, Otfried — Münchener Handbuch zum Arbeitsrecht, Band 3, Kollektives Arbeitsrecht, 2. Auflage, München 2000, (zit.: MünchArbR-*Bearbeiter*, § Rn.)

Richardi, Reinhard/ Wlotzke, Otfried — Münchener Handbuch zum Arbeitsrecht, Ergänzungsband Individualarbeitsrecht, 2. Auflage, München 2001, (zit.: MünchArbRErgBand-*Bearbeiter*, § Rn.)

Rolfs, Christian — Arbeitsrechtliche Aspekte des neuen Arbeitsförderungsrechts, NZA 1998, S. 17-23, (zit.: *Rolfs*, NZA 1998, 17, …)

Rolfs, Christian/ Giesen, Richard/ Kreikebohm, Ralf/ Udsching, Peter — Beck'scher Online-Kommentar, Arbeitsrecht, Edition 3, München 2007, (zit.: BeckOK-*Bearbeiter*, §… Gesetz Rn.)

Rolfs, Christian/ Paschke, Derk — Die Pflichten des Arbeitgebers und die Rechte schwerbehinderter Arbeitnehmer nach § 81 SGB IX, BB 2002, S. 1260-1264, (zit.: *Rolfs/Paschke*, BB 2002, 1260, …)

Rosenberg, Leo/ Gaul, Hans Friedhelm/ Schilken, Eberhard — Zwangsvollstreckungsrecht, 11. Auflage, München 1997, (zit.: Rosenberg/Gaul/Schilken-*Schilken*, Zwangsvollstreckungsrecht, §, unter …, S.)

Rühle, Hans Gottlob Sinn und Unsinn des allgemeinen Kündigungsschutzes in Deutschland – Plädoyer für eine Neuordnung des Kündigungsschutzrechts –, DB 1991, S. 1378-1381, (zit.: *Rühle*, DB 1991, 1378, ...)

Rüthers, Bernd Reform der Reform des Kündigungsschutzes?, NJW 1998, S. 283-284, (zit.: *Rüthers*, NJW 1998, 283, ...)

Rüthers, Bernd/ Bakker, Rainer Arbeitnehmerentsendung und Betriebsinhaberwechsel im Konzern, ZfA 1990, S. 245-335, (zit.: *Rüthers/ Bakker*, ZfA 1990, 245, ...)

Säcker, Franz Jürgen/ Rixecker, Roland Münchener Kommentar zum Bürgerlichen Gesetzbuch, Band 2 – Schuldrecht Allgemeiner Teil, §§ 241-432, 5. Auflage, München 2007, (zit.: MünchKommBGB-*Bearbeiter*, Bd. 2, § Rn.)

Schaaf, Michael Anspruch auf Arbeitsentgelt aus einem Wiedereingliederungsverhältnis – Das Urteil des Bundesarbeitsgerichts vom 29.1.1992 und die Folgen –, SGb 1993, S. 506-510, (zit.: *Schaaf*, SGb 1993, 506, ...)

Schäfer, Horst Inhalt und praktische Konsequenzen der Weiterbeschäftigungsentscheidung des Großen Senats, NZA 1985, S. 691-696, (zit.: *Schäfer*, NZA 1985, 691, ...)

Schaub, Günter Die besondere Verantwortung von Arbeitgeber und Arbeitnehmer für den Arbeitsmarkt – Wege aus der Krise oder rechtlicher Sprengstoff, NZA 1997, S. 810-811, (zit.: *Schaub*, NZA 1997, 810, ...)

Schaub, Günter/ Koch, Ulrich/ Linck, Rüdiger/ Vogelsang, Hinrich Arbeitsrechtshandbuch, 12. Auflage, München 2007, (Schaub-*Bearbeiter*, ArbR-Hdb., § Rn.)

Schelp, Günther/ Trieschmann, Günther Das Arbeitsverhältnis im Krankheitsfalle, Berlin 1958, (*Schelp/Trieschmann*, Arbeitsverhältnis, S.)

Schian Marcus — Betriebliches Eingliederungsmanagement als Konkretisierung des ultima-ratio-Prinzips bei krankheitsbedingter Kündigung, Diskussionsforum B, Beitrag 5/2006 auf www.iqpr.de, S. 1-5, (zit.: *Schian*, Forum B, Beitrag 5/2006, S.)

Schilken, Eberhard — Die Befriedigungsverfügung, Zulässigkeit und Stellung im System des einstweiligen Rechtsschutzes, Dissertation, Berlin 1976, (zit.: *Schilken*, Befriedigungsverfügung, S.)

Schlewing, Anja — Das betriebliche Eingliederungsmanagement nach § 84 Abs. 2 SGB IX – Keine Wirksamkeitsvoraussetzung für die Kündigung wegen Krankheit, ZfA 2005, S. 485-503, (zit.: *Schlewing*, ZfA 2005, 485, ...)

Schliemann, Harald — Das Arbeitsrecht im BGB, Kommentar, 2. Auflage, Berlin 2002, (zit.: ArbR BGB-*Bearbeiter*, § Rn.)

Schmidt, Ingrid — Verschiebung von Konflikten und Lösungen zwischen dem Arbeitsrecht und dem Sozialrecht, ArbuR 1997, S. 461-469, (zit.: *Schmidt*, ArbuR 1997, 461, ...)

Schmidt, Marina — Kündigungen im Rahmen des § 74 SGB V – Beendigung des Wiedereingliederungsverhältnisses sowie des Arbeitsverhältnisses, NZA 2007, S. 893-897, (zit.: *Schmidt*, NZA 2007, 893, ...)

Schmitt, Christopher — Sozialauswahl bei Konkurrenz um anderweitige Beschäftigung, Dissertation, Berlin 2000, (zit.: *Schmitt*, Sozialauswahl, S.)

Schmitt, Jochem — SGB VII, Gesetzliche Unfallversicherung, Kommentar, 2. Auflage, München 2004, (zit.: Schmitt, SGB VII, § Rn.)

Schmitt, Jochem — Entgeltfortzahlungsgesetz und Aufwendungsausgleichgesetz, Kommentar, 6. Auflage, München 2007, (zit.: *Schmitt*, Entgeltfortzahlung, § ....Gesetz Rn.)

Schubel, Christian — Schuldrechtsmodernisierung 2001/2002 – Das neue Kaufrecht, JuS 2002, S. 313-319, (zit.: *Schubel*, JuS 2002, 313, …)

Schulin, Bertram — Anfängliche Arbeitsunfähigkeit im Lohnfortzahlungsrecht, Ein Beitrag zur arbeitsrechtlichen Lehre vom Begriff der Arbeitsunfähigkeit unter besonderer Berücksichtigung des Rechts der sozialen Krankenversicherung, ZfA 1978, S. 215-267, (zit.: *Schulin*, ZfA 1978, 215, …)

Schulze, Reiner/ Ebers, Martin — Streitfragen im neuen Schuldrecht, JuS 2004, S. 265-272, (zit.: *Schulze/Ebers*, JuS 2004, 265, …)

Schuschke, Winfried/ Walker, Wolf-Dietrich — Vollstreckung und Vorläufiger Rechtsschutz, Kommentar zum Achten Buch der Zivilprozessordnung, Band II, Arrest und Einstweilige Verfügung §§ 916-945 ZPO, 3. Auflage, München 2005, (zit.: Schuschke/ Walker-*Bearbeiter*, ZPO, § Rn.)

Schwab, Norbert/ Weth, Stephan — Arbeitsgerichtsgesetz, Kommentar, Köln 2004, (zit.: Schwab/Weth-*Bearbeiter* , ArbGG, § Rn.)

Schwerdtner, Peter — Offene Probleme des Kündigungsschutzes bei betriebsbedingten Kündigungen, Anmerkungen zum Urteil des BAG v. 24.3.1983 – 2 AZR 21/82 (ZIP 1983, 1105), ZIP 1984, S. 10-22, (zit.: *Schwerdtner*, ZIP 1984, 10, …)

Seel, Helga — Betriebliches Eingliederungsmanagement – Gesundheitsförderung als Unternehmens-strategie, Behindertenrecht 2006, S. 30-36, (zit.: *Seel*, Behindertenrecht 2006, 30, …)

Seel, Henning-Alexander — Die Meldepflicht aus § 37 b SGB III – Mitwirkung des Arbeitgebers durch Freistellung und Information, MDR 2005, S. 241-248, (zit.: *Seel*, MDR 2005, 241, …)

Siebert, Wolfgang Das Arbeitsverhältnis in der Ordnung der nationalen Arbeit, Hamburg 1935, (zit.: *Siebert*, Arbeitsverhältnis, S.)

Sinzheimer, Hugo Über den Grundgedanken und die Möglichkeit eines einheitlichen Arbeitsrechtes für Deutschland, Berlin 1914, (zit.: *Sinzheimer*, Grundgedanken, S.)

Söllner, Alfred Einseitige Leistungsbestimmung im Arbeitsverhältnis, Mainz 1966, (zit.: *Söllner*, Leistungsbestimmung, S.)

Söllner, Alfred „Ohne Arbeit kein Lohn“, AcP 167 (1967), S. 132-147, (zit.: *Söllner*, AcP 167 (1967), 132, …)

Söllner, Alfred/ Waltermann, Raimund Arbeitsrecht, 14. Auflage, München 2007, (zit.: *Söllner/Waltermann*, Arbeitsrecht, § Rn.)

Soergel, Hans Theodor/ Siebert, W. Bürgerliches Gesetzbuch mit Einführungsgesetz und Nebengesetzen, Band 4/1, Schuldrecht III/1, (§§ 516-651), Gesetz zur Regelung der Miethöhe, Verbraucherkreditgesetz, 12. Auflage, Stuttgart 1998, (zit.: Soergel-*Bearbeiter*, § Rn.)

Sommer, Hans-Eckhard Die Nichterfüllung der Arbeitspflicht, Grundfragen zur Nichtleistung der Arbeit im Leistungsstörungsrecht des BGB, Dissertation, 1. Auflage, Baden-Baden 1996, (zit.: *Sommer*, Arbeitspflicht, S.)

Stahlhacke, Eugen/ Preis, Ulrich/ Vossen, Reinhard Kündigung und Kündigungsschutz im Arbeitsverhältnis, 9. Auflage, München 2005, (zit.: Stahlhacke-*Bearbeiter*, Kündigung Rn.)

Staudinger, Julius von Kommentar zum Bürgerlichen Gesetzbuch mit Einführungsgesetz und Nebengesetzen, II. Band – Recht der Schuldverhältnisse, Teil 1 c, §§ 249-327, 10./11. Auflage, Berlin 1967, (zit.: Staudinger-*Bearbeiter*, 10./ 11. Auflage, § Rn.)

Staudinger, Julius von Kommentar zum Bürgerlichen Gesetzbuch mit Einführungsgesetz und Nebengesetzen, Buch 2 – Recht der Schuldverhältnisse, §§ 616-630, Berlin 2002, (zit.: Staudinger-*Bearbeiter*, § Rn.)

Staudinger, Julius von Kommentar zum Bürgerlichen Gesetzbuch mit Einführungsgesetz und Nebengesetzen, Buch 2 – Recht der Schuldverhältnisse, §§ 255-304, (Leistungsstörungsrecht I), Berlin 2004, (zit.: Staudinger-*Bearbeiter*, § Rn.)

Staudinger, Julius von Kommentar zum Bürgerlichen Gesetzbuch mit Einführungsgesetz und Nebengesetzen, Buch 2 – Recht der Schuldverhältnisse, Einl zu §§ 241 ff.; §§ 241-243, (Einleitung zum Schuldrecht, Treu und Glauben), Berlin 2005, (zit.: Staudinger-*Bearbeiter*, § Rn.)

Staudinger, Julius von Kommentar zum Bürgerlichen Gesetzbuch mit Einführungsgesetz und Nebengesetzen, Buch 2 – Recht der Schuldverhältnisse, §§ 611-615, (Dienstvertragrecht 1), Berlin 2005, (zit.: Staudinger-*Bearbeiter*, § Rn.)

Stebut, Dietrich von Der soziale Schutz als Regelungsproblem des Vertragsrechts, Die Schutzbedürftigkeit von Arbeitnehmern und Wohnungsmietern, Berlin 1982, (zit.: *Von Stebut*, Schutz, S.)

Stein, Friedrich/ Jonas, Martin Kommentar zur Zivilprozessordnung, Band 9, §§ 916-918, EG ZPO, 22. Auflage, Tübingen 2002, (zit.: Stein/Jonas-*Bearbeiter*, ZPO, § Rn.)

Stein, Friedrich/ Jonas, Martin Kommentar zur Zivilprozessordnung, Band 8, §§ 828-915 h, 22. Auflage, Tübingen 2004, (zit.: Stein/Jonas-*Bearbeiter*, ZPO, § Rn.)

Steinau-Steinrück, Robert von/ Hagemeister, Volke: Das neue betriebliche Eingliederungsmanagement, NJW-Spezial 2005, S. 129-130, (zit.: *Von Steinau-Steinrück/Hagemeister*, NJW-Spezial 2005, 129, ...)

Steindorff, Ernst — Wertersatz für Schäden als Aufwendungsersatz im Arbeits- und Handelsrecht, in: Ernst von Caemmerer, Arthur Nikisch, Konrad Zweigert (Hrsg.), Vom deutschen zum europäischen Recht, Festschrift für Hans Dölle, S. 272-294, Band I, Deutsches Privat- und Zivilprozessrecht Rechtsvergleichung, Tübingen 1963, (zit.: *Steindorff*, FS Dölle, S. 272, …)

Steinwedel, Ulrich — „Verweisung“ bei Arbeisunfähigkeit, SozVers 1988, S. 151-157, (zit.: *Steinwedel*, SozVers 1988, 151, …)

Stoffels, Markus — Haftung des Arbeitgebers, AR-Blattei SD 860.1, (zit.: *Stoffels*, AR-Blattei SD 860.1 Rn.)

Stoll, Heinrich — Die Lehre von den Leistungsstörungen, Tübingen 1936, (zit.: *Stoll*, Leistungsstörungen, S.)

Stückmann, Roland — Teilarbeitsfähigkeit und teilweise Unmöglichkeit im System der Leistungsstörungen, in: Peter Salje, Festschrift für Helmut Pieper, Recht-Rechtstatsachen-Technik, S. 551-605, Hamburg 1998, (zit.: *Stückmann*, FS Pieper, 551, …)

Stückmann, Roland — Teilarbeits(un)fähigkeit und Entgeltfortzahlung, DB 1998, S. 1662-1667, (zit.: *Stückmann*, DB 1998, 1662, …)

Stürner, Rolf — Der Anspruch auf Erfüllung von Treue- und Sorgfaltspflichten, JZ 1976, S. 384-392, (zit.: *Stürner*, JZ 1976, 384, …)

Thelen, Peter — Krankenstand fällt auf neues Rekordtief, Deutsche Arbeitnehmer fehlten im vergangenen Jahre im Schnitt 11,1 Tage – Jeder Zweite meldete sich nie krank, Handelsblatt vom 14.02.2007, Nr. 32, Seite 4, (zit.: *Thelen*, Handelsblatt vom 14.02.2007, Nr. 32, Seite 4)

Thiele, Wolfgang — Leistungsstörung und Schutzpflichtverletzung, Zur Einordnung der Schutzpflichtverletzungen in das Haftungssystem des Zivilrechts, JZ 1967, S. 649-657, (zit.: *Thiele*, JZ 1967, 649, …)

Thieme, Hans Die Praxis des Weiterbeschäftigungsanspruches, NZA Beilage Nr. 3/1986, S. 20-25, (zit.: *Thieme*, NZA Beilage Nr. 3/1986, 20,...)

Tiedtke, Klaus/ Schmitt, Marco Der Anwendungsbereich des kaufrechtlichen Schadensersatzes statt der Leistung nach §§ 437 Nr. 3, 280 Abs. 1 und 3, 281 Abs. 1 BGB, Anwendungsbereich, Abgrenzung und Bezugspunkt des Vertretenmüssens, BB 2005, S. 615-624, (zit.: *Tiedtke/Schmitt*, BB 2005, 615, ...)

Urmersbach, Tim Fragen im Umgang mit der frühzeitigen Arbeitssuche gemäß § 37 b SGB III – zugleich Besprechung des Urteils ArbG Verden vom 27.11.2003 –, SGb 2004, S. 684-695, (zit.: *Urmersbach*, SGb 2004, 684, ...)

Vetter, Jan Anmerkung zu LAG Düsseldorf, Urteil vom 29.09.2004 – 12 Sa 1323/04, BB 2005, S. 891-892, (zit.: *Vetter*, BB 2005, 891, ...)

Vossen, Reinhard Die auf Zahlung der Arbeitsvergütung gerichtete einstweilige Verfügung, RdA 1991, S. 216-229, (zit.: *Vossen*, RdA 1991, 216, ...)

Walker, Wolf-Dietrich Der einstweilige Rechtsschutz im Zivilprozess und im arbeitsgerichtlichen Verfahren, Habilitationsschrift, Tübingen 1993, (zit.: *Walker*, Rechtsschutz Rn.)

Waltermann, Raimund Risikozuweisung nach den Grundsätzen der beschränkten Arbeitnehmerhaftung, RdA 2005, S. 98-110, (zit.: *Waltermann*, RdA 2005, 98, ...)

Waltermann, Raimund Sozialrecht, 6. Auflage, Heidelberg 2006, (zit.: *Waltermann*, Sozialrecht, § Rn.)

Wank, Rolf Reform des Lohnfortzahlungsrechts, BB 1992, S. 1993-1999, (zit.: *Wank*, BB 1992, 1993, ...)

Wannagat, Georg Sozialgesetzbuch, Kommentar zum gesamten Recht des Sozialgesetzbuchs, SGB V, Gesetzliche Krankenversicherung, Berlin, Bonn, München 2000, (zit.: Wannagat-*Bearbeiter*, §...Gesetz Rn.)

Weber, Christoph Das aufgespaltene Arbeitsverhältnis, Dissertation, Berlin 1992, (zit.: *Weber*, Arbeitsverhältnis, S.)

Weber, Hansjörg Die Nebenpflichten des Arbeitgebers, RdA 1980, S. 289-299, (zit.: *Weber*, RdA 1980, 289, ...)

Welti, Felix Arbeits- und sozialrechtliche Ansprüche behinderter Menschen auf Qualifizierung, ArbuR 2003, S. 445-452, (zit.: *Welti*, ArbuR 2003, 445, ...)

Wenzel, Leonhard Die Betriebsratswahl 1975, Hinweise für die Praxis, DB Beilage Nr. 2/1975, S. 1-20, (zit.: *Wenzel*, DB Beilage Nr. 2/1975, 1, ...)

Westermann, Harm Peter Erman, Bürgerliches Gesetzbuch, 11. Auflage, Köln 2004, (zit.: Erman-*Bearbeiter*, § Rn.)

Weyand, Joachim/ Düwell, Franz Josef Das neue Arbeitsrecht – Hartz-Gesetze und Agenda 2010 in der arbeits- und sozialrechtlichen Praxis, 1. Auflage, Baden-Baden 2005, (zit.: Weyand/Düwell-*Düwell*, Arbeitsrecht, S., Kapitel..., unter ...)

Wickler, Peter Wertorientierungen in Unternehmen und gerichtlicher Mobbingschutz, DB 2002, S. 477-484, (zit.: *Wickler*, DB 2002, 477, ...)

Wiedemann, Herbert Subjektives Recht und sozialer Besitzstand nach dem KSchG, RdA 1961, S. 1-8, (zit.: *Wiedemann*, RdA 1961, 1, ...)

Wiedemann, Herbert Tarifvertragsgesetz mit Durchführungs- und Nebenvorschriften, Kommentar, 7. Auflage, München 2007, (zit.: Wiedemann-*Bearbeiter*, TVG, § Rn.)

Wiese, Günther — Der Persönlichkeitsschutz des Arbeitnehmers gegenüber dem Arbeitgeber, ZfA 1971, S. 273-317, (zit.: *Wiese*, ZfA 1971, 273, ...)

Wiese, Ursula-Eva — Das Ruhestandsverhältnis, Ein Beitrag zur Rechtsnatur des betrieblichen Versorgungsverhältnisses, Dissertation, Berlin 1990, (zit.: *Wiese*, Ruhestandsverhältnis, S.)

Wiese, Günther/ Kreutz, Peter/ Oetker, Hartmut/ Raab, Thomas/ Weber, Christoph/ Franzen, Martin — Betriebsverfassungsgesetz, Band I: §§ 1-73 b mit Wahlordnungen und Band II: §§ 74-132, Gemeinschaftskommentar, 8. Auflage, München 2005, (zit.: GK-BetrVG-*Bearbeiter*, § Rn.)

Wilke, Erich — Das Recht auf Beschäftigung, Dissertation, Göttingen 1933, (zit.: *Wilke*, Beschäftigung, S.)

Winkler, Jürgen — Sozialgesetzbuch IV, Gemeinsame Vorschriften für die Sozialversicherung, Lehr- und Praxiskommentar, 1. Auflage, Baden-Baden 2007, (zit.: Winkler-*Bearbeiter*, § ... SGB IV Rn.)

Wissenschaftlicher Rat der Dudenredaktion — Duden, Das große Wörterbuch der deutschen Sprache, In zehn Bänden, Band 2: Bedr-Eink, 3. Auflage, Mannheim 1999, (zit.: Duden, Band 2, S.)

Wissing, Gerhard/ Mutschler, Bernd/ Bartz, Ralf/ Schmidt-De Caluwe, Reimund — Sozialgesetzbuch III, Arbeitsförderung, Praxiskommentar, 2. Auflage, Baden-Baden 2004, (zit.: PK-*Bearbeiter*, SGB III, § Rn.)

Wlotzke, Otfried — Das Mitbestimmungsrecht nach § 87 Abs. 1 Nr. 7 Betriebsverfassungsgesetz und das erneuerte Arbeitsschutzrecht, in: Wolfhard Kohte, Hans-Jürgen Dörner, Rudolf Anzinger (Hrsg.), Arbeitsrecht im sozialen Dialog, Festschrift für Hellmut Wissmann zum 65. Geburtstag, S. 426-439, München 2005, (zit.: *Wlotzke*, FS Wissmann, S. 426, ...)

Wolf, Roland — Gemeinsame Verantwortung für den Arbeitsmarkt, AuA 1998, S. 7-10, (zit.: *Wolf*, AuA 1998, 7, …)

Wolf, Sven — Die Mitbestimmungspflichtigkeit nach § 87 BetrVG im Rahmen des betrieblichen Eingliederungsmanagements, Diskussionsforum B, Beitrag 16/2007 auf www.iqpr.de, S. 1-5, (zit.: *Wolf*, Forum B, Beitrag 16/2007, S.)

Wolf, Thomas — Doch keine Informationspflicht?, Zur Schadensersatzpflicht des Arbeitgebers bei Verletzung der Informationsobliegenheit gem. § 2 II 2 Nr. 3 SGB III, NZA-RR 2004, S. 337-340, (zit.: *Wolf*, NZA-RR 2004, 337, …)

Zeuner, Albrecht — Zur arbeitsrechtlichen Bedeutung des Phänomens der Eingliederung, in: Meinhard Heinze, Alfred Söllner (Hrsg.), Arbeitsrecht in der Bewährung, Festschrift für Otto Rudolf Kissel, S. 1305-1323, München 1994, (zit.: *Zeuner*, FS Kissel, S. 1305, …)

Ziegler, Hans-Berndt — Verträge mit Schutzwirkung zugunsten Dritter?, Dissertation, Marburg 1978, (zit.: *Ziegler*, Verträge, S.)

Zieglmeier, Christian — Meldepflicht bei der Agentur für Arbeit bei Beendigung des unbefristeten Arbeitsverhältnisses nach § 37b SGB III, DB 2004, S. 1830-1835, (zit.: *Zieglmeier*, DB 2004, 1830, …)

Zöller, Richard — Zivilprozessordnung mit Gerichtsverfassungsgesetz und den Einführungsgesetzen, mit Internationalem Zivilprozessrecht, EG-Verordnungen, Kostenanmerkungen, Kommentar, 26. Auflage, Köln 2007, (zit.: Zöller-*Bearbeiter*, ZPO, § Rn.)

Zöllner, Wolfgang — Tarifmacht und Außenseiter, RdA 1962, S. 453-459, (zit: *Zöllner*, RdA 1962, 453, …)

Zöllner, Wolfgang Die vorvertragliche und die nachwirkende Treue- und Fürsorgepflicht im Arbeitsverhältnis, in: Theodor Tomandl, Treue- und Fürsorgepflicht im Arbeitsrecht, S. 91-106, Wien 1975, (zit.: *Zöllner*, Fürsorgepflicht, S. 91, …)

Zorn, Gerhard Betriebliches Eingliederungsmanagement – Rechtsfragen zur praktischen Um-setzung im Betrieb, Behindertenrecht 2006, S. 42-46, (zit.: *Zorn*, Behindertenrecht 2006, 42, …)

Zwade, Christian Die Teilarbeitsfähigkeit aus arbeits- und sozialrechtlicher Sicht, Dissertation, Regensburg 1995, (zit.: *Zwade*, Teilarbeitsfähigkeit, S.)

FSC
www.fsc.org
MIX
Papier | Fördert gute Waldnutzung
FSC® C083411

Kolibri 360 GmbH
Ferdinand-Jühlke-Straße 7
99095 Erfurt, Deutschland
produktsicherheit@kolibri360.de